KB265420

정리가
잘된
MOS
EXCEL
2007
해설특강

정리가 잘된
MOS Excel 2007
해설특강

1판 1쇄 발행 | 2010년 10월 1일

지 은 이 | 이해인
펴 낸 이 | 안동명
펴 낸 곳 | 에듀멘토르
기   획 | 안동명 · 신꽃다미
감   수 | 오해강 · 이재영
마 케 팅 | 김경용
경영지원 | 김덕수
디 자 인 | 김옥자
내용문의 | mentorBook@yahoo.co.kr
등   록 | 2009년 10월 5일 제2009-16호
주   소 | 서울시 용산구 청파동 3가 131 IT연구개발센터 1층
전   화 | 02-711-0911
팩   스 | 02-711-0920
I S B N | 978-89-94127-38-5 13000
가   격 | 11,000원

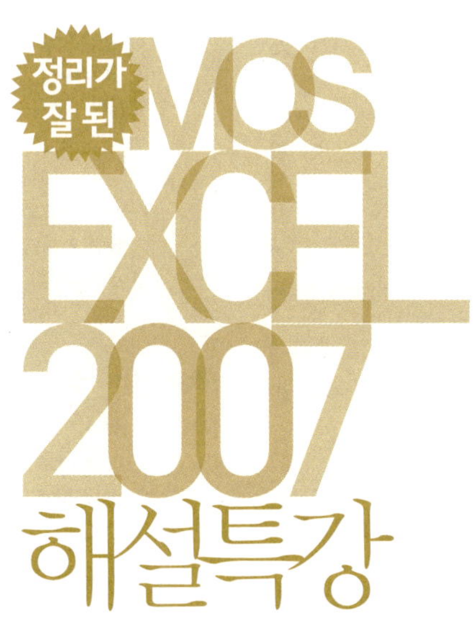

C·O·N·T·E·N·T·S

MOS 알아보기

1 MOS(Microsoft Office Specialist)란?

Microsoft가 인증하는 국제 인증 자격 시험입니다.

Microsoft가 직접 인증함으로써 그 공신력과 정확성을 인정받을 수 있으며, 현재 미국, 프랑스, 영국, 독일, 홍콩, 브라질, 멕시코 등 170여 개국 9,500여 개 시험센터에서 그 나라말로 시행되는 국제공인 자격증입니다(한국에서는 한국어로 시행되며, 기타 원하는 언어를 선택할 수 있습니다).

100% 컴퓨터로 시행됩니다.

시작부터 종료까지 100% 컴퓨터 상에서 진행되는 CBT(Computer Based Test)로 평가 방식이 정확함은 물론 시험 종료 즉시 결과를 알 수 있습니다.

100% 실기시험입니다.

Microsoft Office 2007의 실제 활용 능력을 측정하는 것이 그 목적입니다. 따라서 이론 문제나 객관식 유형이 없이 모든 문제는 실제 프로그램상에서 직접 조작하여 답을 얻는 100% 실기시험입니다.

Microsoft 사의 최신 운영체제인 Windows Vista의 활용 능력을 평가합니다.

현존 최고의 멀티미디어 기능과 안정성을 자랑하는 Microsoft 사의 최신 운영체제인 Windows Vista의 활용 능력을 Microsoft Business Certification에서 평가받을 수 있습니다.

모두 6개의 시험 과목이 있습니다.

MOS는 Microsoft Office 2007 각 과목 이외에 Windows Vista의 기능이나 지식을 묻는 과목이 새롭게 추가되었습니다. 자격은 과목 별로 개별적으로 인정됩니다.

합격 기준

MOS의 합격 점수는 1,000점 만점이며 시험 종료 후 합격 여부를 알 수 있습니다. 시험 종료 후 2~3주 후면 공식 인증서를 받을 수 있습니다.

성적표

성적표에는 취득 점수와 기능별로 성취도가 명시되므로 취약 부분을 분석할 수 있습니다.

시험 시간 및 문항 수

응시 과목	응시 시간	문항 수
Microsoft Office Word 2007	50분	20문항 ~ 30문항
Microsoft Office Excel 2007	50분	20문항 ~ 30문항
Microsoft Office Powerpoint 2007	50분	20문항 ~ 30문항
Microsoft Office Access 2007	50분	20문항 ~ 30문항
Microsoft Office Outlook 2007	50분	20문항 ~ 30문항
Windows Vista for the Business worker	50분	30문항 ~ 40문항

MOS Master

아래 4개 과목 취득 시 자동으로 Master 자격증이 발급됩니다.

Microsoft Office Word 2007

Microsoft Office Excel 2007

Microsoft Office Powerpoint 2007

Microsoft Office Outlook 2007

성적표 발급

시험 종료 후 인쇄물로 발급된 성적표나 시험 성적 확인 웹 사이트(http://www.certiport.com)에서 시험 응시 때 사용했던 ID와 비밀번호로 로그인하여 Skill Set(평가항목) 별로 성적을 확인할 수 있습니다. 성적표를 이용하여 영역별 성취도를 분석해 취약 부분을 심화 학습합니다.

Microsoft Excel 2007 평가 항목

[문항 수 : 20~30문제 / 시간 : 50분 / 만점 : 1000점]

Skill Set	시험 구성
홈	클립보드, 글꼴, 맞춤, 표시 형식, 스타일, 셀, 편집
삽입	표, 일러스트레이션, 차트, 링크, 텍스트
페이지 레이아웃	테마, 페이지 설정, 크기 조절, 시트 옵션, 정렬
수식	함수 라이브러리, 정의된 이름, 수식 분석, 계산
데이터	외부 데이터 가져오기, 연결, 정렬 및 필터, 데이터 도구, 윤곽선
검토	언어 교정, 메모, 변경 내용
보기	통합 문서 보기, 표시/숨기기, 확대/축소, 창, 매크로

데이터 입력 및 편집

1 엑셀 화면 다루기

출제포인트

엑셀 화면의 확대/축소 배율을 변경하거나 화면 구성 요소를 보이거나 보이지 않게 설정하는 방법

◉ **준비파일** : 없음　　　◉ **완성파일** : 없음

1 화면 확대/축소

1 엑셀을 실행하면 [기본 보기] 상태의 워크시트가 열린다. 화면을 가장 쉽게 확대/축소하는 방법은 오른쪽 하단에 있는 [확대/축소] 도구를 사용하는 것이다. [확대/축소] 도구의 줌 슬라이더가 있는 원래 위치를 기준으로 오른쪽은 확대, 왼쪽은 축소이다.

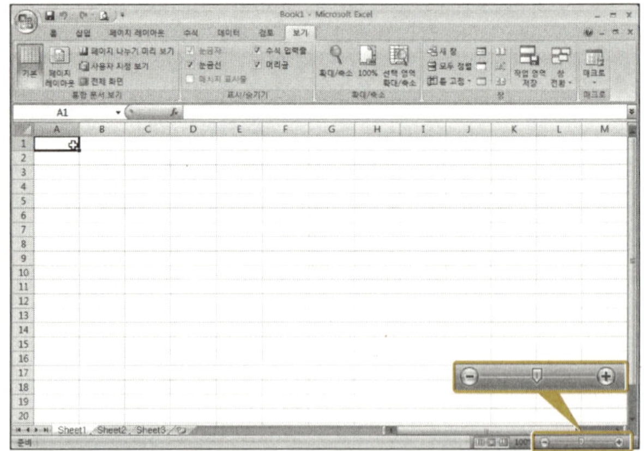

2 확대/축소 배율을 직접 지정하려면 [보기] 탭의 [확대/축소] 그룹에서 [확대/축소]를 선택한다. 대화상자가 열리면 원하는 배율을 선택하거나 '사용자 지정' 오른쪽 빈 칸에 입력한 후 [확인] 단추를 클릭한다.

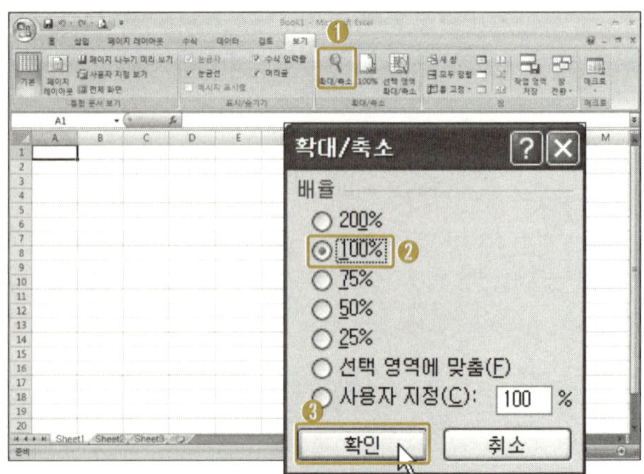

1 화면 구성 요소들을 표시하거나 표시하지 않도록 설정하려면 [보기] 탭의 [표시/숨기기] 그룹에서 '수식 입력줄', '눈금선', '머리글' 등의 항목을 체크하거나 체크 해제하면 된다. 다음은 각 항목의 체크를 해제한 화면이다.

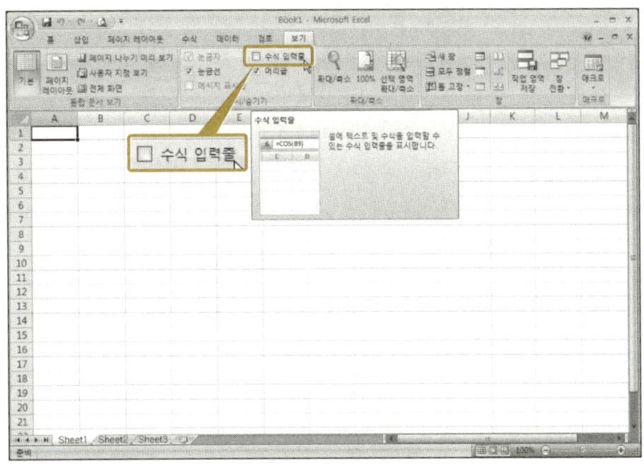

수식 입력줄 해제

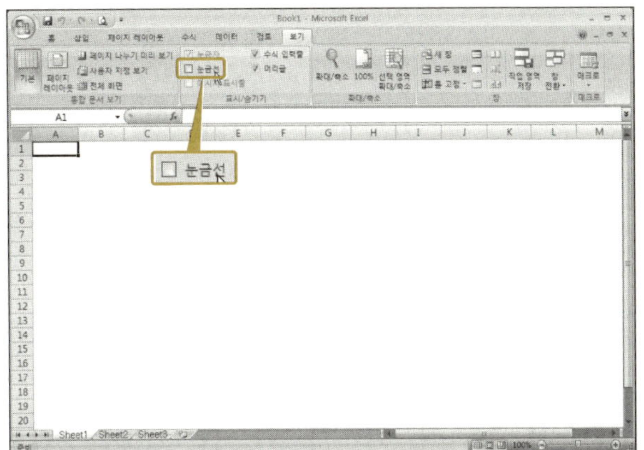

눈금선 해제

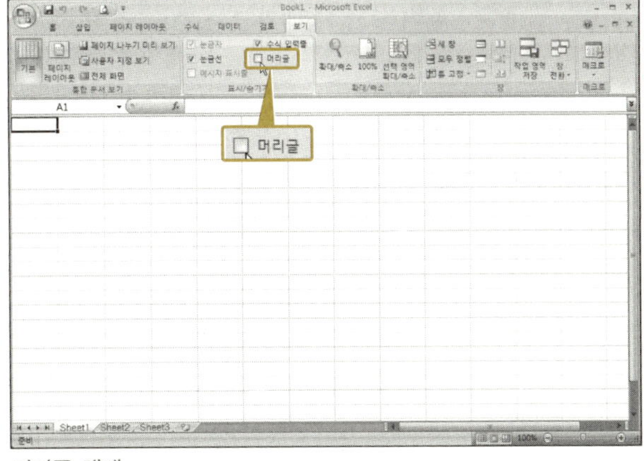

머리글 해제

확인학습문제

[문제 **1**] 워크시트의 보기 배율을 '120%'로 변경하시오.

[문제 **2**] 워크시트의 눈금선이 보이지 않도록 설정하시오.

준비파일 : Chapter01/확인학습01-1   **완성파일** : Chapter01/완성파일/확인학습완성01-1

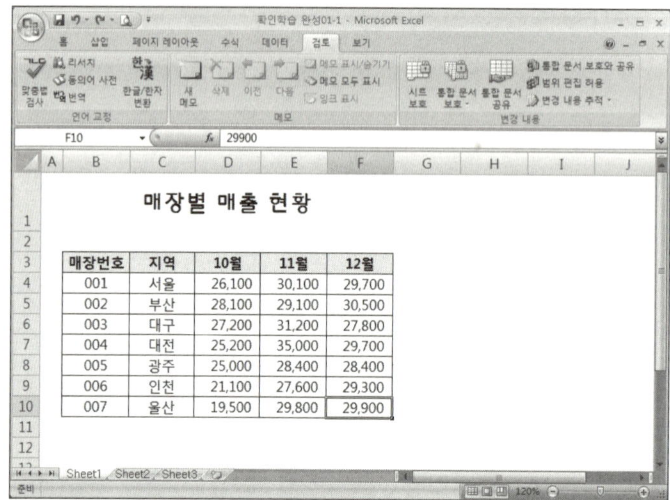

    화면의 보기 배율을 설정하는 방법

1 [보기] 탭의 [확대/축소] 그룹에서 [확대/축소]를 선택하여 대화상자가 열리면 '사용자 지정' 오른쪽의 빈칸에 '120'을 입력한다.

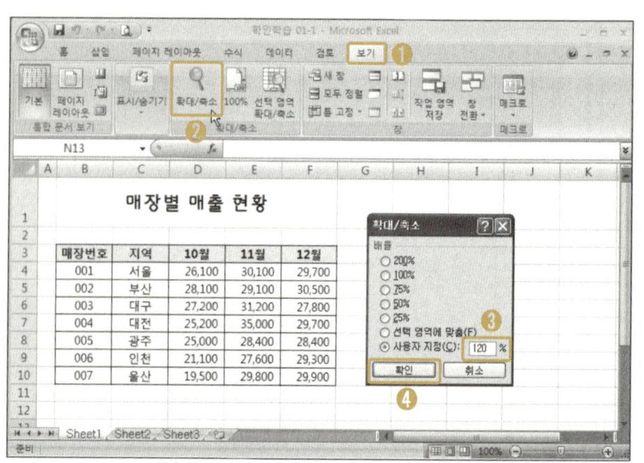

1 [보기] 탭의 [표시/숨기기] 그룹에서 '눈금선' 항목의 체크 박스를 클릭하여 눈금 선을 해제한다.

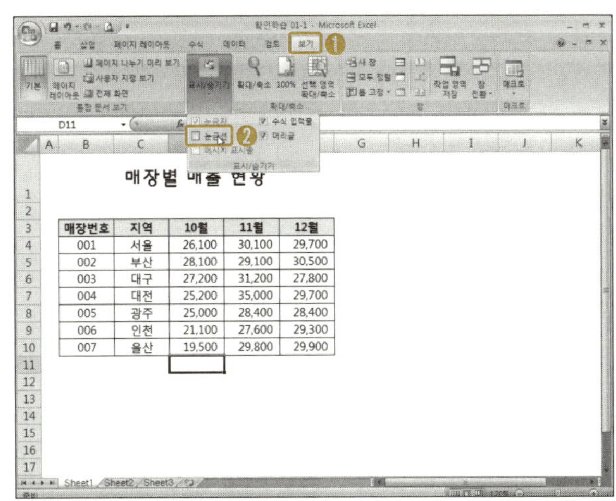

2 데이터 입력 및 자동 채우기

출제포인트

자동 채우기 기능으로 데이터를 입력하는 방법

⊙ **준비파일** : Chapter01/본문예제01-2　　　　⊙ **완성파일** : Chapter01/완성파일/본문완성01-2

1 다양한 형태의 데이터 입력하기

엑셀의 데이터는 문자 데이터와 숫자 데이터로 나누어진다. 문자 데이터는 셀에 왼쪽 정렬되고, 숫자 데이터는 오른쪽 정렬된다. 숫자와 문자가 조합된 데이터를 입력하면 문자로 취급하여 왼쪽 정렬된다.

1 엑셀 시트에 숫자 데이터, 문자 데이터, 숫자와 문자가 조합된 데이터를 입력해 본다.

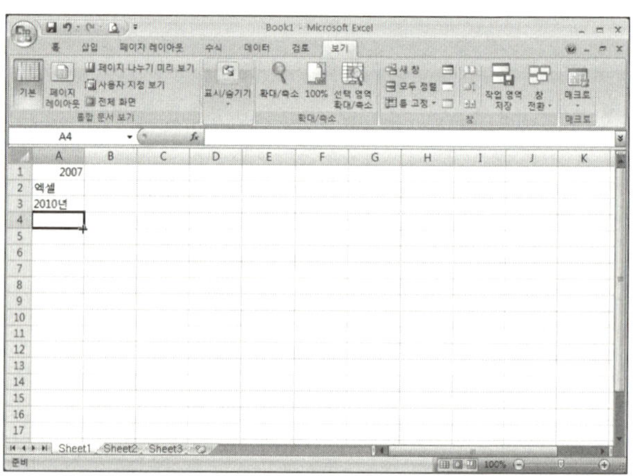

2 기호는 [삽입] 탭의 [텍스트] 그룹에서 [기호]를 클릭하여 입력한다.

☎ 기호를 입력하는 다른 방법

한글 자음 "ㅁ"과 키보드의 한자 를 이용해 입력할 수도 있다.

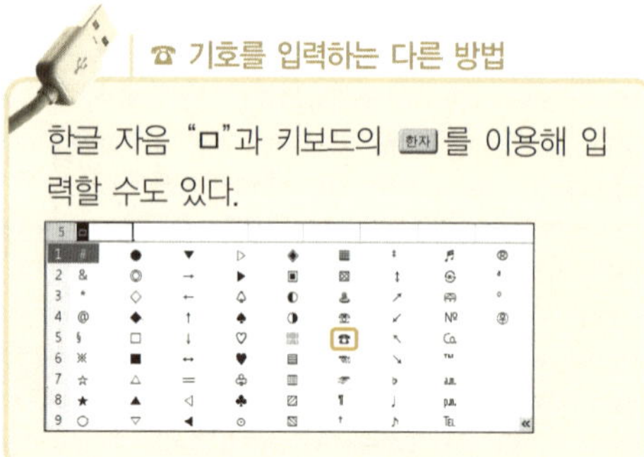

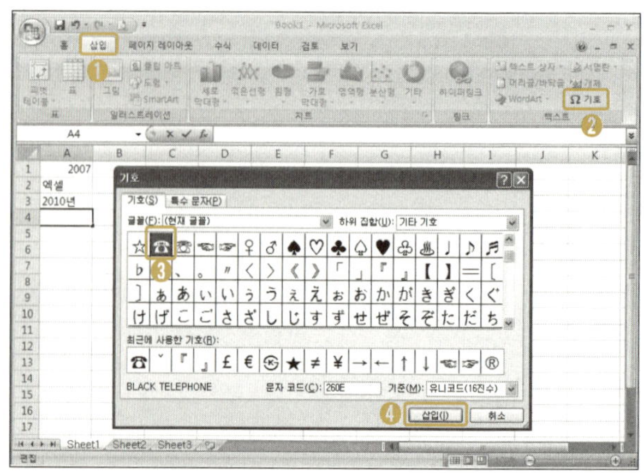

ㄱ	！ ＇ ， ． ／ ： ； ？ ＾ ＿ ＇ ｜ ￣ ′ ˚ … ¨ 〃 ‐ ― ‖ ＼ ～
ㄴ	（） ［］ ｛｝ ‘’ “” 〔〕 〈〉 《》 「」 『』 【】
ㄹ	＄ ％ ￦ Ｆ ＇ ＂ ℃ Å ￠ £ ￥ ℉ ‰ ㎕ ㎖ ㎗ ㎘ ㏄ ㎣ ㎤ ㎥ ㎦ ㎙ ㎚ ㎛ ㎜ ㎝ ㎞ ㎟ ㎠ ㎡ ㎢ ㏊ ㎍
ㅁ	＃ ＆ ＊ ＠ § ※ ☆ ★ ○ ● ◎ ◇ ◆ □ ■ △ ▲ ▽ ▼ → ↓ ↔ ＝ ▷ ◀ ▷ ▶ ♤ ♠ ♡
ㅅ	㉠ ㉡ ㉢ ㉣ ㉤ ㈀ ㈁ ㈂ ㈃ ㈄ ㈜ ㈜ ㈜ ㈜ ㈜ ㈜ ㈎ ㈏ ㈐ ㈑ ㈒ ㈓
ㅇ	ⓐ ⓑ ⓒ ⓓ ⓔ ⓕ ⓖ ⓗ ① ② ③ ④ ⑤ (a) (b) (c) (d) (e) (1) (2) (3) (4) (5)

3 입력된 텍스트를 한자로 변환할 때는 [검토] 탭의 [언어 교정] 그룹에서 [한글/한자 변환]을 클릭한다.

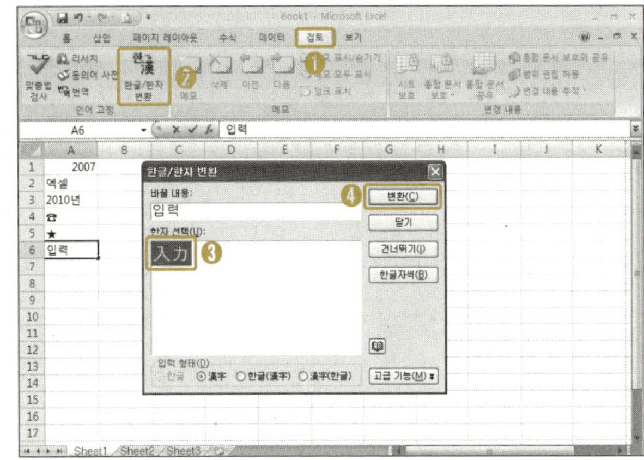

한자를 입력하는 다른 방법

입력된 텍스트를 한자로 변환할 때는 키보드의 한자 를 눌러도 된다.

2 데이터 수정과 삭제하기

데이터가 입력된 셀에 다시 데이터를 입력하면 이전 데이터는 지워지고 새로 입력한 데이터만 남는다. 엑셀 데이터의 수정은 다른 프로그램과는 방법이 조금 상이하므로 잘 익혀두도록 한다.

1 수정하고자 하는 셀을 선택하고 더블클릭하면 해당 셀이 텍스트 편집 상태가 된다.

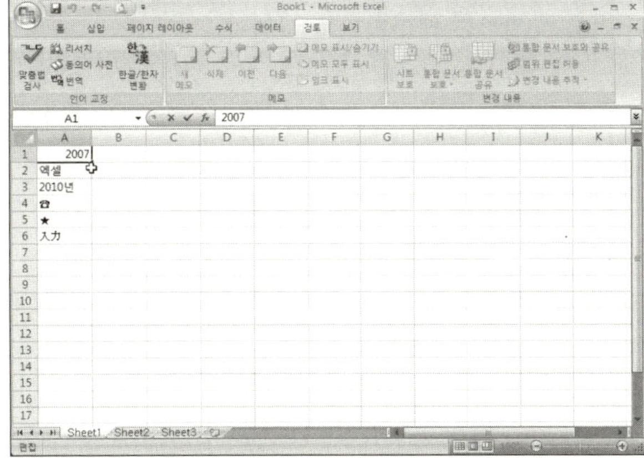

이렇게 해도 됩니다.

셀 선택 후 수식 입력 줄을 클릭하거나 F2 를 눌러도 된다.

2 삭제하고자 하는 셀을 선택한 후 마우스 오른쪽 단추를 눌러 [내용 지우기]를 클릭하거나 키보드의 Delete 를 눌러 삭제한다.

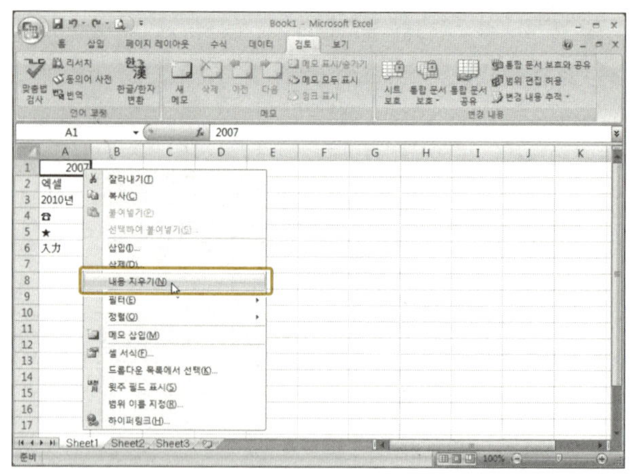

3 자동 채우기로 데이터 입력하기

1 채우기 핸들에 마우스 포인터를 가져가면 십자 모양으로 변경되는데 이 때 드래그하여 데이터를 입력하는 방법을 자동 채우기라고 한다.

채우기 핸들

셀을 선택하면 셀의 가장자리가 진하게 표시된다. 이때 셀의 오른쪽 아래 모서리에 표시되는 작은 사각점을 채우기 핸들이라고 한다.

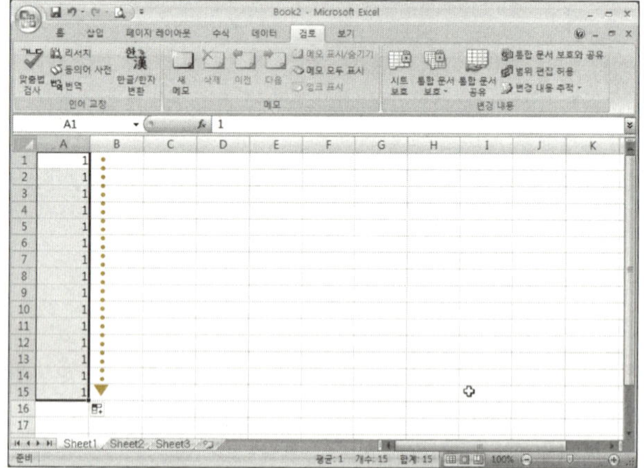

2 셀에 숫자나 문자를 입력한 후 자동 채우기를 실행하면 데이터가 복사된다.

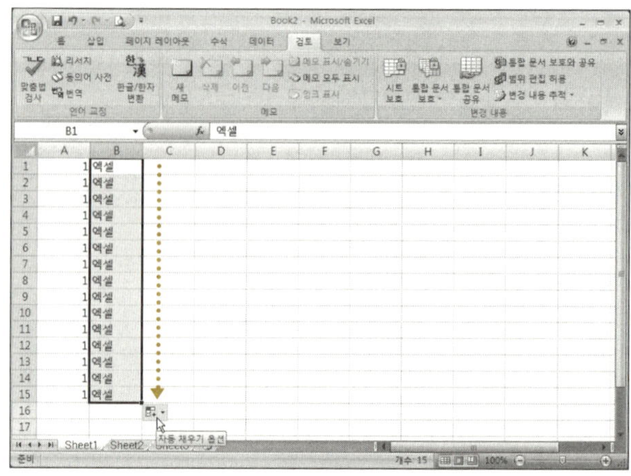

3 숫자를 입력한 후 채우기 핸들을 마우스 오른쪽 단추로 드래그하면 단축 메뉴가 표시되는데 [연속 데이터 채우기]를 선택하면 연속 데이터를 입력할 수 있다.

이렇게 해도 됩니다.

[Ctrl]을 누른 상태로 자동 채우기를 하거나, 자동 채우기했을 때 표시되는 [자동 채우기 옵션] 단추를 클릭하여 [연속 데이터 채우기]를 선택해도 연속 데이터가 채워진다.

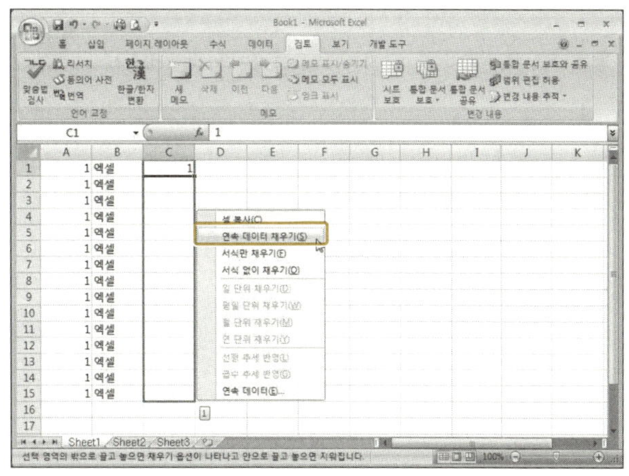

4 일반적으로 쓰이는 문자 데이터나, 숫자와 문자가 조합된 데이터의 경우에는 [Ctrl]을 사용하지 않고 자동 채우기만으로도 연속 데이터 입력이 가능하다.

채우기 핸들 더블클릭

많은 행의 데이터를 자동 채우기할 때에는 채우기 핸들을 더블클릭하면 왼쪽이나 오른쪽의 데이터가 채워진 행까지 자동으로 채우기가 실행된다.

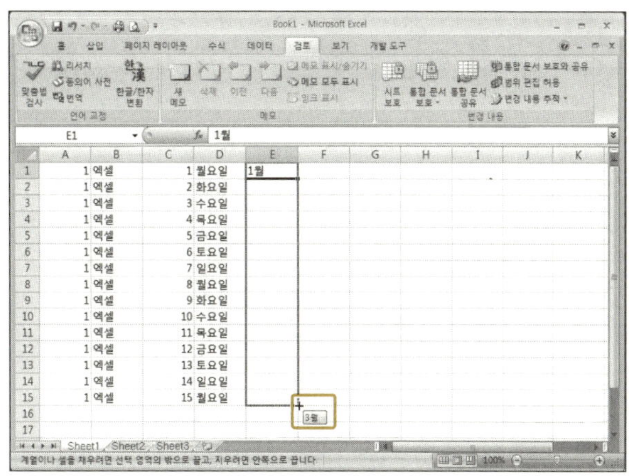

4 사용자 지정 목록으로 자동 채우기

월, 화, 수, 목, ……이나 Jan, Feb, Mar, Apr, ……와 같은 일반적으로 사용되는 목록들은 자동 채우기만으로도 연속 데이터를 입력할 수 있으며, 이외에 사용자가 자주 사용하는 문자 목록인 경우에는 [사용자 지정 목록]에 추가하면 편리하게 사용할 수 있다.

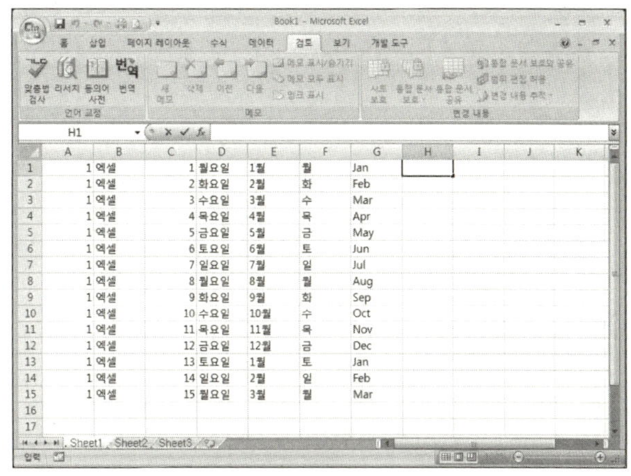

1　[Office] 단추-[Excel 옵션]을 선택한다.

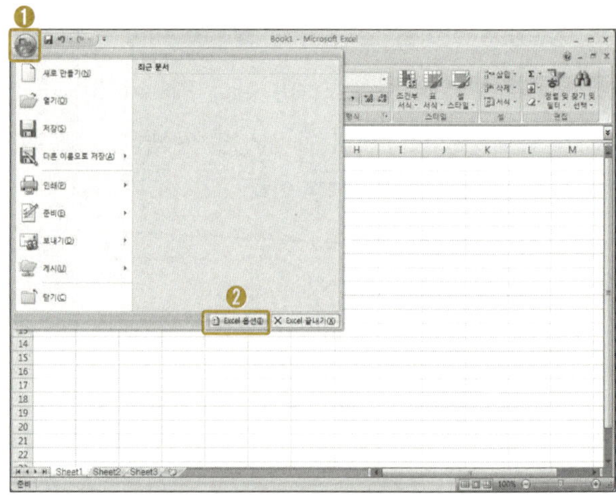

2　[기본 설정]의 [사용자 지정 목록 편집] 단추를 눌러 선택한다.

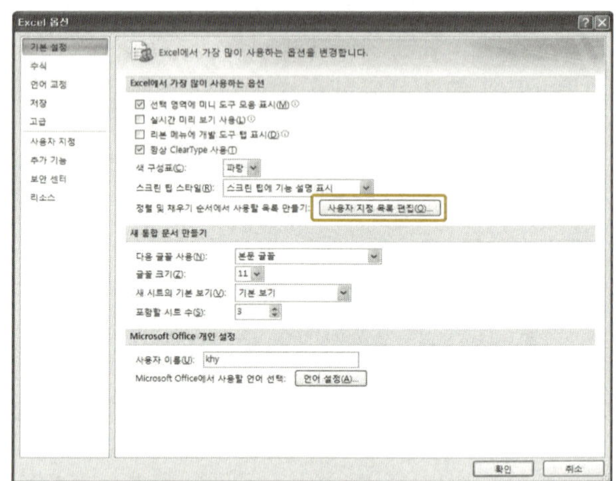

3　[사용자 지정 목록] 대화상자의 오른쪽 목록 항목 창에 등록하고자 하는 목록을 Enter 로 구분하여 입력한 후 [추가] 단추를 클릭하여 등록한다.

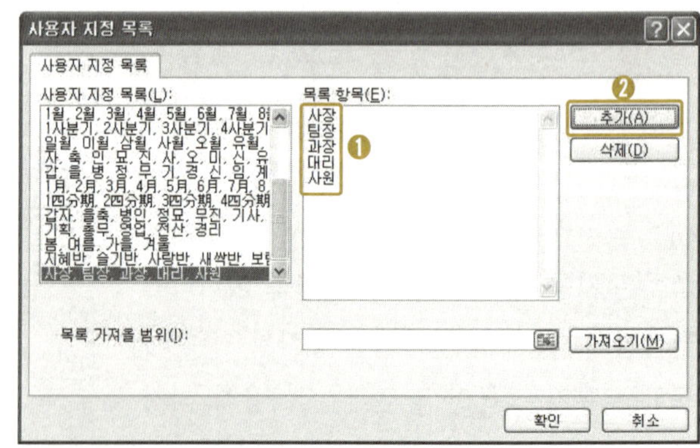

| 이렇게 해도 됩니다.

사용자 지정 목록 입력시 쉼표(,)로 구분하여 입력해도 된다.

4 등록한 목록 중 데이터 하나를 입력하고 자동 채우기하면 연속 데이터가 입력된다.

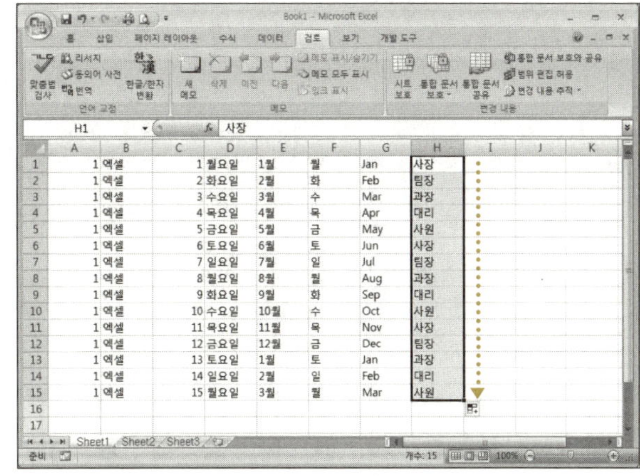

5 수식 복사하기

엑셀에서의 수식은 "="를 입력한 후 직접 입력하거나 자동 합계(Σ)나 함수 마법사(*fx*) 단추를 이용하여 입력 가능하다. 이렇게 입력한 셀을 드래그하여 자동 채우기하면 셀 값이 아닌 수식이 기본적으로 복사된다.

1 'Chapter01/본문예제01-2' 파일을 열고 수식이 입력된 [G3] 셀을 클릭한다.

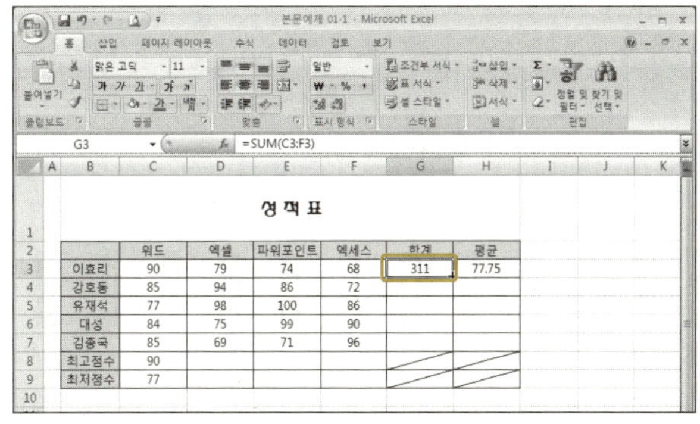

2 채우기 핸들로 수식을 입력하고자 하는 셀 방향으로 드래그하면 수식이 복사되어 결과값이 표시된다.

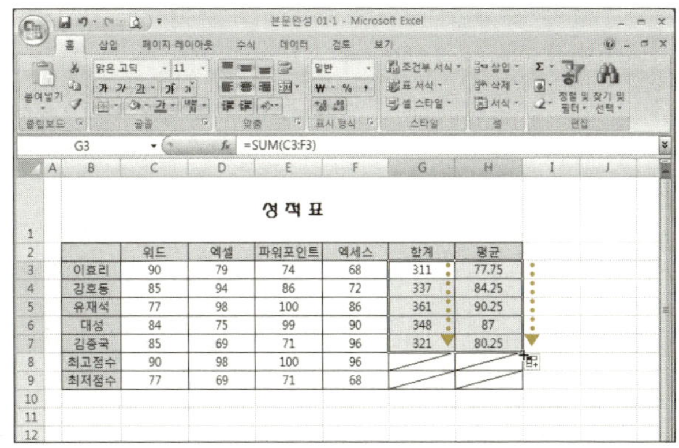

[문제 **1**] [D3]의 값을 이용하여 [E3:F3] 셀에 연속 데이터 채우기하시오.

[문제 **2**] [B4]의 값을 이용하여 [B5:B10] 셀에 1씩 증가되도록 데이터를 채우시오.

[문제 **3**] [G5:H10], [E11:F12] 영역에 수식을 복사하여 표를 완성하시오.

⊙ **준비파일** : Chapter01/확인학습01-2   ⊙ **완성파일** : Chapter01/완성파일/확인학습완성01-2

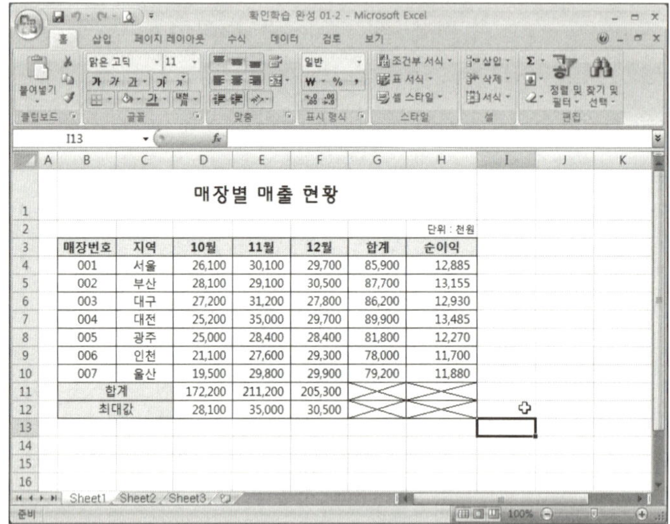

1 풀이 ｜ 숫자와 문자가 조합된 데이터의 자동 채우기

1 [D3] 셀을 클릭한 후 채우기 핸들을 [F3] 셀까지 드래그하여 연속 데이터를 입력한다.

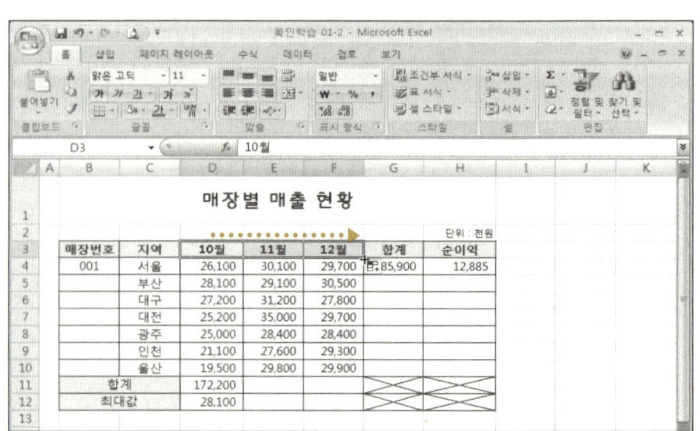

1 [B4] 셀을 클릭한 후 채우기 핸들을 [B10] 셀까지 드래그하여 [자동 채우기 옵션] 단추가 나타나면 클릭한다.

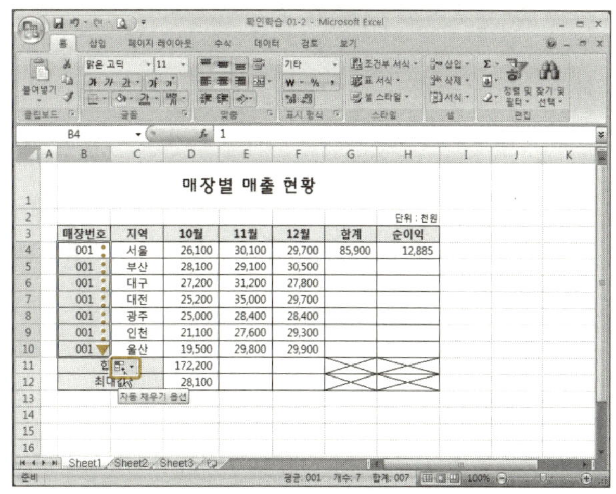

2 [연속 데이터 채우기]를 선택하면 연속 데이터가 입력된다(Ctrl을 누른 상태로 채우기 핸들을 드래그해도 연속 데이터가 채워진다).

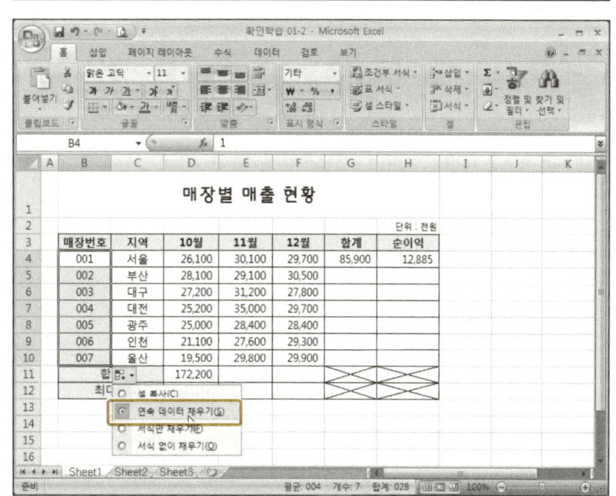

1 [G4:H4] 셀을 선택하고 [10] 행까지 드래그하고, [D11:D12] 셀을 [F] 열까지 드래그하면 수식이 복사된다.

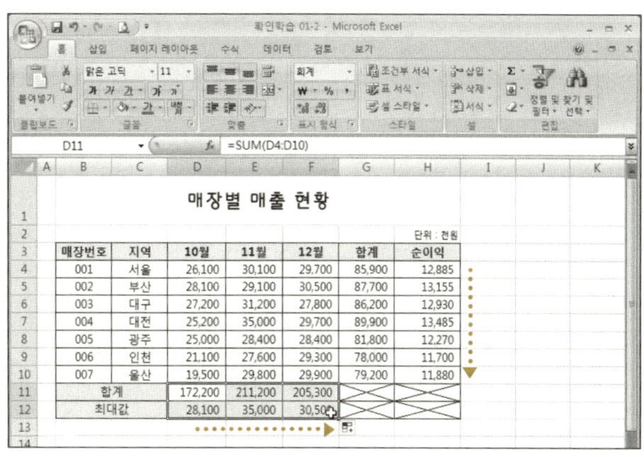

3 셀 이동/복사

출제포인트

상황에 맞게 데이터를 이동/복사하는 방법

⊙ **준비파일** : Chapter01/본문예제01-3   ⊙ **완성파일** : Chapter01/완성파일/본문완성01-3

데이터가 입력된 셀을 선택하여 다른 위치로 이동하거나 복사하면 같은 데이터를 새로 입력하는 것에 비해 작업 속도를 높일 수 있어 효율적이다.

1 셀 이동하기

이동하고자 하는 셀을 선택한 후 원하는 위치로 이동하여 다른 위치로 옮길 수 있다.

1 [1사분기] 시트의 [H3] 셀을 선택하고 [홈] 탭의 [클립보드] 그룹에서 [잘라내기]를 클릭한다.

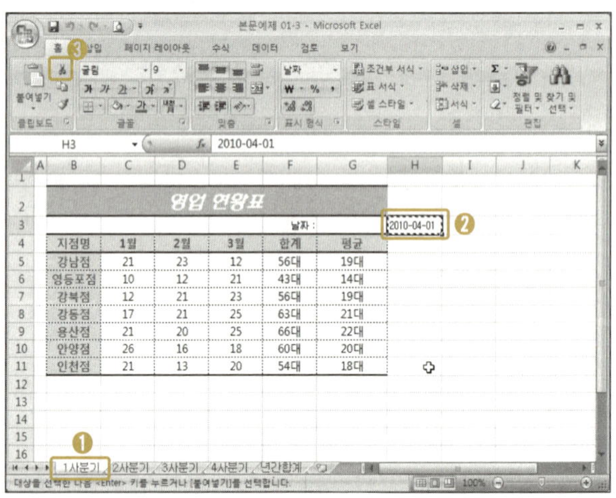

 이렇게 해도 됩니다.

마우스 오른쪽 단추를 누르면 나오는 바로가기 메뉴에서 [잘라내기]를 클릭하거나 단축키 Ctrl + X 를 사용할 수도 있다.

2 [G3] 셀을 선택하고 [홈] 탭의 [클립보드] 그룹에서 [붙여넣기]를 클릭한다.

이렇게 해도 됩니다.

마우스 오른쪽 단추를 누르면 나오는 바로가기 메뉴에서 [붙여넣기]를 클릭하거나 단축키 Ctrl + V 를 사용할 수도 있다.

이렇게 해도 됩니다.

마우스로 드래그하여 이동하는 방법도 있다. 이동하고자 하는 데이터가 있는 셀 또는 셀 범위를 선택하고 테두리에 마우스 포인터를 가져가면 마우스 커서 모양이 이동(✛)으로 변경되는데 이때 옮기고자 하는 위치로 드래그하면 이동이 된다.

2 셀 복사하기

복사하고자 하는 셀을 선택한 후 원하는 위치로 붙여넣기하여 내용을 복사한다.

1 [1사분기] 시트의 [B2] 셀을 선택한 상태로 [홈] 탭의 [클립보드] 그룹에서 [복사]를 클릭한다.

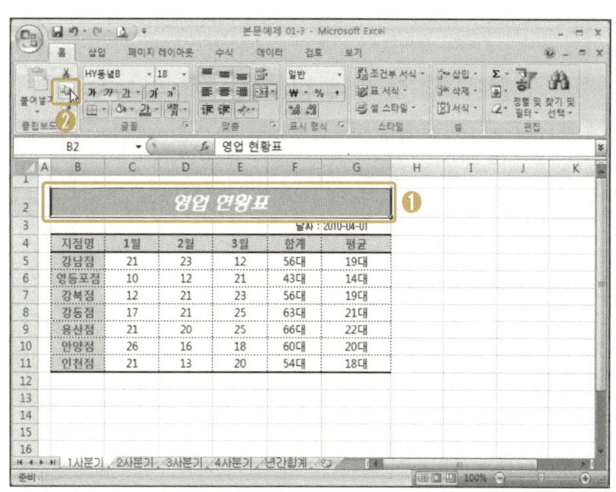

이렇게 해도 됩니다.

마우스 오른쪽 단추를 누르면 나오는 바로가기 메뉴에서 [복사]를 클릭하거나 단축키 Ctrl + C 를 사용할 수도 있다.

 **2** [2사분기] 시트의 [B2] 셀을 선택하고 [홈] 탭의 [클립보드] 그룹에서 [붙여넣기]를 클릭한다.

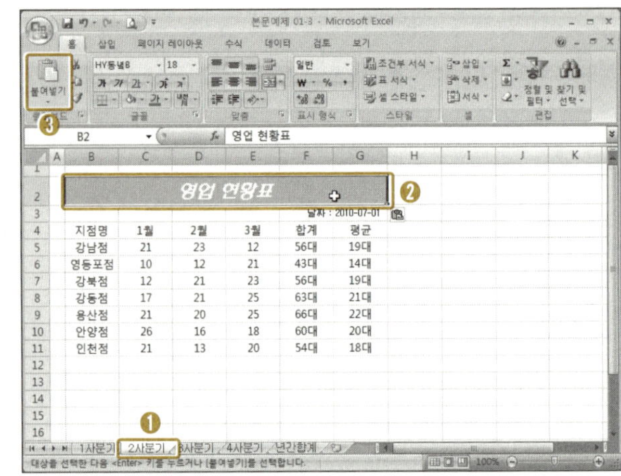

이렇게 해도 됩니다.

마우스 오른쪽 단추를 누르면 나오는 바로가기 메뉴에서 [붙여넣기]를 클릭하거나 단축키 Ctrl + V 를 사용할 수도 있다.

이렇게 해도 됩니다.

복사하고자 하는 데이터가 있는 셀 또는 셀 범위를 선택한 상태로 테두리에 마우스 포인터를 가져가면 마우스 커서 모양이 이동(✛)으로 변경되는데 이 때 Ctrl 을 누른 상태로 옮기고자 하는 위치로 드래그하면 데이터가 복사된다.

3 서식 복사하기

셀의 내용은 그대로 유지한 채 서식만 복사하고자 할 때 서식 복사를 사용한다.

 **1** [1사분기] 시트의 [B4:G11] 영역을 선택한 상태로 [홈] 탭의 [클립보드] 그룹에서 [서식 복사]를 클릭하면 마우스 커서의 모양이 변경된다.

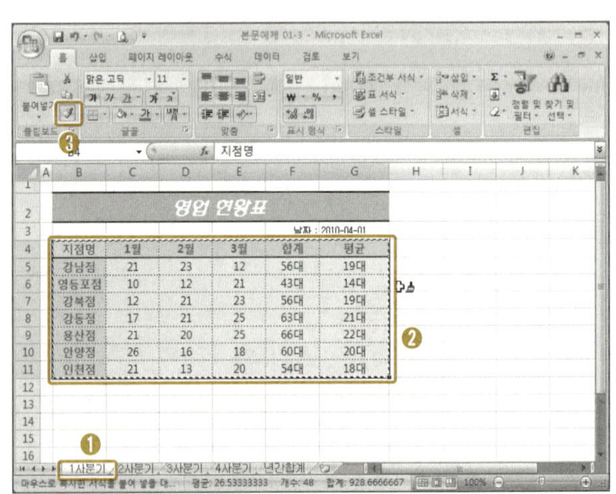

서식 복사 여러 번 하기

서식 복사를 연속해서 여러 번 하는 경우엔 [서식 복사] 단추를 더블클릭하면 Esc 를 누르기 전까지 서식 복사 기능이 활성화된다.

2 [2사분기] 시트의 [B4] 셀을 클릭하여 서식을 붙여넣기한다.

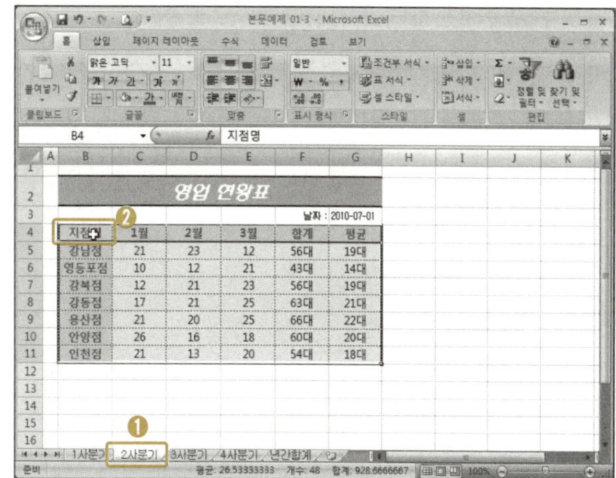

이렇게 해도 됩니다.

복사하기를 한 후 붙여넣기 옵션에서 [서식만]을 선택해도 값은 그대로 두고 서식만 복사할 수 있다.

붙여넣기 옵션 메뉴

- 원본 서식 유지 : 원본의 서식을 그대로 유지한 채 데이터가 복사된다.
- 대상 테마 사용 : 현재 붙여넣기 위치에 설정된 테마로 변경된다.
- 주변 서식에 맞추기 : 원본 서식은 없어지고 내용만 그대로 유지되어 붙여넣기한 대상 셀의 서식이 적용된다.
- 값만 : 수식 셀을 복사한 경우 수식이 값으로 대체되고 대상 셀의 서식이 적용된다.
- 값 및 숫자 서식 : 수식과 숫자 서식이 포함된 데이터를 복사한 경우 수식이 값으로 대체되고 원본 셀의 서식도 적용된다.
- 원본 열 너비 유지 : 셀을 복사하면 열 너비는

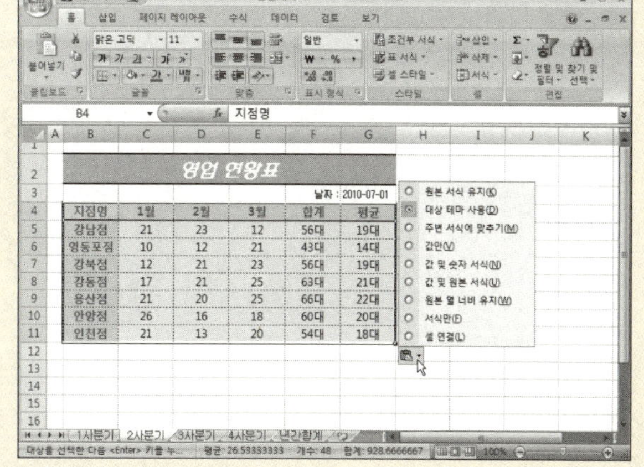

복사 대상에서 제외되며, 이 옵션을 선택하면 대상 셀의 열 너비로 맞춰진다.
- 서식만 : 원본 셀의 서식만 적용된다.
- 셀 연결 : 원본 셀이 변경되면 붙여넣기한 셀의 내용도 자동으로 변경된다.

4 선택하여 붙여넣기

붙여넣기 옵션을 이용하여 다양한 옵션을 설정할 수 있으나, 선택하여 붙여넣기를 이용하면 더 많은 옵션을 선택하여 복사할 수 있다.

1 [1사분기] 시트의 [F5:F11] 영역을 선택한 상태로 [홈] 탭의 [클립보드] 그룹에서 [복사]를 클릭한다.

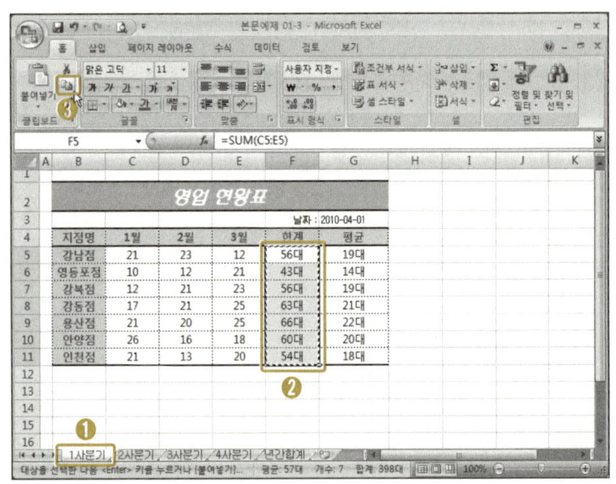

2 [연간합계] 시트의 [C5:C11] 셀을 선택한 상태로 [붙여넣기]-[선택하여 붙여넣기]를 클릭한다.

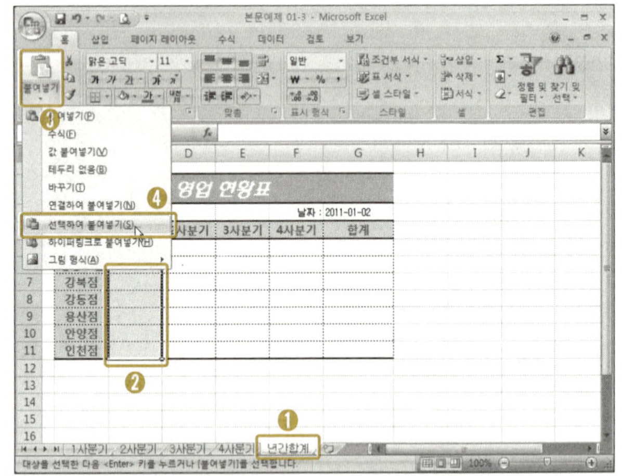

3 [선택하여 붙여넣기] 대화상자에서 '값'을 선택한 후 [확인]을 클릭하면 수식을 제외한 값만 붙여넣기된다.

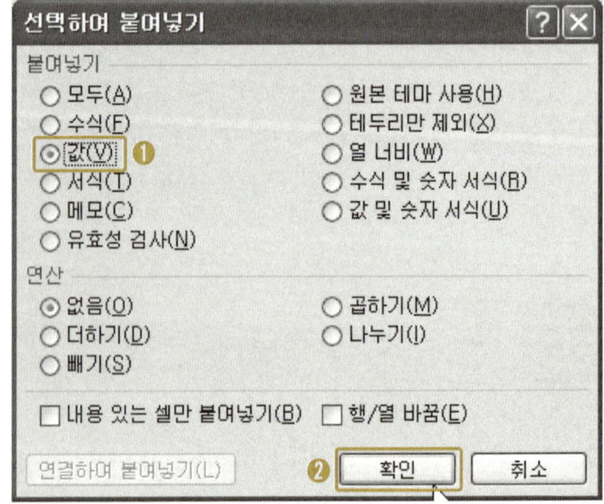

4   다른 시트의 합계값도 복사하여 [연간 합계] 시트의 빈 셀에 붙여넣어 완성한다.

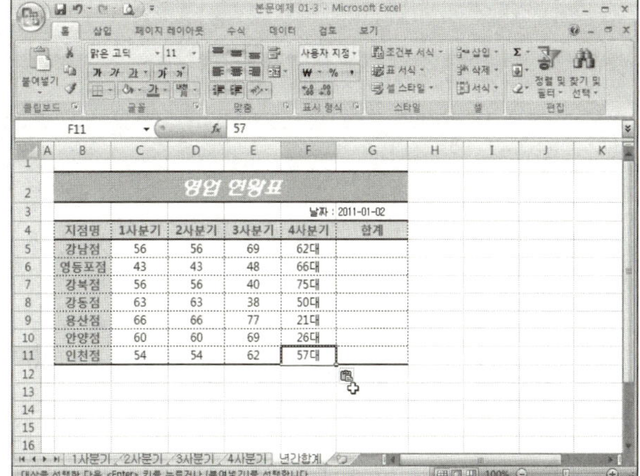

주의하세요.

[선택하여 붙여넣기] 옵션은 복사 명령 후에 사용 가능하다.

[선택하여 붙여넣기] 대화상자

- 모두 : 내용과 서식이 모두 복사된다.
- 수식 : 셀 내용만 복사되고 서식은 복사되지 않으며 수식이 적용된 경우에는 수식이 복사된다.
- 값 : 복사된 내용에서 수식은 제거되고 값만 복사된다.
- 서식 : 서식만 복사된다.
- 메모 : 셀에 삽입되어 있는 메모만 복사된다.
- 유효성 검사 : 셀에 설정되어 있는 유효성 검사 규칙이 복사된다.
- 원본 테마 사용 : 원본 테마가 유지되어 복사된다.
- 테두리만 제외 : 셀 테두리를 제외한 내용과 나머지 서식이 모두 복사된다.
- 열 너비 : 열 너비가 복사된다.
- 수식 및 숫자 서식 : 복사 내용이 수식이면 수식과 함께 숫자 서식까지 복사된다.
- 값 및 숫자 서식 : 값과 함께 숫자 서식만 복사된다.
- 연산 : 복사한 데이터와 붙여 넣을 셀의 데이터의 값이 연산되어 값이 복사된다.
- 내용이 있는 셀만 붙여넣기 : 복사한 데이터 범위의 내용이 있는 셀만 내용과 서식이 복사되고 빈 셀은 그대로 유지된다.
- 행/열 바꿈 : 행과 열을 바꿔서 복사한다.
- 연결하여 붙여넣기 : 원본 셀이 변경되면 붙여넣기한 셀의 내용도 자동으로 변경된다.

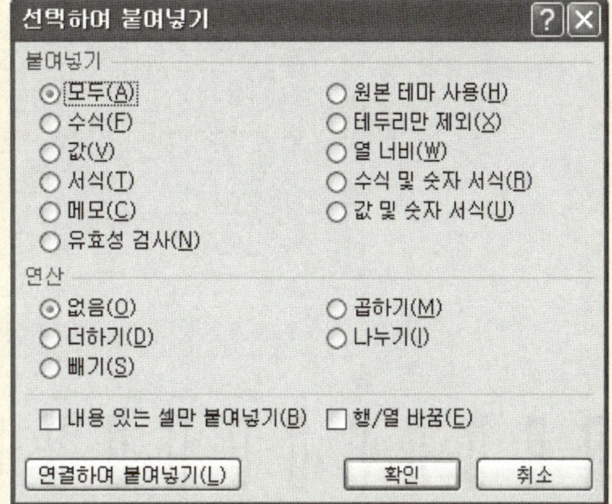

[문제 **1**] [B2] 셀의 데이터를 [B1:H1] 셀로 이동하시오.

[문제 **2**] [B4:B13] 영역에 [B3] 셀의 서식을 복사하여 적용하시오.

◉ **준비파일** : Chapter01/확인학습01-3   ◉ **완성파일** : Chapter01/완성파일/확인학습완성01-3

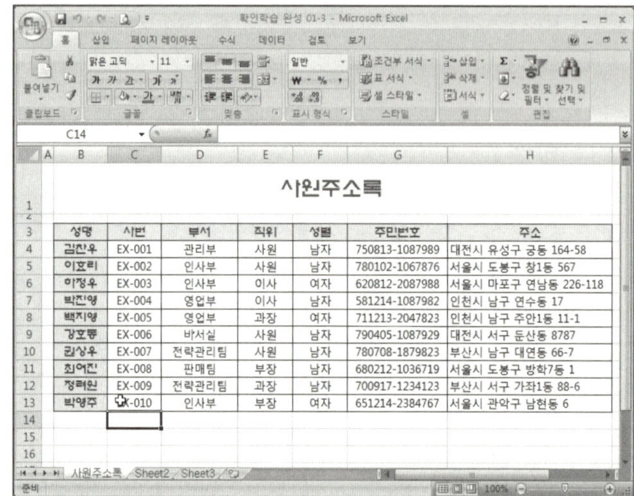

---

1 풀이   선택된 셀의 값과 서식을 그대로 이동하기

1 [B2] 셀을 선택하고 [홈] 탭의 [클립보드] 그룹에서 [잘라내기]를 클릭한다.

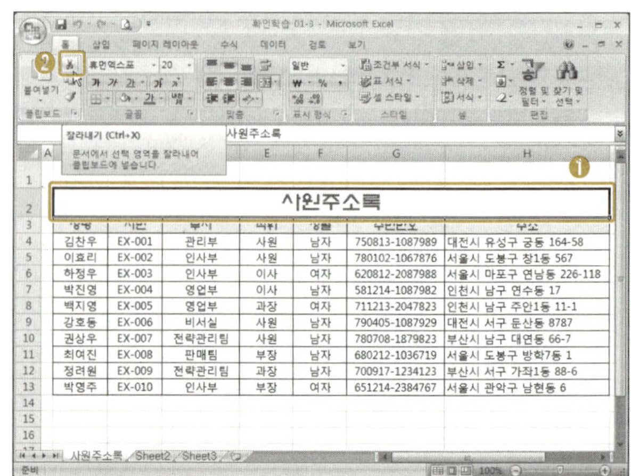

2 [B1] 셀을 선택하고 [홈] 탭의 [클립보드] 그룹에서 [붙여넣기]를 선택한다.

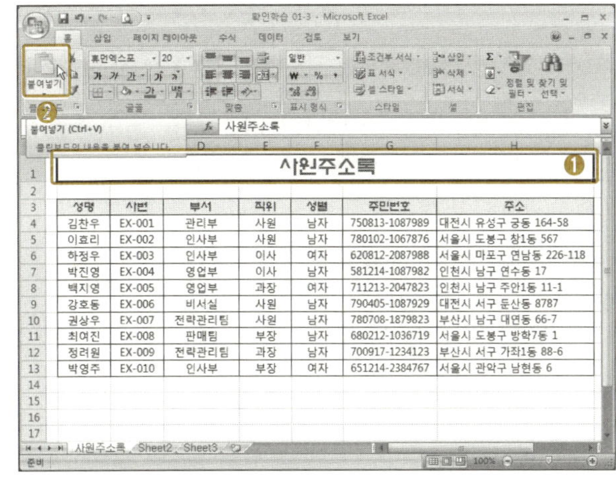

이렇게 해도 됩니다.

이동할 셀을 선택한 후 셀의 가장자리를 눌러 마우스로 이동해도 셀의 서식이 유지된 채로 값이 이동된다.

② 풀이　　선택된 셀의 서식만 복사하기

1 [B3] 셀을 선택한 상태로 [서식 복사]를 클릭하고 [B4:B13] 영역을 선택하면 [B3] 셀의 서식이 적용된다.

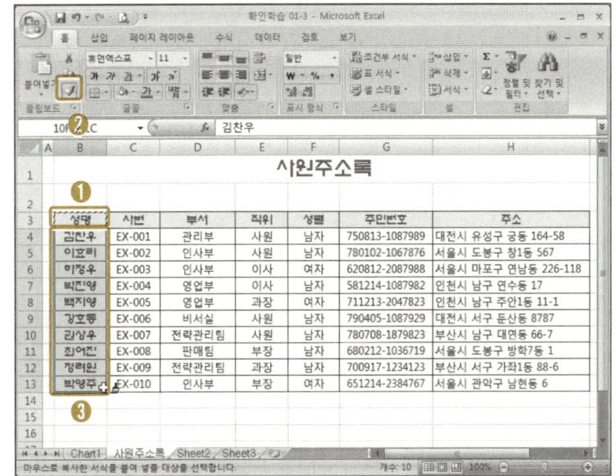

이렇게 해도 됩니다.

복사하기와 붙여넣기를 한 후 [붙여넣기 옵션]에서 [서식만]을 선택해도 된다.

4 유효성 검사

출제포인트
데이터의 입력 조건을 제한하는 방법을 묻는 문제

◉ **준비파일** : Chapter01/본문예제01-4　　　◉ **완성파일** : Chapter01/완성파일/본문완성01-4

데이터를 입력하다 보면 적합하지 않은 데이터를 입력하는 경우가 종종 있다. 이럴 때 유효성 검사 기능을 이용하면 셀에 입력 가능한 데이터의 종류와 값의 범위를 지정하여 데이터가 잘못 입력되는 경우 입력을 제한하거나 경고 창을 띄워 데이터 입력 오류를 미리 방지할 수 있다.

1 데이터 입력 규칙 설정하기

1 [B5:B24] 영역을 선택한 후 [데이터] 탭의 [데이터 도구] 그룹에서 [데이터 유효성 검사]를 선택한다.

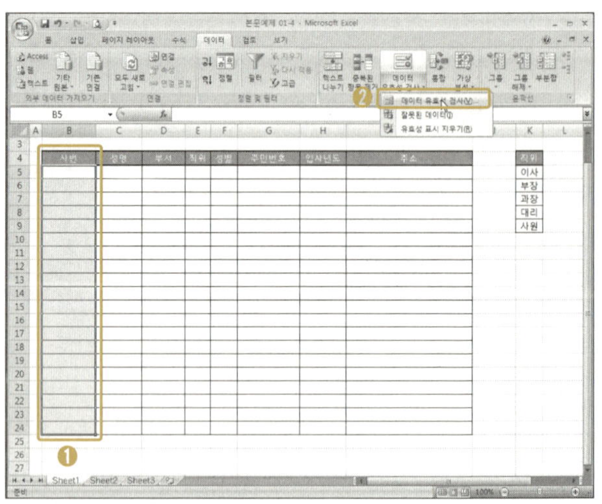

2 [데이터 유효성] 대화상자의 [설정] 탭에서 제한 대상을 '텍스트 길이'로 선택하고 제한 방법을 '='로, 길이는 '5'로 설정한 후 [확인] 단추를 클릭한다.

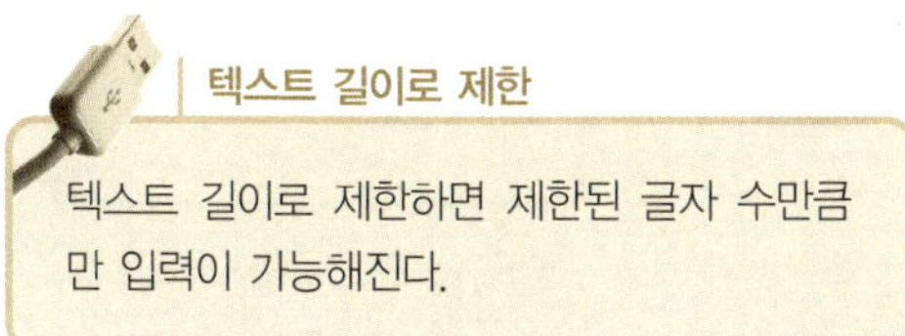

텍스트 길이로 제한

텍스트 길이로 제한하면 제한된 글자 수만큼만 입력이 가능해진다.

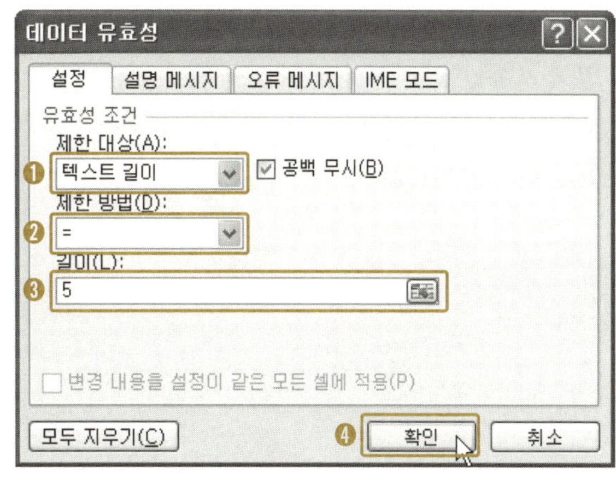

3 [E5:E24] 영역을 선택한 후 [데이터 유효성 검사]를 선택하여 [데이터 유효성] 대화상자가 나타나면 [설정] 탭에서 제한 대상을 '목록'으로 설정하고, 원본은 [K5:K9] 영역을 드래그하여 설정한다.

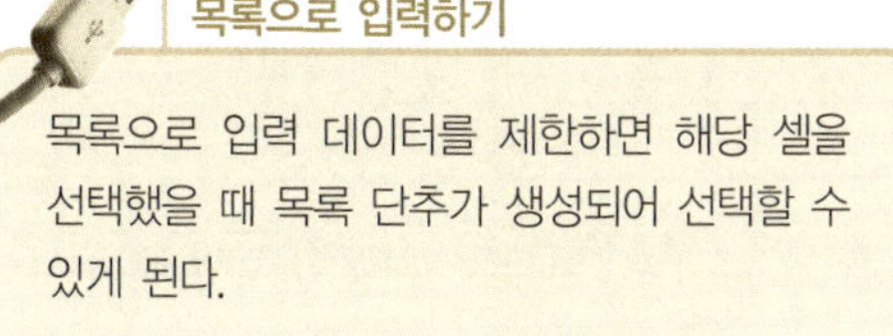

목록으로 입력하기

목록으로 입력 데이터를 제한하면 해당 셀을 선택했을 때 목록 단추가 생성되어 선택할 수 있게 된다.

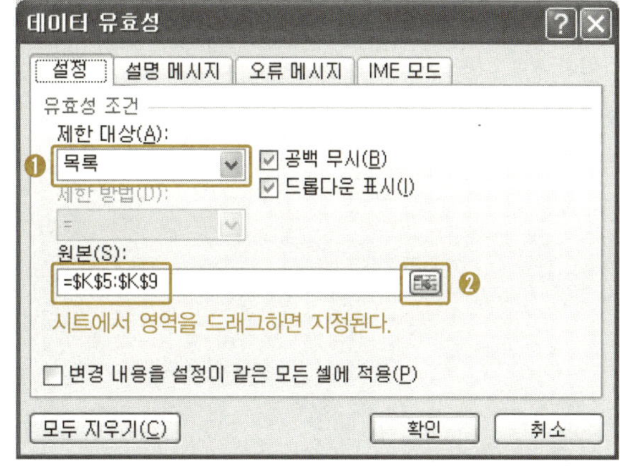

4 [설명 메시지] 탭을 선택하고 제목에 "직위를 선택", 설명 메시지에는 "목록에서 직위를 선택하세요."를 입력한다.

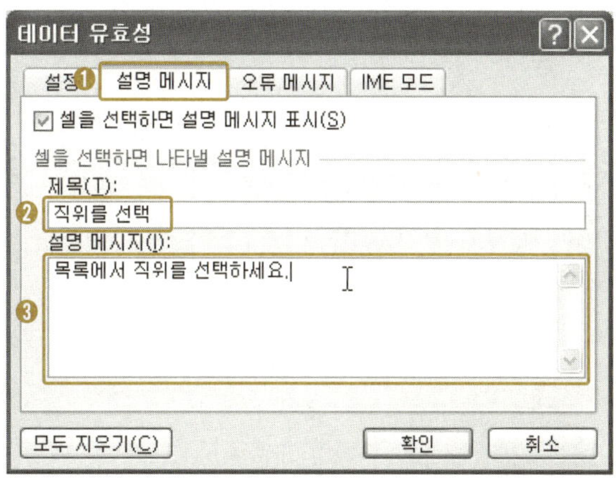

5 [오류 메시지] 탭을 선택하고 제목에 '입력 오류', 오류 메시지에는 "목록에 있는 데이터만 입력가능합니다."를 입력한 후 [확인] 단추를 클릭한다.

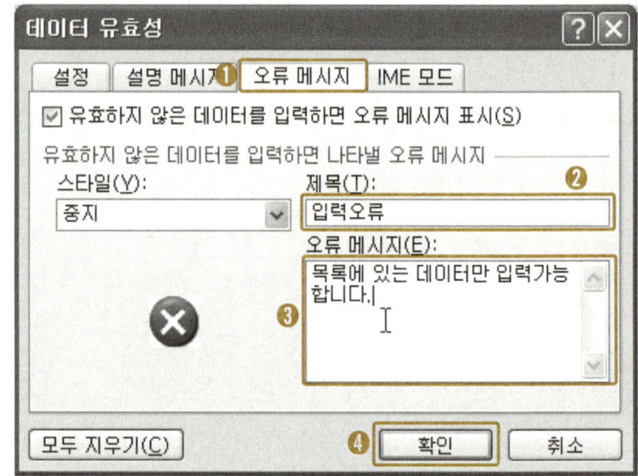

6 이제 [E5:E24] 영역 중 한 셀을 선택하면 설명 메시지와 목록 단추가 표시된다.

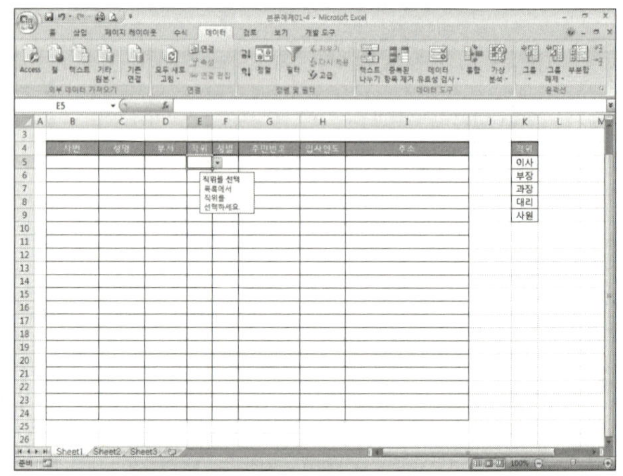

7 해당 셀에 잘못된 데이터를 입력하면 오류 메시지가 표시된다. 다시 입력하거나 입력을 취소할 수 있다.

8 [C5:C24] 영역을 선택하고 [데이터 유효성 검사]를 선택한 후 [IME 모드] 탭에서 모드를 '한글'로 설정하고 [확인] 단추를 클릭한다.

한글 입력 모드

모드를 한글로 설정하면 한/영을 누르지 않아도 해당 셀을 선택하면 이전의 모드와 상관없이 한글 입력 모드가 된다.

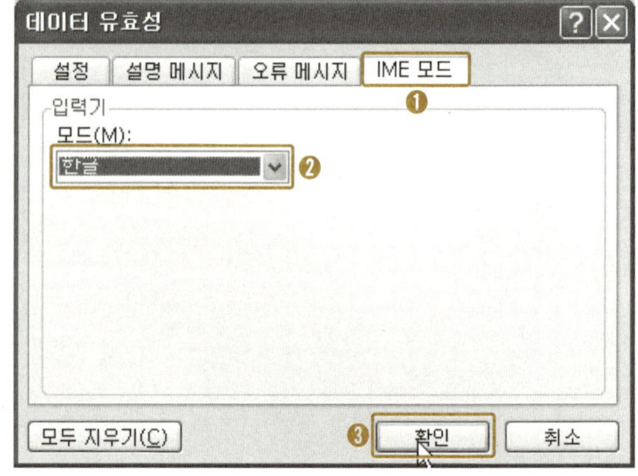

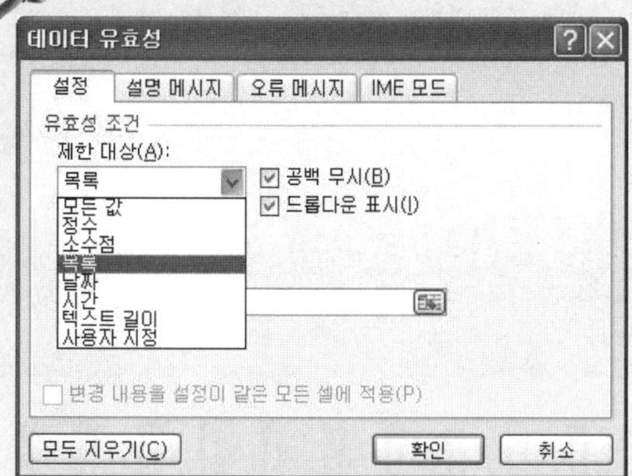

[설정] 탭

제한 대상 및 기타 옵션

- 정수/소수점 : 입력 값을 정수 또는 실수로 제한한다.
- 목록 : 목록 단추를 눌러 나타나는 항목 중에서 원하는 값을 선택할 수 있도록 제한한다.
- 날짜/시간 : 입력 값을 날짜나 시간으로 제한한다.
- 텍스트 길이 : 입력 값의 글자 수를 제한한다.
- 사용자 지정 : 참조 범위나 수식 결과 값을 입력 범위로 제한한다.
- 공백 무시 : 빈 셀을 허용할지 여부를 선택한다.
- 드롭다운 표시 : 제한 대상을 목록으로 선택한 경우 나타난다. 값을 드롭다운 목록을 선택할지 여부를 선택한다.
- 변경 내용을 설정이 같은 모든 셀에 적용 : 동일한 유효성 검사 규칙이 적용되어 있는 다른 셀에도 변경 내용을 동일하게 적용한다.
- 모두 지우기 : 설정되어 있는 유효성 검사 규칙을 모두 제거한다.

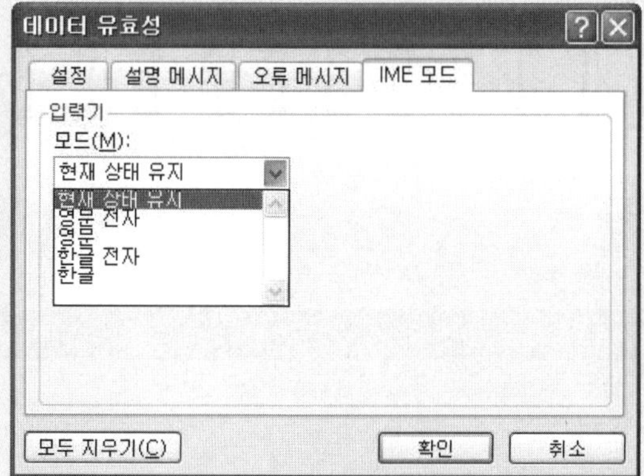

[IME 모드] 탭

- 현재 상태 유지 : 현재 키보드의 입력 모드를 유지한다.
- 영문 전자 : 2Byte의 영문과 공백이 입력된다.
- 영문 : 1Byte 크기의 영문과 공백이 입력된다.
- 한글 전자 : 2Byte 크기의 한글과 공백이 입력된다.
- 한글 : 2Byte의 한글과 1Byte의 공백이 입력된다.

확인학습문제

[문제 **1**] [C3] 셀에 3글자 길이의 텍스트만 입력이 허용되도록 제한하고 잘못된 데이터를 입력하면 '입력오류입니다. 다시 입력하세요.' 라는 오류 메시지가 나타나도록 설정하시오.

[문제 **2**] [E3] 셀을 "남","여"만 입력 가능하도록 목록으로 제한하시오.

[문제 **3**] [C5] 셀을 한/영 을 누르지 않고도 항상 한글이 입력될 수 있도록 제한하시오.

◉ **준비파일** : Chapter01/확인학습01-4   ◉ **완성파일** : Chapter01/완성파일/확인학습완성01-4

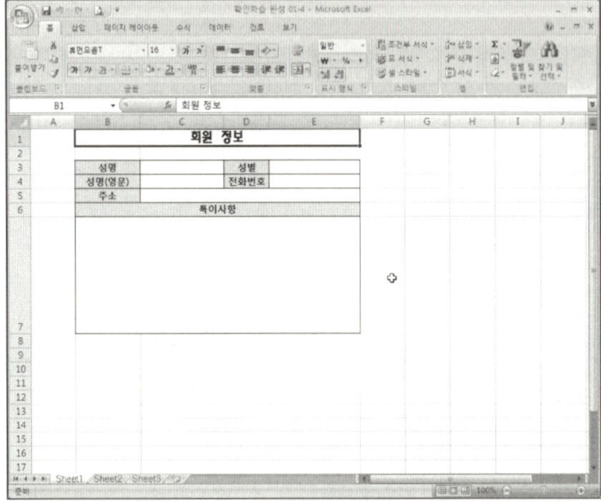

---

1 풀이   유효성 검사로 텍스트 길이를 제한하는 기능

1 [C3] 셀을 선택한 후 [데이터] 탭의 [데이터 도구] 그룹에서 [데이터 유효성 검사]를 클릭한다. [데이터 유효성] 대화상자가 나타나면 제한 대상을 '텍스트 길이'로 선택하고 제한 방법을 '='로, 길이는 '3'으로 설정한다.

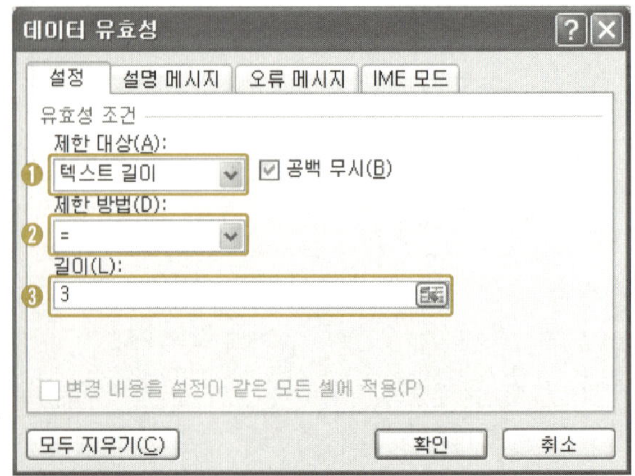

2 [오류 메시지] 탭을 선택한 후 오류 메시지 창에 "입력오류입니다. 다시 입력하세요." 라고 입력하고 [확인] 단추를 클릭한다.

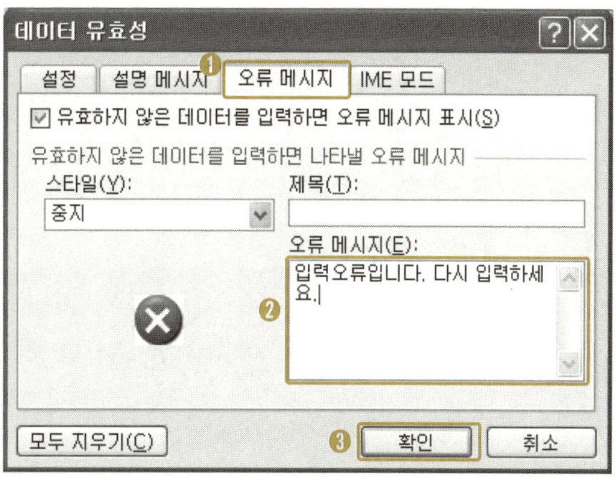

1 [E3] 셀을 선택한 후 [데이터 유효성 검사]를 클릭하고 [데이터 유효성] 대화상자의 제한 대상을 '목록'으로 선택하고 원본란에 "남, 여"를 입력한 후 [확인] 단추를 클릭한다.

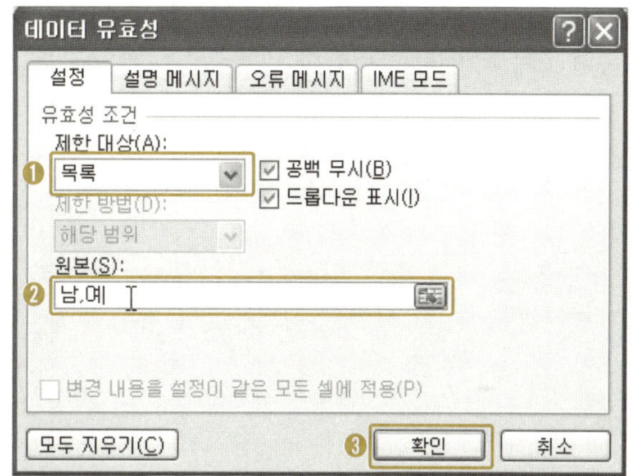

1 [C5] 셀을 선택한 후 [데이터 유효성 검사]를 클릭하고 [데이터 유효성] 대화상자의 [IME 모드] 탭에서 모드를 '한글'로 설정하고 [확인] 단추를 클릭한다.

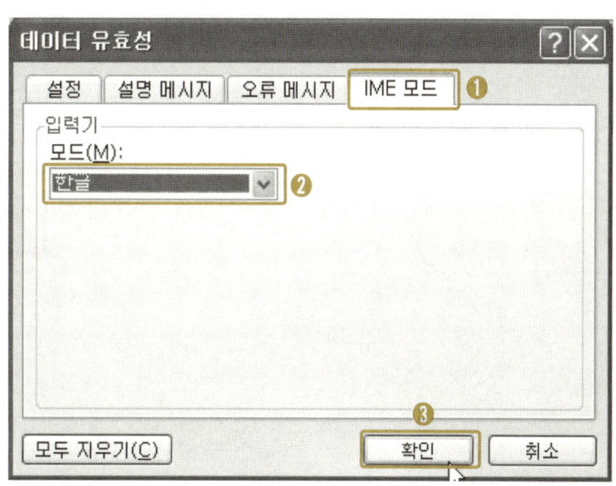

5 중복 데이터 제거

출제포인트

중복된 행을 쉽게 찾아 삭제하는 방법

준비파일 : Chapter01/본문예제01-5　　　**완성파일** : Chapter01/완성파일/본문완성01-5

1 데이터가 입력된 임의의 셀을 클릭하고 [데이터] 탭의 [데이터 도구] 그룹에서 [중복된 항목 제거]를 클릭한다.

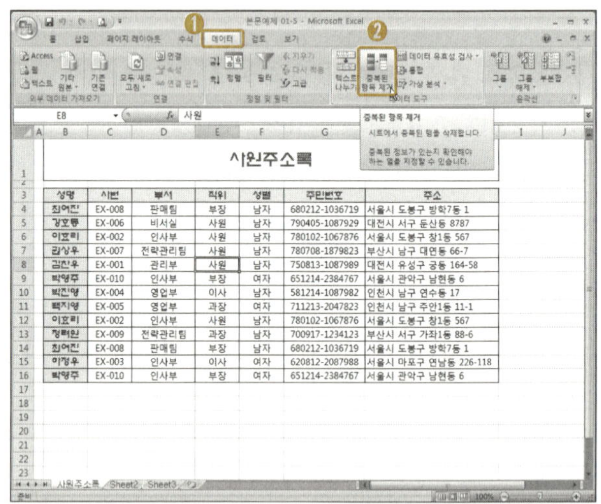

2 [중복된 항목 제거] 대화상자에서 [모두 선택 취소] 단추를 클릭한다.

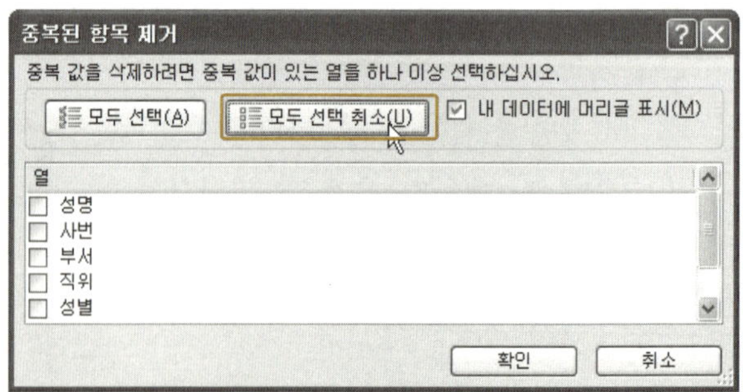

3 모든 열 선택이 해제되면 '성명'과 '사번'만 체크한 후 [확인] 단추를 클릭한다.

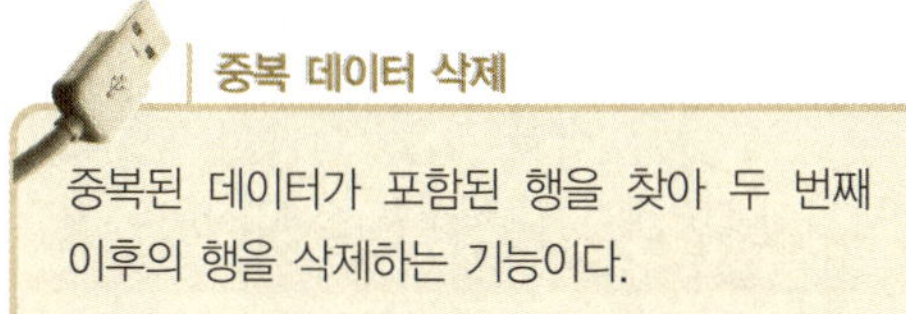

중복 데이터 삭제

중복된 데이터가 포함된 행을 찾아 두 번째 이후의 행을 삭제하는 기능이다.

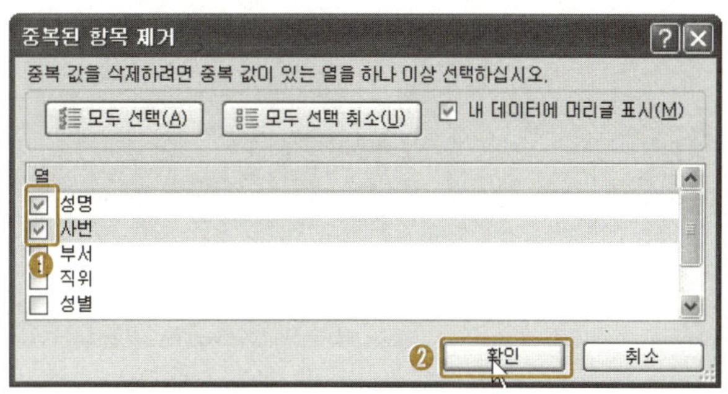

4 성명과 사번이 모두 중복된 값의 개수를 확인한 후 [확인] 단추를 클릭하면 중복된 항목이 제거된 결과값만 표시된다.

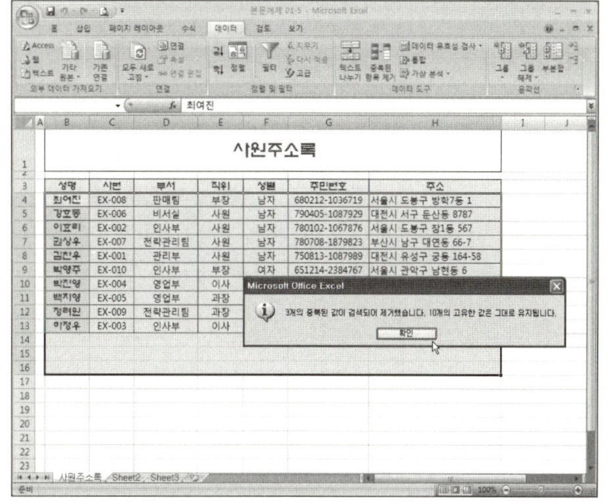

확인학습문제

[문제 1] 데이터 범위 [B2:F13]에서 영화명을 기준으로 중복된 데이터를 모두 제거하시오.

준비파일 : Chapter01/확인학습01-5   **완성파일** : Chapter01/완성파일/확인학습완성01-5

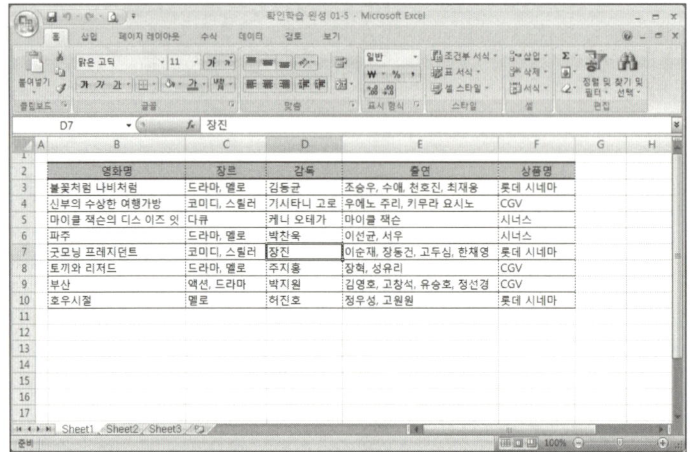

1 풀이   중복된 데이터를 삭제하는 기능

1 [B2:F13] 영역의 임의의 셀을 클릭하고 [데이터] 탭의 [데이터 도구] 그룹에서 [중복된 항목 제거]를 클릭한다.

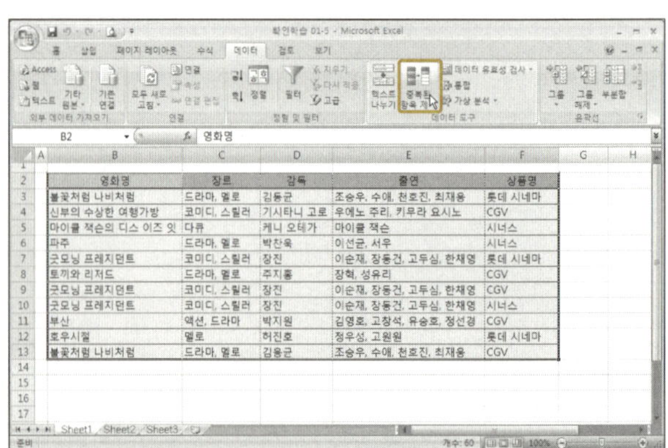

2 [모두 선택 취소] 단추를 클릭하여 해제
하고 '영화명'을 선택한 후 [확인] 단추를 클
릭한다.

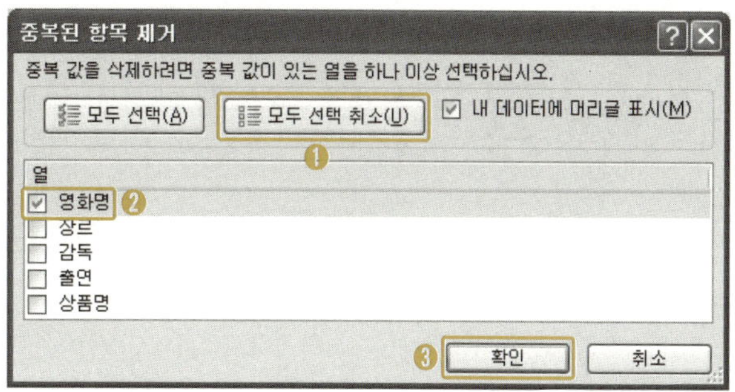

3 확인 메시지가 뜨면서 중복 메시지가
제거된다.

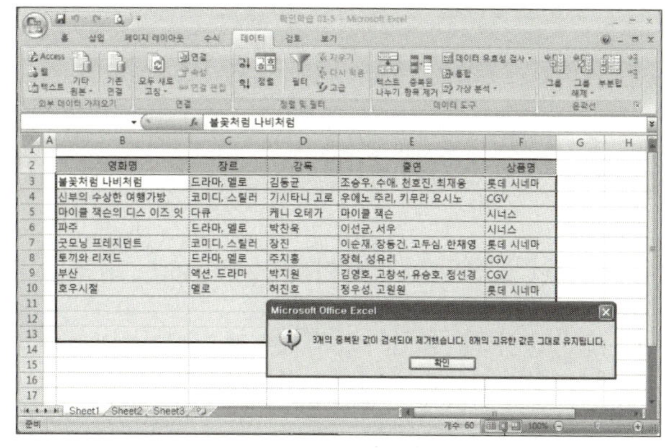

6 워크시트 관리

출제포인트
워크시트를 관리하고 이동 복사하는 방법

◉ **준비파일** : Chapter01/본문예제01-06   ◉ **완성파일** : Chapter01/완성파일/본문완성01-06-01, 본문완성01-06-02

1 시트 삽입/삭제

워크시트에 삽입된 일부 데이터가 아닌 시트 전체를 삽입하거나 삭제할 수 있다.

1 [워크시트 삽입] 단추를 클릭하면 [Sheet1] 워크시트가 삽입된다.

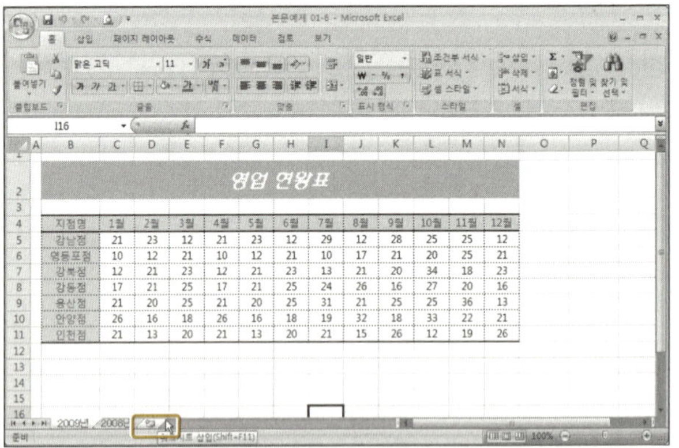

2003 vs 2007

2003 버전에서는 마우스 오른쪽 단추를 눌러 바로가기 메뉴로 사용했지만, 2007 버전에는 [워크시트 삽입] 단추가 추가되어 시트 삽입이 간편해졌다.

2 삽입된 [Sheet1] 워크시트를 마우스 오른쪽 단추로 눌러 [삭제]를 클릭하면 해당 시트가 삭제된다.

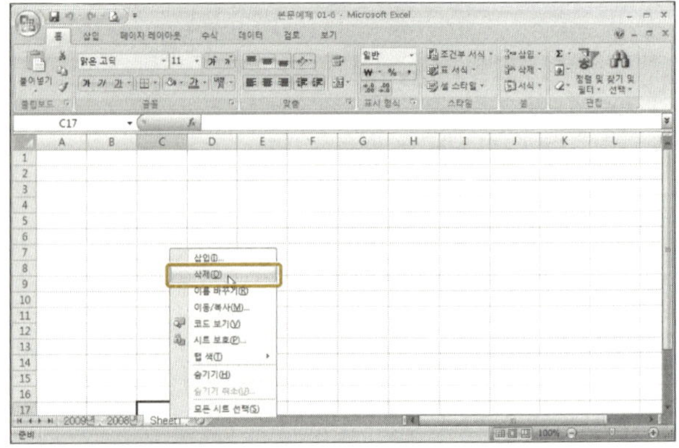

1 [2008년] 시트를 드래그하여 [2009년] 시트 왼쪽으로 옮기면 시트가 이동된다.

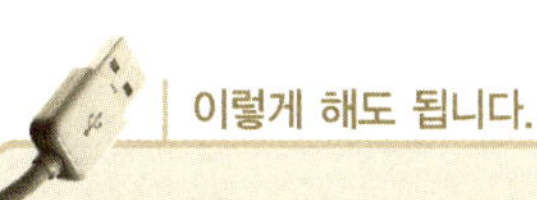

이렇게 해도 됩니다.

시트명을 마우스 오른쪽 단추로 눌렀을 때 나오는 [이동/복사]를 눌러 원하는 위치를 설정해서 이동해도 된다.

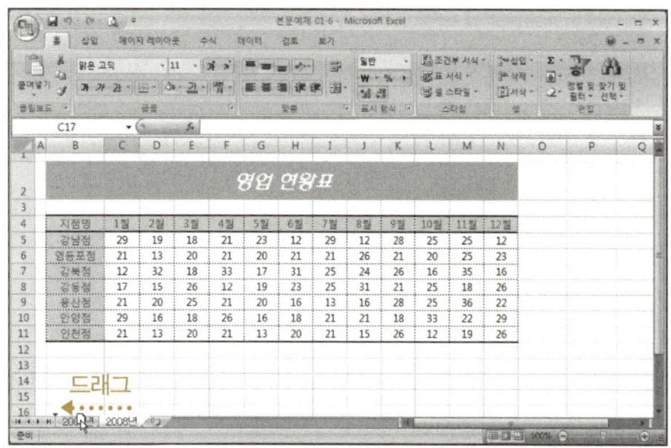

2 [2009년] 시트를 선택하고 Ctrl 을 누른 채로 오른쪽으로 드래그하면 [2009년] 시트 오른쪽에 사본이 복제된다.

이렇게 해도 됩니다.

시트명을 마우스 오른쪽 단추로 눌렀을 때 나오는 [이동/복사]를 눌러 '복사본 만들기'를 체크한 후 원하는 위치를 설정해서 복사해도 된다.

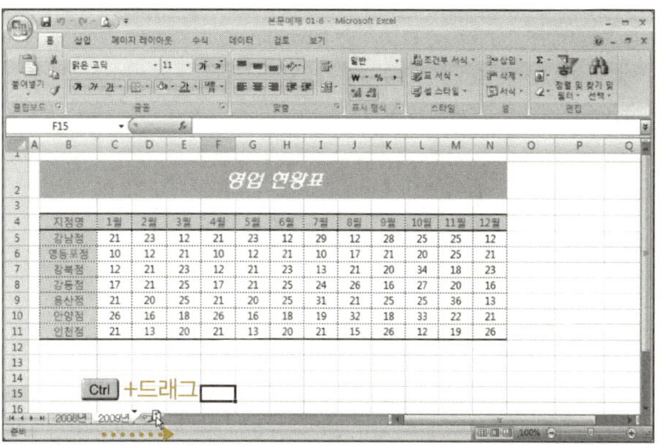

3 [2009년 (2)] 시트 탭을 더블 클릭하고 "2010년"을 입력하면 시트명이 변경된다.

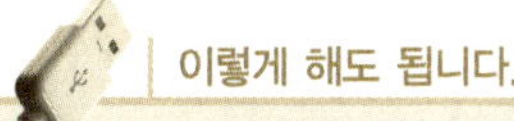

이렇게 해도 됩니다.

더블클릭하는 대신 바로가기 메뉴의 [이름 바꾸기]를 사용해도 된다.

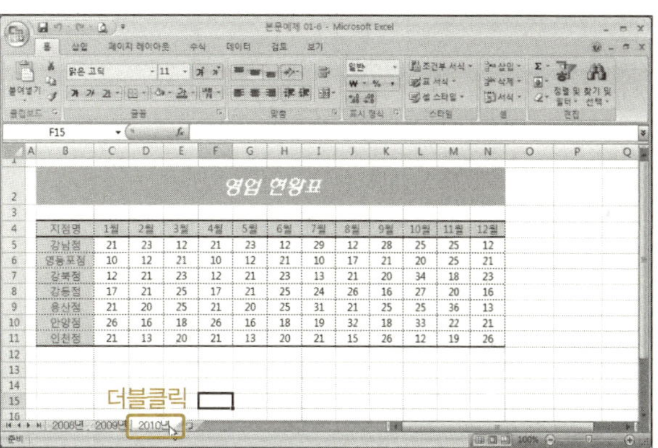

1   [2010년] 시트 탭을 마우스 오른쪽 단추로 눌러 [이동/복사]를 선택한 후 대상 통합 문서를 '새 통합 문서'로 하고 [확인] 단추를 클릭한다.

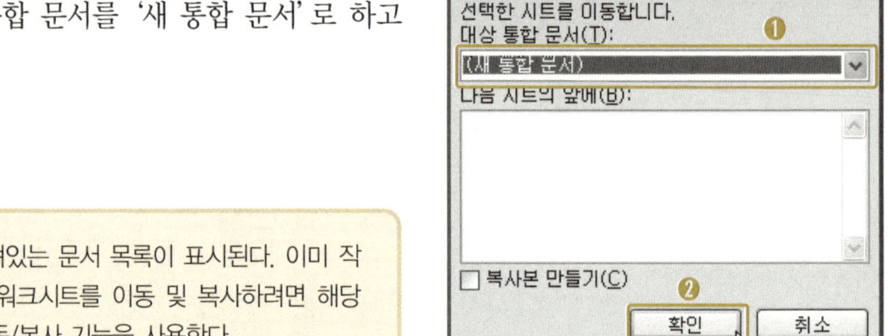

[이동/복사] 대화상자

- 대상 통합 문서 : 현재 열려있는 문서 목록이 표시된다. 이미 작성되어 있는 다른 파일로 워크시트를 이동 및 복사하려면 해당 통합 문서를 열어 놓고 이동/복사 기능을 사용한다.
- 다음 시트의 앞에 : 문서의 워크시트 목록이 나타나 이동 및 복사할 위치를 선택할 수 있다. '끝으로 이동'을 선택하면 마지막 위치로 이동 및 복사할 수 있다.
- 복사본 만들기 : 체크하면 시트가 복사되고 체크하지 않으면 이동된다.

2   [2010년] 시트가 원본 문서에서 제거되고 새로운 통합 문서로 이동되어 열린다.

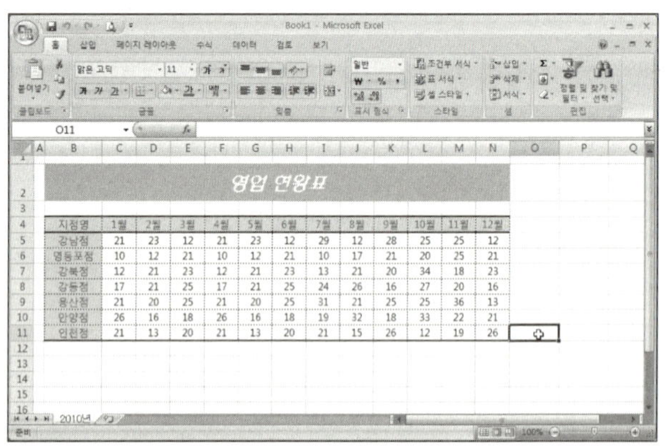

1   [2009년] 시트 탭 위에서 마우스 오른쪽 단추를 눌러 [숨기기]를 클릭한다.

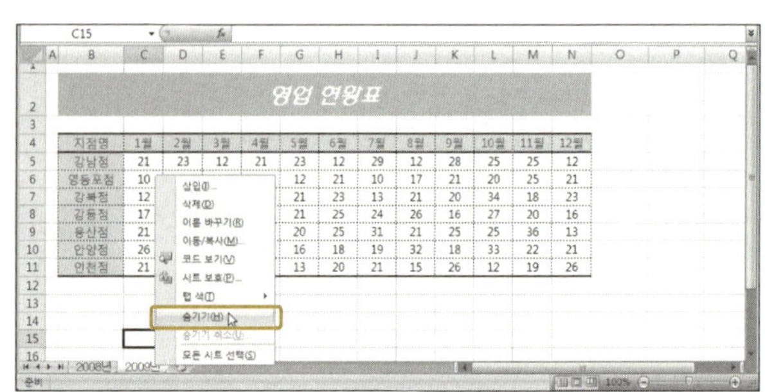

2 시트 탭 위에서 마우스 오른쪽 단추를 눌러 [숨기기 취소]를 클릭하여 [2009년 시트]를 선택하고 [확인] 단추를 클릭하면 숨긴 시트가 다시 표시된다.

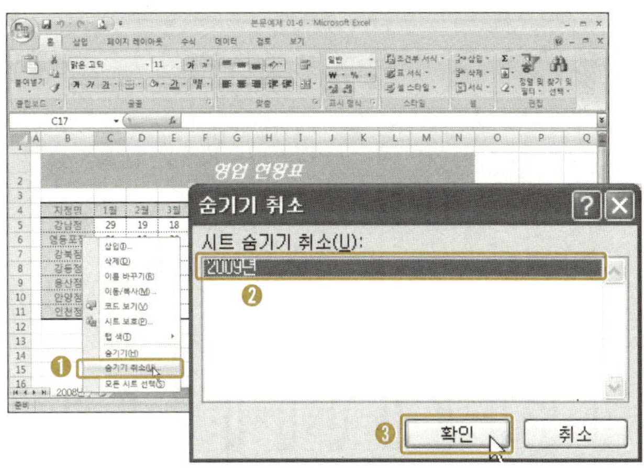

5 탭 색

시트의 탭 색을 다양하게 지정할 수 있다. 탭 색을 지정해 두면 워크시트를 열지 않아도 색상별로 구별되어 편리하다.

1 [2009년] 시트 탭을 마우스 오른쪽 단추로 클릭하여 [탭 색]을 클릭하고 '바다색, 강조 5, 25% 더 어둡게'를 선택한다.

주의합시다.

색상을 지정하는 문제에서는 색상 명을 정확하게 설정해야 한다. 반드시 마우스 포인터를 대고 있을 때 나타나는 스크린 팁으로 확인한 후 지정하도록 한다.

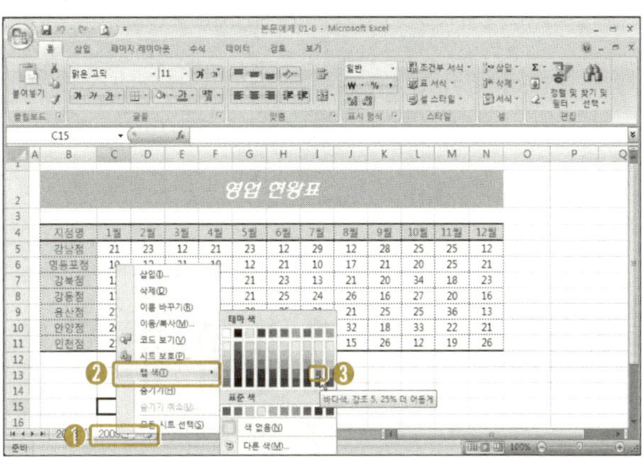

2 탭 색은 다른 탭을 선택했을 때 더 뚜렷하게 표시된다.

이렇게 해도 됩니다.

[홈] 탭의 [셀] 그룹에서 [서식]–[탭 색]을 클릭하여 색상을 선택할 수도 있다. 시트의 탭 색을 제거할 때는 [색 없음]을 선택하고, 다양한 탭 색을 선택하려면 [다른 색]을 선택하여 [색] 대화상자를 실행한다.

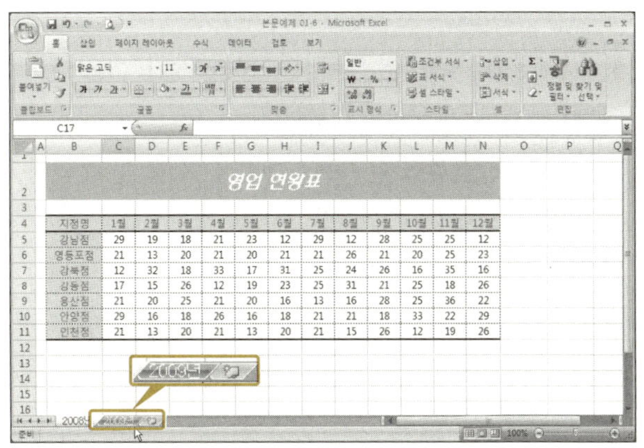

확인학습문제

[문제 **1**] [결산] 워크시트를 [대리점 목록]이라는 열려 있는 통합 문서의 맨 마지막으로 이동하시오.

[문제 **2**] '대리점 목록' 통합 문서의 [Sheet2], [Sheet3]을 삭제하고 [결산] 워크시트를 맨 앞으로 이동시키시오.

⊙ **준비파일** : Chapter01/확인학습01-6　　　　⊙ **완성파일** : Chapter01/완성파일/확인학습완성01-6

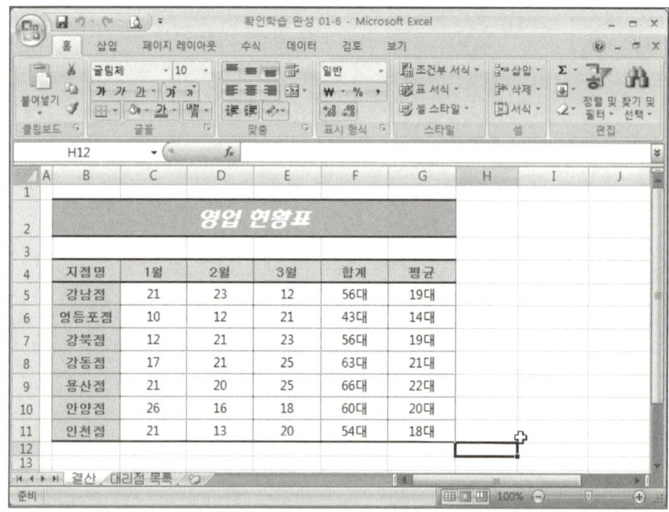

---

1 풀이　　워크시트의 이동/복사 기능으로 다른 통합 문서로 이동하는 기능

1　[대리점 목록]을 연 상태에서 '확인학습01-6'을 열고 [결산] 시트 탭을 마우스 오른쪽 단추로 눌러 [이동/복사]를 선택한 후 대상 통합 문서는 '대리점 목록'을 선택하고 '끝으로 이동'을 선택한 후 [확인] 단추를 클릭한다.

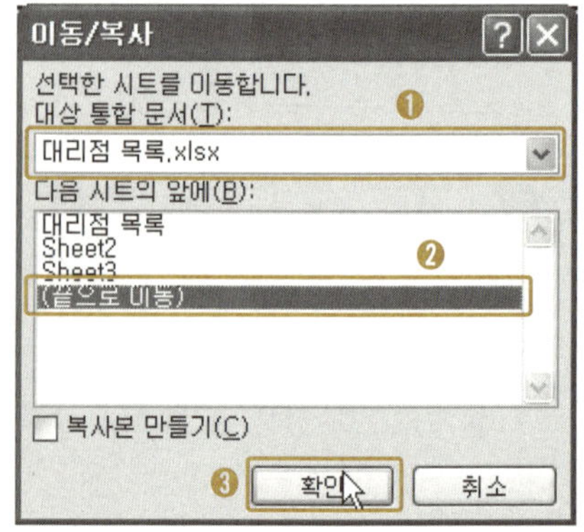

1 [Sheet2] 탭을 선택하고 Ctrl 을 누른 상태로 [Sheet3] 탭을 클릭한 후 바로가기 메뉴의 [삭제]를 클릭한다.

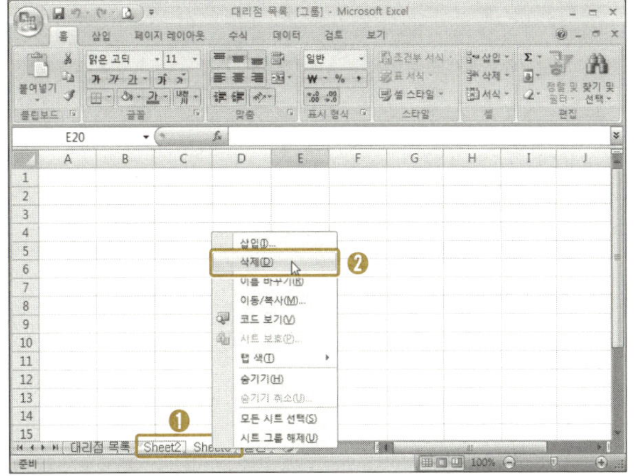

2 [결산] 워크시트를 [대리점 목록] 시트 앞으로 드래그하여 시트의 순서를 변경한다.

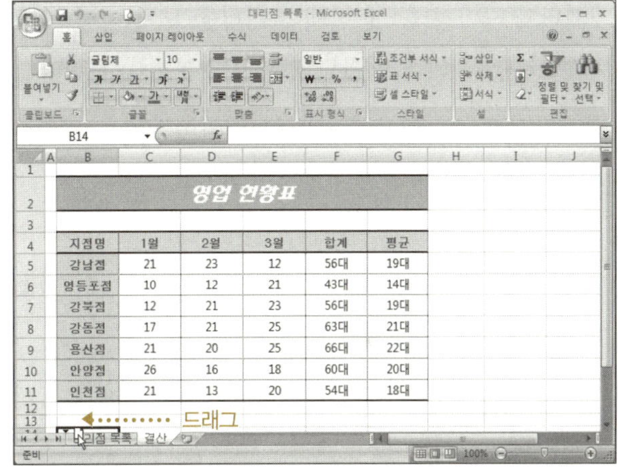

7 틀 고정/창 나누기/창 정렬

중복된 행을 찾아 삭제하는 방법

🔸 **준비파일** : Chapter01/본문예제01-7   🔸 **완성파일** : 없음

---

1 틀 고정

데이터가 많아 한 번에 전체 데이터를 보기 어려운 경우 틀 고정을 하면 레이블 행이나 열을 고정시킬 수 있어 페이지가 넘어가도 데이터 구분이 쉬워진다.

1 [B4] 셀을 선택한 후 [보기] 탭의 [창] 그룹에서 [틀 고정]-[틀 고정]을 클릭한다.

2 [A] 열과 [B] 열, [3] 행과 [4] 행 사이에 경계선에 생긴다. 아래쪽이나 오른쪽으로 스크롤하여 화면을 이동하면 [A] 열 및 [1~3] 행이 고정되는 것을 확인할 수 있다.

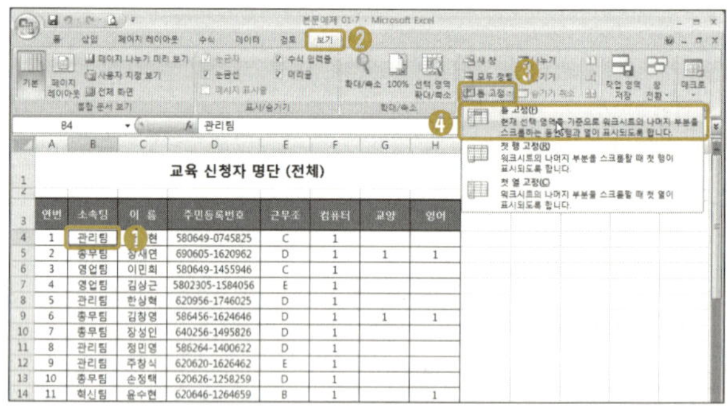

[틀 고정] 메뉴

- 틀 고정 : 선택한 셀을 기준으로 행과 열이 스크롤된다.
- 첫 행 고정 : [1] 행이 화면에 항상 고정되고 [2] 행부터 스크롤된다.
- 첫 열 고정 : [A] 열이 화면에 항상 고정되고 [B] 열부터 스크롤된다.

3 [보기] 탭의 [창] 그룹에서 [틀 고정]-[틀 고정 취소]를 선택하면 틀 고정이 취소된다.

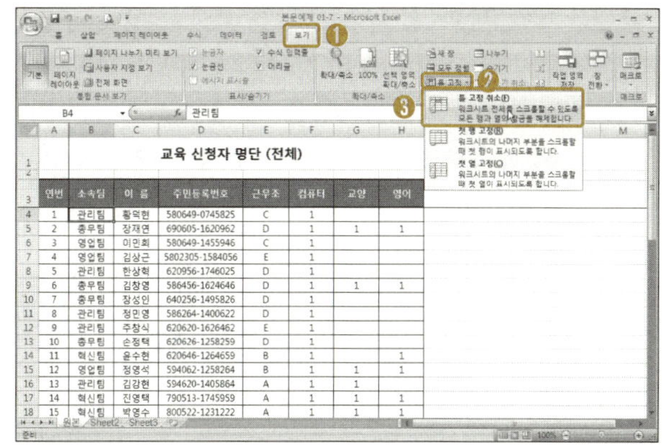

2 창 나누기

워크시트의 데이터 범위가 넓은 경우 2개 또는 4개의 구역으로 창을 나누어 떨어져 있는 여러 개의 화면을 동시에 비교하는 기능이다.

1 [G27] 셀을 선택한 후 [보기] 탭의 [창] 그룹에서 [나누기]를 클릭한다.

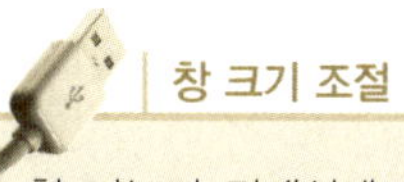

창 크기 조절

창 나누기 경계선에 마우스를 가져가 화살표 모양을 드래그하면 각 창의 크기도 조절할 수 있다.

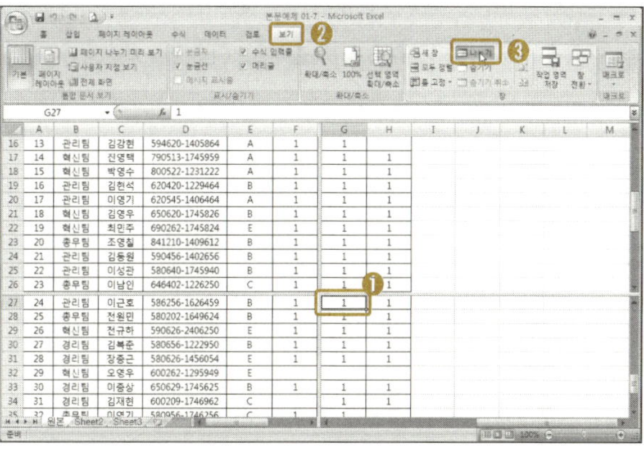

2 창 나누기를 해제하려면 창 나누기 경계선에 마우스를 가져가 화살표 모양으로 변경되었을 때 드래그하여 바깥으로 끌어서 버린다.

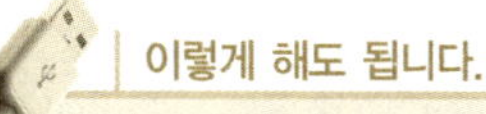

이렇게 해도 됩니다.

창 나누기 경계선을 더블클릭하거나 [보기] 탭의 [창] 그룹에서 [나누기]를 선택 해제해도 [창 나누기] 기능이 해제된다.

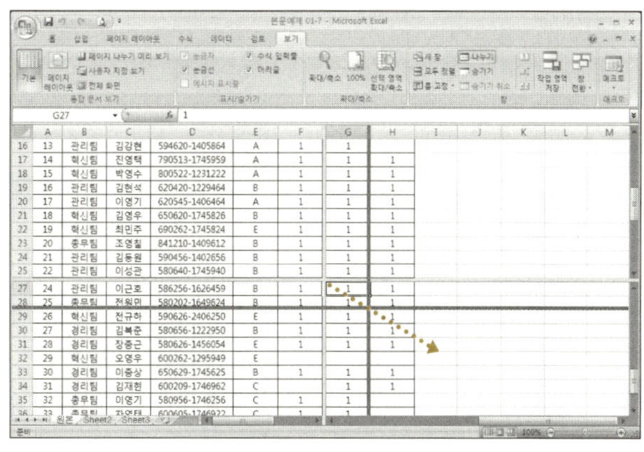

여러 통합 문서의 워크시트를 한 화면에 표시하고 비교하면서 작업할 수 있다. 또한 하나의 통합 문서에 있는 두 개 이상의 워크시트를 한 화면에 표시할 수도 있다. 창 정렬 기능은 서로 다른 워크시트의 내용을 쉽게 확인하고 참조할 수 있도록 해주는 기능이다.

1 '본문예제01-7' 파일을 연 상태에서 '창 정렬' 통합 문서를 연 후 [보기] 탭의 [창] 그룹에서 [모두 정렬]을 클릭한다.

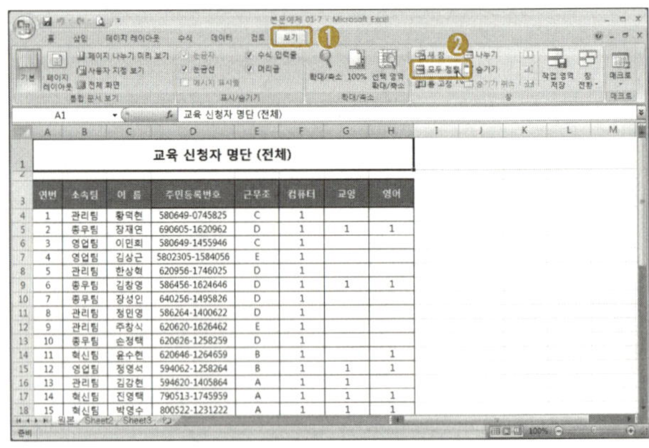

2 [창 정렬] 대화상자가 실행되면 정렬 옵션을 '세로'로 선택하고 [확인] 단추를 클릭한다.

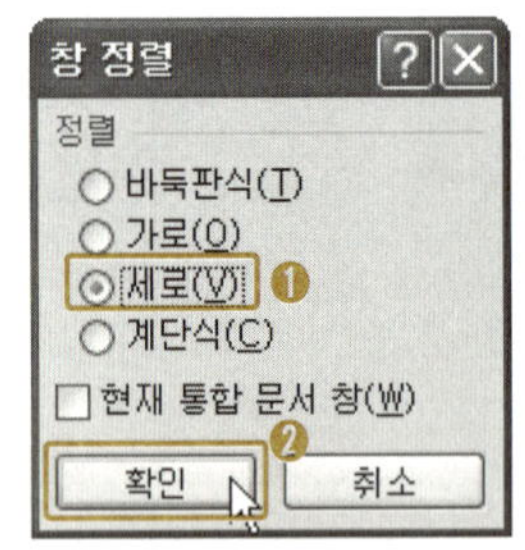

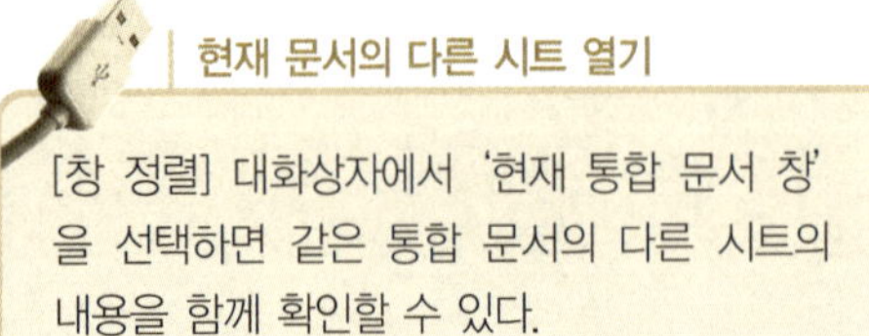

현재 문서의 다른 시트 열기

[창 정렬] 대화상자에서 '현재 통합 문서 창'을 선택하면 같은 통합 문서의 다른 시트의 내용을 함께 확인할 수 있다.

3 세로로 두 개의 창이 화면에 표시된다.

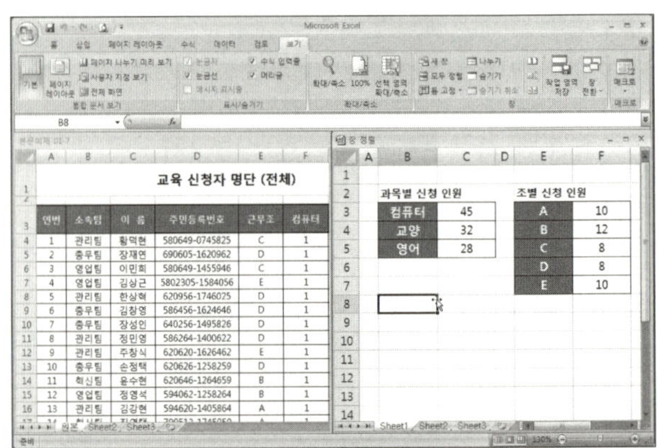

확인학습문제

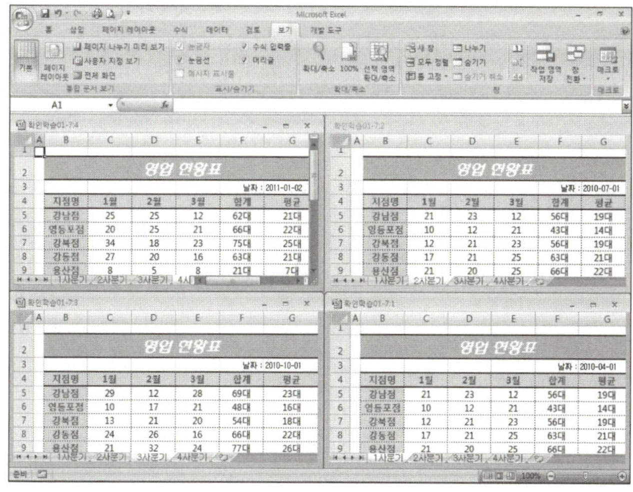

1 풀이 — 지정된 위치에서 틀 고정을 하는 기능

1 [A5] 셀을 선택한 후 [보기] 탭의 [창] 그룹에서 [틀 고정]-[틀 고정]을 선택한다.

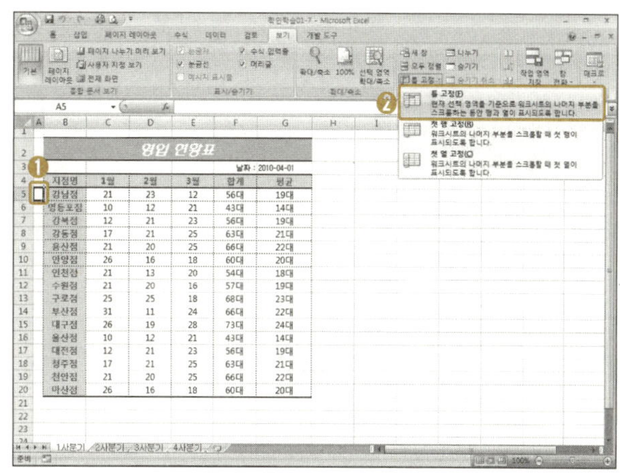

1　[보기] 탭의 [창] 그룹에서 [새 창]을 클릭하고 [2사분기] 시트를 선택, 다시 [새 창]을 선택하고 [3사분기] 시트를 선택, 다시 [새 창]을 선택하고 [4사분기] 시트를 선택한다.

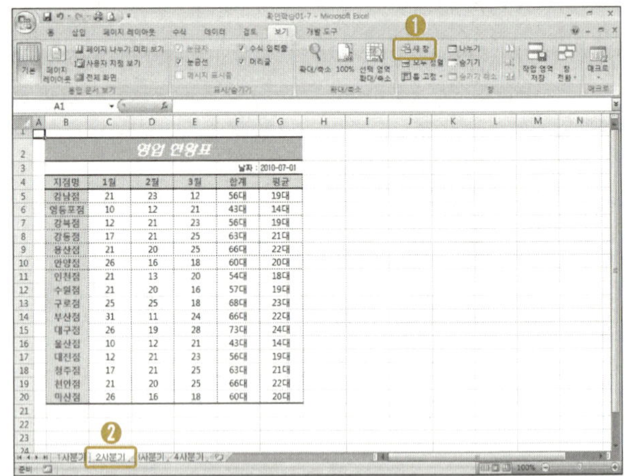

2　[보기] 탭의 [창] 그룹에서 [모두 정렬]을 클릭한 후 정렬 방법은 '바둑판식'으로 선택하고 '현재 통합 문서 창' 항목을 선택한 후 [확인] 단추를 클릭한다.

3　4개의 시트가 한 화면에 바둑판 모양으로 정렬되어 표시된다.

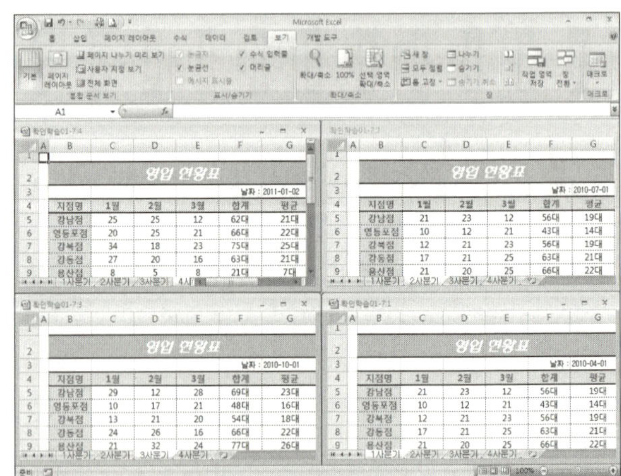

II

서식 및 스타일 지정

1 행과 열 관리

행 높이와 열 너비를 조정하고, 셀을 삽입하고, 행/열을 숨기는 방법

◎ **준비파일** : Chapter02/본문예제02-01   ◎ **완성파일** : Chapter02/완성파일/본문완성02-01

1 행 높이 조정

행 전체의 높이를 조정하는 기능을 익힌다.

1 [2009년] 시트의 [2] 행을 선택하고 마우스 오른쪽 단추를 눌러 [행 높이]를 클릭한다.

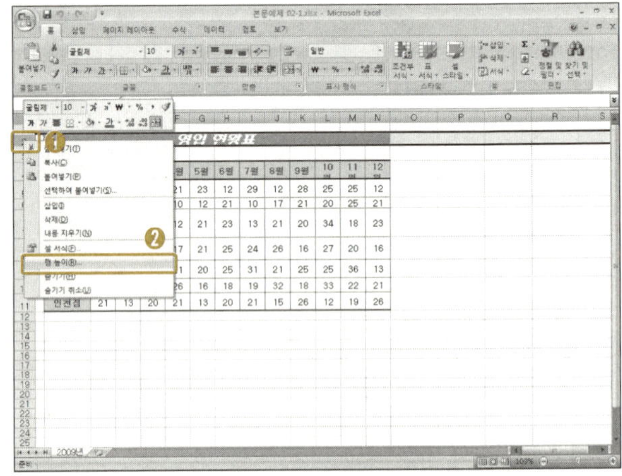

 **행/열 선택**

하나의 행이나 열 전체를 선택하려면 행 머리글이나 열 머리글을 클릭하고, 여러 행이나 열을 한꺼번에 선택하려면 행 머리글 또는 열 머리글을 드래그한다.

여러 행/열 선택

떨어져 있는 행이나 열을 동시에 선택하려면 Ctrl 을 누른 상태에서 차례로 머리글을 클릭하거나 드래그하고, 전체 시트를 선택할 때는 행 머리글과 열 머리글이 만나는 지점의 ▨ 을 클릭한다.

2 행 높이를 "32"로 설정한 후 [확인] 단추를 클릭하면 값이 적용된다.

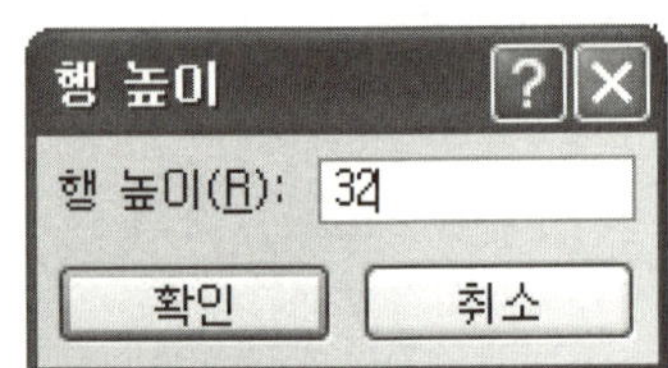

3 [4] 행에서 [11] 행까지의 영역을 선택하고 경계선 위로 마우스 포인터를 가져가 상하 화살표 모양으로 변경되면 위쪽이나 아래쪽으로 드래그한다. 행 높이가 스크린 팁으로 표시된다. '24' 가 되었을 때 마우스를 뗀다.

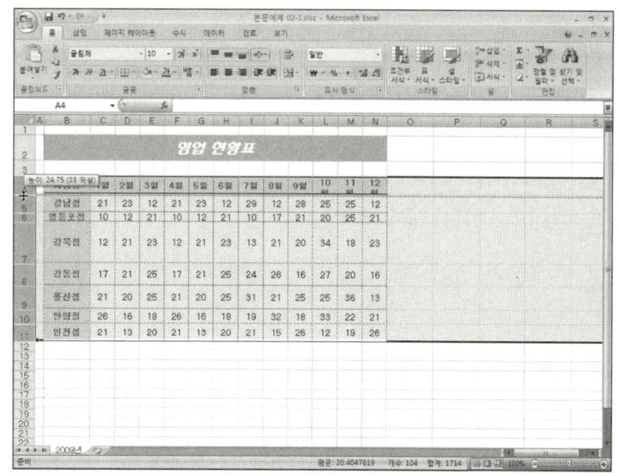

행 높이 일괄 변경하기

여러 행을 선택하고 행의 경계선을 더블클릭하면 행의 높이가 데이터의 사이즈에 맞춰 일괄 적용된다.

2 열 너비 조정

1 [C] 열에서 [N] 열까지의 영역을 선택하고 마우스 오른쪽 단추를 눌러 [열 너비]를 클릭한다.

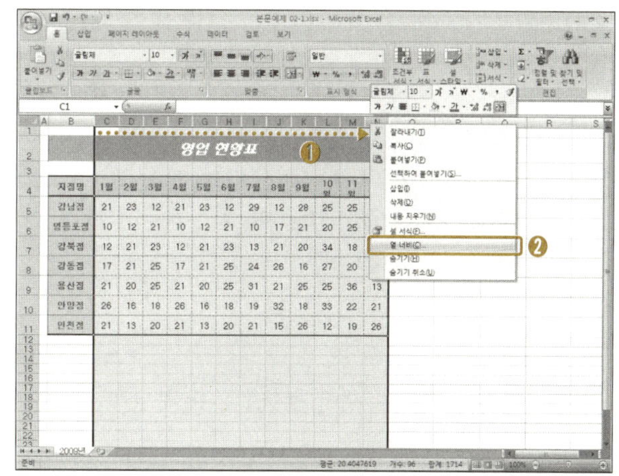

2 열 너비를 "5"로 설정하고 [확인] 단추를 클릭하여 너비를 조정한다.

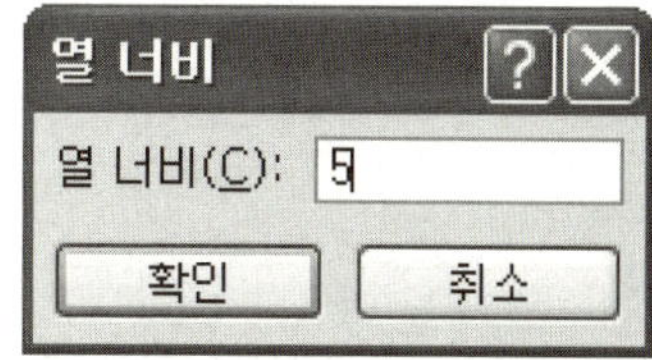

한 개 또는 여러 개의 행/열을 한꺼번에 삽입해 본다.

1 [I] 열을 선택하고 마우스 오른쪽 단추를 눌러 [삽입]을 클릭한다.

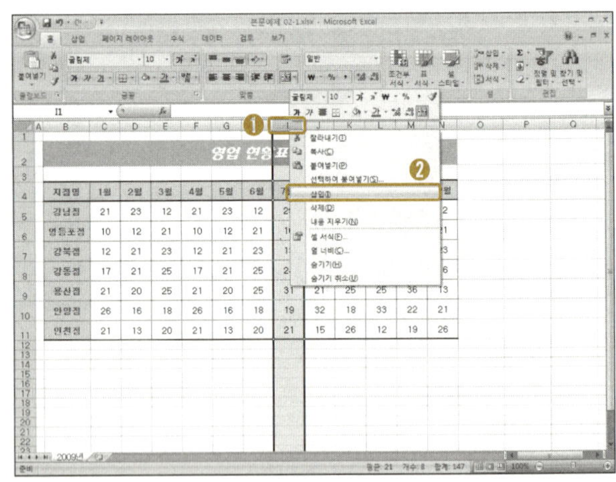

 **이렇게 해도 됩니다.**

바로가기 메뉴 대신 [홈] 탭의 [셀] 그룹에서 [삽입]을 클릭하여 삽입하거나 단축키 Ctrl +➕를 눌러 삽입할 수도 있다.

2 [5] 행부터 [7] 행까지의 범위를 선택하고 마우스 오른쪽 단추를 눌러 [삽입]을 클릭한다.

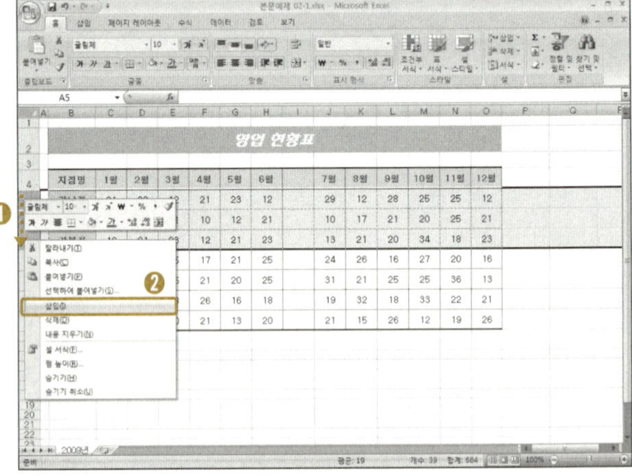

 **행/열의 사이사이에 삽입할 경우**

여러 개의 행이나 열을 연속해서 삽입하지 않고 행 사이사이에 삽입할 때는 Ctrl 을 누른 채로 각각의 행이나 열을 선택한 후 삽입하면 된다.

3 행이나 열을 삽입하고 나면 주변과 같은 서식이 유지되나, 삽입 옵션 단추를 클릭하여 원하는 옵션으로 선택하여 변경하는 것도 가능하다.

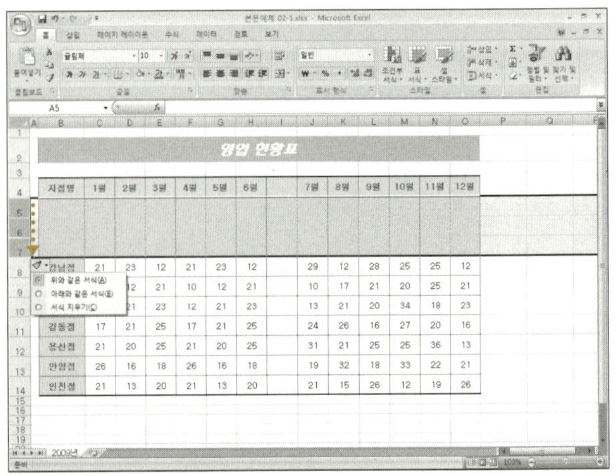

주변 서식 적용하기/서식 지우기

[위와 같은 서식]이나 [아래와 같은 서식]을 선택하면 주변 서식이 적용되고, 서식 지우기를 하면 서식이 제거되고 기본 값으로 설정된다.

 행/열 삭제

한 개의 행/열 또는 여러 개를 한꺼번에 삭제해 본다.

1 [I] 열을 선택하고 마우스 오른쪽 단추를 눌러 [삭제]를 클릭한다.

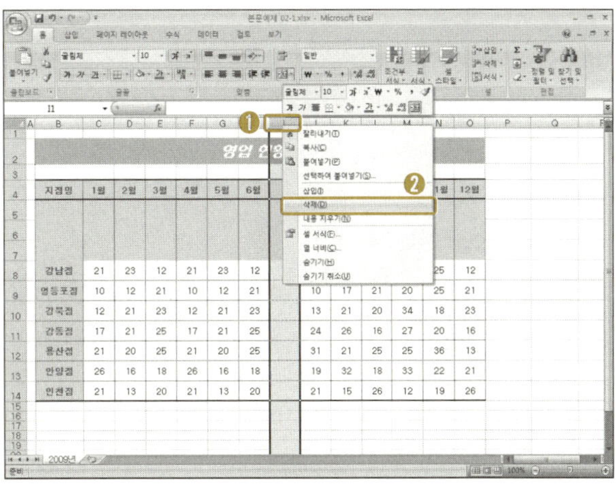

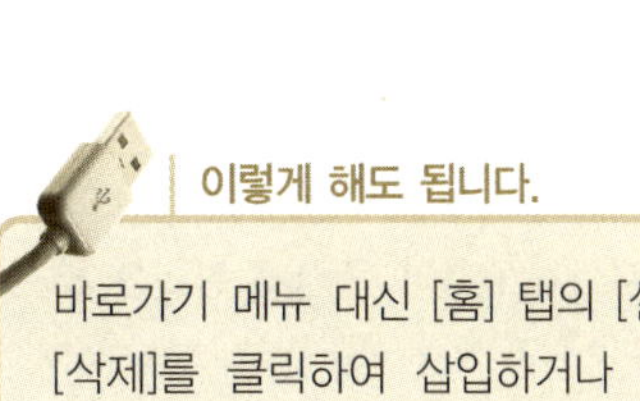

이렇게 해도 됩니다.

바로가기 메뉴 대신 [홈] 탭의 [셀] 그룹에서 [삭제]를 클릭하여 삽입하거나 단축키 `Ctrl` +`-`를 눌러 삭제할 수도 있다.

2 [5] 행부터 [7] 행까지의 범위를 선택하고 마우스 오른쪽 단추를 눌러 [삭제]를 클릭한다.

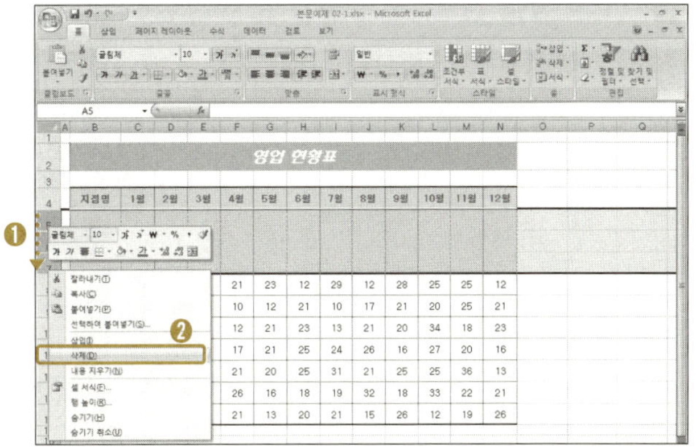

 셀 삽입/삭제

1 [C5] 셀을 선택하고 마우스 오른쪽 단추를 눌러 [삽입]을 클릭한다.

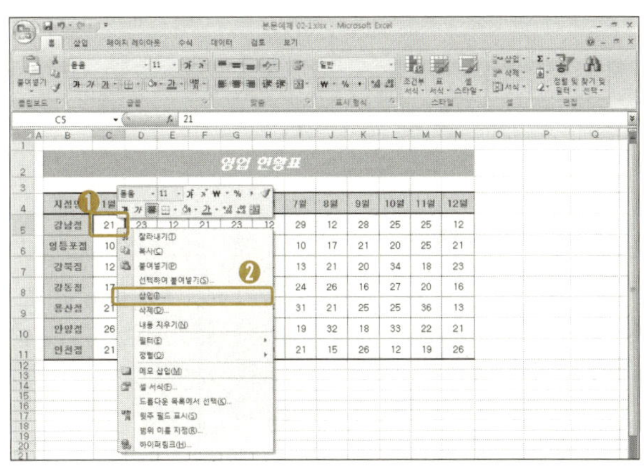

2 [삽입] 대화상자가 나타나면 [셀을 오른쪽으로 밀기]를 선택한 후 [확인] 단추를 클릭한다.

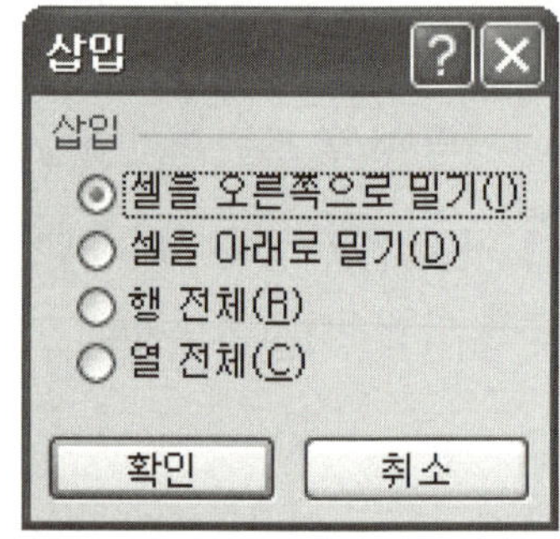

[삽입] 대화상자

- 셀을 오른쪽으로 밀기 : 선택한 범위의 셀을 오른쪽으로 밀고 그 위치에 주변의 서식에 맞추어 새 셀을 삽입한다.
- 셀을 아래쪽으로 밀기 : 선택한 범위의 셀을 아래쪽으로 밀고 그 위치에 주변의 서식에 맞추어 새 셀을 삽입한다.
- 행 전체 : 선택한 범위의 행 전체가 삽입된다.
- 열 전체 : 선택한 범위의 열 전체가 삽입된다.

3 [C5] 셀을 선택하고 마우스 오른쪽 단추를 눌러 [삭제]를 클릭한다.

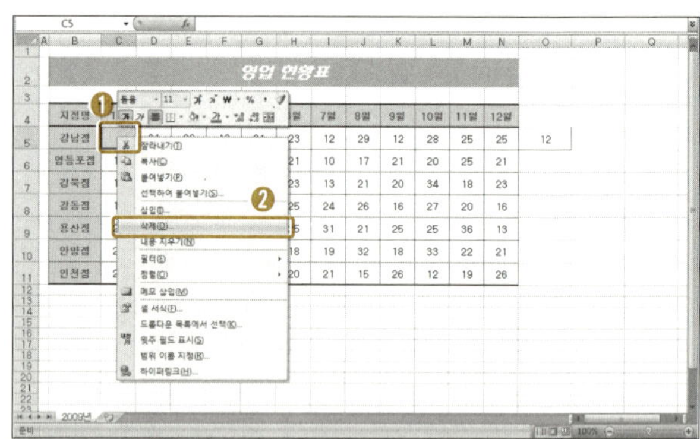

4 [삭제] 대화상자가 나타나면 [셀을 왼쪽으로 밀기]를 선택한 후 [확인] 단추를 클릭한다.

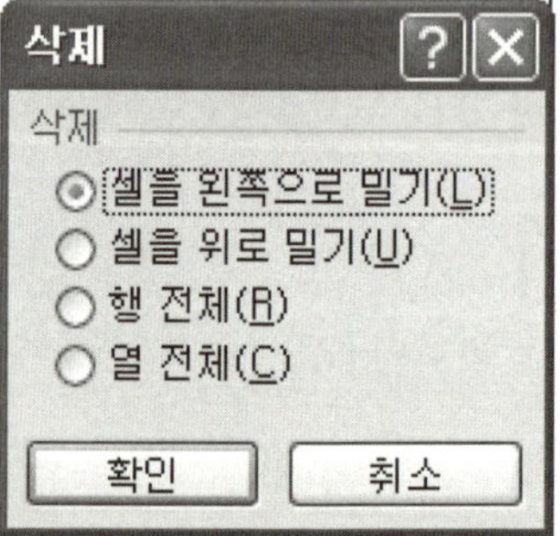

[삭제] 대화상자

- 셀을 왼쪽으로 밀기 : 선택한 범위의 셀이 삭제되고 오른쪽의 셀이 왼쪽으로 밀린다.
- 셀을 위쪽으로 밀기 : 선택한 범위의 셀이 삭제되고 아래쪽의 셀이 위쪽으로 밀린다.
- 행 전체 : 선택한 범위의 행 전체가 삭제된다.
- 열 전체 : 선택한 범위의 열 전체가 삭제된다.

특정 행이나 열을 완전히 제거하지 않고 화면에서 보이지 않게 숨기는 기능이 숨기기이다. 숨기기를 하면 인쇄 시에도 표시되지 않는다.

1   [7] 행과 [9] 행을 선택하고 마우스 오른쪽 단추를 눌러 [숨기기]를 클릭한다.

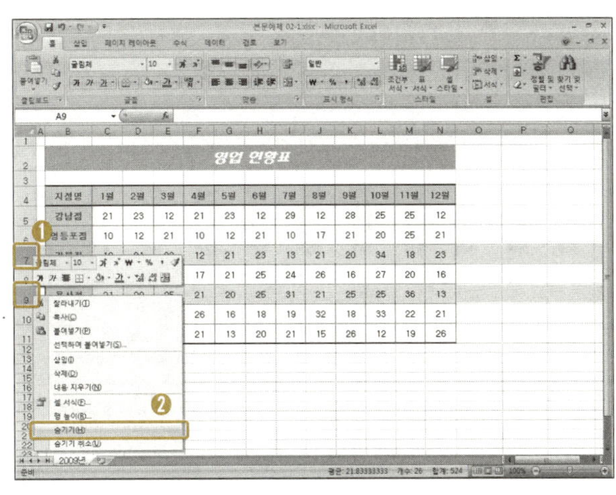

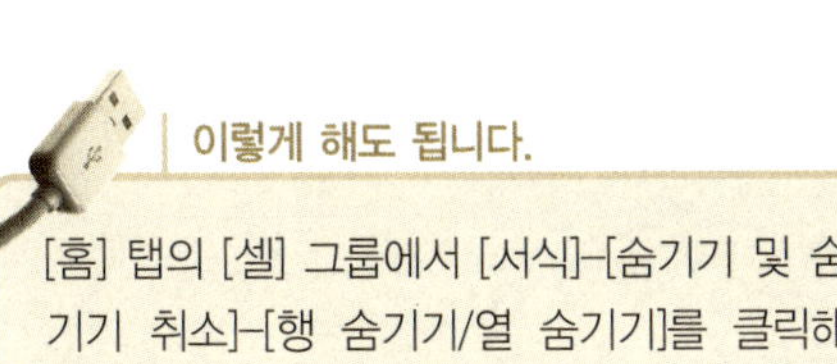
이렇게 해도 됩니다.

[홈] 탭의 [셀] 그룹에서 [서식]-[숨기기 및 숨기기 취소]-[행 숨기기/열 숨기기]를 클릭해도 된다.

2   선택한 행이 숨기기되면서 행 번호 역시 같이 숨겨진다.

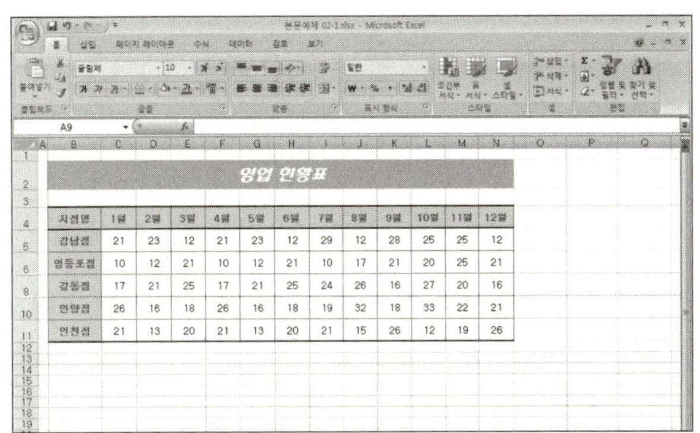

3   [6] 행부터 [10] 행까지의 범위를 선택한 후 바로가기 메뉴의 [숨기기 취소]를 클릭한다.

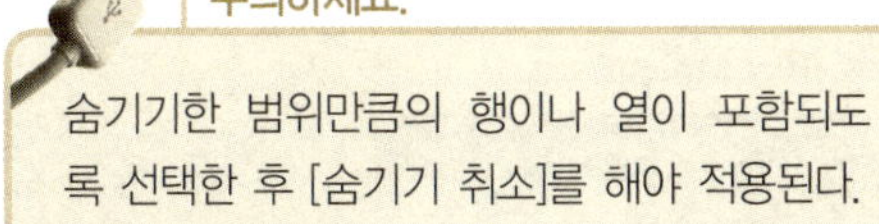
주의하세요.

숨기기한 범위만큼의 행이나 열이 포함되도록 선택한 후 [숨기기 취소]를 해야 적용된다.

이렇게 해도 됩니다.

[홈] 탭의 [셀] 그룹에서 [서식]-[숨기기 및 숨기기 취소]-[행 숨기기 취소/열 숨기기 취소]를 클릭해도 된다.

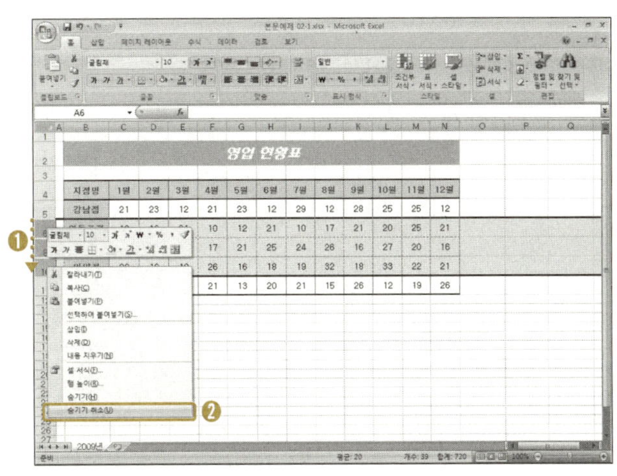

확인학습문제

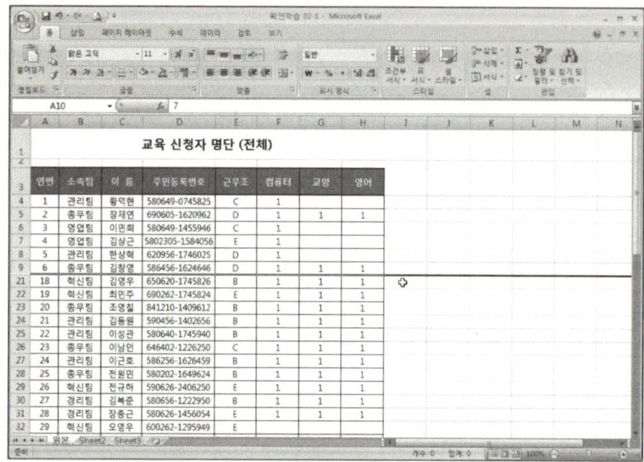

1 풀이   셀 삭제 기능

1 [B4] 셀을 선택하고 마우스 오른쪽 단추를 눌러 [삭제]를 클릭한다.

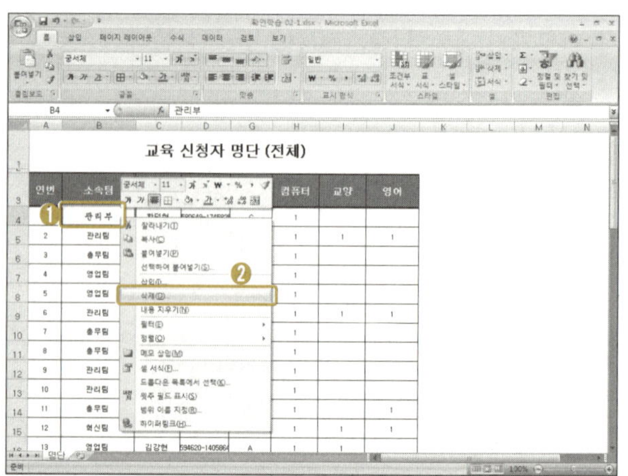

2 [셀을 위로 밀기]를 선택하고 [확인]을 클릭하면 [B5:B55]의 데이터가 위쪽으로 밀려 채워진다.

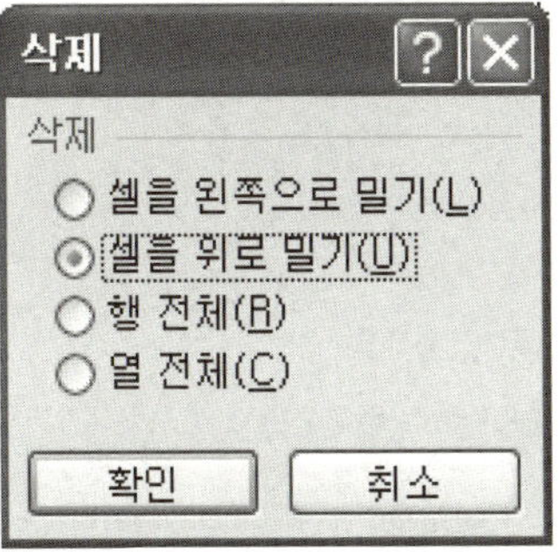

■ 2 풀이   열 너비 조정

1 [D] 열을 선택하고 마우스 오른쪽 단추를 눌러 [열 너비]를 '15'로 설정한 후 [확인] 단추를 클릭한다.

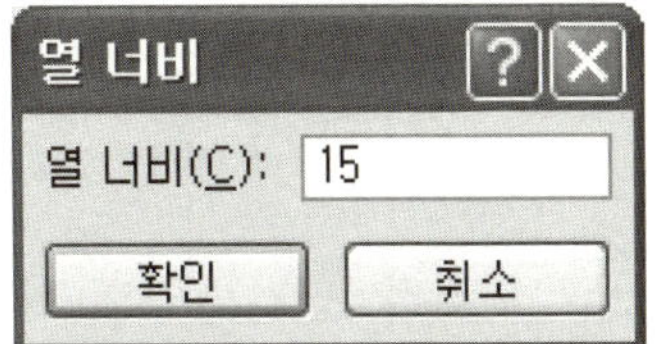

■ 3 풀이   숨기기 기능

1 [10] 행부터 [20] 행까지의 범위를 선택하고 마우스 오른쪽 단추를 눌러 [숨기기]를 클릭한다.

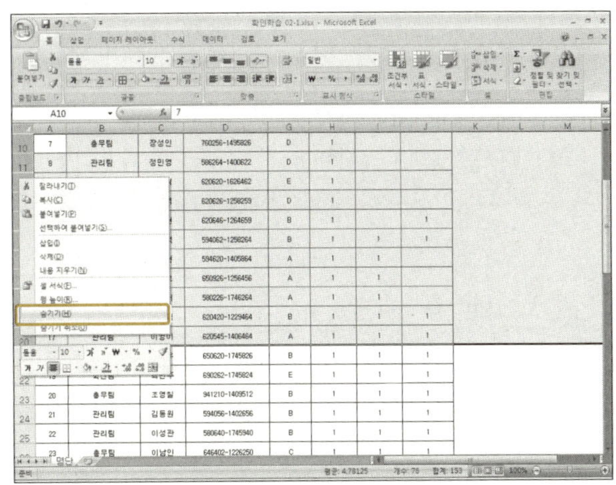

2 테마

테마를 적용하는 방법

◎ **준비파일** : Chapter02/본문예제02-2　　　　　◎ **완성파일** : Chapter02/완성파일/본문완성02-2

테마란 색, 글꼴, 그래픽을 사용하여 문서 모양을 통합적으로 설정할 수 있게끔 마이크로 오피스에서 제공하는 디자인 요소이다. 테마를 적용하면 문서 전체의 서식을 빠르고 일관성있게 적용할 수 있다.

1　임의의 셀을 선택하고 [페이지 레이아웃] 탭의 [테마] 그룹에서 [테마]를 클릭하고 '모듈' 테마를 선택하면 색상과 글꼴 등의 서식이 한꺼번에 적용된다.

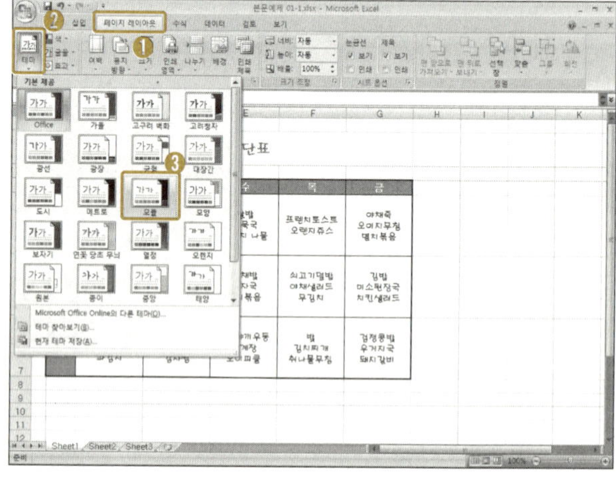

 **기본 테마**

워크시트의 기본 테마로 돌아가려면 테마 목록의 'Office' 테마를 선택한다.

테마 적용 미리보기

테마를 선택하여 클릭하기 전에 마우스 포인터를 특정 테마로 가져가면 적용 결과가 워크시트에 나타나므로 적용된 결과를 미리 확인한 후 마음에 드는 테마를 선택할 수 있어 좋다.

2 [색]에서 '고려청자'를 선택하면 식단표의 색상 서식만 변경된다.

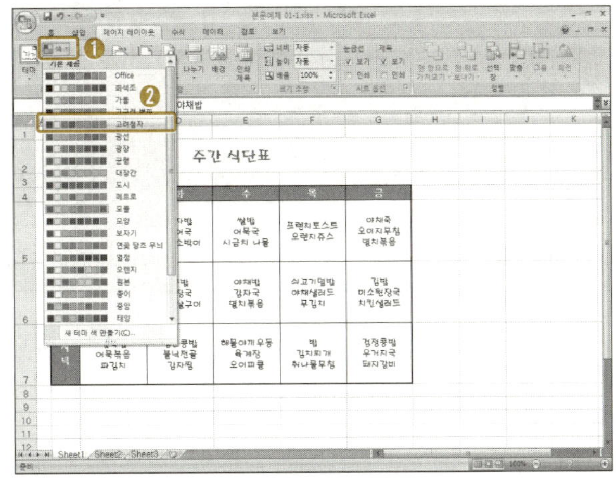

3 [글꼴]에서 '가을'을 선택하면 식단표의 글꼴 서식만 변경된다.

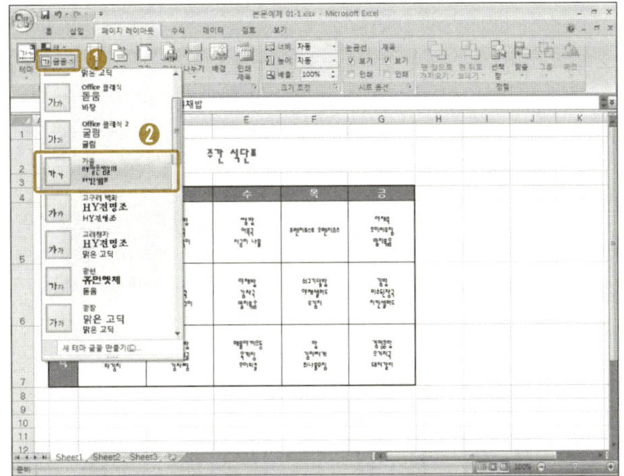

확인학습문제

⊙ **준비파일** : Chapter02/확인학습02-2   ⊙ **완성파일** : Chapter02/완성파일/확인학습완성02-2

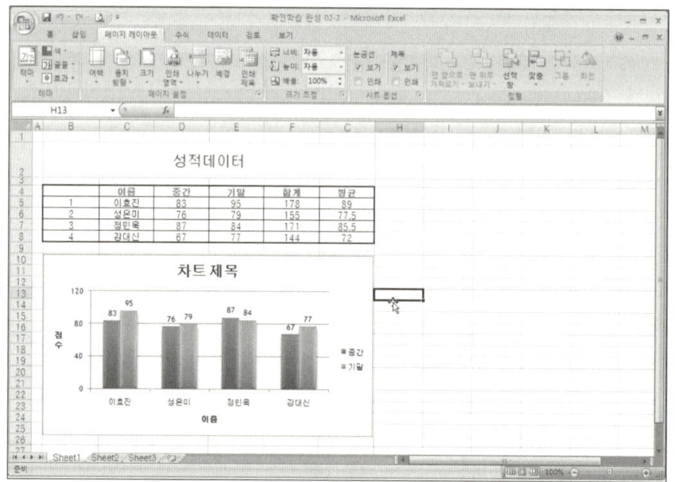

1 풀이   워크시트에 테마를 적용하는 기능

1 [페이지 레이아웃] 탭의 [테마] 그룹에서 [테마]를 클릭하고 '풍요' 테마를 선택한다.

2 [테마] 그룹에서 [효과]를 클릭하고 [효과]에서 '모양'을 선택한다.

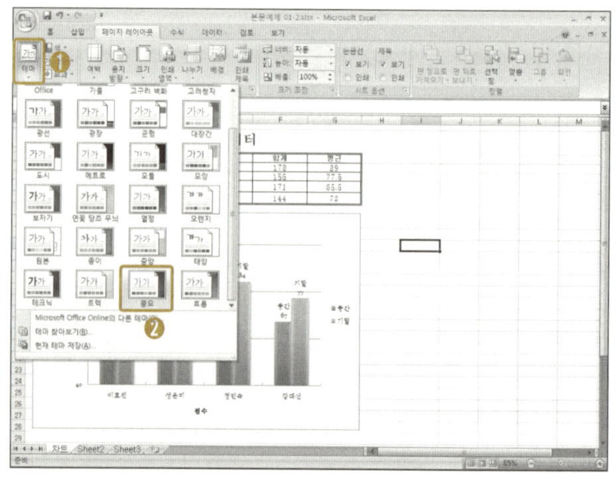

3 글꼴/맞춤 서식

출제포인트
선택한 영역에 서식을 지정하는 방법

◎ **준비파일** : Chapter02/본문예제02-3   ◎ **완성파일** : Chapter02/완성파일/본문완성02-3

1 메뉴를 이용한 서식 적용

리본 메뉴를 이용한 글꼴과 맞춤 서식 적용 방법을 알아본다.

1 [B1:H1] 영역을 선택한 후 [홈] 탭의 [맞춤] 그룹에서 [병합하고 가운데 맞춤]을 선택한다.

2 [홈] 탭의 [글꼴] 그룹에서 'HY견고딕', '기울임꼴', '22pt', '글꼴색 : 황록색 강조 3' 을 설정한다.

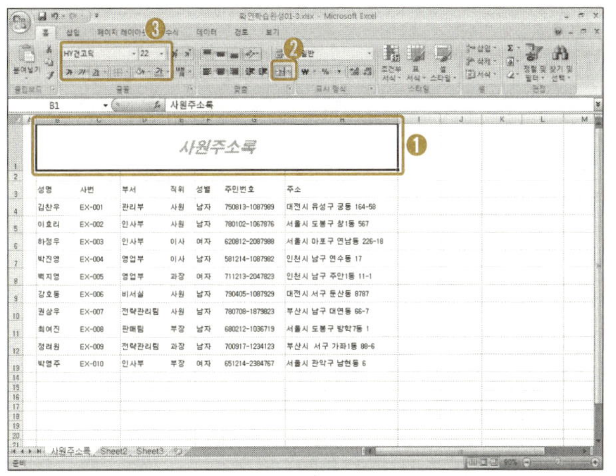

3 [B3:H13] 영역을 선택한 후 [홈] 탭의 [정렬] 그룹에서 '가운데 정렬' 을 선택하고, [글꼴] 그룹에서 '모든 테두리' 를 선택한다.

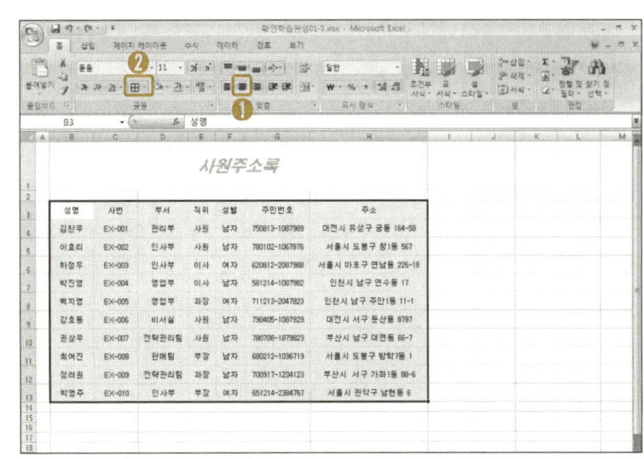

4 [B3:H3], [B4:B13] 영역을 선택한 후 '글꼴 크기 크게', '굵게', 채우기 색은 '황록색 강조 3', 글꼴 색은 '흰색' 으로 설정한다.

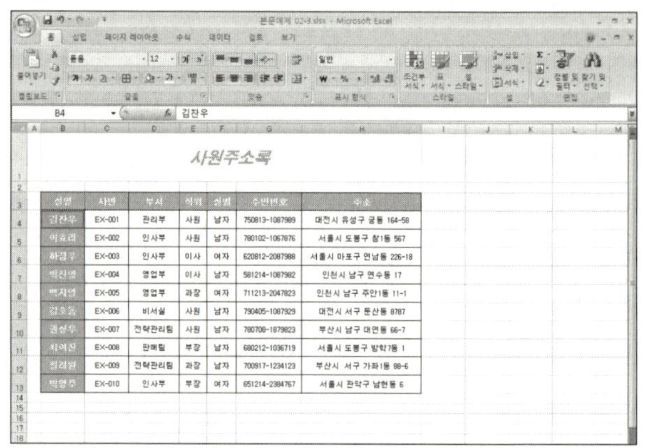

서식 적용 미리 보기

엑셀 2007에서는 이전 버전과 달리 해당 서식으로 마우스 포인터를 가져가면 바로 미리보기로 적용되므로 효율적으로 셀 서식을 적용할 수 있다.

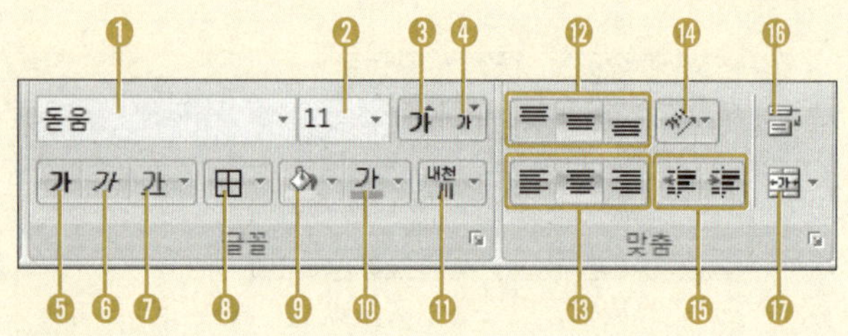

❶ 글꼴 : 글꼴을 선택한다.

❷ 글꼴 크기 : 글꼴 크기를 조정한다.

❸ 글꼴 크기 크게 : 클릭할 때마다 글꼴 크기가 점점 더 커진다.

❹ 글꼴 크기 작게 : 클릭할 때마다 글꼴 크기가 점점 더 작아진다.

❺ 굵게 : 텍스트를 굵게 표시한다.

❻ 기울임꼴 : 텍스트를 기울게 표시한다.

❼ 밑줄 : 텍스트 아래에 실선이나 이중 밑줄을 표시한다.

❽ 테두리 : 선택 영역에 원하는 모양의 테두리를 적용한다.

❾ 채우기 색 : 선택 영역에 원하는 색상을 채운다.

❿ 글꼴 색 : 텍스트의 색을 변경한다.

⓫ 윗주 필드 표시/숨기기 : 선택된 단어에 대해 음성 단어가 표시되는 방법을 편집한다.

⓬ 위쪽 맞춤, 가운데 맞춤, 아래쪽 맞춤 : 텍스트를 세로 방향으로 위쪽, 가운데, 아래쪽 정렬한다.

⓭ 왼쪽 맞춤, 가운데 맞춤, 오른쪽 맞춤 : 텍스트를 가로 방향으로 왼쪽, 가운데, 오른쪽으로 정렬한다.

⓮ 방향 : 텍스트를 시계 반대 방향 각도, 시계 방향 각도, 세로 쓰기, 텍스트 위로 회전, 텍스트 아래로 회전한다.

⓯ 들여쓰기/내어쓰기 : 텍스트를 한 글자씩 오른쪽으로 들여쓰거나, 왼쪽으로 내어쓴다.

⓰ 텍스트 줄 바꿈 : 한 셀에 여러 줄을 입력한다.

⓱ 병합하고 가운데 맞춤 : 여러 개의 셀을 하나의 셀로 병합하면서 텍스트를 셀 가로 가운데로 맞춤 설정한다. 목록 단추를 클릭하여 전체 병합, 셀 병합, 셀 분할 명령을 사용할 수 있다.

1   [C4:H13] 셀을 선택한 후 마우스 오른쪽 단추를 눌러 미니 도구 모음이 나타나면 글꼴 크기는 '10pt', 채우기 색은 '황록색, 강조 3, 80% 더 밝게'를 선택한다.

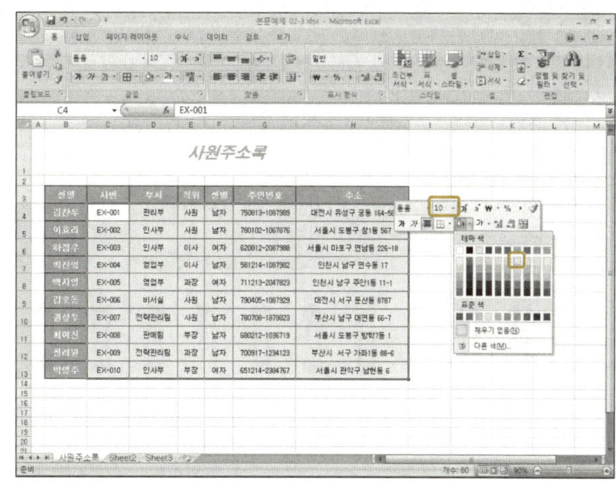

1   [H4:H13] 셀까지 영역을 선택한 후 마우스 오른쪽 단추를 눌러 [셀 서식]을 선택하고, [맞춤] 탭에서 가로 텍스트 맞춤을 '왼쪽(들여쓰기)'로, 들여쓰기를 '1'로 선택한 후 [확인] 단추를 클릭한다.

이렇게 해도 됩니다.

[홈] 탭의 [맞춤] 그룹에서 [셀 서식: 맞춤] 대화상자 단추를 눌러도 [셀 서식] 대화상자의 [맞춤] 탭이 열린다.

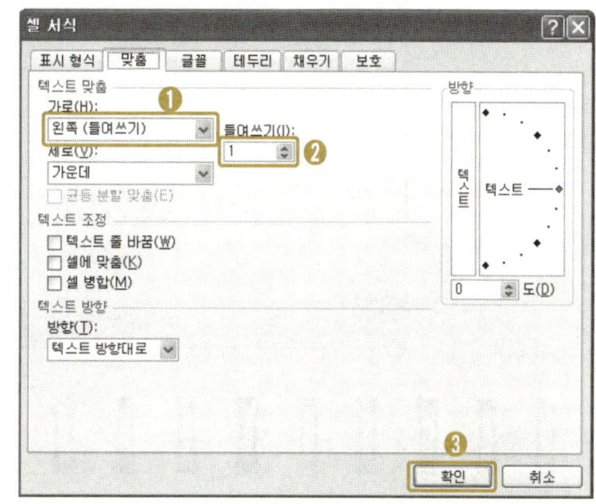

2   주소 열에 텍스트 맞춤 서식이 적용되었다.

[셀 서식] 대화상자의 텍스트 조정 항목

- 텍스트 줄 바꿈 : 셀 너비에 맞춰 나머지 부분은 다음 줄로 넘긴다.
- 셀에 맞춤 : 텍스트의 너비에 맞춰 텍스트 크기를 조정한다.
- 셀 병합 : 선택한 셀을 하나의 셀로 병합한다.

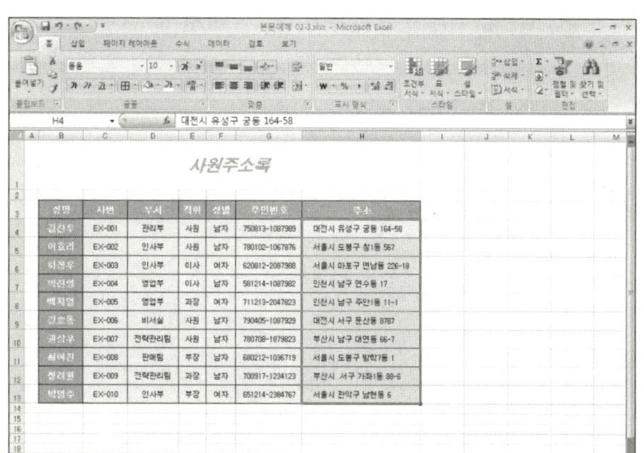

[문제] **1** [B2:F2] 영역에 '병합하고 가운데 맞춤', '16pt', '굵게' 서식을 적용하시오.

[문제] **2** [B4:F18] 영역에 '모든 테두리', '굵은 상자 테두리', '아래쪽 맞춤'을 적용하시오.

[문제] **3** [B4:F4] 영역에 채우기 색 '연한 녹색', 글꼴 색 '진한 파랑', '굵게', '아래쪽 이중 테두리'를 적용하시오.

⊚ **준비파일** : Chapter02/확인학습02-3　　　　⊚ **완성파일** : Chapter02/완성파일/확인학습완성02-3

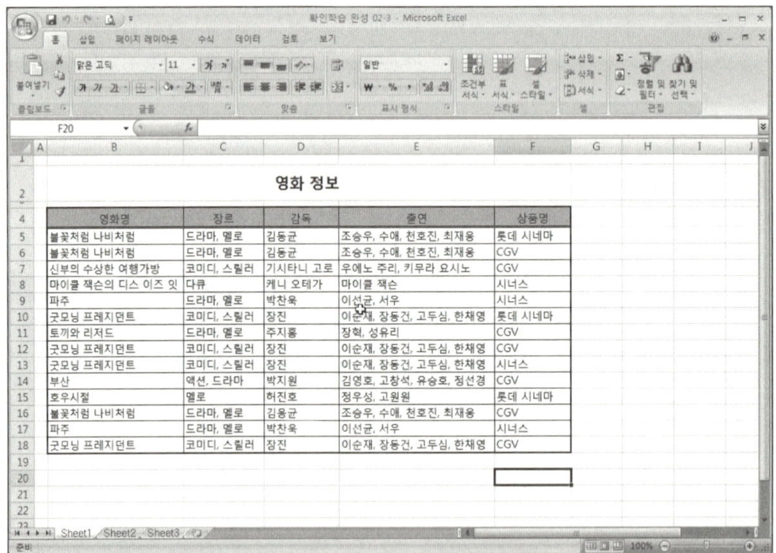

1 풀이　　[B2:F2] 영역을 선택하고 맞춤 및 글꼴 서식을 적용한다.

2 풀이　　[B4:F18] 영역을 선택하고 글꼴 및 맞춤 서식을 적용한다.

3 풀이　　[B4:F4] 영역을 선택하고 글꼴 서식을 적용한다.

4 표시 형식

출제포인트

선택한 영역에 표시 형식을 지정하는 방법

⊙ **준비파일** : Chapter02/본문예제02-4   ⊙ **완성파일** : Chapter02/완성파일/본문완성02-4

1 메뉴를 이용한 표시 형식 적용

1 [표시 형식] 시트의 [D2] 셀을 선택한 후 [홈] 탭의 [표시 형식] 그룹에서 '표시 형식' 목록의 '간단한 날짜'를 선택한다.

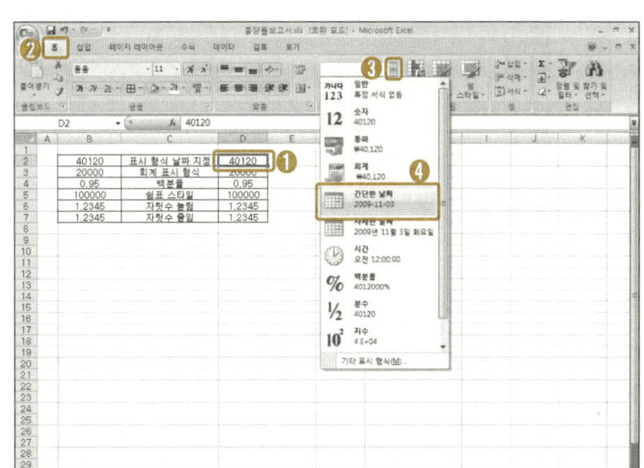

[표시 형식] 목록

❶ 일반 : 아무 표시 형식도 지정하지 않는다.

❷ 숫자 : 일반적인 숫자를 나타내는 데 사용한다.

❸ 통화 : 일반 통화 수치에 사용한다.

❹ 회계 : 통화 기호와 소수점에 맞춰 열이 정렬된다.

❺ 간단한 날짜 : 날짜와 시간에 해당하는 일련의 숫자를 연, 월, 일로 나타낸다.

❻ 자세한 날짜 : 날짜와 시간에 해당하는 일련의 숫자와 문자를 연, 월, 일, 요일로 나타낸다.

❼ 시간 : 날짜와 시간에 해당하는 일련의 숫자를 시간으로 나타낸다.

❽ 백분율 : 셀 값에 100을 곱한 값을 백분율 기호와 함께 나타낸다.

❾ 분수 : 셀 값을 분수 형태로 나타낸다.

❿ 지수 : 셀 값을 지수 형태로 나타낸다.

⓫ 기타 표시 형식 : [셀 서식] 대화상자가 열려 리본 메뉴에서 지정할 수 있는 표시 형식보다 훨씬 더 다양하게 서식을 지정할 수 있다.

2 [D3] 셀을 선택한 후 [홈] 탭의 [표시 형식] 그룹에서 '회계 표시 형식' 목록을 클릭하고 '$영국(미국)'을 선택한다.

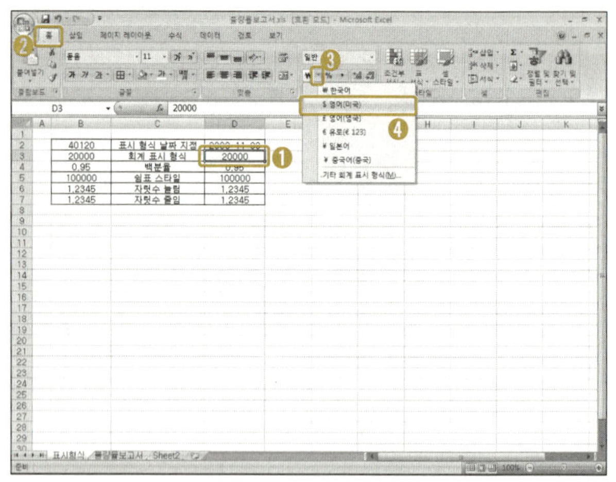

3 [D4] 셀을 선택한 후 [홈] 탭의 [표시 형식] 그룹에서 '백분율 스타일(%)'을 클릭하고, [D5] 셀을 선택한 후 '쉼표 스타일(,)'을 지정한다.

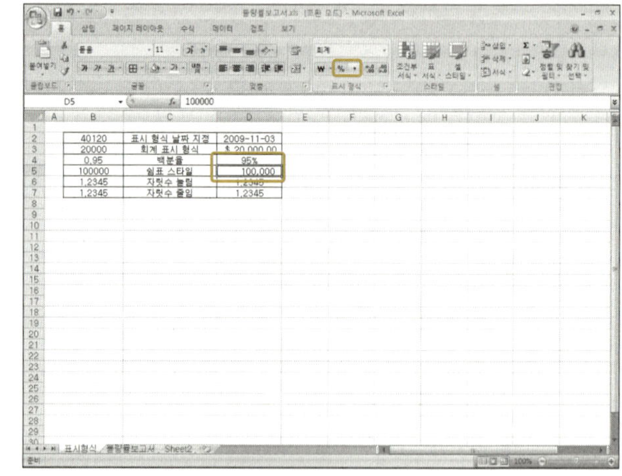

4 [D6], [D7] 셀을 선택한 후 각각 [홈] 탭의 [표시 형식] 그룹에서 '자릿수 늘림'과 '자릿수 줄임'을 두 번씩 클릭한다.

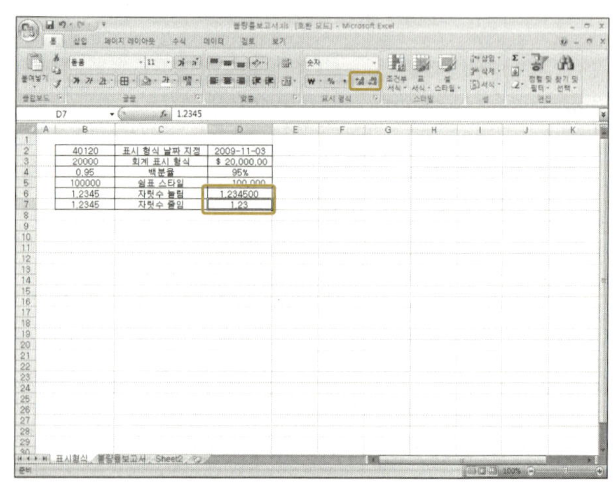

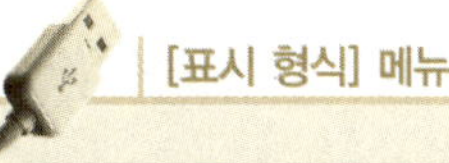

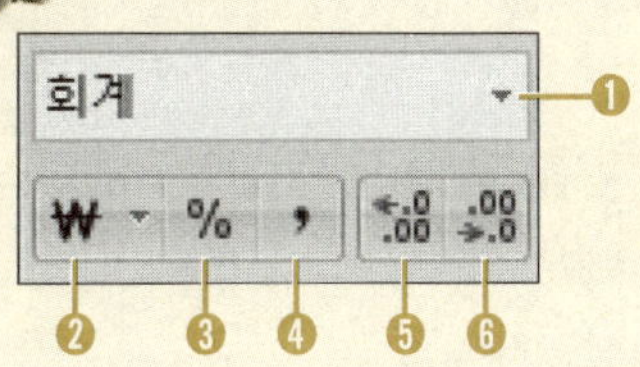

❶ 표시 형식 : 목록 단추를 눌러 일반, 숫자, 통화, 날짜, 시간 등에서 원하는 표시 형식을 선택한다.

❷ 회계 표시 형식 : 숫자 데이터에 천 단위마다 콤마를 추가하고 왼쪽에 통화 기호를 표시한다. 목록 단추를 눌러 다양한 통화 기호를 선택할 수 있다.

❸ 백분율 스타일 : 숫자 데이터에 100을 곱하고 % 기호를 표시한다.

❹ 쉼표 스타일 : 숫자 데이터에 천 단위마다 콤마를 표시한다.

❺ 자릿수 늘림 : 클릭할 때마다 소수점 이하 자릿수를 한 칸씩 늘린다.

❻ 자릿수 줄임 : 클릭할 때마다 소수점 이하 자릿수를 한 칸씩 줄인다.

2 [셀 서식] 대화상자를 이용한 표시 형식 적용

[셀 서식] 대화상자를 이용해 좀 더 다양한 표시 형식을 지정한다.

1 [불량율 보고서] 시트의 [D4] 셀을 선택한 후 마우스 오른쪽 단추를 눌러 [셀 서식]을 클릭한다.

[홈] 탭의 [표시 형식] 그룹에서 [셀 서식: 표시 형식] 대화상자 단추를 눌러도 [셀 서식] 대화상자의 [표시 형식] 탭이 열린다.

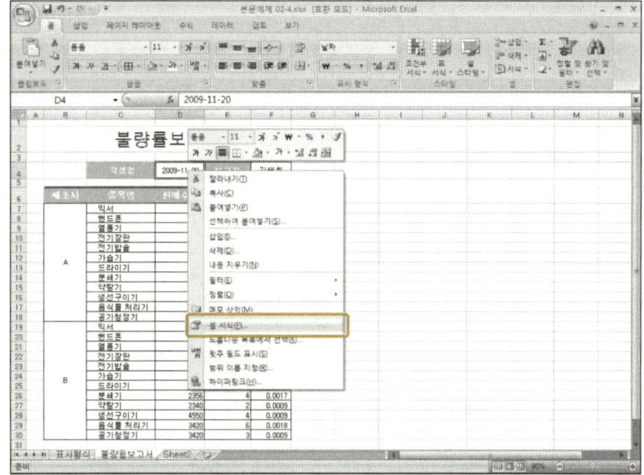

2 [표시 형식] 탭에서 범주를 '사용자 지정'으로 선택하고 형식란에 'yy-mm-dd(aaa)'를 입력하여 표시 형식을 지정한다.

사용자 지정 서식을 이용한 날짜 형식

2010년 1월 5일의 경우

내용	형식	1개	2개	3개	4개
연	y	10	10	2010	2010
월	m	1	01	Jan	January
일	d	5	05	Tue	Tuesday
요일	a	a	aa	화	화요일

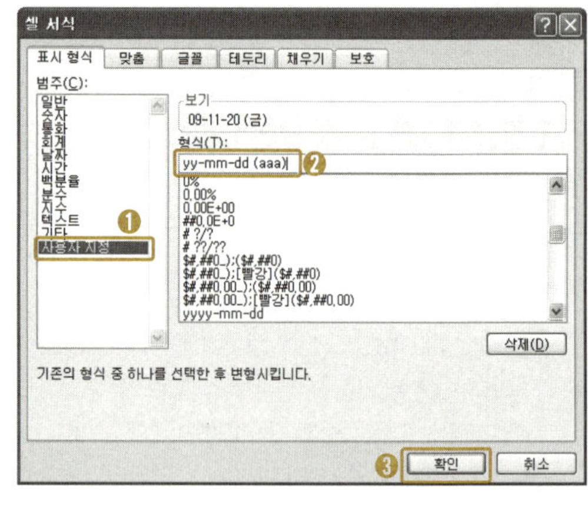

3 [B7:B30] 영역을 선택하고 마우스 오른쪽 단추를 눌러 [셀 서식]을 클릭하여 대화상자가 열리면 '사용자 지정' 범주를 선택하고 형식란에 "@ "사""를 입력한 후 [확인] 단추를 클릭한다.

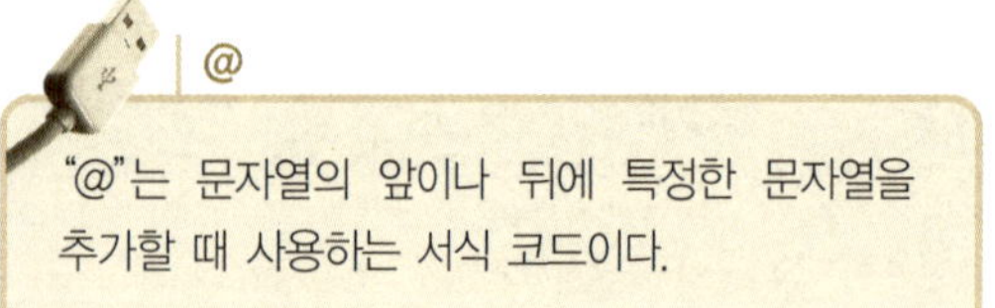

@

"@"는 문자열의 앞이나 뒤에 특정한 문자열을 추가할 때 사용하는 서식 코드이다.

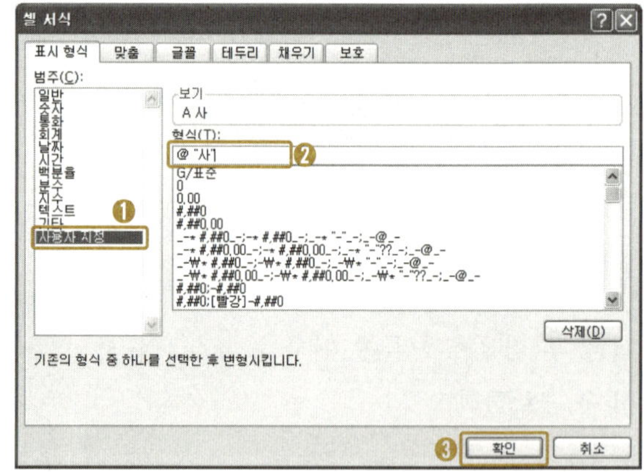

4 [D7:D30] 영역을 선택하고 마우스 오른쪽 단추를 눌러 [셀 서식]을 클릭하여 대화상자가 열리면 '숫자' 범주를 선택하고 '1000 단위 구분 기호 사용' 항목에 체크한 후 [확인] 단추를 클릭한다.

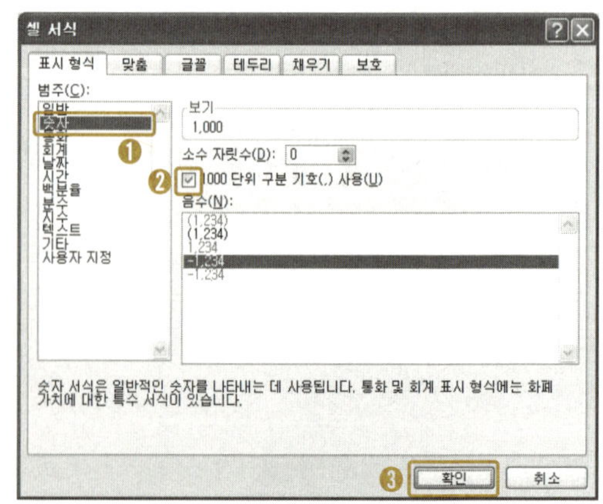

5 [E7:E30] 영역을 선택하고 마우스 오른쪽 단추를 눌러 [셀 서식]을 클릭하여 대화상자가 열리면 '사용자 지정' 범주를 선택하고 형식란에 "0"개""를 입력한 후 [확인] 단추를 클릭한다.

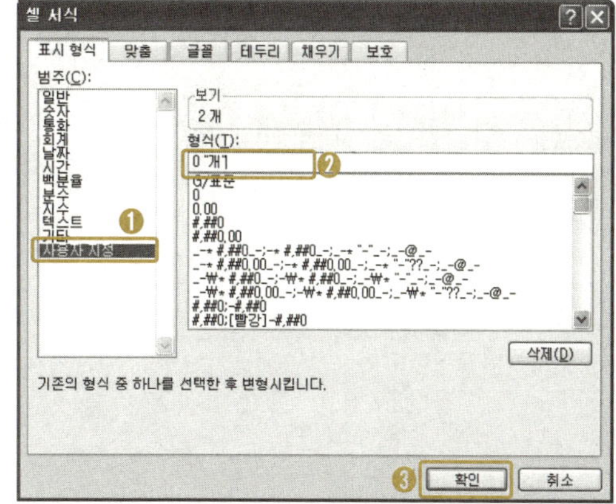

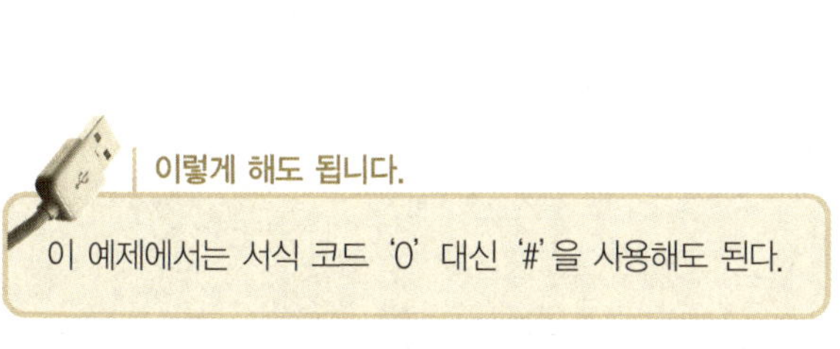

이렇게 해도 됩니다.

이 예제에서는 서식 코드 '0' 대신 '#'을 사용해도 된다.

숫자 서식 코드

- # : 하나의 숫자 자릿수를 표시하는 코드로 해당 자리에 숫자 값이 없을 경우에는 표시하지 않는다.
- 0 : 하나의 숫자 자릿수를 표시하는 코드로 해당 자리에 숫자 값이 없을 경우에는 '0'을 표시한다.
- ? : 소수나 분수의 자리를 맞추기 위해 사용되는 코드로 불필요한 자리에 공백을 추가한다.

6 [F7:F30] 영역을 선택하고 마우스 오른쪽 단추를 눌러 [셀 서식]을 클릭하여 대화상자가 열리면 '백분율' 범주를 선택하고 소수 자릿수에 "2"를 입력한 후 [확인] 단추를 클릭한다.

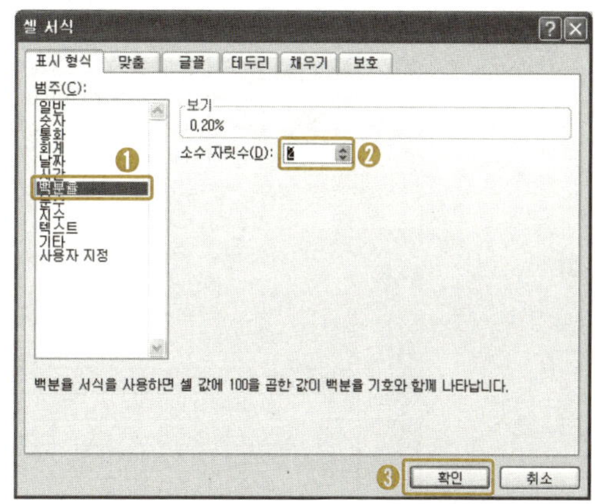

[문제 **1**] [C5:C15] 셀의 날짜 서식을 '자세한 날짜'로 변경하시오.

[문제 **2**] [D5:D15] 셀의 데이터 뒤에 '교육'이라는 데이터가, [E5:E15] 셀의 데이터 뒤에는 '대학교'라는 데이터가 자동으로 입력되도록 사용자 지정 서식을 적용하시오.

　🠖 사무자동화교육, 제일대학교

[문제 **3**] [F5:G15] 셀의 숫자 데이터에서 천 단위 이하는 생략하고 세 자리 구분 기호가 적용되도록 사용자 지정 서식을 적용하시오.

　🠖 8000000 → 8,000

[문제 **4**] [H5:H15] 셀의 숫자 데이터 뒤에 '원'이라는 데이터가 자동으로 입력되고 천 단위 구분 기호가 표시되도록 사용자 지정 서식을 적용하시오.

　🠖 8,150,000원

ⓘ **준비파일** : Chapter02/확인학습02-4　　　　ⓘ **완성파일** : Chapter02/완성파일/확인학습완성02-4

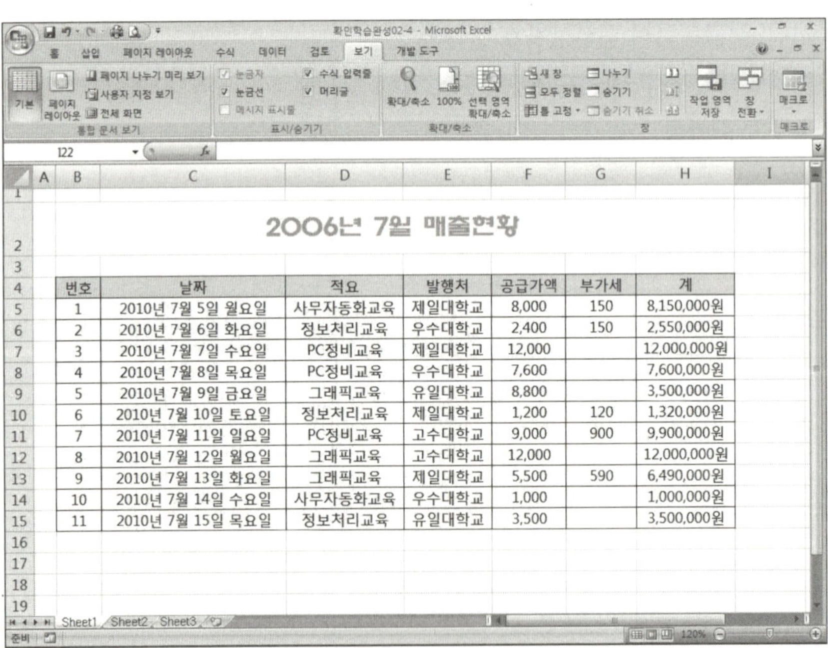

번호	날짜	적요	발행처	공급가액	부가세	계
1	2010년 7월 5일 월요일	사무자동화교육	제일대학교	8,000	150	8,150,000원
2	2010년 7월 6일 화요일	정보처리교육	우수대학교	2,400	150	2,550,000원
3	2010년 7월 7일 수요일	PC정비교육	제일대학교	12,000		12,000,000원
4	2010년 7월 8일 목요일	PC정비교육	우수대학교	7,600		7,600,000원
5	2010년 7월 9일 금요일	그래픽교육	유일대학교	8,800		3,500,000원
6	2010년 7월 10일 토요일	정보처리교육	제일대학교	1,200	120	1,320,000원
7	2010년 7월 11일 일요일	PC정비교육	고수대학교	9,000	900	9,900,000원
8	2010년 7월 12일 월요일	그래픽교육	고수대학교	12,000		12,000,000원
9	2010년 7월 13일 화요일	그래픽교육	제일대학교	5,500	590	6,490,000원
10	2010년 7월 14일 수요일	사무자동화교육	우수대학교	1,000		1,000,000원
11	2010년 7월 15일 목요일	정보처리교육	유일대학교	3,500		3,500,000원

1　[C5:C15] 셀을 선택한 후 [홈] 탭의 [표시 형식] 그룹에서 '표시 형식' 목록을 클릭하고 '자세한 날짜'를 선택한다.

날짜 서식 지정

'간단한 날짜'나 '자세한 날짜'를 지정하는 경우는 [리본] 메뉴를 사용하고 그 이외의 날짜 서식을 지정하는 경우는 [셀 서식] 대화상자를 열어 설정하도록 한다.

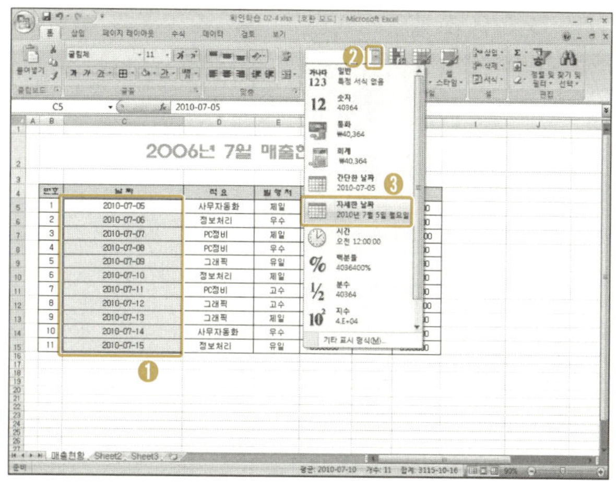

1　[D5:D15] 셀을 선택한 후 마우스 오른쪽 단추를 클릭하여 [셀 서식] 대화상자가 열리면 '사용자 지정' 범주를 선택하고 형식란에 "@"교육""을 입력한 후 [확인] 단추를 클릭한다.

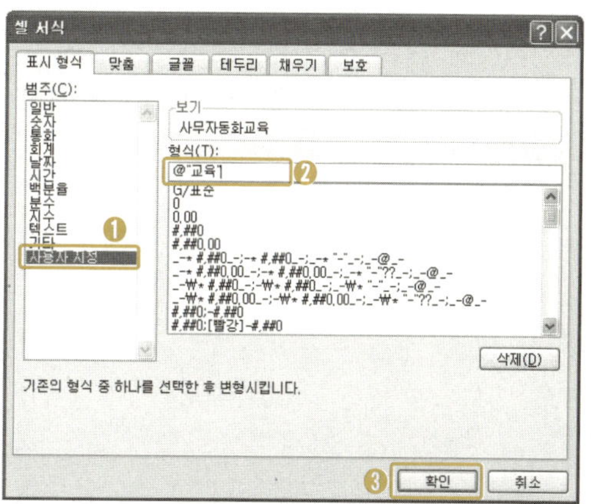

2　[E5:E15] 셀을 선택한 후 마우스 오른쪽 단추를 클릭하여 [셀 서식] 대화상자가 열리면 '사용자 지정' 범주를 선택하고 형식란에 "@"대학교""를 입력한 후 [확인] 단추를 클릭한다.

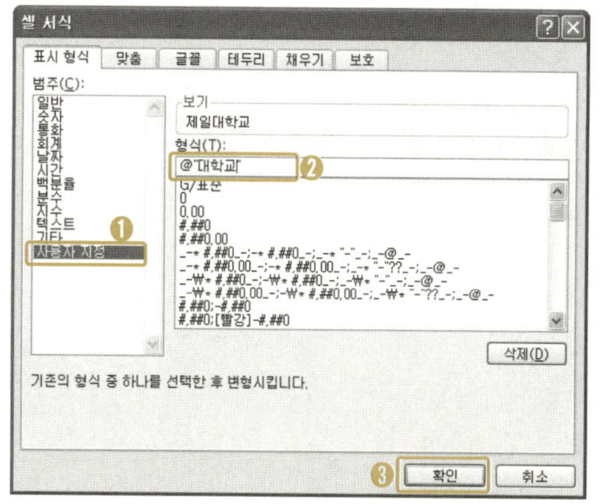

1　[F5:G15] 셀을 선택한 후 마우스 오른쪽 단추를 클릭하여 [셀 서식] 대화상자가 열리면 '사용자 지정' 범주를 선택하고 형식란에 "#,###,"를 입력한 후 [확인] 단추를 클릭한다.

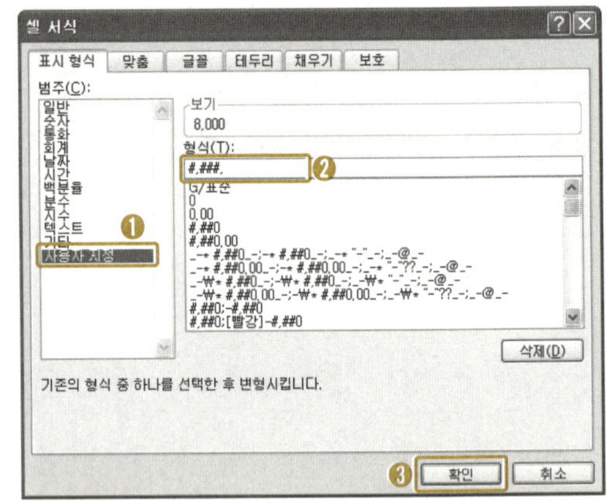

1　[H5:H15] 셀을 선택한 후 마우스 오른쪽 단추를 클릭하여 [셀 서식] 대화상자가 열리면 '사용자 지정' 범주를 선택하고 형식란에 "#,##0원"을 입력한 후 [확인] 단추를 클릭한다.

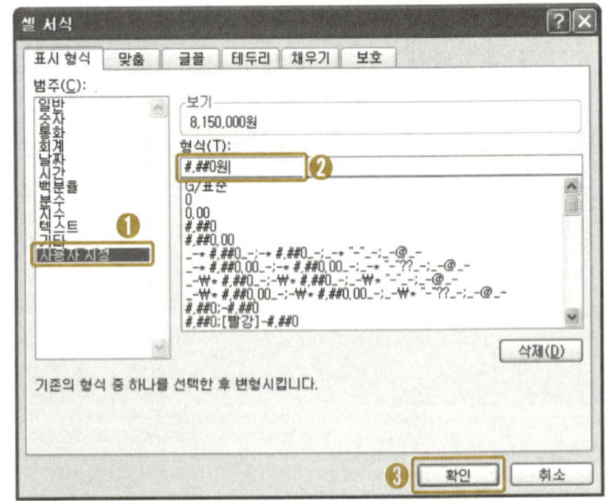

5 스타일

셀 스타일을 이용해 여러 가지 서식을 일괄 적용하는 방법

◉ **준비파일** : Chapter02/본문예제02-05　　　　◉ **완성파일** : Chapter02/완성파일/본문완성02-05

1 　셀 스타일

셀 스타일은 표시 형식, 글꼴, 맞춤, 테두리, 채우기 색의 셀 서식을 한꺼번에 빠르게 적용할 수 있는 기능이다. 셀 스타일 기능을 사용하면 일관성 있는 문서 작성을 할 수 있어 좋다.

1 [B2] 셀을 선택하고 [홈] 탭의 [스타일] 그룹에서 [셀 스타일]을 클릭한 후 '제목' 스타일을 선택한다.

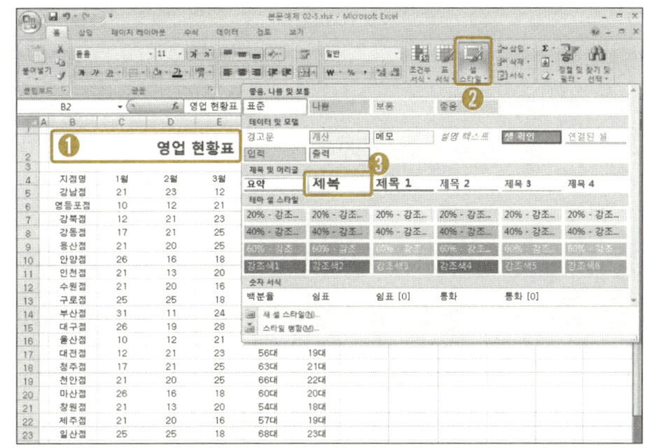

2 [B4:G24] 영역을 선택하고 [셀 스타일]을 클릭한 후 '20% – 강조색 5' 스타일을 선택한다.

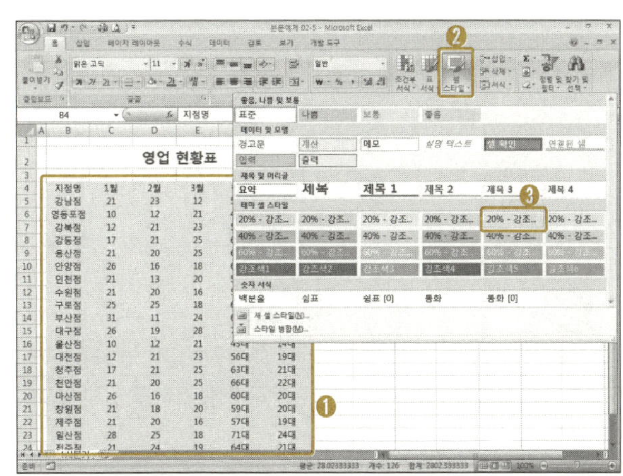

3 [B4:B24], [C4:G4] 영역을 선택하고 [셀 스타일]을 클릭한 후 '강조색5' 스타일을 선택한다.

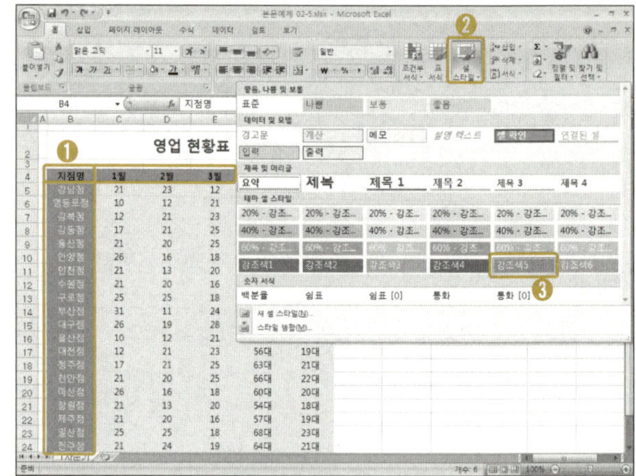

4 [B4:G4] 영역을 선택하고 [셀 스타일]을 클릭한 후 '제목3' 스타일을 선택한다.

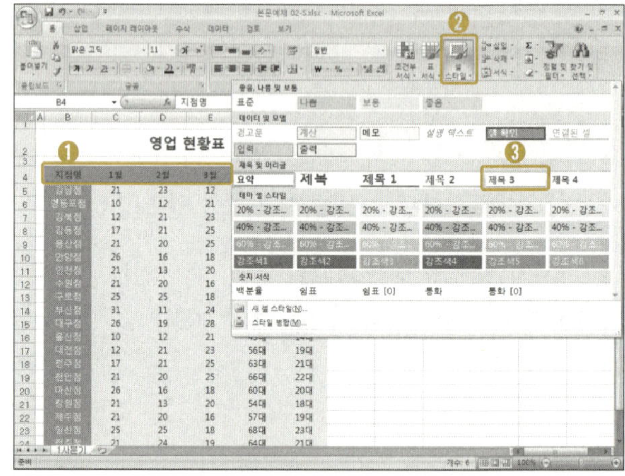

5 [B4:G24]까지의 영역을 선택하고 [셀 스타일]을 클릭한 후 '표준' 스타일을 선택하면 셀에 적용되어 있던 스타일이 지워진다.

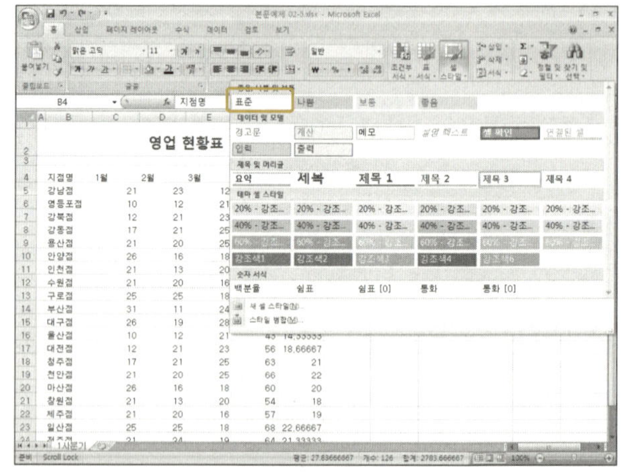

| 셀 스타일 수정

[셀 스타일]을 눌렀을 때 열리는 테마 및 스타일의 특정 서식을 마우스 오른쪽 단추로 눌러 [수정]을 클릭하면 선택한 스타일을 수정할 수 있다. 또한 [새 셀 스타일]을 이용하여 사용자의 취향에 맞는 새 셀 스타일을 만들어 사용할 수도 있다.

이전 버전의 '목록' 기능이 2007 버전에서는 표 기능으로 변경되었다. 데이터 영역을 표로 만들면 데이터 관리와 분석을 쉽고 편하게 할 수 있게 된다.

1 [B4:G24] 영역을 선택하고 [홈] 탭의 [스타일] 그룹에서 [표 서식]을 클릭하고 '표 스타일 밝게 7'을 선택한다.

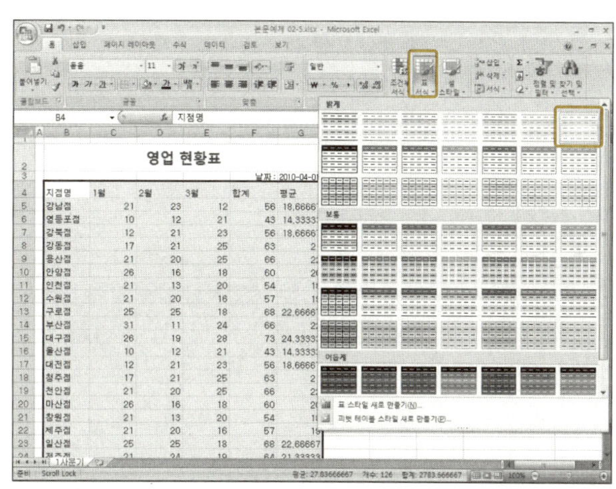

전체 데이터 영역에 적용하려면

표 스타일을 적용할 영역이 데이터가 입력된 셀 전체인 경우 데이터가 입력된 임의의 셀을 클릭하여 선택한 후 메뉴를 적용하면 된다.

2 선택 영역이 표시되면 [확인] 단추를 클릭한다.

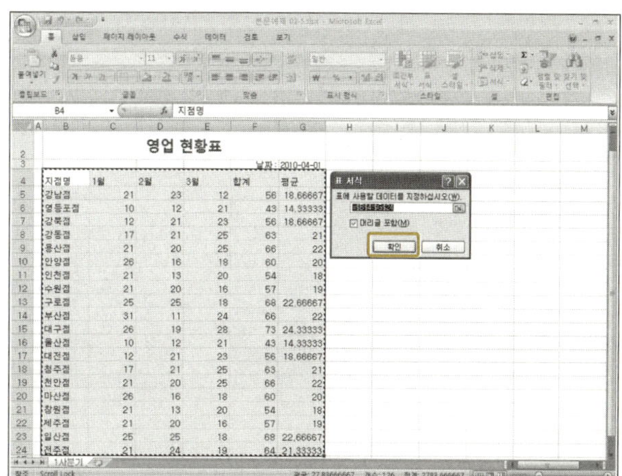

영역 선택

선택 영역이 맞지 않는 경우 다시 드래그하여 영역을 변경한다.

3 [표 도구]-[디자인] 탭의 [표 스타일 옵션] 그룹에서 '줄무늬 행'을 체크 해제하고 '줄무늬 열'을 체크한다.

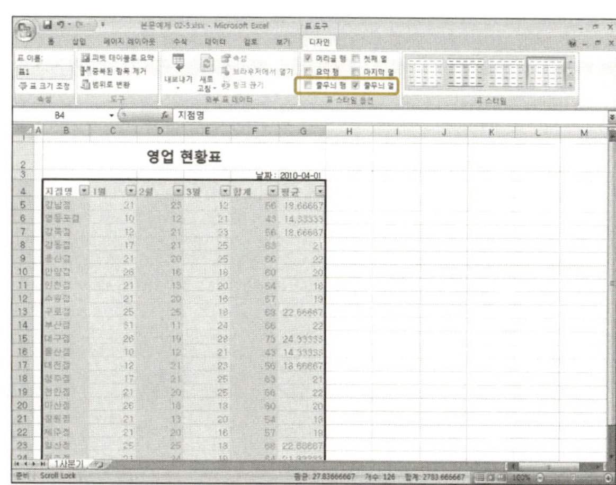

필터 단추

표의 머리글 행에는 따로 설정하지 않아도 필터 단추가 추가된다. 이 단추를 이용하여 정렬이나 필터 기능을 활용할 수 있다.

[표 스타일 옵션] 그룹

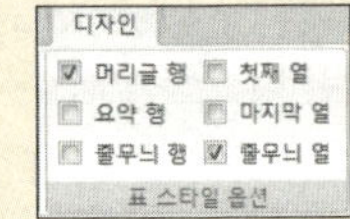

- 머리글 행 : 표의 첫 번째 행
- 요약 행 : 표의 마지막 행
- 줄무늬 행 : 행마다 음영이 교차 반복하는 줄무늬
- 첫째 열 : 표의 첫 번째 열
- 마지막 열 : 표의 마지막 열
- 줄무늬 열 : 열마다 음영이 교차 반복하는 줄무늬

이렇게 해도 됩니다.

표로 변환하고자 하는 영역을 선택한 후 [삽입] 탭의 [표] 그룹에서 [표]를 클릭하면 선택 영역이 표로 만들어지는데 여기에 [표 스타일]을 지정해도 된다.

4 표를 다시 정상 범위로 변환하여 사용하고자 할 때는 표 안의 임의의 셀에서 마우스 오른쪽 단추를 클릭한 후 [표]-[범위로 변환]을 선택하고 확인 메시지가 뜨면 [확인] 단추를 클릭한다.

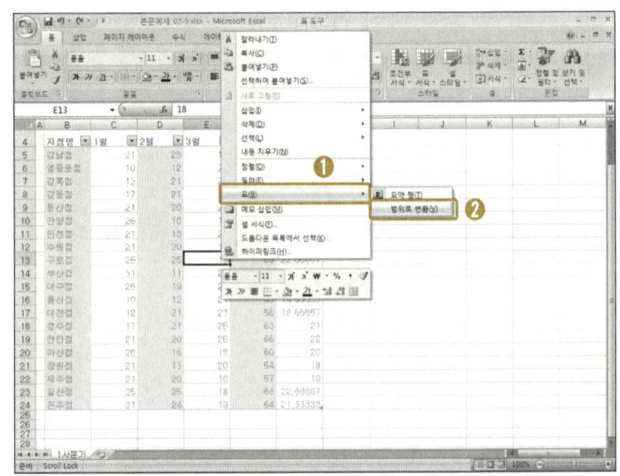

[문제 **1**] [B4:I33] 영역에 설정된 셀 스타일을 해제하시오.

[문제 **2**] [B4:I33] 영역에 표 스타일 '보통 10'을 설정하고 '머리글 행', '줄무늬 행', '첫째 열'에만 적용되도록 하시오.

⊛ **준비파일** : Chapter02/확인학습02-5   ⊛ **완성파일** : Chapter02/완성파일/확인학습완성02-5

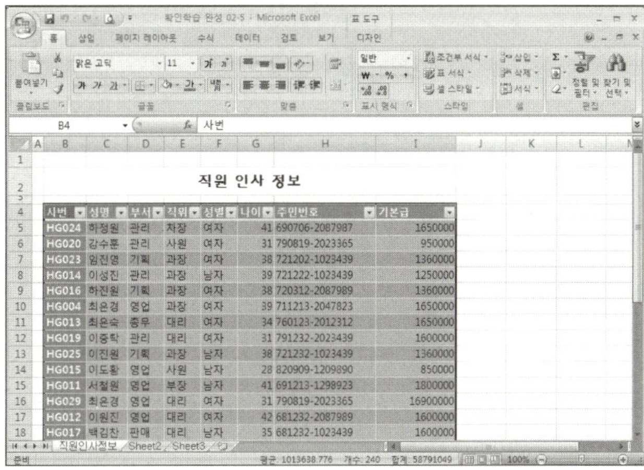

1 풀이   셀 스타일 적용 및 해제

1 [B4:I33] 영역을 선택하고 [홈] 탭의 [스타일] 그룹에서 [셀 스타일]을 클릭하고 '표준'을 선택한다.

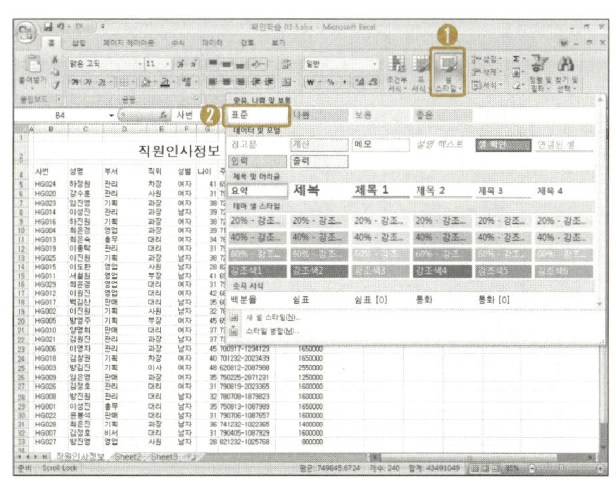

1 [B4:I33] 영역을 선택하고 [홈] 탭의
[스타일] 그룹에서 [표 서식]을 클릭하고 '표
스타일 보통 10'을 설정한 후, [표 도구]−[디
자인] 탭의 [표 스타일 옵션] 그룹에서 '머리
글 행', '줄무늬 행', '첫째 열'을 체크한다.

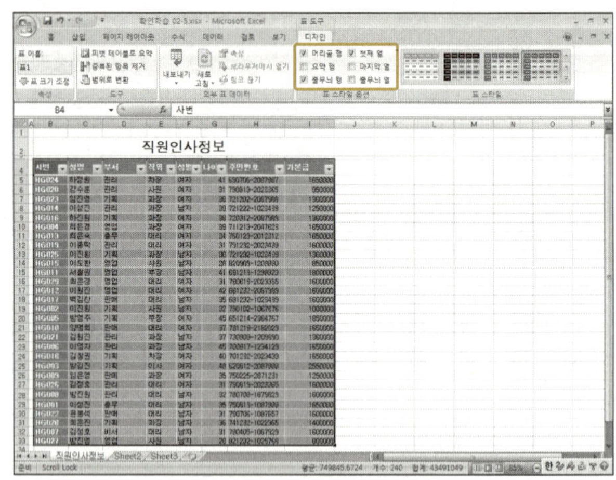

6 하이퍼링크와 텍스트 나누기

출제포인트

하이퍼링크를 설정하여 다른 워크시트나 파일, 사이트 등으로 이동이 편하도록 하고, 텍스트를 여러 셀로 한 번에 나누는 방법

◎ **준비파일** : Chapter02/본문예제02-6   ◎ **완성파일** : Chapter02/완성파일/본문완성02-6

1 하이퍼링크

하이퍼링크를 설정해두면 클릭만으로 원하는 위치로 이동할 수 있어 편리하다.

1 [C4] 셀을 선택한 후 [삽입] 탭의 [링크] 그룹에서 [하이퍼링크]를 클릭한다.

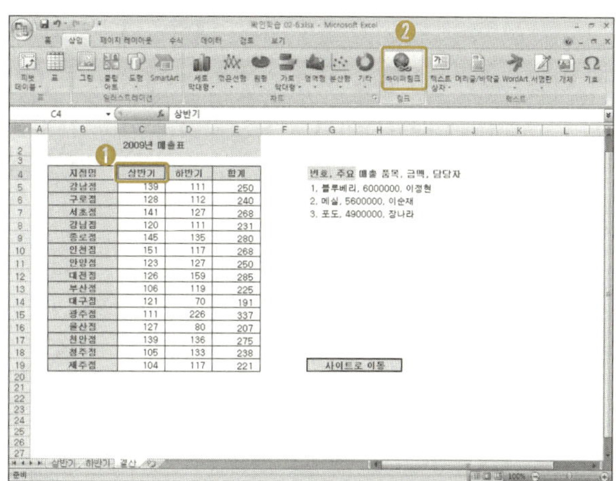

이렇게 해도 됩니다.

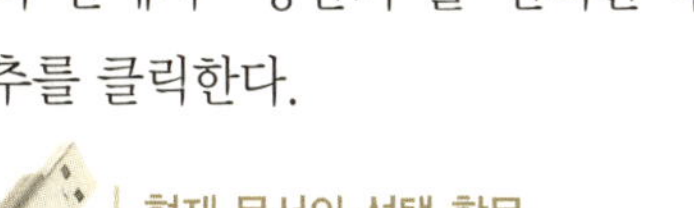

마우스 오른쪽 단추를 눌렀을 때 나오는 바로 가기 메뉴의 [하이퍼링크]를 선택해도 된다.

2 [하이퍼링크 삽입] 대화상자가 열리면 [현재 문서]를 선택하고 '이 문서에서 위치 선택' 란에서 '상반기'를 선택한 후 [확인] 단추를 클릭한다.

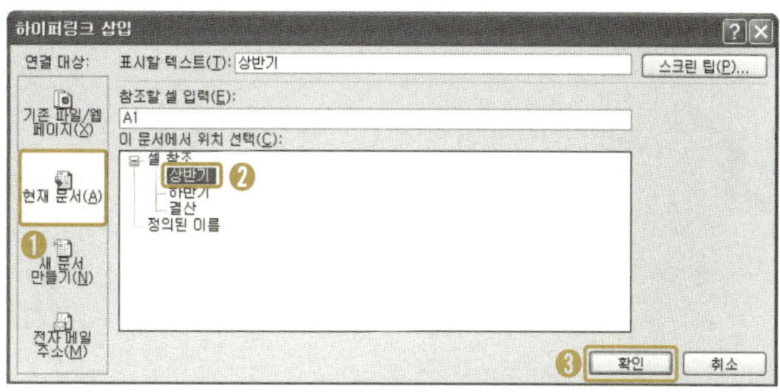

현재 문서의 선택 항목

- 참조할 셀 선택 : 이동할 셀 주소를 입력한다.
- 이 문서에서 위치 선택 : 이동할 워크시트 이름이나 정의되어 있는 이름을 선택한다.

3 [D4] 셀을 선택한 후 [하이퍼링크]를 클릭하고 [하이퍼링크 삽입] 대화상자에서 [현재 문서]를 선택하고 '이 문서에서 위치 선택' 란에서 '하반기'를 선택한 후 [확인] 단추를 클릭한다.

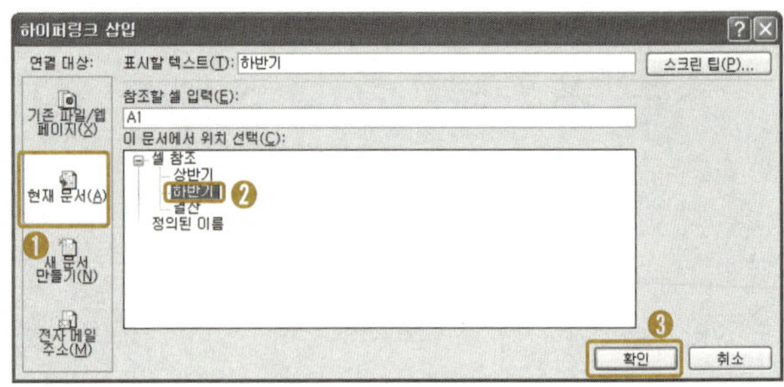

4 [G19] 셀을 선택한 후 [하이퍼링크]를 클릭하고 [하이퍼링크 삽입] 대화상자에서 [기존 파일/웹 페이지]를 선택하고 주소란에 "http://www.at.or.kr/"을 입력한 후 [스크린 팁] 단추를 클릭한다.

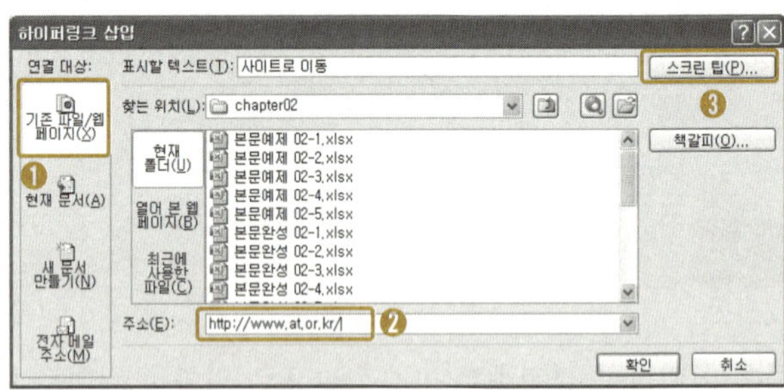

5 [하이퍼링크 스크린 팁 설정] 대화상자가 나타나면 "농수산물 유통공사"라고 입력한 후 [확인] 단추를 클릭하고 하이퍼링크 삽입 대화상자에서도 [확인] 단추를 클릭한다.

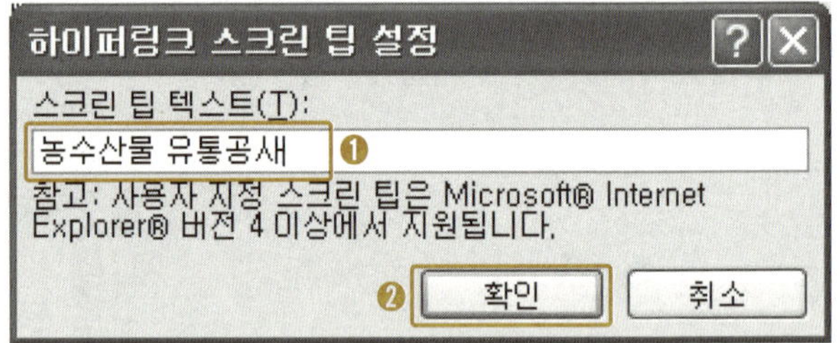

6 하이퍼링크를 설정한 텍스트는 서식이 변경되고, 해당 셀을 클릭하면 하이퍼링크 위치로 이동된다.

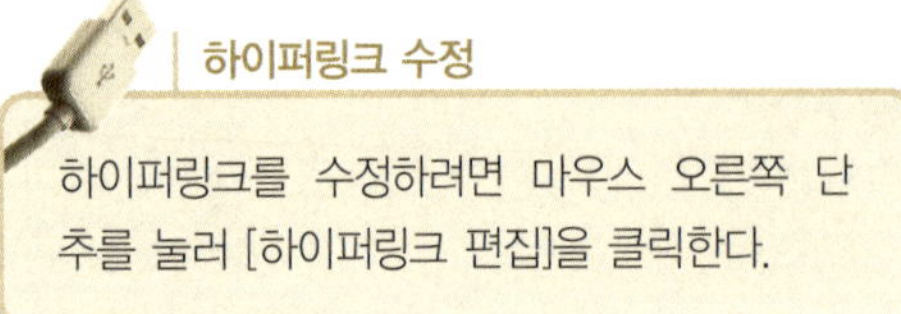
하이퍼링크 수정

하이퍼링크를 수정하려면 마우스 오른쪽 단추를 눌러 [하이퍼링크 편집]을 클릭한다.

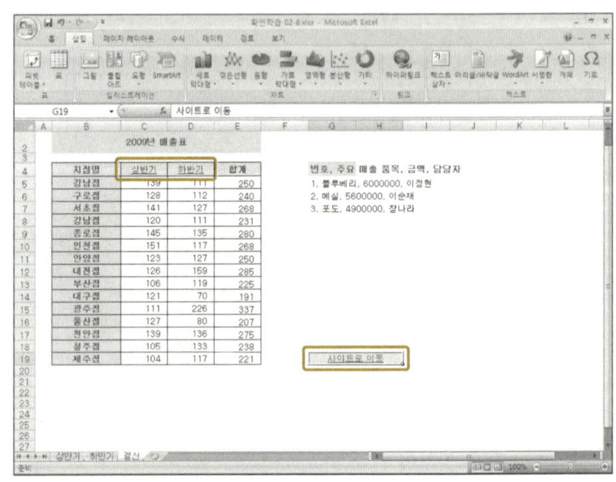

 **7** [C4] 셀을 선택한 후 마우스 오른쪽 단추를 눌러 바로가기 메뉴가 열리면 [하이퍼링크 제거]를 선택한다.

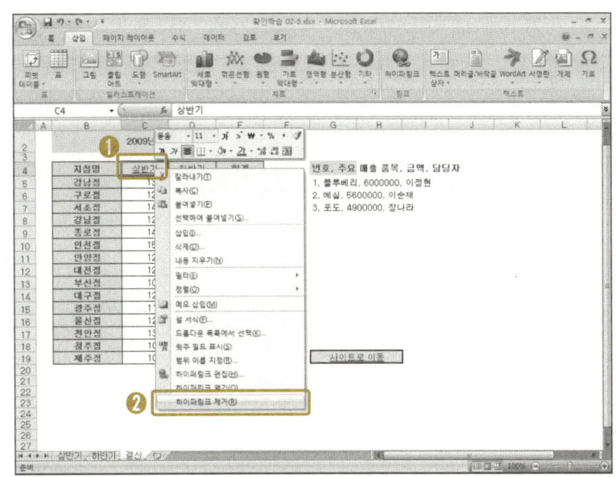

하이퍼링크 제거 후 서식 설정

하이퍼링크를 제거하면 셀에 설정되었던 다른 서식들도 제거될 수 있으므로 [서식 복사] 등의 기능으로 다시 적용해준다.

2 텍스트 나누기

하나의 셀에 입력되어 있는 데이터를 구분 기호로 구분하여 여러 개의 셀로 나누는 기능이다.

1 [G4:G7] 영역을 선택한 후 [데이터] 탭의 [데이터 도구] 그룹에서 [텍스트 나누기]를 선택한다.

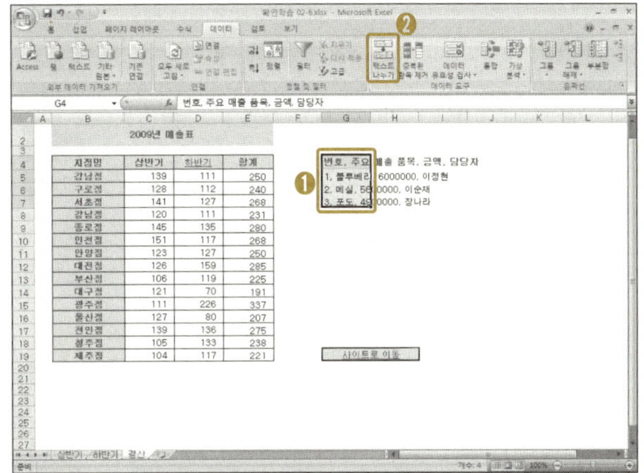

주의하세요.

텍스트 나누기를 할 때 필요한 열 개수만큼 비워져 있지 않은 경우 나누기하는 열 오른쪽의 데이터를 덮어쓰게 된다.

2 [텍스트 마법사] 대화상자가 나타나면 '구분 기호로 분리됨'이 선택되어 있는 상태로 [다음] 단추를 클릭한다.

원본 데이터의 형식

- 구분 기호로 분리됨 : 탭, 세미콜론, 쉼표, 공백 및 기타 문자를 기준으로 데이터를 분리한다.
- 너비가 일정함 : 일정한 너비의 데이터를 분리한다.

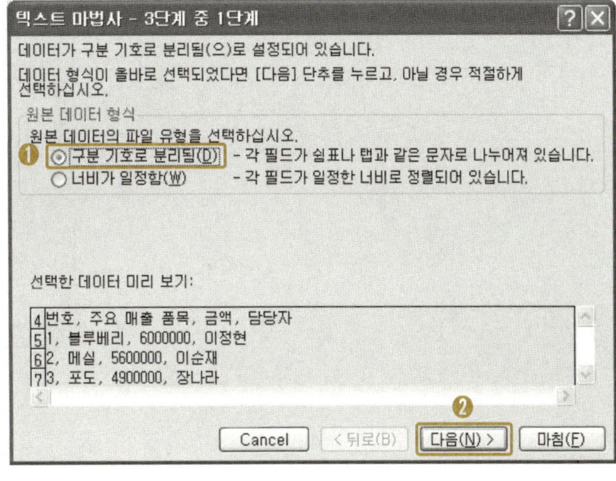

3 2단계 대화상자에서 구분 기호 중 '쉼표' 에 체크하고 [다음] 단추를 클릭한다.

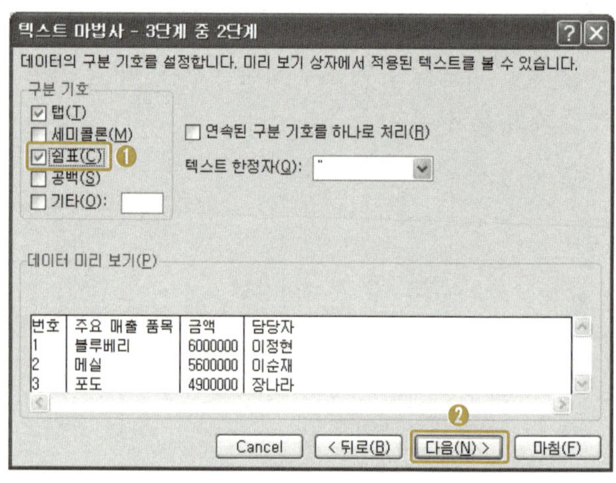

열 구분선 조정

1단계에서 '너비가 일정함' 을 선택한 경우 열 구분선을 추가하거나 이동하여 직접 조정할 수 있다.

4 3단계에서 [마침] 단추를 클릭한다.

5 셀 내용을 바꿀지 묻는 대화상자가 나타나면 [확인] 단추를 클릭한다.

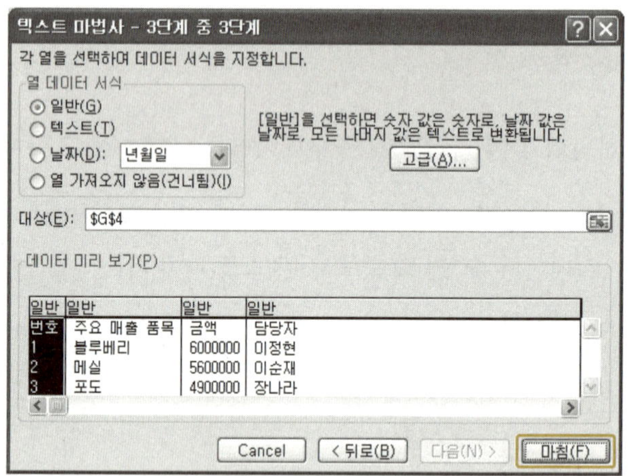

텍스트 마법사 – 3단계 중 3단계

- 열 데이터 서식 : 선택된 셀에 적용할 서식을 선택한다.
- 대상 : 셀을 분리할 대상 셀을 설정한다. 이미 선택한 대상이 맞으면 그대로 둔다.

6 [G4:G7] 영역을 선택한 후 [홈] 탭의 [클립 보드] 그룹에서 [서식 복사]를 클릭하고 [H4:J7] 영역을 드래그하여 서식을 적용한다.

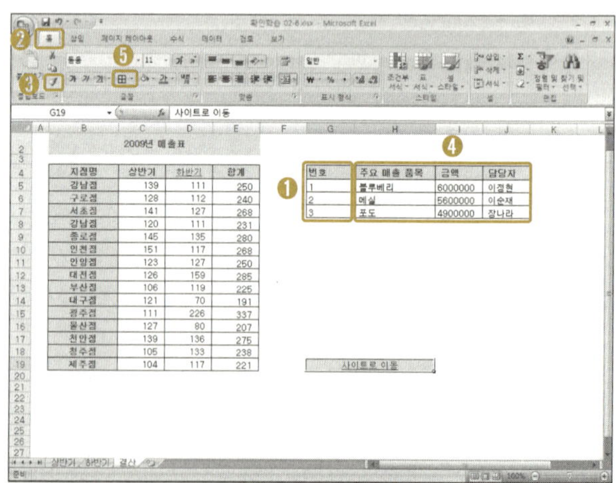

확인학습문제

[문제 **1**] [B3:B17] 영역의 세미콜론(;)으로 분리된 내용을 열로 변환하시오(나머지는 기본 설정을 적용하시오).

[문제 **2**] [B19] 셀을 하이퍼링크를 이용하여 http://www.ybmit.com으로 연결하고 'MOS 정보'라는 스크린 팁이 표시되도록 하시오.

⊙ 준비파일 : Chapter02/확인학습02-6 　　　　⊙ 완성파일 : Chapter02/완성파일/확인학습완성02-6

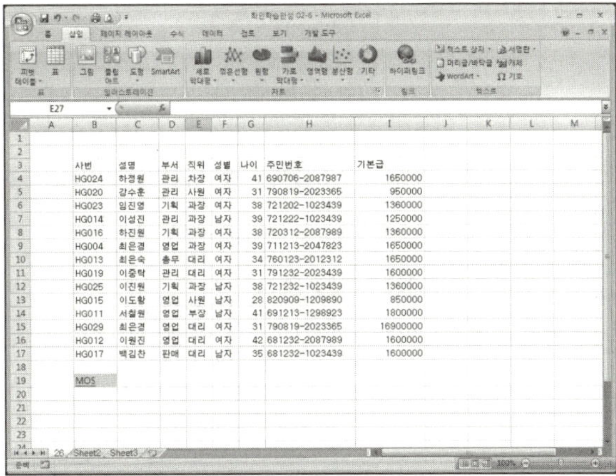

1 풀이　　텍스트 나누기

1 [B3:B17] 영역을 선택한 후 [데이터] 탭의 [데이터 도구] 그룹에서 [텍스트 나누기]를 선택하고 [구분 기호로 분리됨] – [다음] – [세미콜론] – [다음] – [마침]을 차례대로 클릭한다.

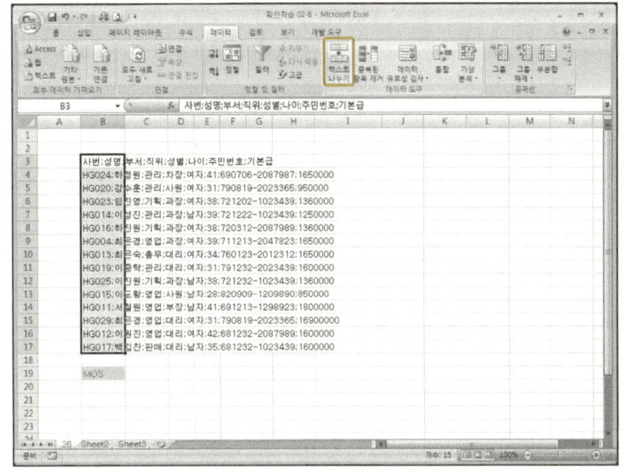

1 [B19] 셀을 선택한 후 [삽입] 탭의 [링크] 그룹에서 [하이퍼링크]를 클릭한다.

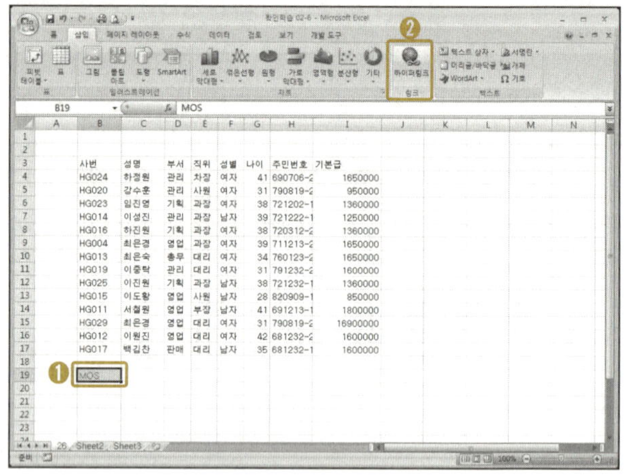

2 [하이퍼링크 삽입] 대화상자가 나타나면 [기존 파일/웹 페이지]를 선택하고 주소란에 "http://www.ybmit.com"을 입력한 후 [스크린 팁] 단추를 클릭한다.

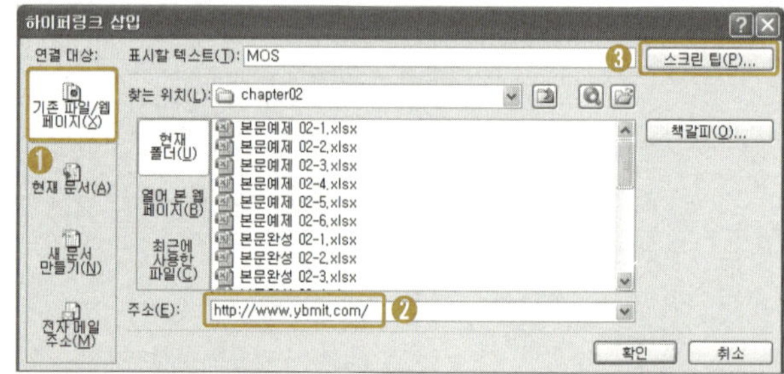

3 [하이퍼링크 스크린 팁 설정] 대화상자가 나타나면 "MOS 정보"라고 입력한 후 [확인] 단추를 클릭한다.

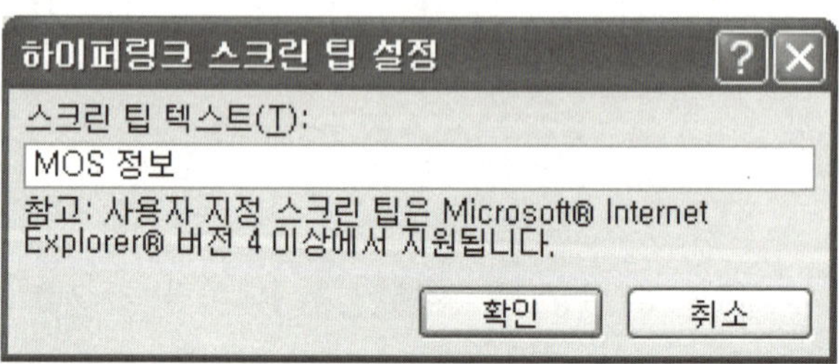

수식 작성

1 셀 참조

◉ **준비파일** : Chapter03/본문예제03-1-1, 본문예제03-1-2, 본문예제03-1-3
◉ **완성파일** : Chapter03/완성파일/본문완성03-1-1, 본문완성03-1-2, 본문완성03-1-3

1 상대 참조

상대 참조에 의해 작성한 수식을 자동 채우기하면 수식이 복사된 셀의 상대적 위치에 따라 참조하는 셀이 자동으로 바뀌게 된다.

1 '본문예제03-1-3' 파일을 열고 [E5] 셀을 선택한 후 "=C5*D5"를 입력하고 Enter 를 누른다.

셀 주소 클릭하여 입력하기

수식을 작성할 때 셀 주소를 직접 입력하지 않고 해당 셀을 클릭하면 더 빠르고 정확하게 입력할 수 있다.

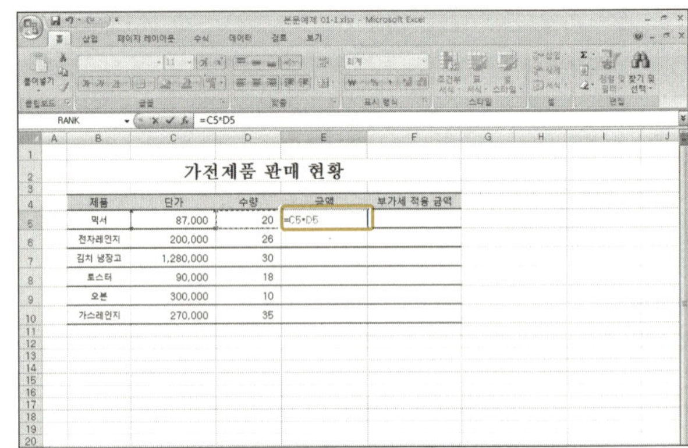

2 [E5] 셀을 선택하고 채우기 핸들을 [E10] 셀까지 드래그하여 자동 채우기하면 수식이 복사된다. 셀 참조 주소가 각 행의 수량과 금액을 참조하여 계산한다.

채우기 핸들 더블클릭

수식을 복사할 영역이 광범위한 경우 채우기 핸들을 더블클릭하면 신속하게 수식 채우기를 할 수 있다.

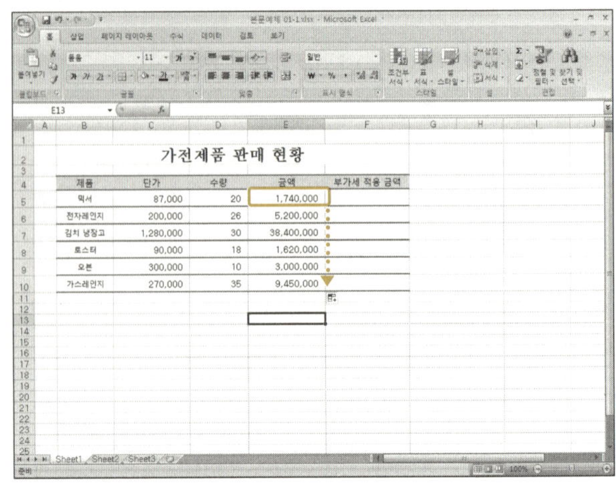

3 [F5] 셀을 선택한 후 "=E5+E5*0.1"을 입력하고 Enter 를 누른다.

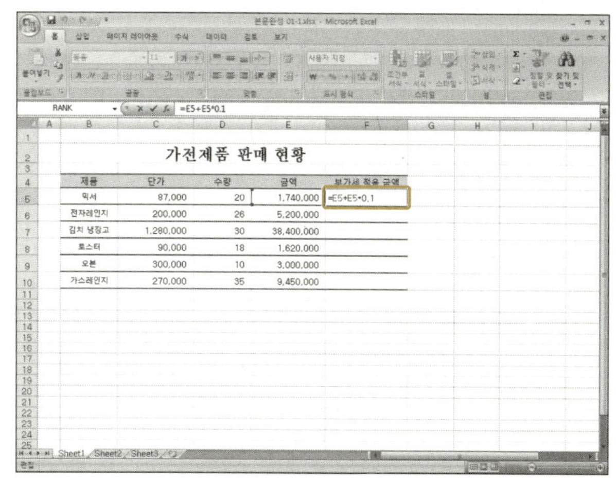

4 [F5] 셀을 선택하고 채우기 핸들을 [F10] 셀까지 드래그하여 자동 채우기하면 수식이 복사된다. 셀 참조 주소가 각 행의 금액을 참조하여 계산한다.

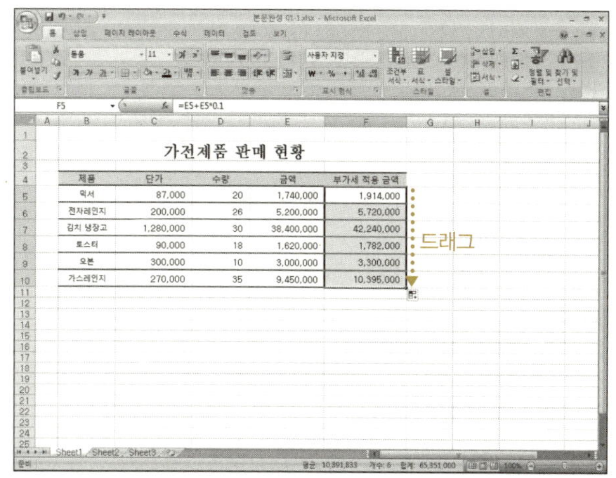

 수식 보기

시트에 삽입된 수식을 한눈에 확인하려면 Ctrl + ~ 를 누른다. 다시 원래 시트로 돌아올 때에도 Ctrl + ~ 를 사용한다.

엑셀의 연산자

종류	연산자	기능	종류	연산자	기능
산술 연산자	+	더하기	비교 연산자	〉	크다
	−	빼기		〈	작다
	*	곱하기		〉=	크거나 같다
	/	나누기		〈=	작거나 같다
	^	차수(제곱승)		〈〉	같지 않다
	%	백분율	문자열 연산자	&	연결

수식을 입력할 때 셀 주소를 나타내는 행 번호와 열 번호 앞에 '$' 표시를 붙여 특정 셀이나 특정 범위를 고정시켜 참조하는 형식이다. 수식을 복사해도 고정된 절대 참조는 변하지 않고 항상 그 셀을 참조한다.

1 '본문예제03-1-2' 파일을 열고 [F8] 셀을 선택한 후 "=E8-E8*$G$4"를 입력하고 Enter 를 누른다.

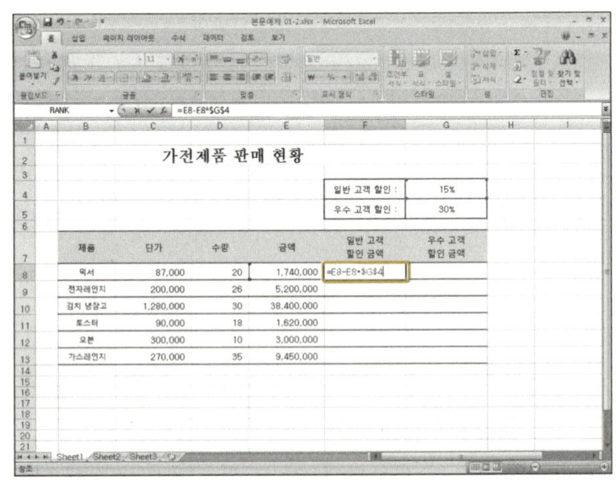

F4 로 절대 참조 입력하기

참조 셀에 '$'을 붙이려면 키보드의 F4를 한 번 누르면 된다.
- F4 사용 안 함 : A1 : 행, 열 모두 변하는 상대 참조
- F4 한 번 누름 : $A$1 : 행, 열 모두 절대 참조
- F4 두 번 누름 : A$1 : 행만 절대 참조
- F4 세 번 누름 : $A1 : 열만 절대 참조
- F4 네 번 누름 : A1 : 행, 열 모두 변하는 상대 참조

---

2 [F8] 셀을 선택하고 채우기 핸들을 [F13] 셀까지 드래그하여 자동 채우기하면 수식이 복사된다. 금액이 입력된 셀은 상대적 참조 주소가 각 행의 금액을 참조하여 계산하지만, 일반 고객에게 적용된 할인율인 '15%'는 셀 참조 주소가 변경되지 않고 같은 셀을 참조하는데 이를 절대 참조라 한다.

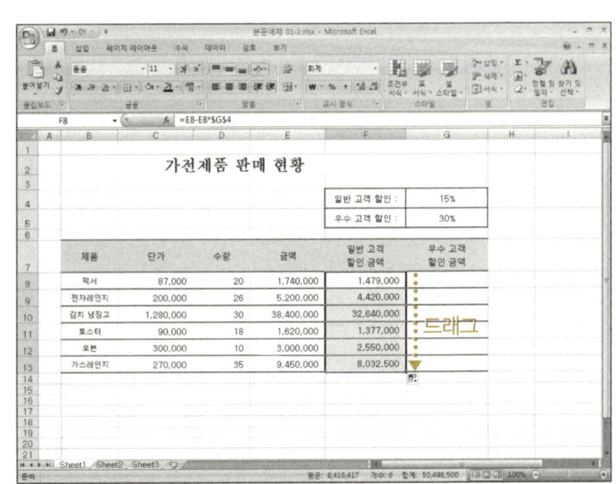

3 [G8] 셀을 선택한 후 "=E8−E8*$G$5"를 입력하고 Enter 를 누른다.

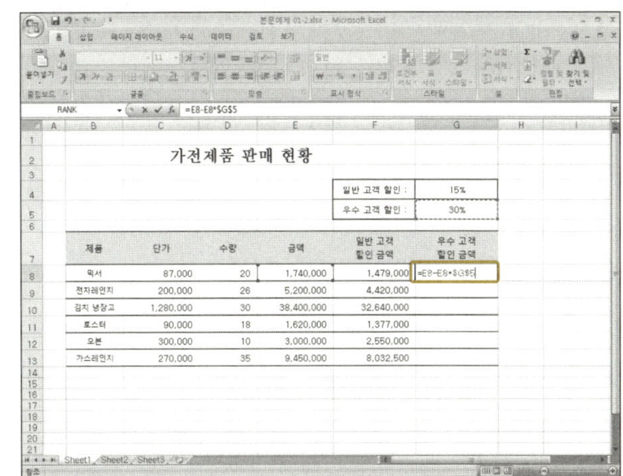

4 [G8] 셀을 선택하고 채우기 핸들을 [G13] 셀까지 드래그하여 자동 채우기하면 수식이 복사된다. 금액은 상대 참조, 할인율은 절대 참조로 수식이 계산된다.

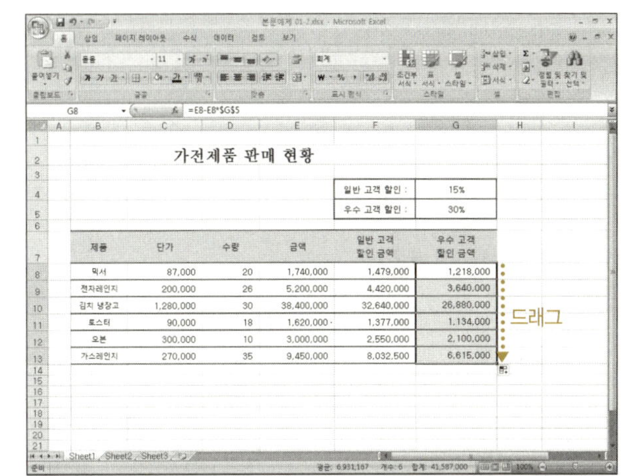

3 혼합 참조

행 번호와 열 번호 중 한 곳만 절대 참조로 고정하고 나머지 다른 주소는 상대 참조로 바뀌게 하는 참조 방법이다. 수식을 복사하면 '$' 표시가 붙은 행이나 열은 변하지 않고 '$' 표시가 붙지 않은 부분만 셀의 상대적 위치에 따라 자동으로 바뀌게 된다.

1 '본문예제03-1-3' 파일을 열고 [B4] 셀을 선택한 후 "=$A4*B$3"을 입력하고 Enter 을 누른다.

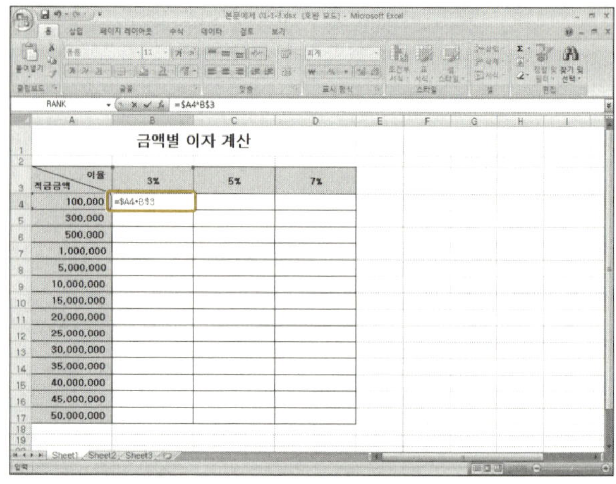

 **이렇게 계산합니다.**

적금금액은 열 고정, 이율은 행 고정하여 혼합참조한다.

2 [B4] 셀을 선택한 후 채우기 핸들을 [D4] 셀까지 드래그하여 수식을 복사한다.

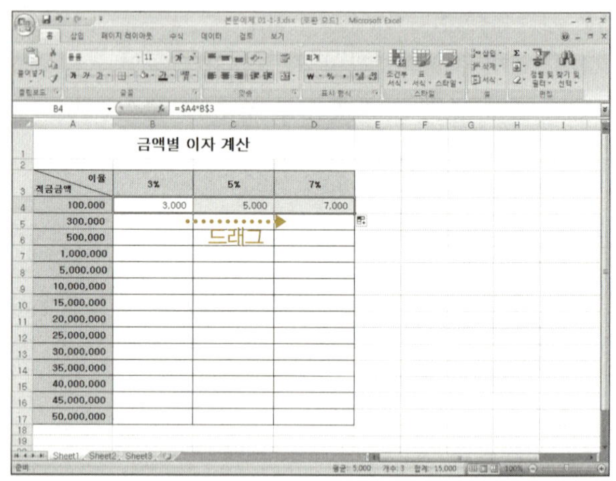

 **서식없이 채우기**

수식을 복사하는 과정에서 서식이 변경되는 경우에는 [자동 채우기 옵션] 단추를 눌러 [서식없이 채우기]를 선택하면 원래의 서식으로 되돌릴 수 있다.

3 [B4:D4] 셀이 선택된 상태로 채우기 핸들을 [17] 행까지 드래그하여 수식을 완성한다.

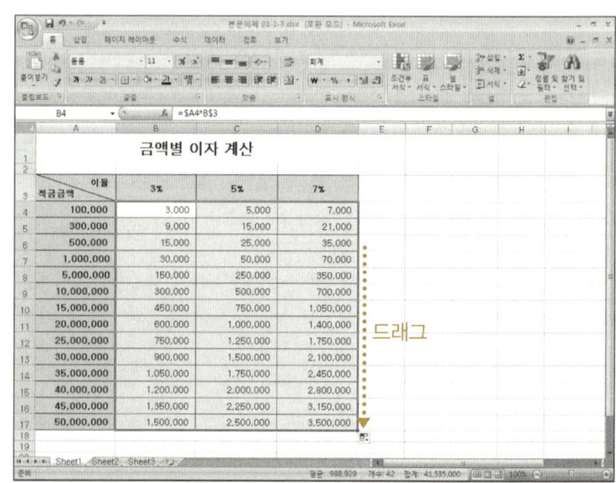

- #VALUE! : 함수에 잘못된 인수나 피연산자가 있을 경우에 나타나는 메시지이다. 예를 들어, =ROUND(B2,A1) 함수에서 숫자를 포함해야 하는 A1셀에 텍스트가 있으면 #VALUE!을 반환한다. 이 경우 A1의 값을 변경하거나 둘째 인수에서 숫자가 들어 있는 셀을 참조하도록 수식을 편집한다.
- #DIV/0! : 수식에서 값을 0으로 나누려고 할 때 나타나는 오류 메시지이다. 예를 들어 =A1/A2 식에서 A2가 0이거나, 비어 있거나, 텍스트인 경우이다. 이 경우는 대개 사용자가 오류를 범했거나 잘못된 셀 참조를 나누는 수에 입력했을 때 발생한다. 셀이 비어 있거나 텍스트로 되어 있으면 0으로 간주한다. 나눗셈의 제수에 해당하는 숫자나 셀 참조를 고친다.
- #NAME? : =ddd1/D11처럼 인식할 수 없는 셀 참조나 범위 이름인 텍스트를 포함하는 수식을 입력했을 경우이다. 하나의 셀을 참조하는 ddd1이라는 범위 이름이 없으면 ddd1에 대한 참조는 어떤 셀도 참조하지 않는다. 잘못된 이름이나 셀 참조를 고친다.
- #N/A : 함수나 수식에 사용할 수 없는 값을 지정했거나 완전하지 않은 데이터가 있는 워크시트를 반환하지 않도록 할 목적으로 자주 수행되는 경우에 발생한다. 어떤 데이터를 기다리고 있을 때 셀에 숫자 대신 #N/A를 입력한다. 그런 다음 이 셀을 참조하는 모든 수식에서 #N/A를 표시한다. 셀에 올바른 값을 입력하여 고친다.
- #REF! : 셀 참조가 유효하지 않을 때 발생한다. 대개는 수식을 포함하는 행이나 열을 삭제할 때 발생한다. 수식을 편집하여 유효한 셀 참조를 포함시켜야 한다.
- #NUM! : 수식이나 함수에 숫자와 관련된 문제가 있을 때 발생한다. 결과가 너무 크거나 작을 때, 즉 숫자가 10^308보다 크거나 −10^308보다 작을 때 발생한다. IRR과 같은 반복 함수를 사용하는 수식에서 답을 찾을 수 없을 때에도 발생한다.
- #NULL! : 일반적이지는 않지만 교차하지 않는 두 범위를 지정했을 때 발생한다. 셀과 범위 참조를 확인한다.
- ##### : 대개 오류를 의미하는 것은 아니며 열 너비가 충분하지 않아 지정한 형식으로 숫자를 표시할 수 없다는 것을 의미한다. 열 너비를 늘리거나, 숫자 표시 형식을 변경하거나, 소수 자릿수를 조정한다.

확인학습문제

[문제 **1**] [직원별 실적] 시트의 [E5:E16] 영역에 상반기와 하반기 실적을 합산하는 수식을 완성하시오.

[문제 **2**] [제품세일 단가표] 시트의 [D5:D24] 영역에 제품별로 할인금액을 계산하는 수식을 작성하시오.

[문제 **3**] [할인가격표] 시트의 [C6:E10] 영역에 각 할인율에 따른 업체별 가격을 계산하는 수식을 완성하시오.

◎ **준비파일** : Chapter03/확인학습03-1　　　　◎ **완성파일** : Chapter03/완성파일/확인학습완성03-1

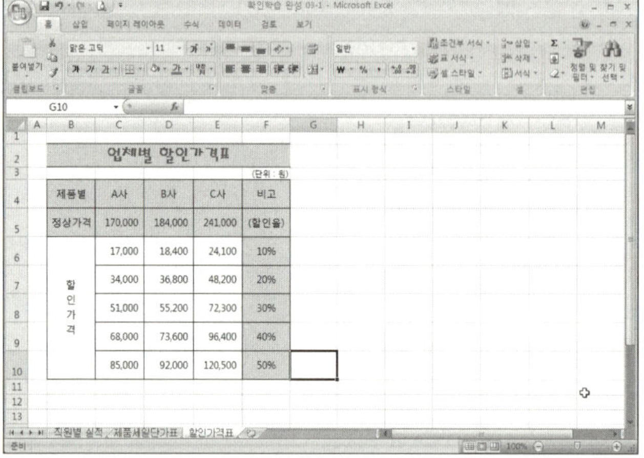

1 풀이　　상대 참조로 수식을 작성

1　[직원별 실적] 시트를 열고 [E5] 셀에 "=C5+D5"를 입력한 후 Enter 를 누른다.

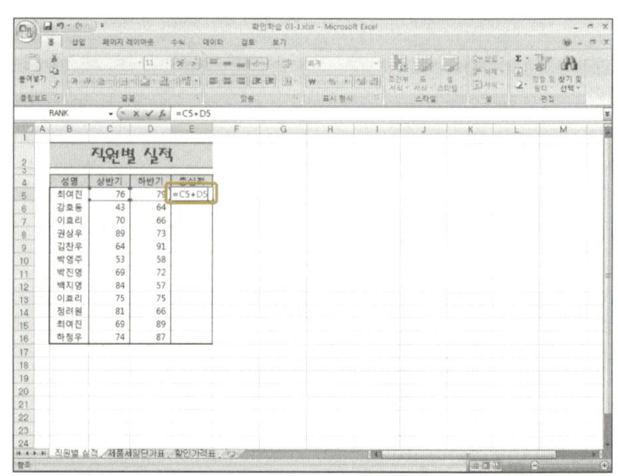

2 [E5] 셀을 [E16] 셀까지 드래그하여 수식을 복사한다.

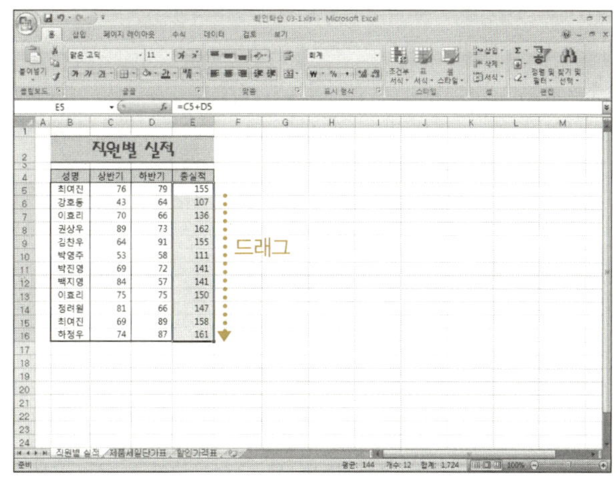

2 풀이 | 절대참조로 수식을 작성

1 [제품 세일 단가표] 시트의 [D5] 셀에 "=C5−C5*$D$3"을 입력한 후 Enter 를 누른다.

절대 참조

할인율은 변하지 않고 계속 참조하는 값이므로 F4를 눌러 절대 참조로 입력한다.

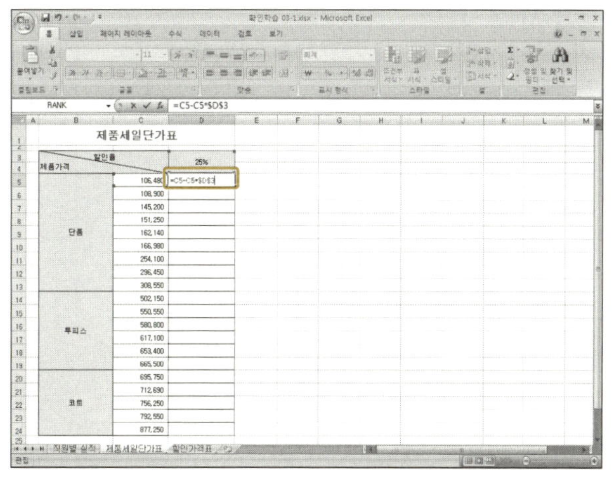

2 [D5] 셀을 [D24] 셀까지 드래그하여 수식을 복사한다.

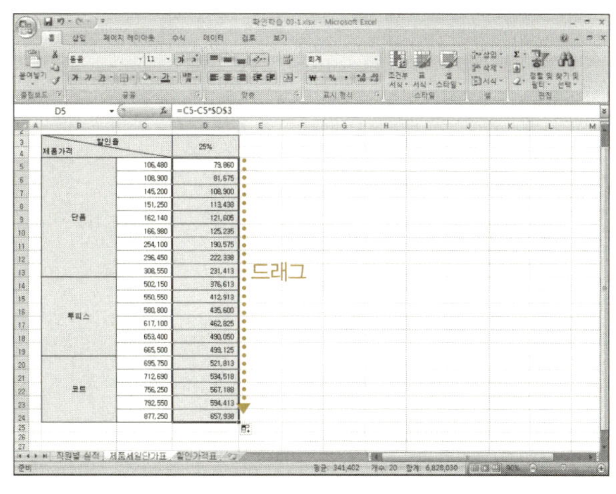

1 [할인가격표] 시트를 열고 [C6] 셀에 "=C$5*$F6"을 입력한 후 Enter 를 누른다.

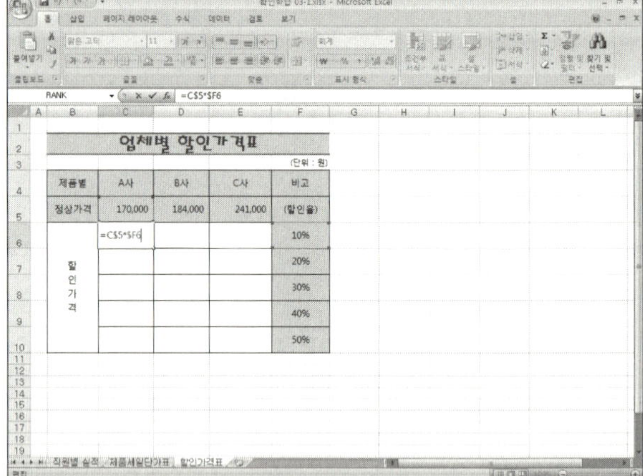

행/열 고정

행 고정을 할 때는 F4를 두 번, 열 고정을 할 때에는 F4를 세 번 누른다.

2 [C6] 셀의 값을 나머지 빈 셀에 수식 복사한다.

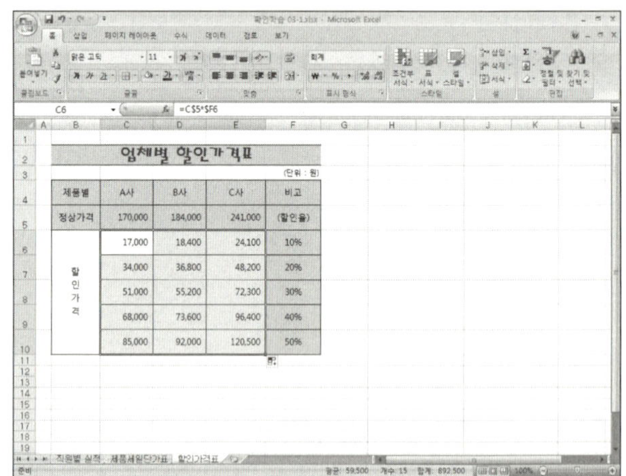

2 3차원 참조

다른 워크시트나 파일의 값을 참조하여 수식을 작성하는 방법

⊙ 준비파일 : Chapter03/본문예제03-2, 전년도영업현황표　　　　**⊙ 완성파일** : Chapter03/완성파일/본문완성03-2

1　다른 시트의 값 참조

다른 시트의 값도 참조하여 수식에 적용하거나 입력할 수 있다.

1 [연간합계] 시트의 [G5] 셀을 선택한 후 "="를 입력하고 [1사분기] 시트 탭을 클릭한다.

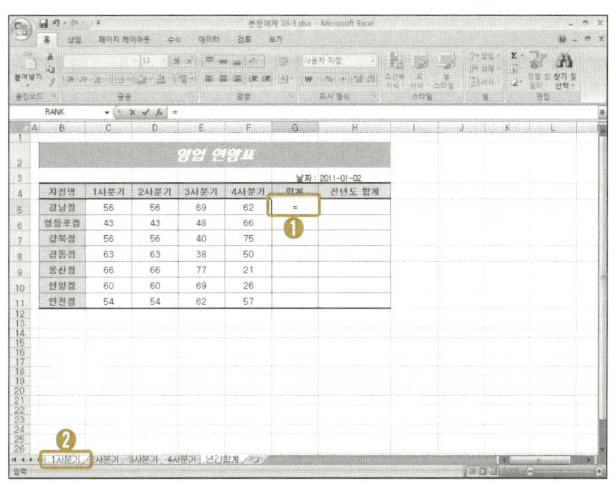

2 [1사분기] 시트가 열리면 [F5] 셀을 선택한 후 "+"를 입력한다.

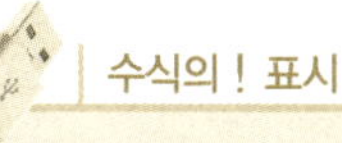

수식의 ! 표시

[1사분기] 시트를 선택하면 시트명 뒤에 '!' 기호가 붙는 것을 확인할 수 있다. 수식에서의 시트명 뒤에는 항상 '!'가 표시된다.

3 [2사분기] 시트 탭을 클릭한 후 [2사분기] 시트가 열리면 [F5] 셀을 선택한 후 "+"를 입력, [3사분기] 시트 탭을 클릭한 후 [F5] 셀을 선택하고 "+"를 입력, [4사분기] 시트 탭을 클릭한 후 [F5] 셀을 선택하여 수식을 완성하고 Enter 를 누른다.

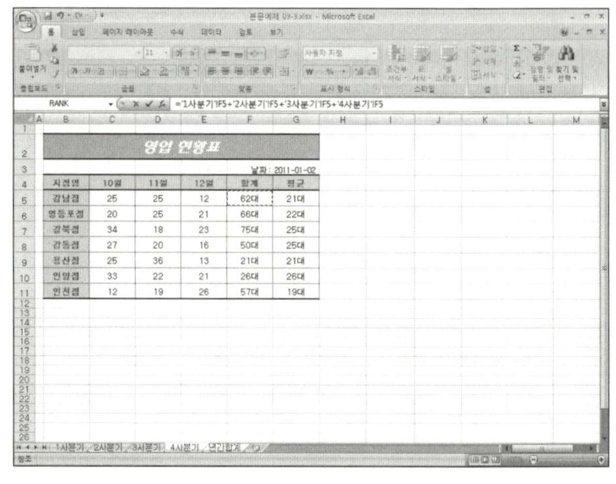

4 [연간합계] 시트에 결과값이 계산된다. [G5] 셀을 선택하여 [G11] 셀까지 수식 복사하고 [자동 채우기 옵션] 단추를 눌러 [서식 없이 채우기]를 선택한다.

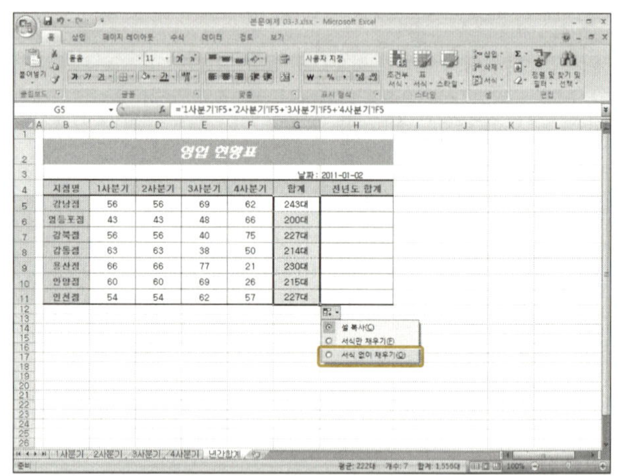

2 다른 파일 값 참조

1 '본문예제03-2' 파일이 열려 있는 채로 같은 폴더에 있는 '전년도영업현황표' 파일을 연다.

2 [연간합계] 시트의 [H5] 셀을 선택하고 "="를 입력한 후 [보기] 탭의 [창] 그룹에서 [창 전환]을 클릭하여 '전년도영업현황표.xlsx' 파일을 선택한다.

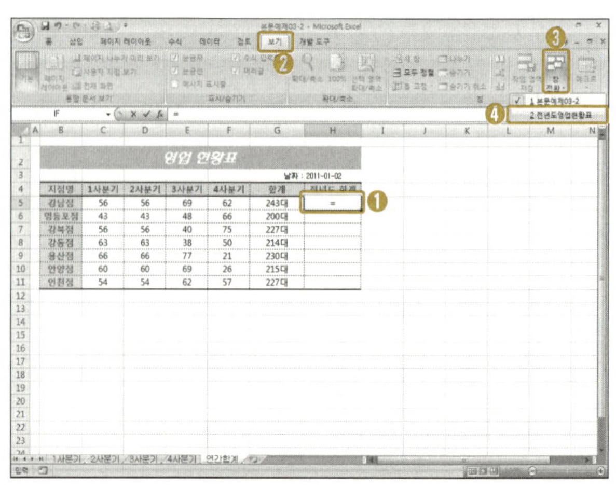

3 '전년도영업현황표' 파일로 창이 전환되면 [G5] 셀을 선택한다. `F4`를 세 번 눌러 상대참조로 변경하고 `Enter`를 누르면 [연간합계] 시트의 [H5] 셀에 전년도의 합계값이 참조된다.

| 다른 파일 참조

다른 파일의 값을 참조하려면 참조하려는 데이터가 입력되어 있는 파일이 열려 있어야 한다.

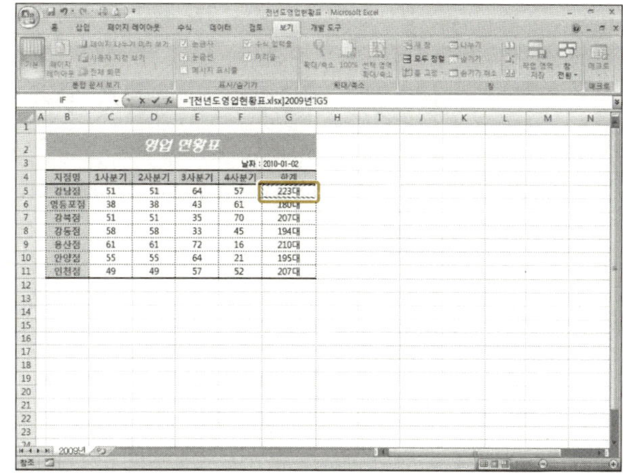

| 파일명 표시

다른 파일을 참조하면 파일명 앞 뒤로 「'」「'」가 붙는데, 이는 「 」 안에 있는 텍스트가 파일명임을 의미한다.

4 결과값이 계산되면 [H5] 셀을 선택하여 [H11] 셀까지 수식 복사하고 [자동 채우기 옵션] 단추를 눌러 [서식 없이 채우기]를 선택한다.

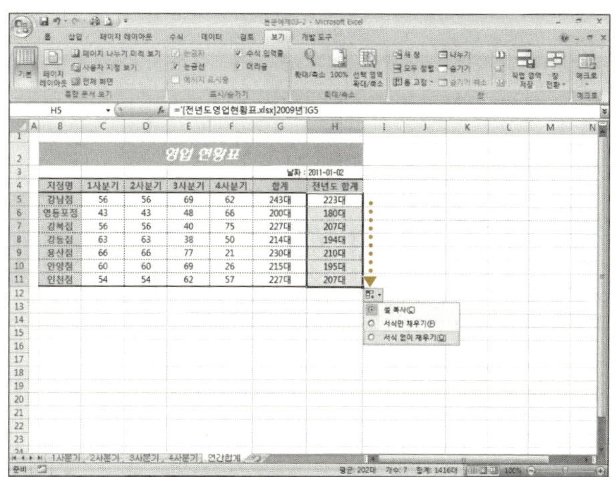

확인학습문제

[문제 **1**] [C5:C19] 영역에 상반기와 하반기의 값을 합산하는 수식을 채우시오.

[문제 **2**] [D5:D19] 영역에 2009년도 합계에서 '2008 매출표' 파일의 전년도 합계값을 뺀 차액을 계산하여 채우시오.

⊙ **준비파일** : Chapter03/확인학습03-2, 2008 매출표　⊙ **완성파일** : Chapter03/완성파일/확인학습완성03-2

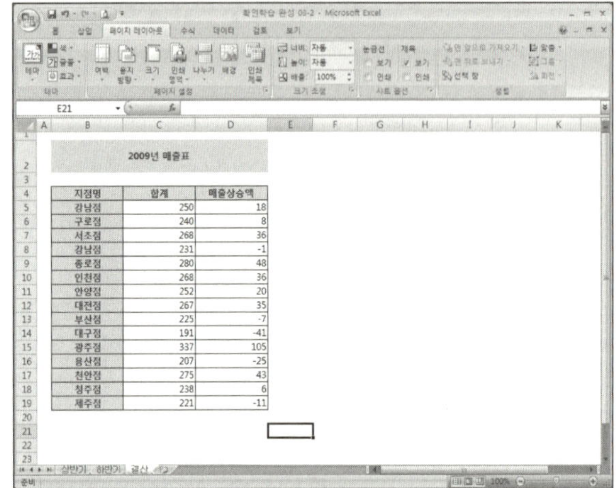

1 풀이　다른 시트의 값을 참조하여 식을 작성하는 방법

1 [C5] 셀을 선택한 후 "=상반기!C5+하반기!C5"를 입력하고 [C19] 셀까지 값을 채운다.

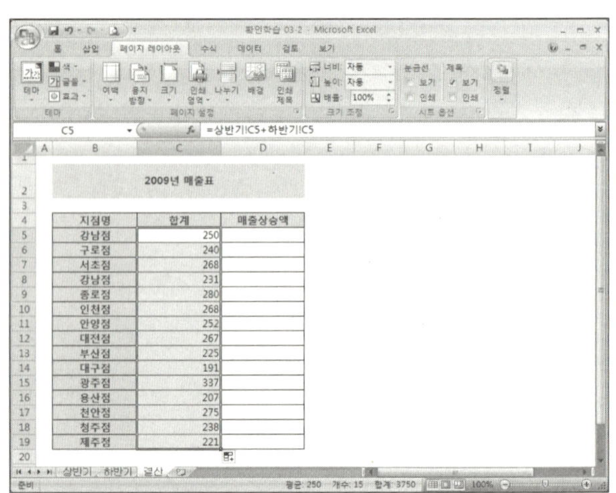

1 [D5] 셀을 선택한 후 "=C5-"를 입력하고 [보기] 탭의 [창] 그룹에서 [창 전환]을 클릭하여 함께 열려 있는 '2008 매출표.xlsx' 파일을 선택한다.

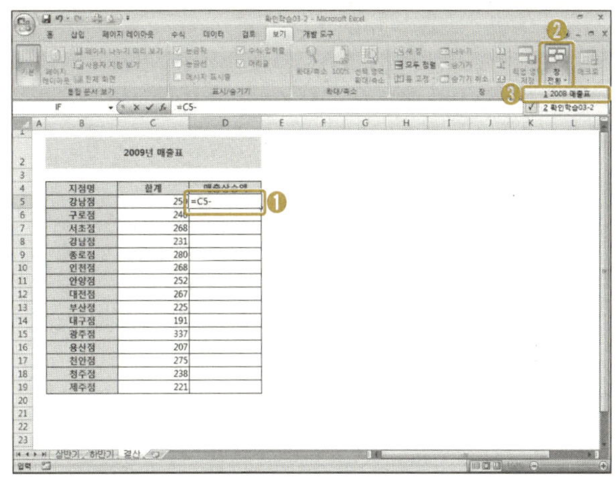

2 '2008 매출표.xlsx' 파일로 창이 전환되면 [E5] 셀을 선택한 후 F4를 세 번 눌러 상대참조로 바꾸고 Enter를 눌러 [결산] 시트의 계산식을 완성한다.

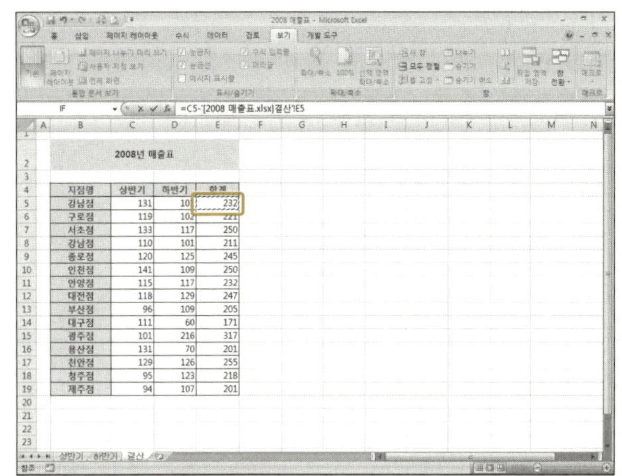

3 결과값이 계산되면 [결산] 시트의 [D5] 셀을 선택하여 [D19] 셀까지 수식 복사한다.

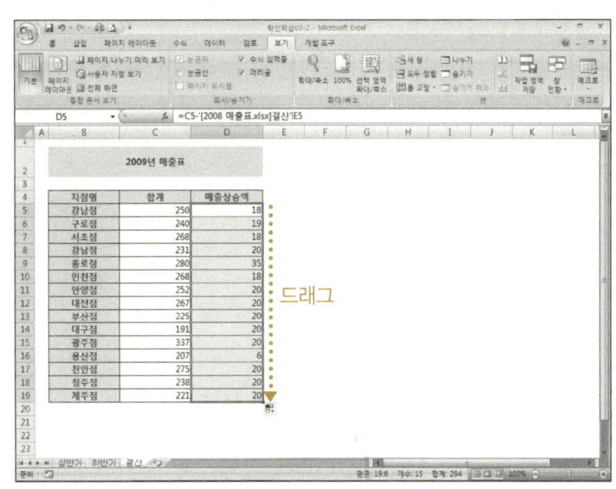

3 수식 작성

출제포인트
제시된 문제에 적합한 함수를 선택하여 수식을 작성

◎ **준비파일** : Chapter03/본문예제03-3   ◎ **완성파일** : Chapter03/완성파일/본문완성03-3

1 기본 함수 익히기

함수란 엑셀에서 자주 사용되거나 복잡한 계산식들을 미리 정의해 놓은 수식을 말한다. 엑셀은 다양한 종류의 연산을 위해 수백 개의 함수를 제공하며, 그 중 가장 널리 사용되는 함수들은 자동 합계 단추(Σ 자동 합계 ▾)를 사용하여 쉽게 계산할 수 있다.

1 [F5] 셀을 선택한 후 [홈] 탭의 [편집] 그룹에서 [자동 합계]를 선택하고 Enter 를 누른 후 [F12] 셀까지 수식 복사한다.

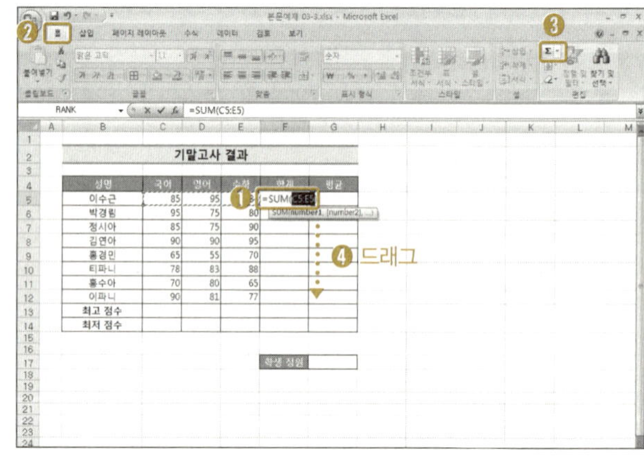

 **이렇게 해도 됩니다.**

[수식] 탭의 [함수 라이브러리] 그룹에서 [자동 합계]를 선택하거나 [함수 삽입] 단추를 이용해도 된다.

 **기본 함수식의 구성**

= 함수명(인수1, 인수2, …)

- **=(등호)** : 엑셀에서 계산식을 입력할 때에는 반드시 등호를 먼저 입력해야 한다. 그러나 [자동 합계]나 [함수 입력] 단추를 이용해 수식 작성시에는 자동으로 입력되므로 생략한다.
- **함수명** : 작성하려는 수식에 맞는 함수 이름을 사용하며 대소문자는 구분하지 않는다.
- **괄호** : 함수 계산에 사용할 인수들은 함수 이름 다음에 괄호()로 묶는다.
- **인수** : 함수의 계산 대상이 되는 값들로 함수마다 입력해야 하는 인수의 종류와 수가 정해져 있다. 기본 함수의 경우에는 범위를 나타내는 인수만 입력하면 된다.
- **;(콜론)** : 연결된 셀 주소의 범위를 의미한다.
- **,(콤마)** : 인수와 인수를 구분하는 기호이다.

2 [G5] 셀을 선택한 후 [자동 합계] 목록 단추를 클릭하고 [평균]을 선택한다.

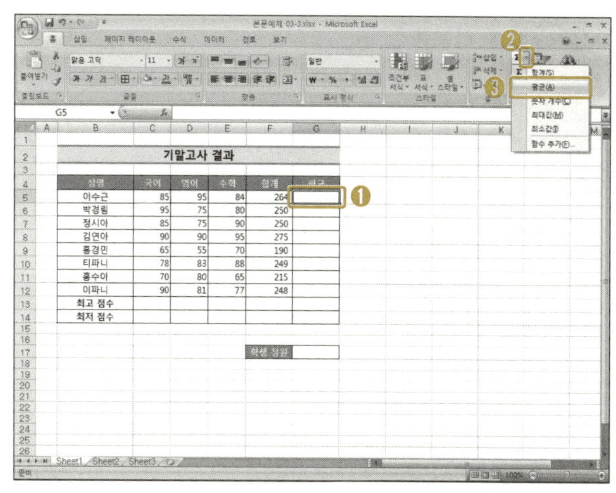

| [자동 합계] 목록 단추

합계 목록 단추를 누르면 합계, 평균, 숫자 개수, 최대값, 최소값을 선택하여 사용할 수 있다. 해당 항목을 선택하면 sum, average, count, max, min 함수식이 작성된다.

3 함수식의 범위를 수정하기 위해 [C5:E5] 영역을 드래그하여 선택하고 Enter 를 누른다. [G5] 셀의 값을 [G12] 셀까지 수식 복사한다.

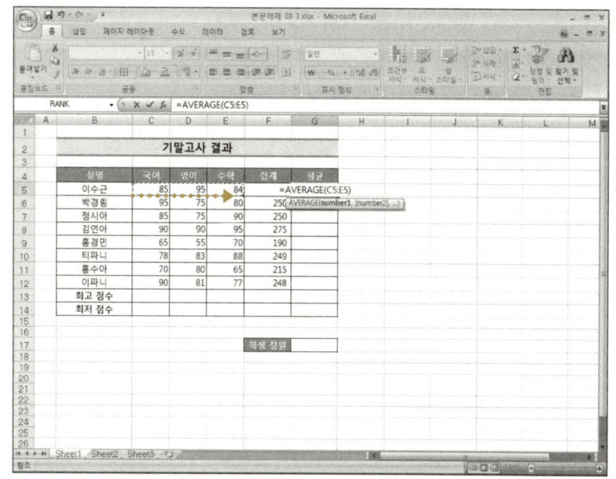

4 [C13] 셀을 선택한 후 [자동 합계] 목록 단추에서 [최대값]을 선택하고 Enter 를 누른다.

5 [C14] 셀을 선택하고 [자동 합계] 목록 단추에서 [최소값]을 선택한 후 Enter 를 누른다.

6 [C13:C14] 영역의 수식을 [F] 열까지 복사한다.

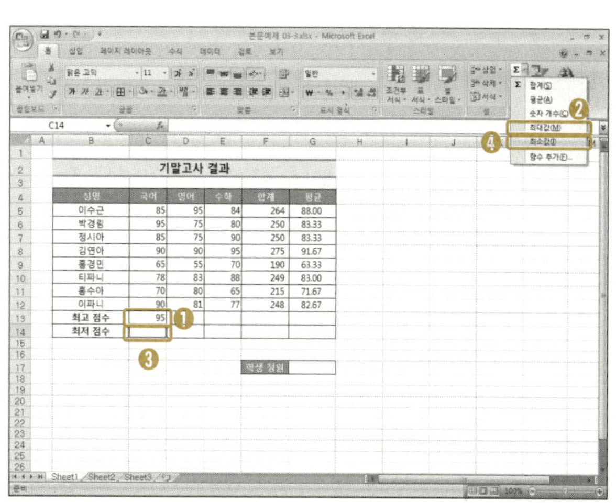

SUM
- =SUM(Number1,Number2,…)
- 인수들의 합계를 구한다.
- n Number… : 합계를 구하고자 하는 값들

AVERAGE
- =AVERAGE(Number1,Number2,…)
- 인수들의 평균을 구한다.
- n Number… : 평균을 구하고자 하는 값들

MAX/MIN
- MAX/MIN(Number1,Number2,…)
- 인수 중의 최대/최소값을 구한다.
- n Number… : 최대/최소값을 찾고자 하는 셀 영역

COUNT/COUNTA
- =COUNT/COUNTA(Value1, Value2,….)
- 지정한 인수 목록에서 숫자가 입력된 셀의 개수를 구하는 함수이다.
- COUNTA의 경우는 비어 있지 않은 셀의 개수를 구한다.
- n value1, value2,… : 개수로 세는 셀의 범위이다.
- 인수로 최대 30개까지 사용할 수 있다.

2 직접 수식 작성하기

엑셀 수식을 익숙하게 다루는 사용자라면 직접 입력하여 사용하는 쪽이 편리할 수도 있다. 등호를 입력한 후 함수 이름의 일부를 입력하면 입력한 글자로 시작하는 함수 목록이 나타나 쉽게 함수를 고를 수 있다.

1 [G17] 셀을 선택하고 "=COU"를 입력하고 함수 목록이 나타나면 'COUNT' 함수를 선택한 후 합산할 영역(G5:G12)을 드래그하여 선택하고 Enter 를 누른다.

확인학습문제

[문제 **1**] [F5:F11] 셀에 1월부터 3월까지의 합계값을 구하시오.

[문제 **2**] [G5:G11] 셀에 1월부터 3월까지의 평균값을 구하시오.

[문제 **3**] [H5:H11] 셀에 1월부터 3월까지의 최대값을 구하시오.

[문제 **4**] [I5:I11] 셀에 1월부터 3월까지의 최소값을 구하시오.

◉ **준비파일** : Chapter03/확인학습03-3   ◉ **완성파일** : Chapter03/완성파일/확인학습완성03-3

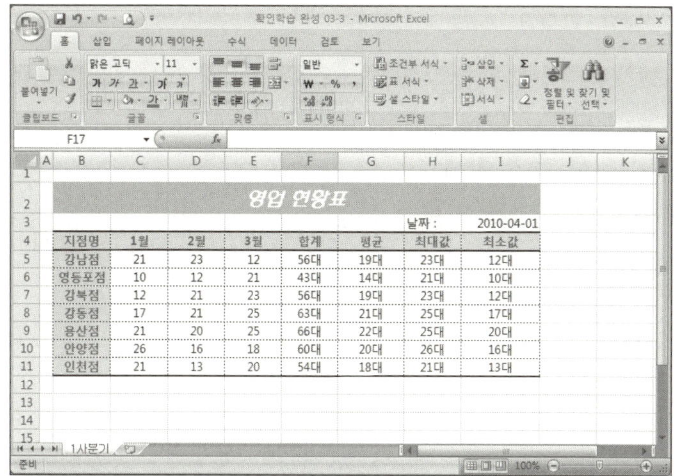

1 풀이 [F5] 셀에 "=SUM(C5:E5)" 수식을 작성하고 [F11] 셀까지 복사한다.

2 풀이 [G5] 셀에 "=AVERAGE(C5:E5)" 수식을 작성하고 [G11] 셀까지 복사한다.

3 풀이 [H5] 셀에 "=MAX(C5:E5)" 수식을 작성하고 [H11] 셀까지 복사한다.

4 풀이 [I5] 셀에 "=MIN(C5:E5)" 수식을 작성하고 [I11] 셀까지 복사한다.

4 조건부 함수

제시된 조건에 맞는 합계, 평균, 개수를 구한다.

● **준비파일** : Chapter03/본문예제03-4　　　　● **완성파일** : Chapter03/완성파일/본문완성03-4

1　SUMIF

SUMIF 함수는 조건에 만족하는 값들의 총합계를 구하는 함수이다.

1 직급이 과장인 사람들의 급여 합계를 [K5] 셀에 구하기 위해 [K5] 셀을 선택한 후 함수 마법사(*fx*)를 클릭한다.

2 [함수 마법사] 대화상자에서 범주는 '수학/삼각', 함수는 'SUMIF'를 선택한다.

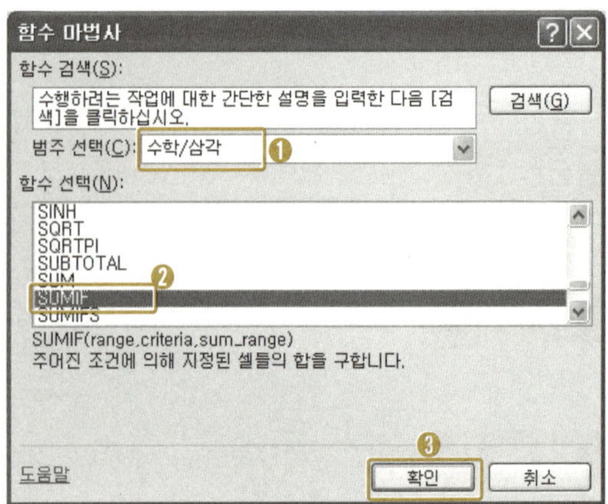

2 [함수 인수] 대화상자가 나타나면 Range에 "D4:D28", Criteria에 "D6", Sum_range에 "H4:H28"을 입력한 후 [확인] 단추를 클릭한다.

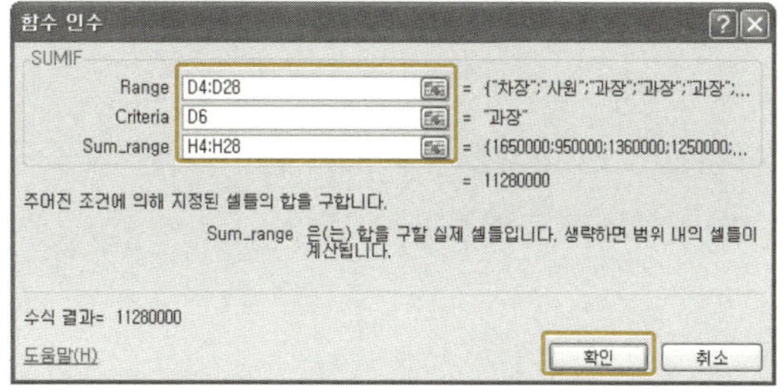

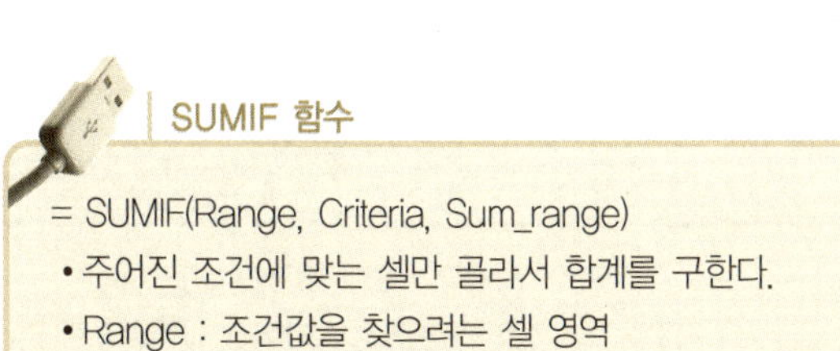

SUMIF 함수

= SUMIF(Range, Criteria, Sum_range)
- 주어진 조건에 맞는 셀만 골라서 합계를 구한다.
- Range : 조건값을 찾으려는 셀 영역
- Criteria : 합계를 구하려는 조건
- Sum_range : 합계를 구하려는 값이 있는 셀 영역

2 AVERAGEIF

AVERAGEIF 함수는 조건에 만족하는 값들의 총평균을 구하는 함수이다.

1 성별이 여자인 사람들의 나이 평균을 [K6] 셀에 구하기 위해 [K6] 셀을 선택한 후 함수 마법사(*fx*)를 클릭한다.

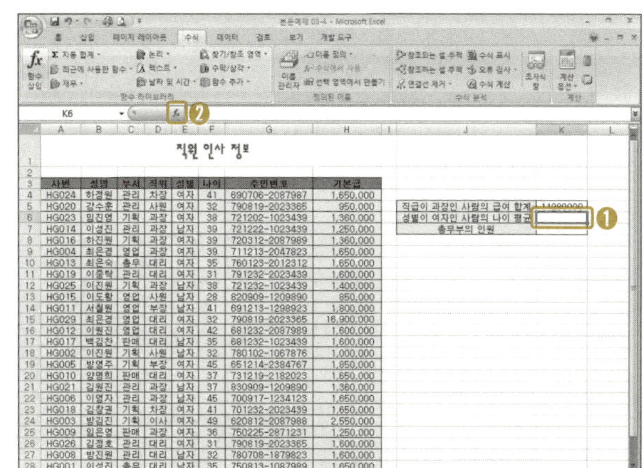

2 [함수 마법사] 대화상자에서 범주는 '통계', 함수는 'AVERAGEIF'를 선택한다.

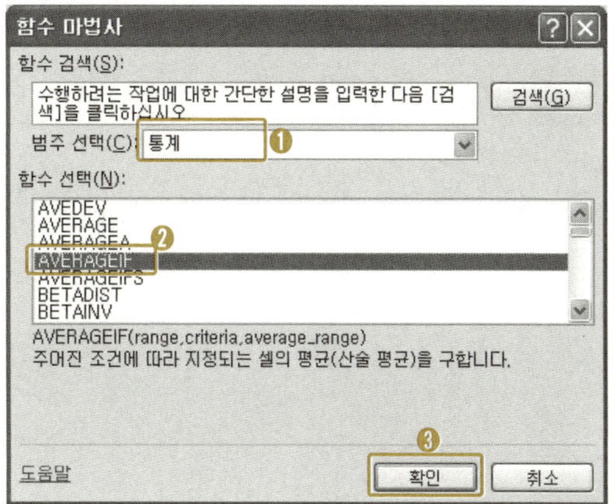

2 [함수 인수] 대화상자가 나타나면 Range에 "E4:E28", Criteria에 "E4", Average_range에 "F4:F28"을 입력한 후 [확인] 단추를 클릭한다.

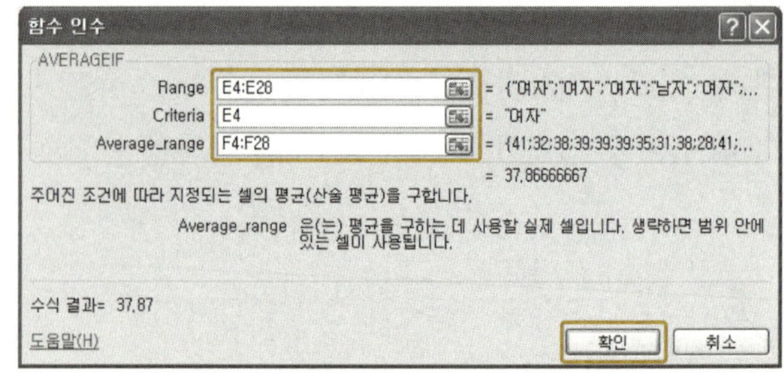

AVERAGEIF 함수

= AVERAGEIF(Range, Criteria, Average_range)
- 주어진 조건에 맞는 셀만 골라서 합계를 구한다.
- Range : 조건값을 찾으려는 셀 영역
- Criteria : 평균를 구하려는 조건
- Average_range : 평균를 구하려는 값이 있는 셀 영역

3 [K6] 셀을 선택하고 마우스 오른쪽 단추를 눌러 [셀 서식]을 선택한 후 '범주'를 '숫자'로 선택하고 '소수 자릿수'를 '2'로 선택한다.

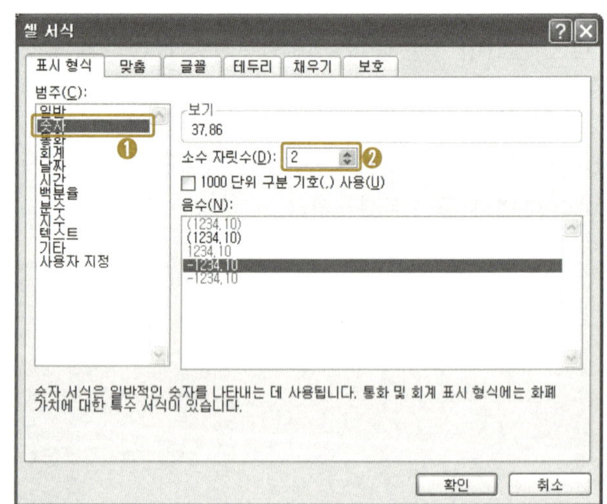

3 **COUNTIF**

COUNTIF 함수는 조건에 만족하는 값들의 개수를 구하는 함수이다.

1 [K7] 셀을 선택하고 함수 마법사(f_x)를 클릭한 후 범주는 '통계', 함수는 'COUNTIF'를 선택한다.

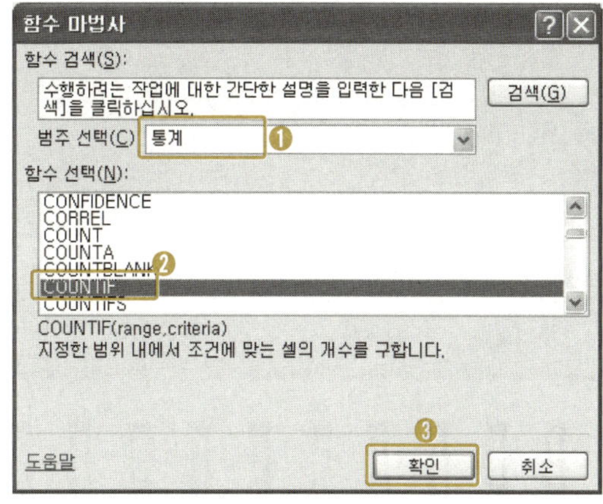

2 [함수 인수] 대화상자가 나타나면 Range에 "C4:C28", Criteria에 "C10"을 입력하고 [확인] 단추를 클릭한다.

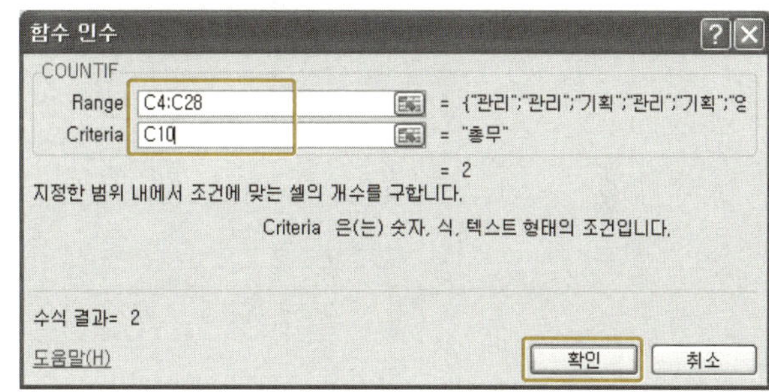

COUNTIF 함수

=COUNTIF(Range, Criteria,…)
- 지정한 인수 목록에서 조건에 맞는 셀의 개수를 구한다.
- Range : 조건에 맞는 셀의 수를 구하려는 셀 범위
- Criteria : 숫자, 식, 텍스트 형태의 조건

---

3 다음과 같이 총부부의 인원인 2가 [K7] 셀에 나타난다.

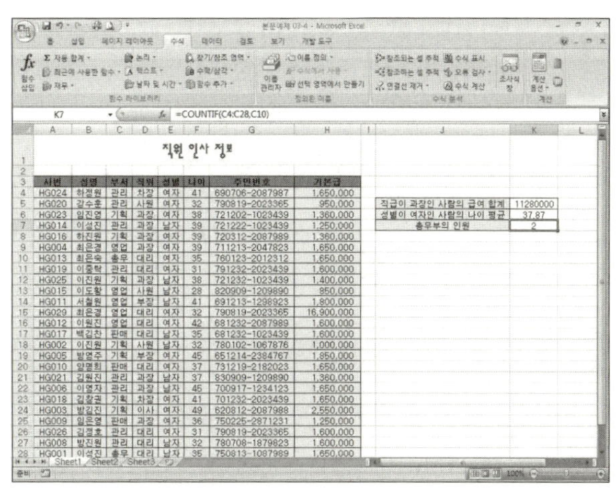

확인학습문제

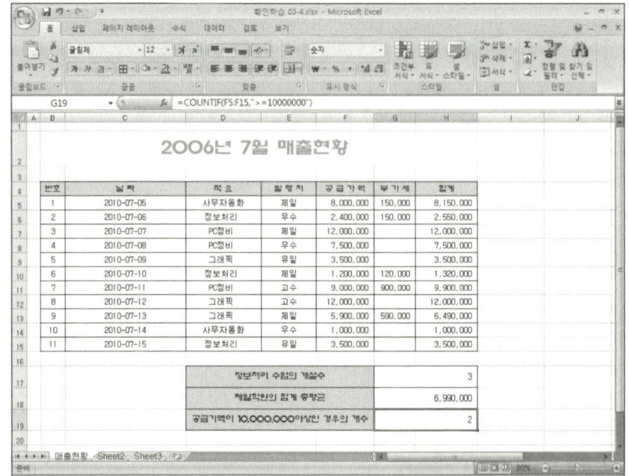

1 풀이   COUNTIF 함수

[G17] 셀을 선택하고 함수 마법사(fx)를 클릭하여 범주는 '통계', 함수는 'COUNTIF'를 선택한 후 "=COUNTIF(D5:D15,D6)"을 입력한다.

2 풀이   AVERAGEIF 함수

[G18] 셀을 선택하고 함수 마법사(fx)를 클릭하여 범주는 '통계', 함수는 'AVERAGEIF'를 선택한 후 "=AVERAGEIF(E5:E15,E5,H5:H15)"를 입력한다.

3 풀이   COUNTIF 함수

[G19] 셀을 선택하고 함수 마법사(fx)를 클릭하여 범주는 '통계', 함수는 'COUNTIF'를 선택한 후 "=COUNTIF (F5:F15,">=10000000")"을 입력한다.

5 논리 함수

조건을 만족하는 값을 구한다.

⊙ **준비파일** : Chapter03/본문예제03-5   ⊙ **완성파일** : Chapter03/완성파일/본문완성03-5

1 IF 함수

IF 함수는 조건을 제시하여 검사하고 참일 때와 거짓일 때에 해당하는 값을 돌려주는 함수이다.

1 [H5] 셀을 선택하고 [수식] 탭의 [함수 라이브러리] 그룹에서 [함수 삽입]을 클릭한다.

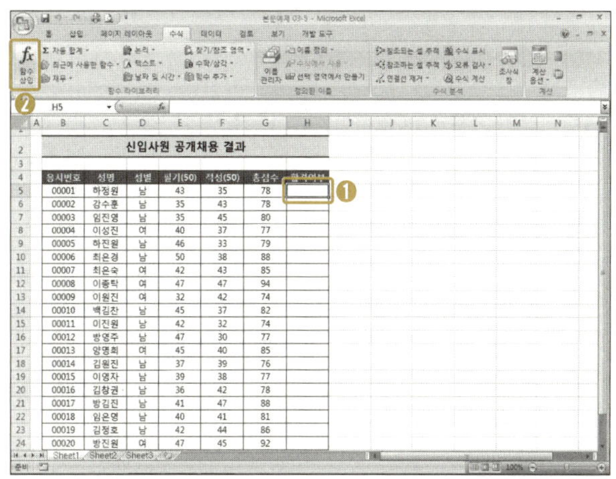

2 범주는 '논리', 함수는 'IF'를 선택한다.

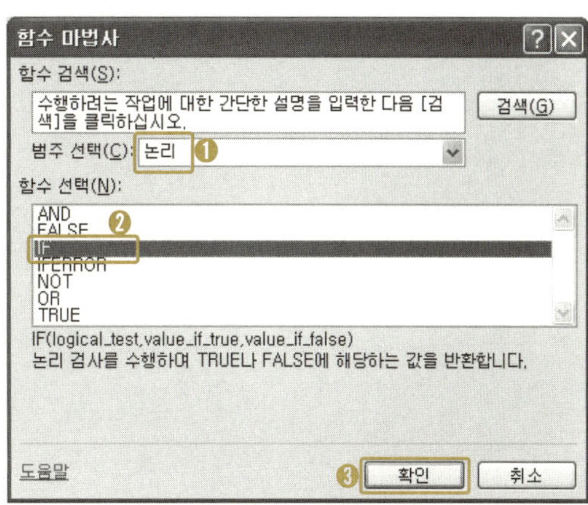

3 Logical_test에 "G5>=75", Value_ if_true에 "합격", Value_if_false에 "불합격"을 입력하고 [확인] 단추를 클릭한다.

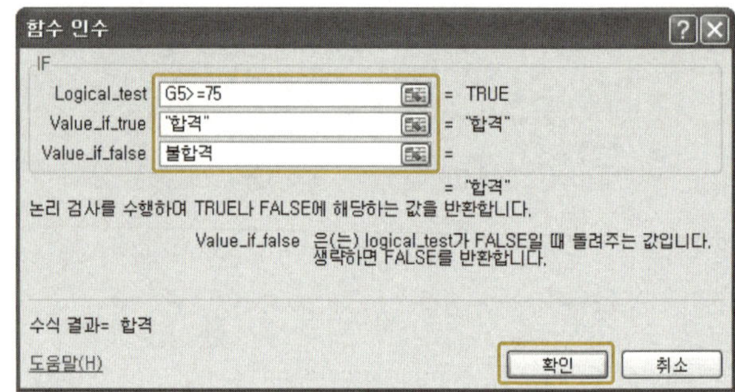

IF 함수

=IF(Logical_test, Value_if_true, Value_if_false…)
- 조건 검사를 하여 조건이 참일 때와 거짓일 때에 해당하는 값을 돌려준다.
- Logical_test : 참인지 거짓인지 판별할 수 있는 조건문
- Value_if_true : 조건이 참일 경우 표시할 값
- Value_if_false : 조건이 거짓일 경우 표시할 값

4 [H5] 셀의 값을 [H24] 셀까지 드래그하여 수식 복사한다.

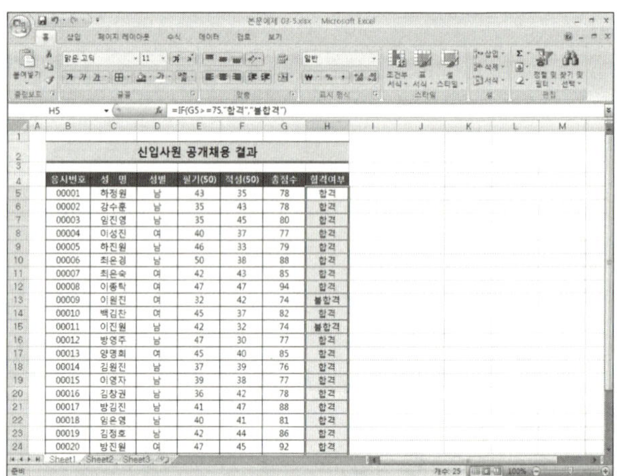

확인학습문제

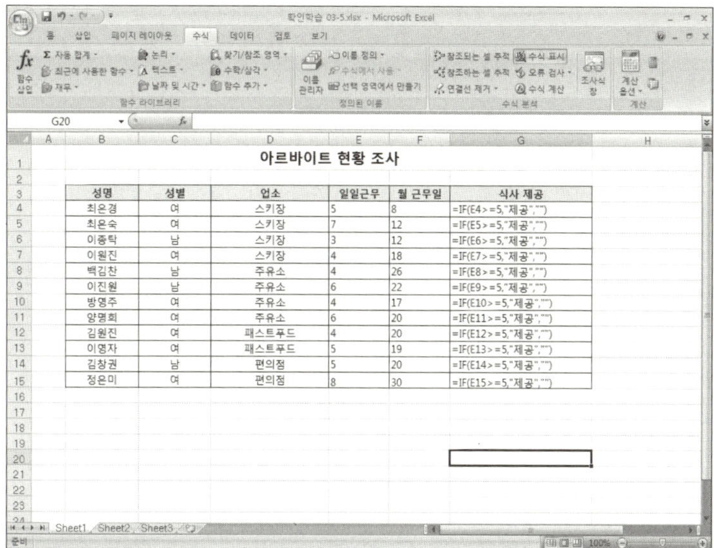

아르바이트 현황 조사

성명	성별	업소	일일근무	월 근무일	식사 제공
최온경	여	스키장	5	8	=IF(E4>=5,"제공","")
최온숙	여	스키장	7	12	=IF(E5>=5,"제공","")
이종탁	남	스키장	3	12	=IF(E6>=5,"제공","")
이원진	여	스키장	4	18	=IF(E7>=5,"제공","")
백김찬	남	주유소	4	26	=IF(E8>=5,"제공","")
이진원	남	주유소	6	22	=IF(E9>=5,"제공","")
방영주	여	주유소	4	17	=IF(E10>=5,"제공","")
양명회	여	주유소	6	20	=IF(E11>=5,"제공","")
김원진	여	패스트푸드	4	20	=IF(E12>=5,"제공","")
이영자	여	패스트푸드	5	19	=IF(E13>=5,"제공","")
김창권	남	편의점	5	20	=IF(E14>=5,"제공","")
정은미	여	편의점	8	30	=IF(E15>=5,"제공","")

1 풀이   IF 함수

1 [G4] 셀을 선택하고 함수 마법사(f_x)를 클릭한 후 범주는 '논리', 함수는 'IF'를 선택한다.

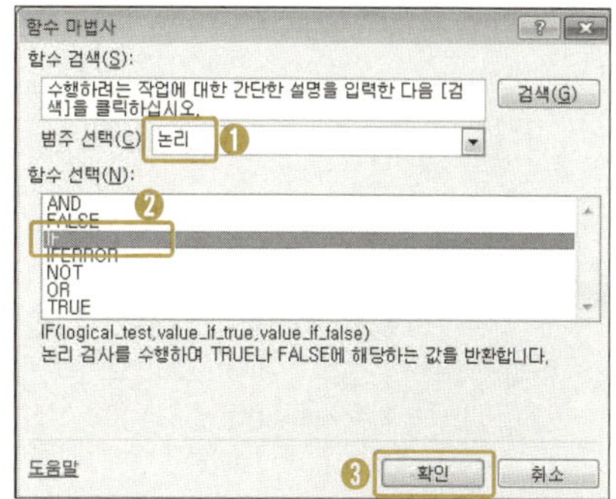

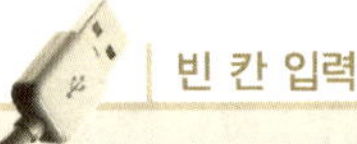

2 수식 입력줄에 "=IF(E4〉=5,"제공", "")"를 입력한다.

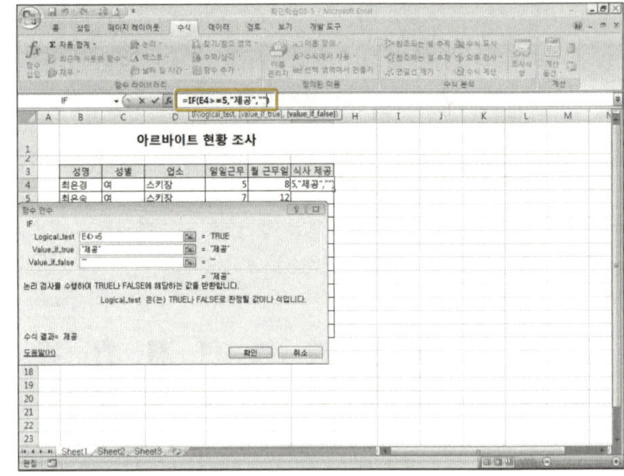

② 풀이　　수식 표시

1 [수식] 탭의 [수식 표시] 그룹에서 [수식 표시]을 클릭한다.

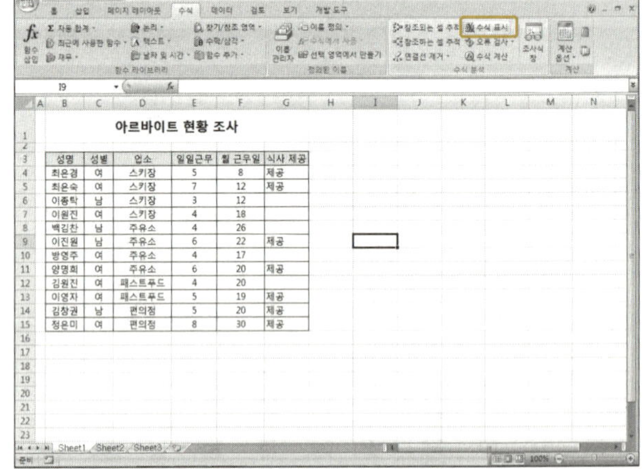

2 수식을 입력한 셀의 수식이 화면에 표시된다.

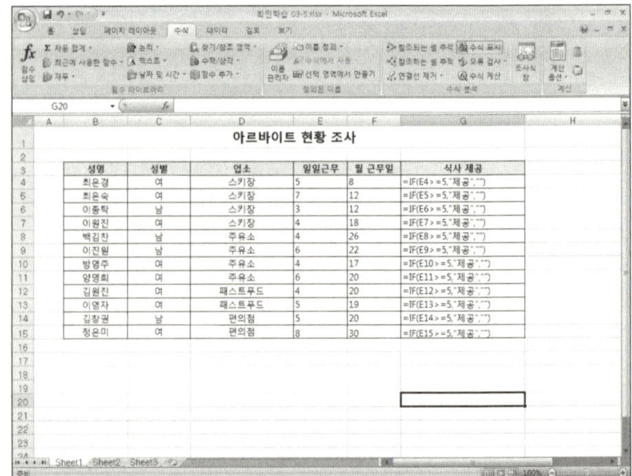

IV

데이터의 시각화 작업

1 차트 작성 및 편집

출제포인트

차트를 삽입하고 편집하는 방법

준비파일 : Chapter04/본문예제04-01   **완성파일** : Chapter04/완성파일/본문완성04-01

1 차트 삽입

차트는 수치를 시각적으로 잘 보이도록 하므로 수치 데이터의 추세나 유형을 살펴보는 데 효과적이다.

1 [B4:D9] 영역을 선택한 후 [삽입] 탭의 [차트] 그룹에서 [세로 막대형]-[2차원 세로 막대형]-[묶은 세로 막대형]을 클릭한다.

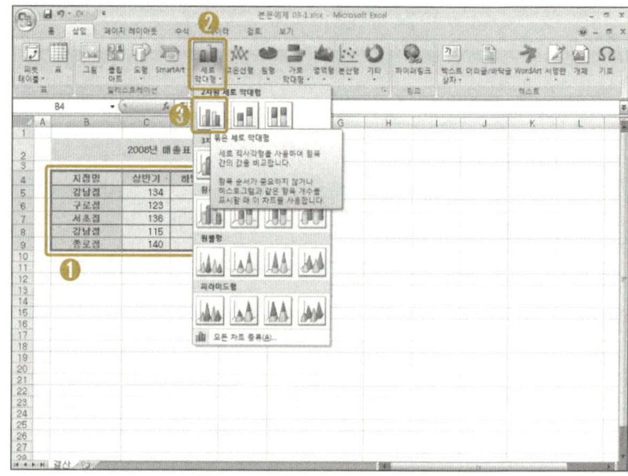

차트 이름 확인 방법

차트의 이름은 차트 종류에 마우스 포인터를 델 때 표시되는 스크린 팁으로 정확히 확인할 수 있다.

2 선택한 범위의 데이터를 기초로 묶은 세로 막대형 차트가 삽입된다.

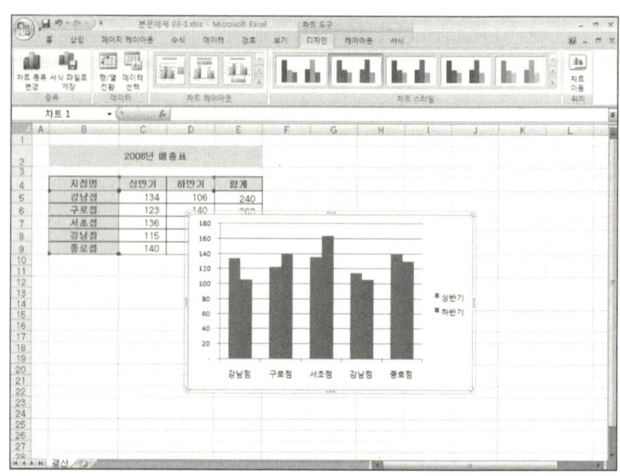

[차트 도구] 탭

워크시트에 차트를 삽입하고 선택하면 [디자인], [레이아웃], [서식] 리본 메뉴로 구성된 [차트 도구] 탭이 나타난다. [차트 도구] 탭은 차트 선택을 해제하면 리본 메뉴에서 사라진다.

3 삽입된 차트에 마우스 포인터를 대고 드래그하면 이동이 되고, 테두리 부분에 마우스 포인터를 대고 화살표 모양으로 변경되었을 때 드래그하면 크기를 조정할 수 있다.

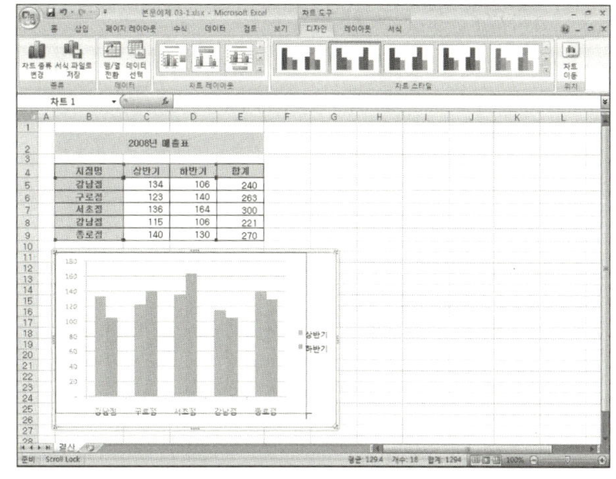

4 차트가 선택되었을 때 표시되는 [차트 도구]-[서식] 탭의 [크기] 그룹에서 높이와 너비란에 "6"과 "13"을 입력한 후 Enter 를 누른다.

정확한 수치로 차트 크기 조정

차트의 크기를 정확한 수치에 맞춰 변경하고자 할 때 리본 메뉴의 [크기] 그룹 메뉴를 사용한다.

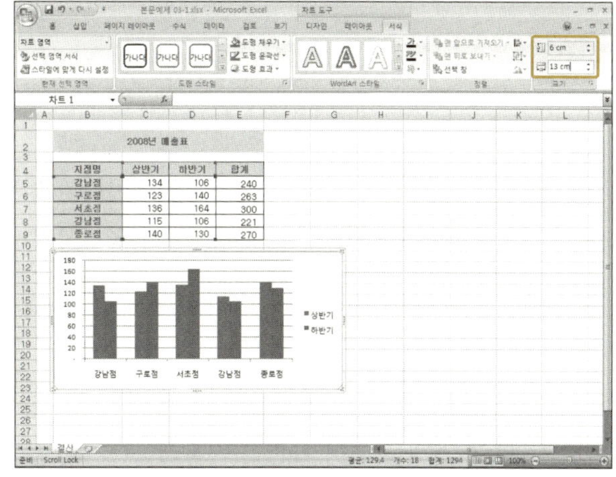

5 [B4:B9] 영역을 선택한 후 Ctrl 를 누른 상태로 [D4:D9] 영역을 선택하고 [삽입] 탭의 [차트] 그룹에서 [원형]-[3차원 원형]을 클릭하여 삽입한다.

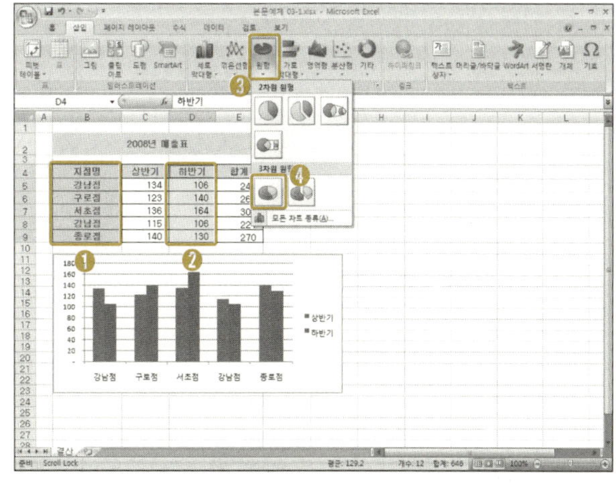

6 3차원 원형 차트가 나타나면 드래그하여 이동한다.

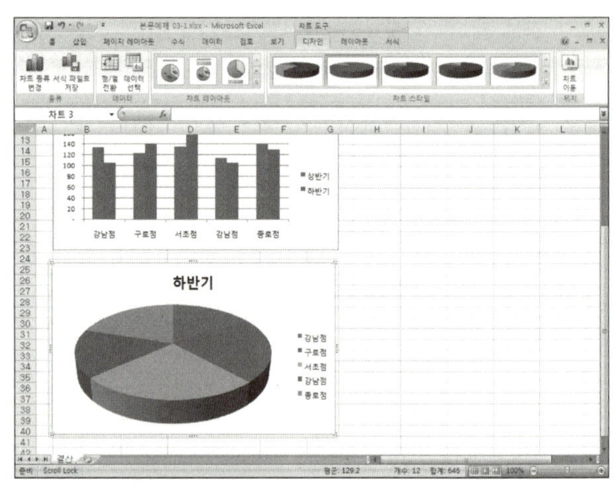

 ## 행/열 전환 및 데이터 범위 수정

차트를 작성해 놓고 보면 차트에 적용된 데이터의 범위나 방향이 맞지 않아 편집해야 하는 경우가 있는데, 간단한 메뉴를 이용하면 차트를 다시 작성하지 않고도 해결할 수 있다.

1 막대 차트를 선택한 후 [차트 도구]–[디자인] 탭의 [데이터] 그룹에서 [행/열 전환]을 클릭한다. 차트의 범례와 항목 축에 해당하는 데이터가 뒤바뀌어 차트에 적용된다.

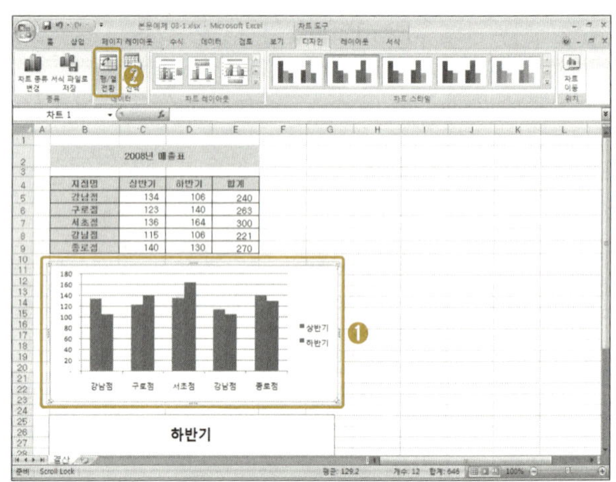

2 원형 차트를 선택하고 [차트 도구]-[디자인] 탭의 [데이터] 그룹에서 [데이터 선택]을 클릭한다.

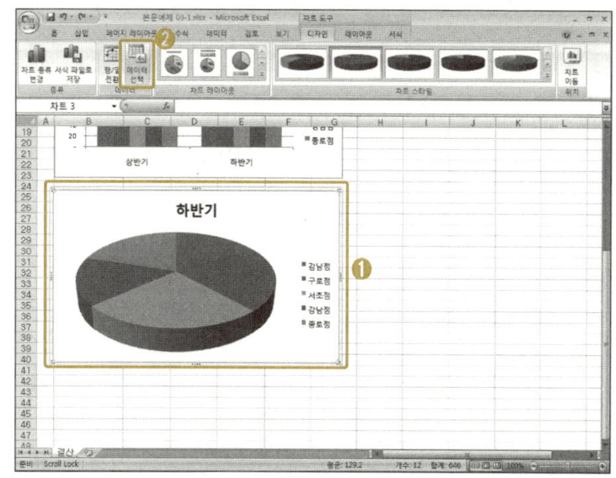

3 [데이터 원본 선택] 대화상자가 열리면 [B4:C9] 영역을 드래그하여 선택한 후 [확인] 단추를 클릭한다.

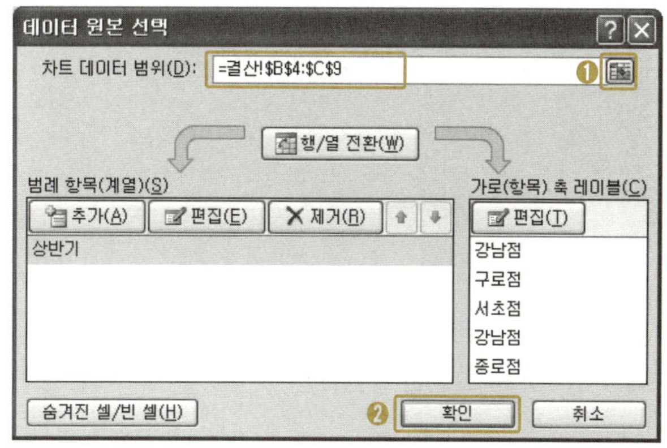

4 원형 차트의 데이터가 상반기 매출로 바뀐다.

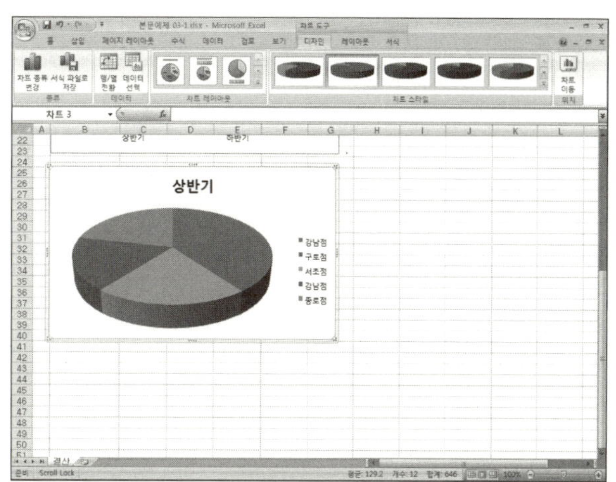

차트에 적용하거나 변경할 수 있는 다양한 서식과 세부 항목들이 있지만 [디자인] 탭의 [차트 스타일]이나 [차트 레이아웃] 메뉴를 사용하면 훨씬 편하고 빠르면서도 비주얼면에서도 손색없는 차트를 작성할 수 있다.

1 막대 차트를 선택한 후 [차트 도구]–[디자인] 탭의 [차트 스타일] 그룹에서 [자세히] 단추를 클릭한다.

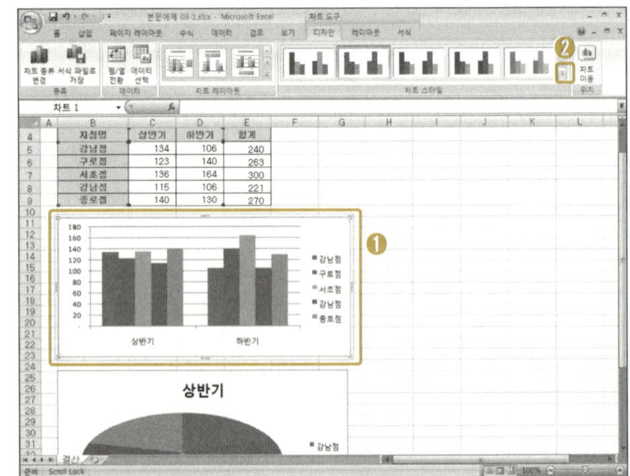

2 여러 가지 디자인이 표시되면 그 중 '스타일 15' 디자인을 클릭한다.

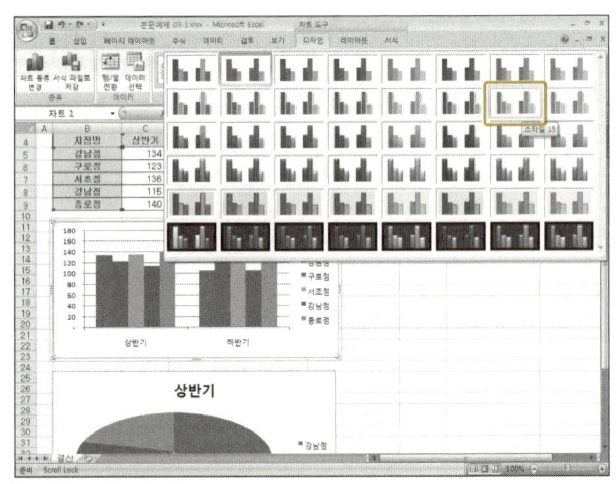

3 이번에는 [차트 도구]–[디자인] 탭의 [차트 레이아웃] 그룹에서 [자세히] 단추를 클릭한 후 [레이아웃 4]를 클릭하여 적용한다. 범례의 위치가 변경되고 데이터 막대 위쪽에 레이블 값이 표시되는 등 차트 레이아웃이 변경된다.

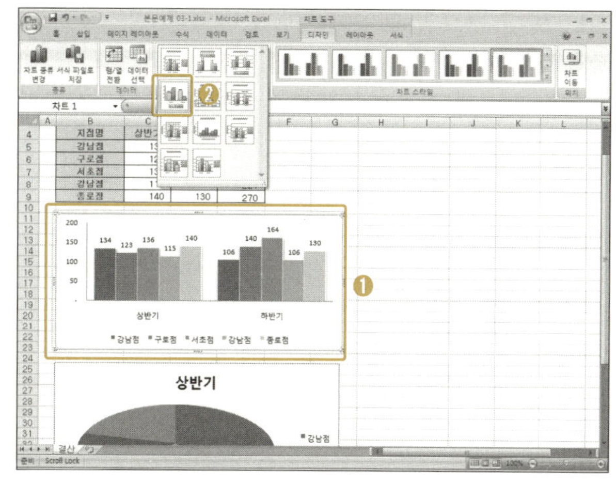

4 막대 차트가 선택되어 있는 상태로 [차트 도구]–[디자인] 탭의 [종류] 그룹에서 [차트 종류 변경]을 선택한 후 [차트 종류 변경] 대화상자가 열리면 [3차원 묶은 세로막대형] 차트를 선택하고 [확인]을 클릭한다.

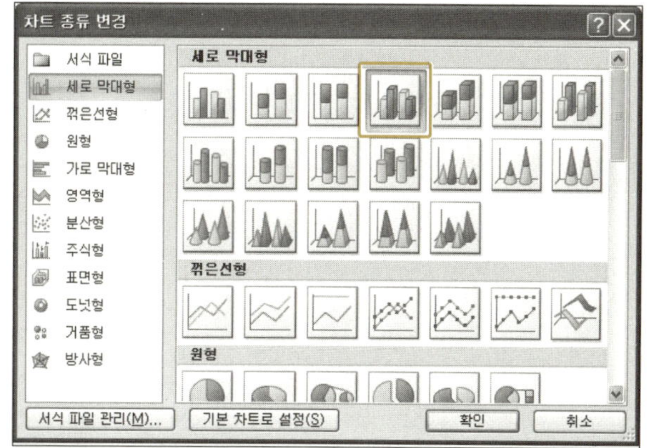

> **차트 일부 수정**
>
> 차트의 일부 데이터 계열만 변경을 할 때에는 변경하고자 하는 계열만 따로 선택한 후 차트의 종류를 변경하면 된다.

> **[디자인] 탭 리본 메뉴**
>
> - 종류 : 차트의 종류를 변경하고 사용자가 만든 서식을 파일로 저장할 수 있다.
>   - 차트 종류 변경 : 이미 만들어진 차트의 종류를 변경할 수 있다.
>   - 서식 파일로 저장 : 사용자가 지정한 차트 서식을 파일로 저장해 다음 작업에서도 사용할 수 있다.
> - 데이터 : 차트 원본 데이터를 수정할 수 있다.
>   - 행/열 전환 : 차트 원본 데이터의 행과 열을 바꾼다.
>   - 데이터 선택 : 차트 원본 데이터 범위를 다시 바꿀 수 있다.
> - 차트 레이아웃 : 엑셀에서 미리 지정한 차트 구성 요소들로 이루어진 차트 레이아웃을 선택할 수 있다.
> - 차트 스타일 : 엑셀에서 미리 지정한 서식으로 이루어진 차트 스타일을 선택할 수 있다.
> - 위치 : 차트를 새로운 시트나 데이터가 있는 시트로 이동할 수 있다.

5 막대 차트의 레이아웃과 스타일이 변경된다.

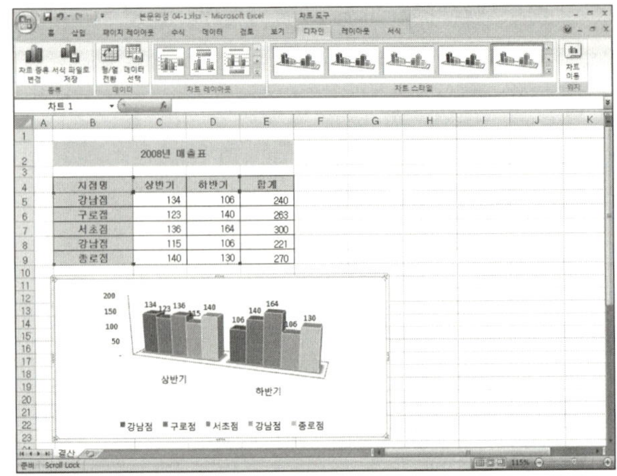

6 원형 차트도 레이아웃과 스타일을 선택하여 적용해 본다.

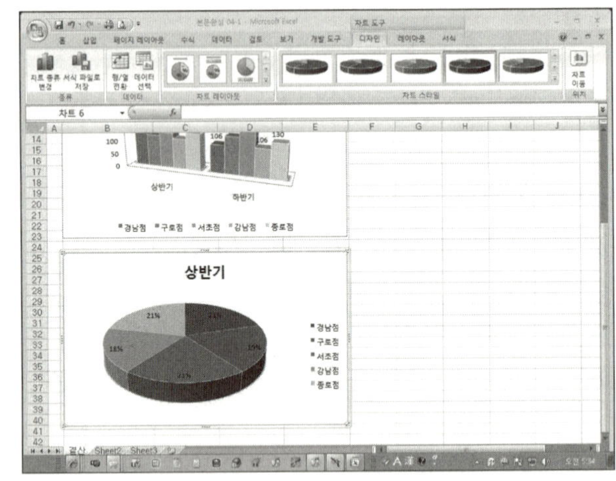

기본 차트의 종류별 특징

- 막대형 차트 : 가장 많이 사용하는 차트 종류로 데이터 계열을 비교 분석할 때 주로 사용한다.
- 꺾은선 차트 : 주로 시간에 따른 데이터의 변화를 분석할 때 사용하고 데이터 계열을 비교 분석할 때에도 사용한다.
- 원형 차트 : 전체에 대한 부분의 비중을 나타낼 때 사용하며, 한 개의 데이터 계열만 쪼갤 수 있다.
- 혼합형 차트 : 한 차트 안에 종류가 다른 차트를 혼합하여 표현한다. 성격이 다른 데이터를 하나의 차트 안에 동시에 표시해야 하거나 데이터의 값이 다른 데이터와 크게 차이가 나는 계열이 있을 경우 사용한다.

확인학습문제

[문제 **1**] [일기예보] 시트의 최고기온과 최저기온 데이터를 이용해 '표식이 있는 꺾은선형' 차트를 작성하시오.

[문제 **2**] 차트의 레이아웃을 '레이아웃12'로 설정하고 스타일은 '스타일 26'으로 설정하시오.

[문제 **3**] [경진대회] 시트의 소속을 제외한 나머지 데이터를 이용하여 '묶은 원통형 가로 차트'를 작성하고 행과 열을 바꾸시오.

[문제 **4**] '묶은 원통형(가로)' 차트의 레이아웃을 '레이아웃3'으로 변경하시오.

⊙ **준비파일** : Chapter04/확인학습04-1   ⊙ **완성파일** : Chapter04/완성파일/확인학습완성04-1

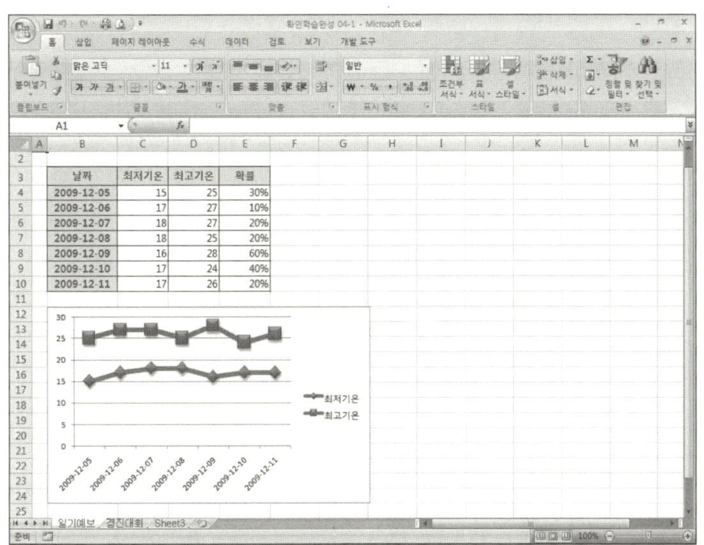

1 풀이   차트 작성

1 [일기예보] 시트에서 [B3:D10] 영역을 선택하고 [삽입] 탭의 [차트] 그룹에서 [꺾은선형]– '표식이 있는 꺾은선형'을 클릭한다.

1   막대 차트가 선택된 상태로 [차트 도구]–[디자인] 탭의 [차트 레이아웃] 그룹에서 [자세히] 단추를 클릭한 후 '레이아웃 12'를 선택하여 적용하고, [차트 스타일] 그룹에서 [자세히] 단추를 클릭하여 '스타일 26'을 선택한다.

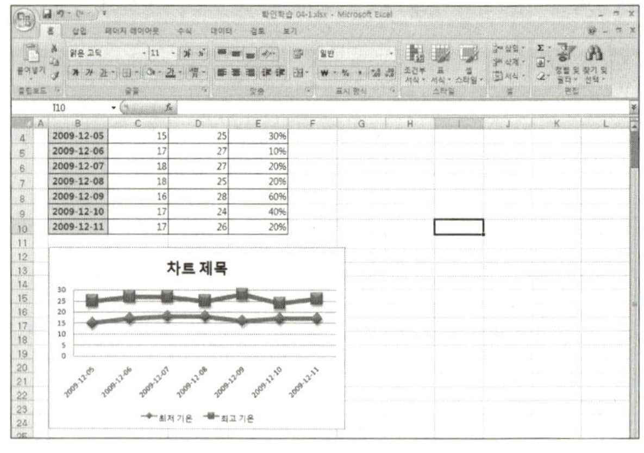

1   [경진대회] 시트에서 [A3:A12], [C3:D12] 셀을 선택한 후 [삽입] 탭의 [차트] 그룹에서 [가로 막대형]– '묶은 원통형(가로)'를 클릭하여 삽입한다.

2   차트가 선택된 상태로 [차트 도구]–[디자인] 탭의 [데이터] 그룹에서 [행/열 전환]을 클릭한다.

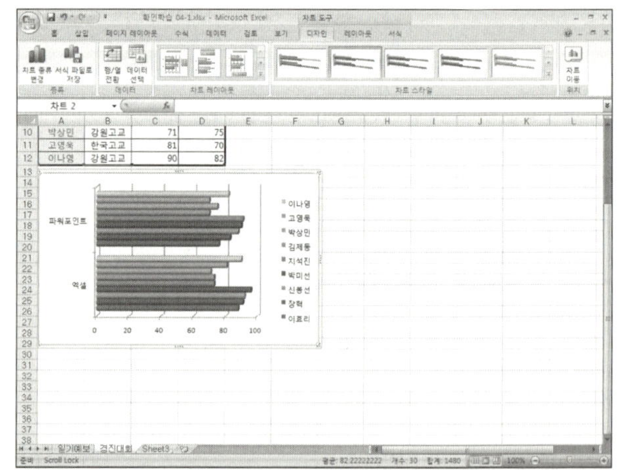

1   차트가 선택된 상태로 [차트 도구]–[디자인] 탭의 [차트 레이아웃] 그룹에서 [자세히] 단추를 클릭한 후 '레이아웃 3'을 선택한다.

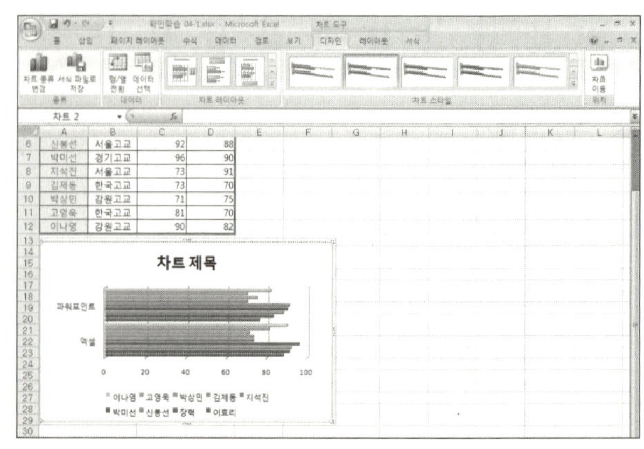

2 차트 레이아웃 편집

출제포인트

차트의 각 구성요소의 설정을 변경하는 방법

⊙ **준비파일** : Chapter04/본문예제04-2　　　⊙ **완성파일** : Chapter04/완성파일/본문완성04-2

1　차트의 구성 요소

차트의 여러 구성 요소에 마우스 포인터를 가져가 잠시 기다리면 스크린 팁이 표시되어 마우스 포인터가 위치한 차트의 구성 요소의 명칭을 확인할 수 있다. 각 구성 요소를 편집하려면 정확한 위치 및 명칭을 파악해 두면 편리하다.

1　차트의 여러 구성 요소에 마우스 포인터를 가져가 스크린 팁을 확인하며 각 구성 요소의 위치와 명칭을 살펴보도록 한다.

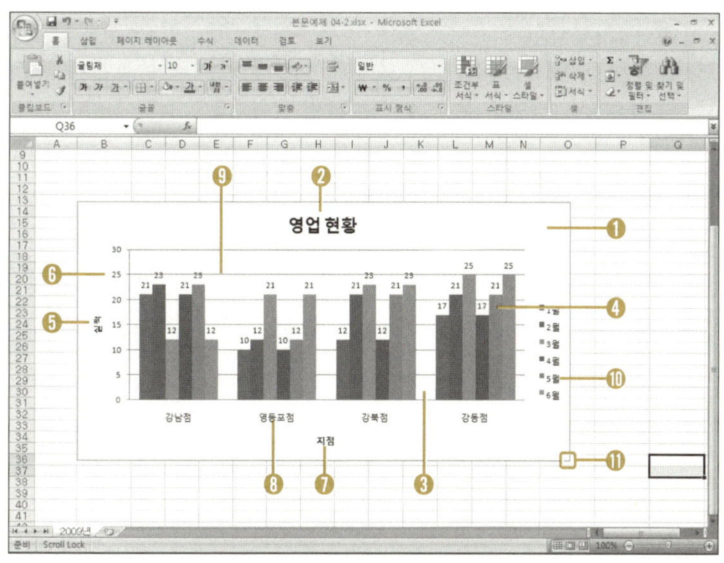

❶ 차트 영역 : 차트 전체를 나타낸다.

❷ 차트 제목 : 차트 제목을 표시한다.

❸ 그림 영역 : 선이나 막대가 있는 축으로 표시된 부분이다.

❹ 데이터 계열 : 데이터의 크기를 선이나 막대, 원 등 시각적으로 표시한 부분이다.

❺ 세로 (값) 축 제목 : 세로로 표시된 값의 제목을 나타낸다.

❻ 세로 (값) 축 : 세로로 표시된 데이터의 값을 나타낸다.

❼ 가로 (항목) 축 제목 : 가로로 데이터의 항목을 나타낸 축의 제목을 나타낸다.

❽ 가로(항목) 축 : 가로로 데이터의 항목을 나타낸다.

❾ 눈금선 : 축의 값을 표시한다.

❿ 범례 : 데이터 계열의 이름을 표시한다.

⓫ 크기 조절점 : 엑셀 2007에서는 차트 크기 조절점 모양이 이전 버전의 검정색 사각형 모양과는 달리 차트 영역 테두리에 점으로 표시된다. 이전 버전과 마찬가지로 차트를 클릭하면 총 8개의 테두리가 표시되며, 마우스로 드래그하여 차트의 크기를 줄이거나 늘릴 수 있다.

---

2 차트의 구성 요소 편집하기

빠른 레이아웃 메뉴를 사용하는 대신 [레이아웃] 탭의 메뉴를 사용하여 직접 설정하면 원하는 구성 요소만 설정하거나 편집이 가능하다.

1 차트가 선택된 상태로 [차트 도구]–[레이아웃] 탭의 [레이블] 그룹에서 [차트 제목]을 클릭하고 [차트 위]를 선택한다.

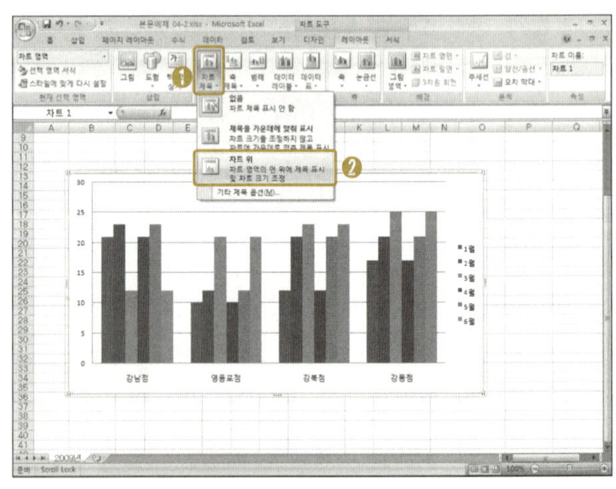

차트 제목 선택 목록

- 없음 : 차트 제목을 표시하지 않는다.
- 제목을 가운데에 맞춰 표시 : 차트 크기를 변경하지 않고 차트 위쪽 가운데에 그림 영역과 겹쳐 제목을 표시한다.
- 차트 위 : 차트 크기가 자동으로 조정되며 차트 영역 맨 위에 제목이 표시된다.

2 '차트 제목' 요소에 "영업 현황"이라는 제목을 입력한다.

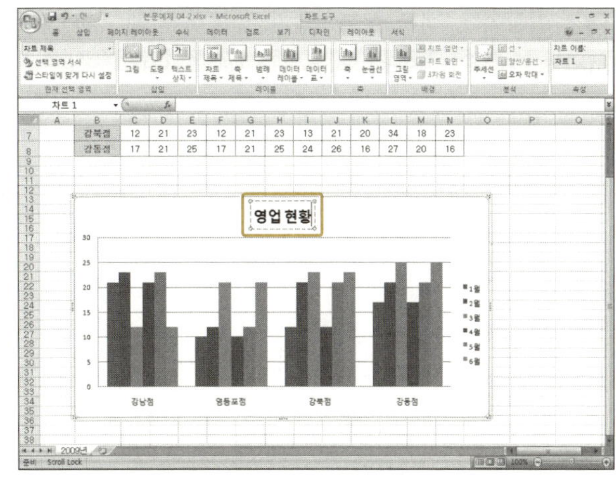

3 차트 제목이 선택된 상태로 [차트 도구]-[서식] 탭의 [WordArt 스타일] 그룹에서 [자세히] 단추를 눌러 '그라데이션 채우기 – 강조4, 반사'를 선택한다.

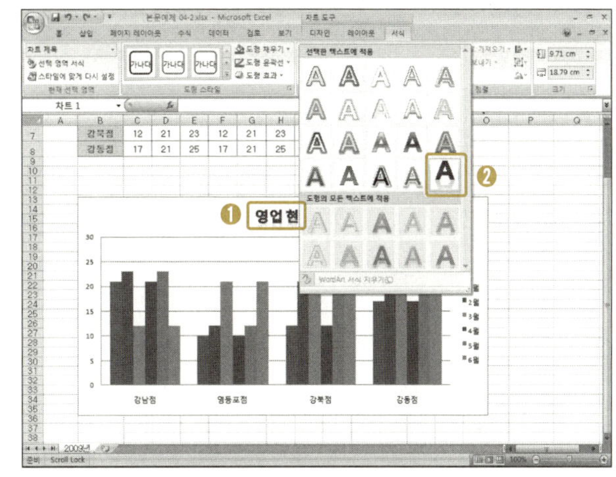

4 차트가 선택된 상태로 [차트 도구]-[레이아웃] 탭의 [레이블] 그룹에서 [축 제목]-[기본 가로 축 제목]-[축 아래 제목]을 선택한다.

5 차트 아래쪽에 '축 제목'이 생기면 "지점명"을 입력한다.

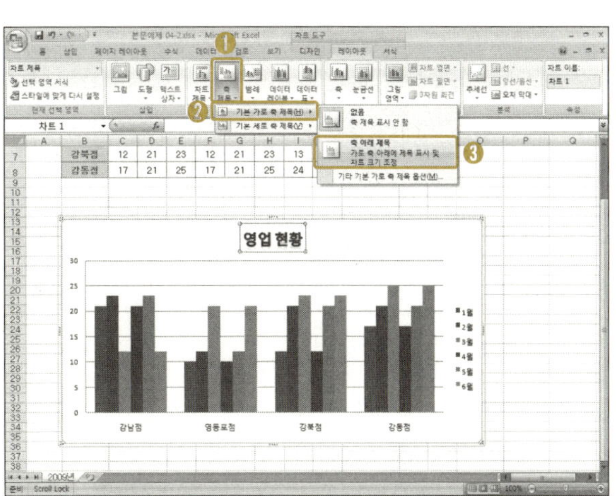

6 차트가 선택된 상태로 [차트 도구]-[레이아웃] 탭의 [레이블] 그룹에서 [축 제목]-[기본 세로 축 제목]-[세로 제목]을 선택하여 세로 축 제목을 삽입하고 "실적"을 입력한다.

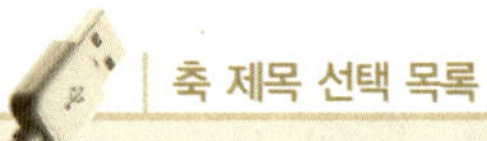

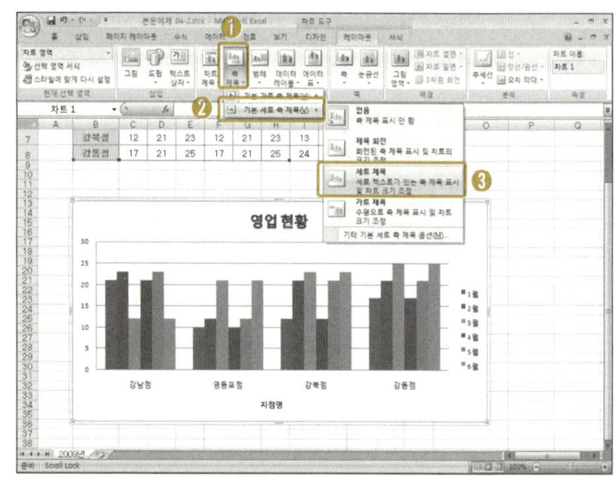

축 제목 선택 목록

- 없음 : 축 제목을 표시하지 않는다.
- 제목 회전 : 축 제목이 90도 회전된 상태로 나타난다.
- 세로 제목 : 축 제목이 세로 방향의 텍스트로 나타난다.
- 가로 제목 : 축 제목이 가로 방향의 텍스트로 나타난다.

7 차트가 선택된 상태로 [차트 도구]-[레이아웃] 탭의 [축] 그룹에서 [축]-[기본 세로 축]-[기타 기본 세로 축 옵션]을 선택한다.

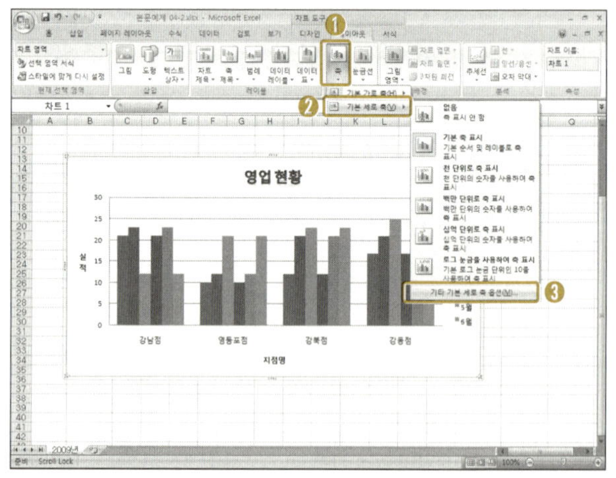

8 [축 서식] 대화상자가 나타나면 [축 옵션]의 최대값을 '고정'으로 설정한 후 "32"라고 입력하고, 주 단위를 '고정'으로 설정한 후 "8"이라고 입력한다. [닫기]를 누르면 축의 눈금 단위가 변경된다.

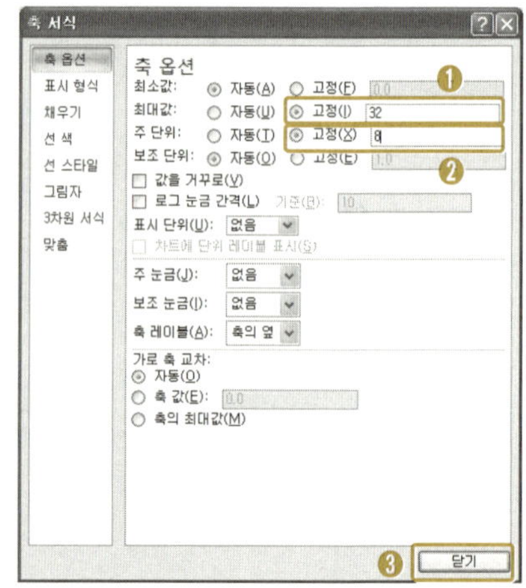

- 현재 선택 영역 : 현재 선택한 차트 구성 요소의 이름이 나타나며 해당하는 구성 요소의 서식을 변경할 수 있다.
  - 차트 요소 : 선택한 차트 요소의 이름이 나타나며 목록 단추를 클릭하여 요소를 선택할 수 있다.
  - 선택 영역 서식 : 선택한 요소의 서식을 변경할 수 있는 대화상자가 나타난다.
  - 스타일에 맞게 다시 설정 : 선택한 요소에 적용된 사용자 지정 서식을 지우고 전체 차트 스타일에 맞는 서식으로 다시 설정된다.
- 삽입 : 그림, 도형, 텍스트 상자를 삽입할 수 있다.
- 레이블 : 해당하는 차트 구성 요소를 추가, 제거하거나 위치를 지정한다.
- 축 : 차트 축과 눈금선의 서식을 지정한다.
  - 축 : 각 축의 서식과 레이아웃을 지정한다.
  - 눈금선 : 차트의 눈금선을 설정하거나 해제한다.
- 배경 : 차트의 그림 영역과 3차원 차트의 서식을 지정한다.
  - 그림 영역 : 차트 그림 영역의 채우기를 설정하거나 해제한다.
  - 차트 옆면/차트 밑면 : 차트 옆면과 밑면의 서식을 지정한다.
  - 3차원 회전 : 3차원 차트의 회전 각도를 지정해 모양을 변경할 수 있다.
- 분석 : 차트에 다양한 옵션 선을 추가할 수 있다.
  - 추세선 : 차트에 추세선을 추가한다.
  - 선 : 차트에 하강선이나 최저/최고값을 연결하는 선을 추가한다.
  - 양선/음선 : 차트에 양선/음선을 추사한다.
  - 오차 막대 : 차트에 오류 표시줄을 추가한다.
- 속성 – 차트 이름 : 다름 기능을 사용할 때 참조할 수 있도록 차트 이름을 설정한다.

3 원형 차트의 구성 요소 편집하기

원형 차트는 일반 차트와는 구성 방법이 약간 다르다.

1 [부서별 실적 분석] 탭에서 원형 차트를 선택하고 [차트 도구]-[레이아웃] 탭의 [레이블] 그룹에서 [데이터 레이블]-[기타 데이터 레이블 옵션]을 클릭한다.

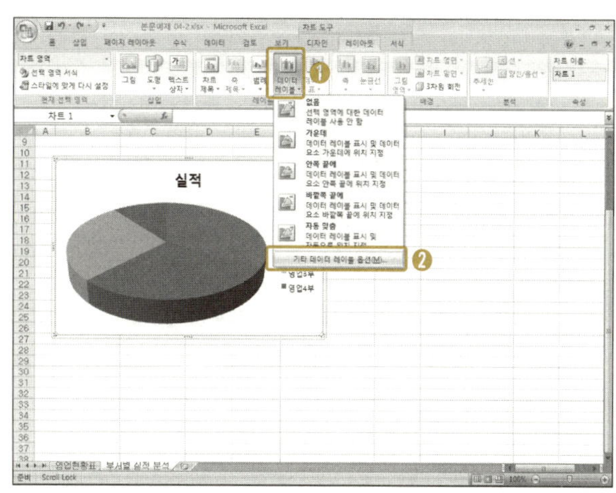

 **데이터 레이블 선택 목록**

- 없음 : 레이블을 표시하지 않는다.
- 가운데 : 데이터 요소의 가운데에 레이블을 표시한다.
- 안쪽 끝에 : 데이터 요소의 안쪽 끝에 레이블을 표시한다.
- 바깥쪽 끝에 : 데이터 요소의 바깥쪽 끝에 레이블을 표시한다.
- 자동 맞춤 : 레이블의 위치를 자동으로 지정한다.

2 [데이터 레이블 서식] 대화상자의 [레이블 옵션] 탭에서 레이블 내용으로 '항목 이름' 과 '백분율' 을 선택하고 레이블 위치는 '안쪽 끝에' 로 설정한 후 [닫기]를 클릭한다.

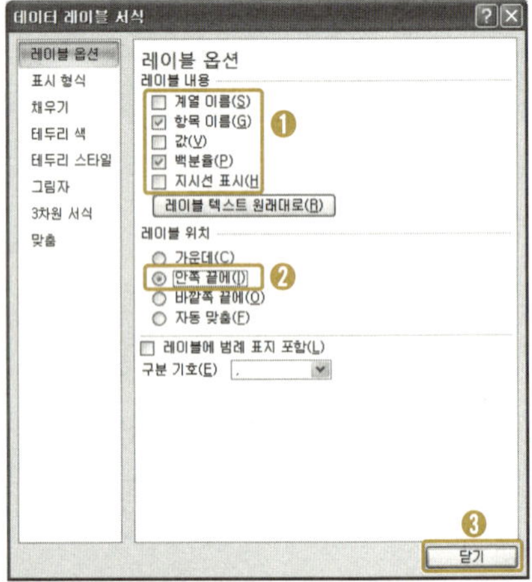

3 원형 차트가 선택된 상태로 [차트 도구]-[레이아웃] 탭의 [레이블] 그룹에서 [범례]-[없음]을 선택하여 범례를 삭제한다.

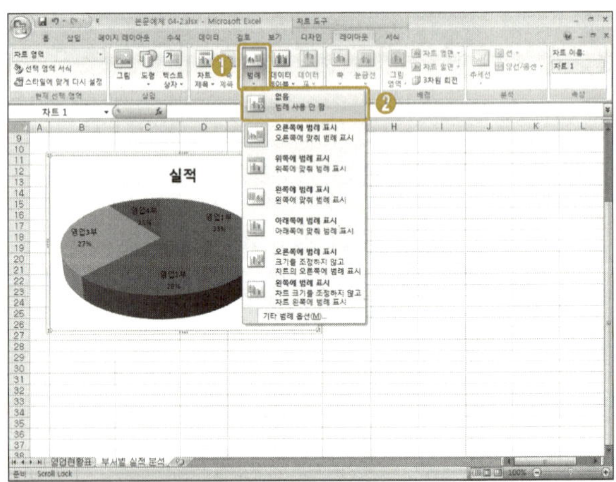

4 원형 차트가 선택된 상태로 [차트 도구]–[레이아웃] 탭의 [배경] 그룹에서 [3차원 회전]을 클릭하고 [차트 영역 서식] 대화상자가 나타나면 Y축을 '50', 원근감은 '30'으로 설정한다.

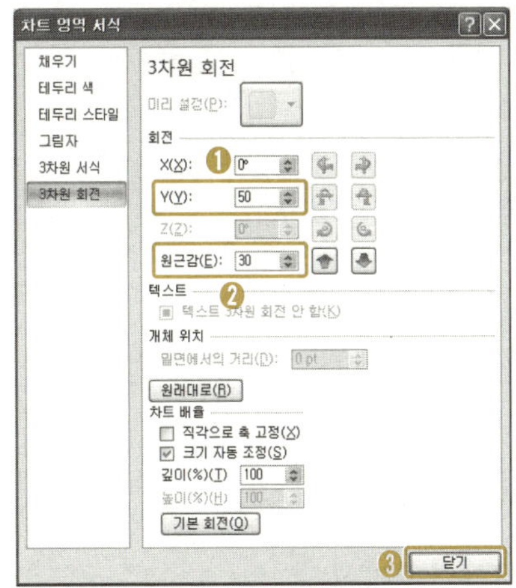

5 원형 차트의 데이터 계열을 클릭한 후 '영업2부' 계열을 한 번 더 클릭하여 한 조각이 선택되면 아래쪽으로 드래그하여 분리한다.

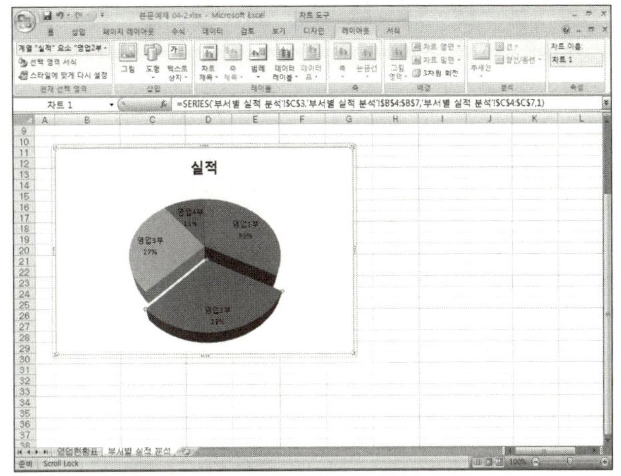

확인학습문제

[문제 **1**] 막대 차트의 스타일을 '스타일 26'으로 변경하시오.

[문제 **2**] 막대 차트의 제목을 '1학기 성적'으로 차트 위쪽에 삽입하고 값 축 제목은 '점수'라는 가로 제목으로 지정한 후 범례의 위치를 아래로 설정하시오.

[문제 **3**] 세로 축의 눈금 단위는 '25'로 설정하시오.

[문제 **4**] 차트의 레이블 값은 삭제한 후 이효진의 기말고사 데이터만 데이터 막대 위에 '값'으로 표시되도록 설정하시오.

⊙ **준비파일** : Chapter04/확인학습04-2　　　　⊙ **완성파일** : Chapter04/완성파일/확인학습완성04-2

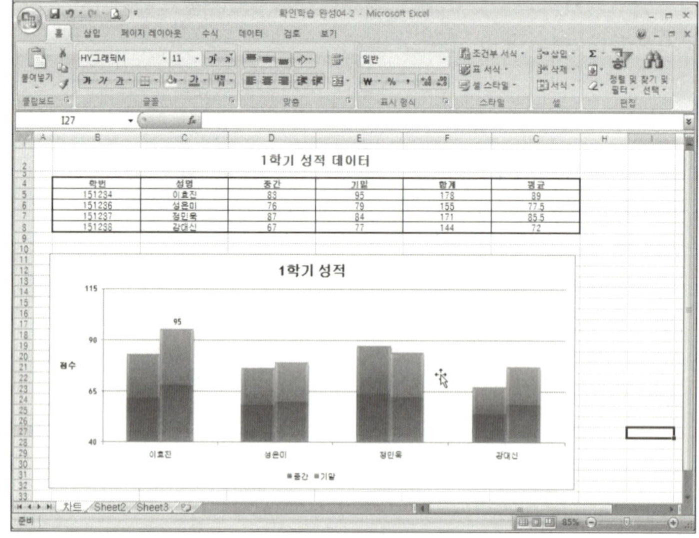

1 풀이　　스타일 적용

1　차트가 선택된 상태로 [차트 도구]-[디자인] 탭의 [차트 스타일] 그룹에서 [자세히] 단추를 클릭하여 '스타일 26'을 선택한다.

1 차트가 선택된 상태로 [차트 도구]–[레이아웃] 탭의 [레이블] 그룹에서 [차트 제목]–[차트 위]를 선택하여 차트 제목을 삽입하고 "1학기 성적"을 입력한다.

2 [레이블] 그룹에서 [축 제목]–[기본 세로 축 제목]–[가로 제목]을 선택하여 축 제목을 삽입하고 "점수"를 입력한다.

3 [레이블] 그룹에서 [범례]–[아래쪽에 범례 표시]를 선택하여 범례를 표시한다.

3 풀이   축 눈금 단위 설정

1 차트가 선택된 상태로 [차트 도구]–[레이아웃] 탭의 [축] 그룹에서 [축]–[기본 세로 축]–[기타 기본 세로 축 옵션]을 클릭한다.

2 [축 서식] 대화상자가 나타나면 [축 옵션]의 주 단위를 '고정'으로 설정한 후 "25"라고 입력하고 [닫기]를 클릭하면 축의 눈금 단위가 변경된다.

4 풀이   데이터 레이블 설정

1 차트를 선택한 상태로 [차트 도구]–[레이아웃] 탭의 [레이블] 그룹에서 [데이터 레이블]–[없음]을 선택한다.

2 이효진의 기말고사 데이터 막대만 선택한 후 [데이터 레이블]– '바깥쪽 끝에'를 선택한다.

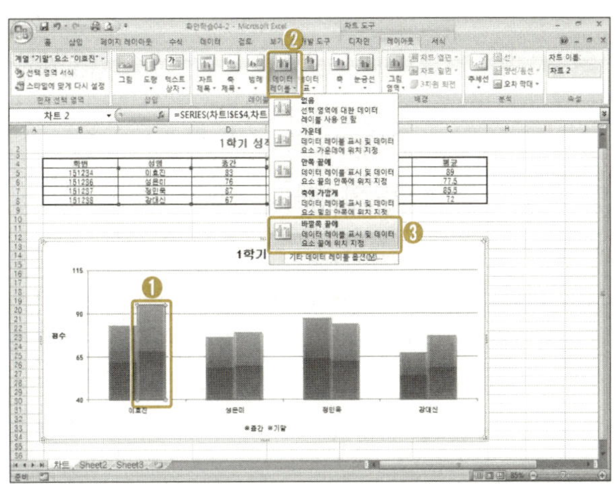

3 조건부 서식

출제포인트
조건부 서식을 적용 또는 제거하는 방법

● **준비파일** : Chapter04/본문예제04-3   ● **완성파일** : Chapter04/완성파일/본문완성04-3

1 조건부 서식 지정하기

조건부 서식은 특정 조건을 만족하는 셀에 자동으로 지정된 서식을 적용하는 기능이다. 엑셀 2007 버전에서는 이전 버전에서보다 더 쉽고 다양하게 서식을 적용할 수 있게 되었다.

1 [K5:K33] 영역을 선택하고 [홈] 탭의 [스타일] 그룹에서 [조건부 서식]-[셀 강조 규칙]- '보다 큼' 을 선택한다.

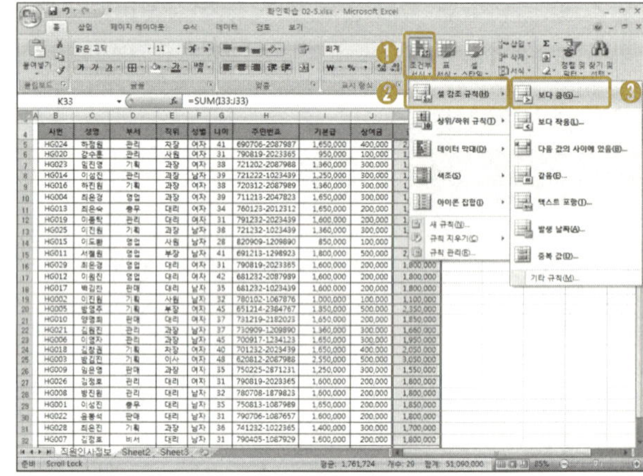

2 [보다 큼] 대화상자가 나타나면 왼쪽 칸에 "1,800,000"을 입력하고 적용할 서식은 '진한 녹색 텍스트가 있는 녹색 채우기' 를 선택한 후 [확인] 단추를 누르면 [K] 열에 조건부 서식이 적용된다.

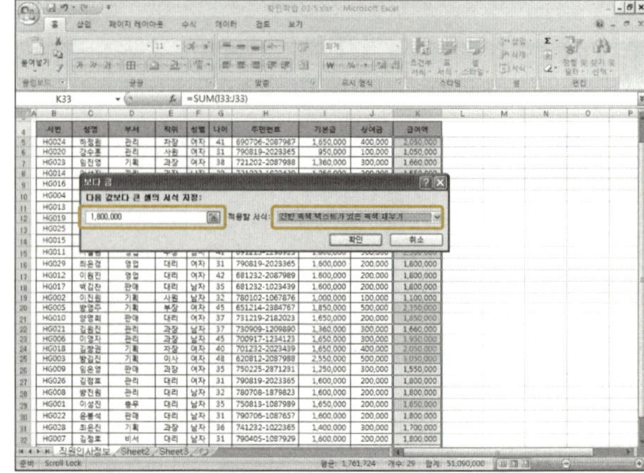

- 보다 큼 : 지정한 값보다 큰 셀에 선택한 서식을 적용한다.
- 보다 작음 : 지정한 값보다 작은 셀에 선택한 서식을 적용한다.
- 다음 값의 사이에 있음 : 지정한 값의 사이에 있는 셀에 선택한 서식을 적용한다.
- 같음 : 지정한 값과 같은 셀에 선택한 서식을 적용한다.
- 텍스트 포함 : 지정한 텍스트가 포함된 셀에 선택한 서식을 적용한다.
- 발생 날짜 : 지정한 발생 날짜를 포함한 셀에 선택한 서식을 적용한다.
- 중복 값 : 선택한 셀에 중복된 값이 있을 때 지정한 서식을 적용한다.

3 [J5:J33] 영역을 선택하고 [홈] 탭의 [스타일] 그룹에서 [조건부 서식]-[데이터 막대]-'주황 데이터 막대'를 선택한다.

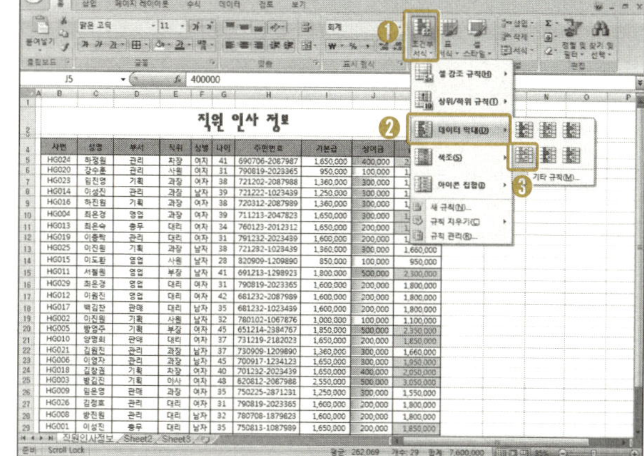

데이터 막대

조건부 서식의 데이터 막대는 데이터의 크기에 따라 색상의 길이를 다르게 지정해 주는 기능이다.

4 [F5:F33] 영역을 선택하고 [스타일] 그룹에서 [조건부 서식]-[셀 강조 규칙]-'텍스트 포함'을 선택한다.

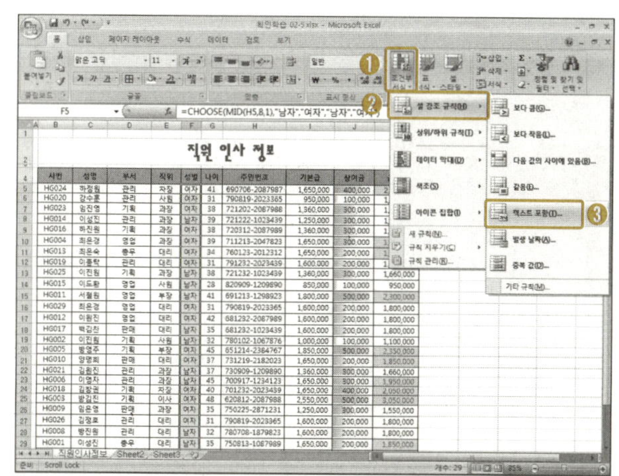

5 [텍스트 포함] 대화상자가 나타나면 '여자'를 입력하고 적용할 서식란에서 '사용자 지정 서식'을 선택한다.

6 [셀 서식] 대화상자에서 글꼴 스타일은 '굵게', 색은 '빨강'을 지정한다.

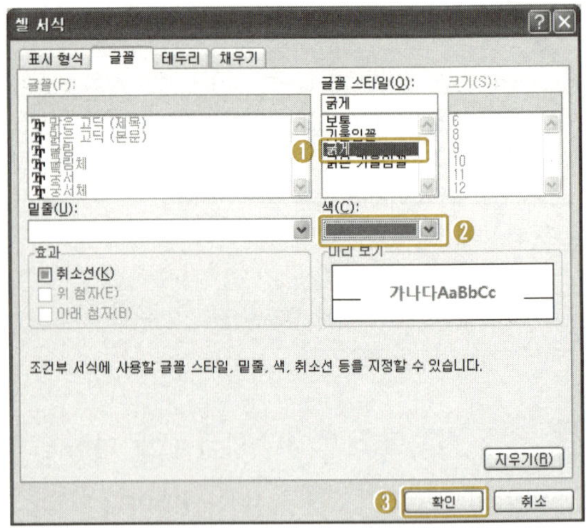

7 같은 방법으로 '남자'를 입력할 경우 '굵게'와 '파랑' 글꼴 색이 적용되도록 설정한다.

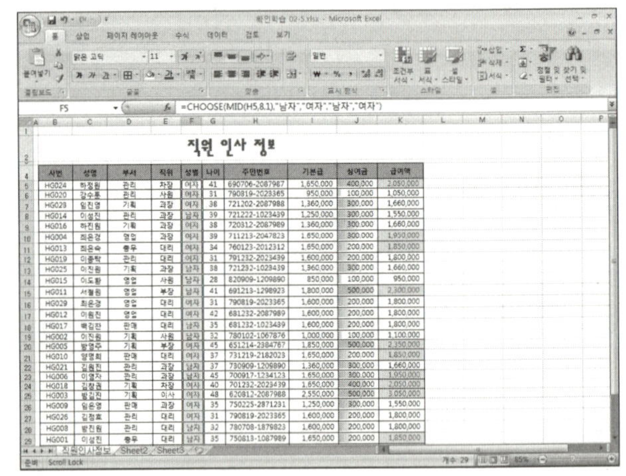

2 규칙 지우기

1 [F5:F33] 영역을 선택하고 [홈] 탭의 [스타일] 그룹에서 [조건부 서식]-[규칙 지우기]- '선택한 셀의 규칙 지우기'를 선택한다.

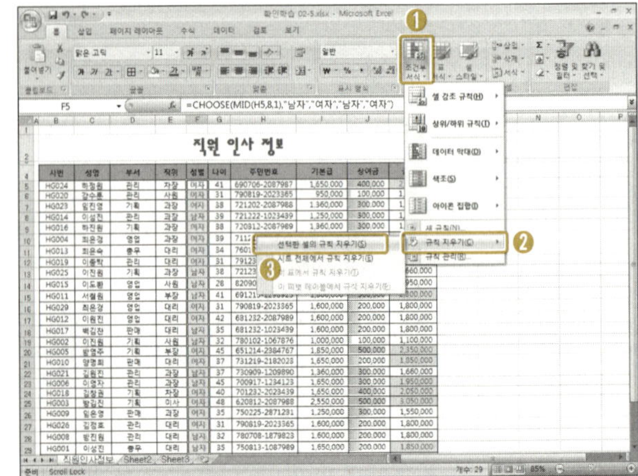

시트 전체에서 규칙 지우기

[규칙 지우기]-[시트 전체에서 규칙 지우기]를 선택하면 시트 전체에 적용되어 있는 조건부 서식을 제거할 수 있다.

확인학습문제

◉ 준비파일 : Chapter04/확인학습04-3　　　　◉ 완성파일 : Chapter04/완성파일/확인학습완성04-3

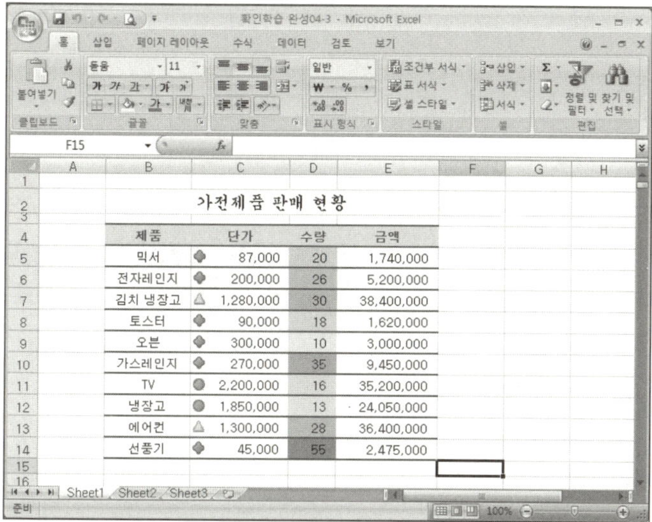

1 풀이　조건부 서식 규칙 지우기

1 [홈] 탭의 [스타일] 그룹에서 [조건부 서식]-[규칙 지우기]- '시트 전체에서 규칙 지우기' 를 선택한다.

2 풀이　조건부 서식 적용

1 [C5:C14]를 선택한 후 [홈] 탭의 [스타일] 그룹에서 [조건부 서식]-[아이콘 집합]- '3가지 모양' 을 선택한다.

1　[D5:D14] 영역을 선택하고 [조건부 서식]-[색조]- '빨강-노랑 색조' 를 적용한다.

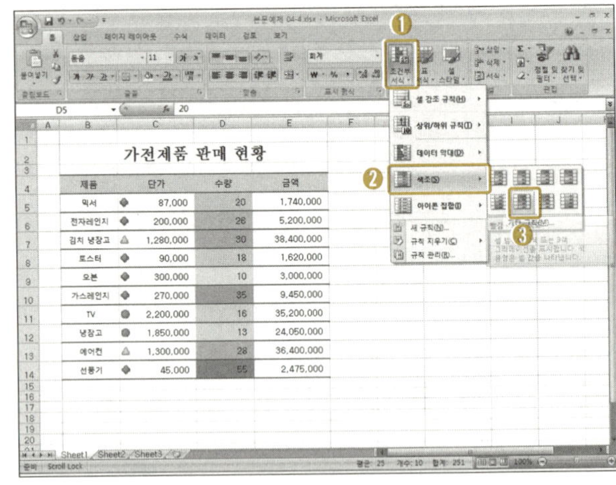

1　[D5:D14] 영역이 선택된 상태로 [조건부 서식]-[규칙 관리]를 선택하고 [규칙 편집]을 클릭한다.

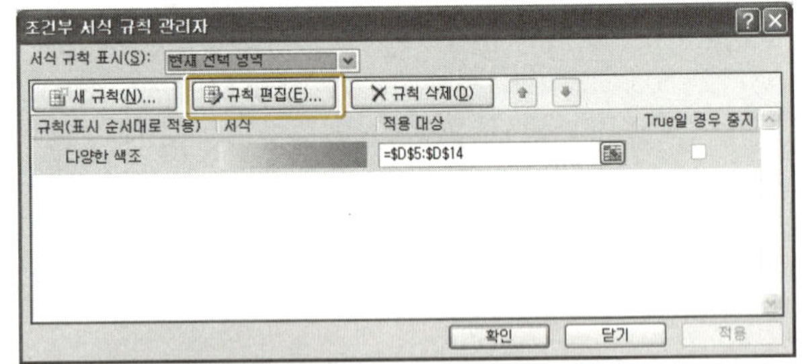

2　[서식 규칙 편집] 대화상자가 나타나면 최대값을 '녹색' 으로 선택한 후 [확인]-[확인] 단추를 눌러 적용한다.

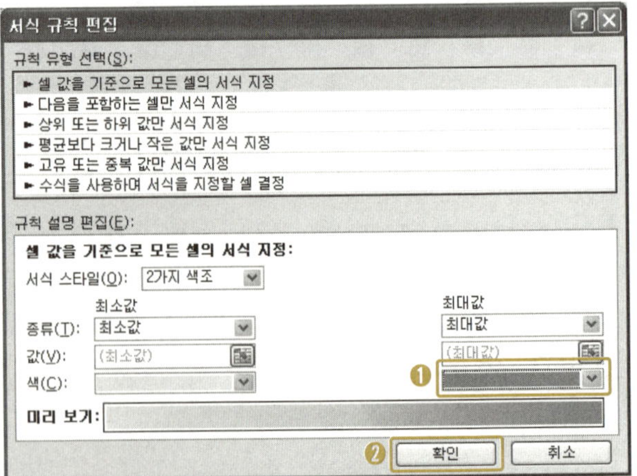

4 그래픽 개체 삽입 및 편집

출제포인트

그림, 클립 아트, 도형, 스마트 아트 등의 개체를 삽입하는 방법

◉ **준비파일** : Chapter04/본문예제04-4　　　　◉ **완성파일** : Chapter04/완성파일/본문완성04-4

1　그림 삽입 및 편집

단조로울 수 있는 엑셀 문서에 그래픽을 활용하여 활력을 준다.

1　[G2] 셀을 선택한 후 [삽입] 탭의 [일러스트레이션] 그룹에서 [그림]을 선택한다.

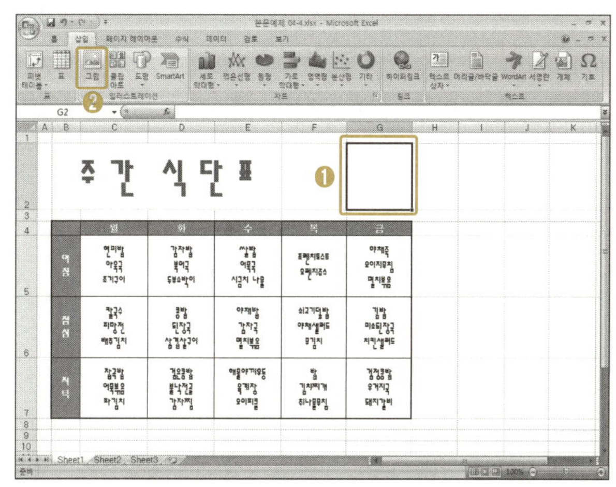

2　[그림 삽입] 대화상자가 나타나면 [Chapter04] 폴더의 '식단1.jpg' 이미지를 선택한 후 [삽입] 단추를 눌러 이미지를 삽입한다.

> **여러 이미지 선택하기**
>
> Ctrl 을 누른 상태로 클릭하면 여러 개의 이미지를 선택할 수 있다.

3 그래픽 개체의 크기와 위치를 조정한 후 [그림 도구]–[서식] 탭의 [그림 스타일] 그룹에서 [자세히] 단추를 클릭하고 '회전, 흰색'을 선택한다.

4 [F2] 셀을 선택하고 [삽입] 탭의 [일러스트레이션] 그룹에서 [그림]을 선택한 후 [그림 삽입] 대화 상자에서 [Chapter04] 폴더의 '식단2.jpg' 이미지를 선택하고 [삽입] 단추를 눌러 이미지를 삽입한다.

5 [그림 도구]–[서식] 탭의 [크기] 그룹에서 도형 높이를 "2.8"로 수정하고 Enter 를 누른다.

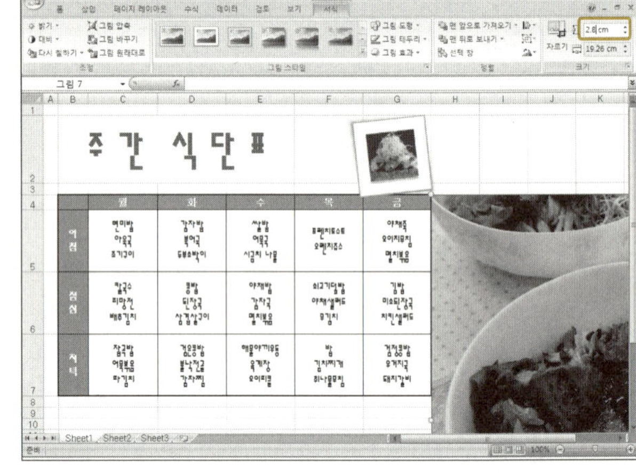

그림의 비율

이미지의 사이즈를 조정할 때 가로 세로 비율이 고정되어 있으므로 높이와 너비 중 한 가지만 조정해도 같은 비율로 조정이 된다.

6 드래그하여 위치를 조정한 후 [그림 도구]–[서식] 탭의 [그림 스타일] 그룹에서 [자세히] 단추를 클릭하고 '일반 프레임, 흰색'을 선택한다.

7 [서식] 탭의 [조정] 그룹에서 밝기와 대비를 각각 '+10%'로 설정한다.

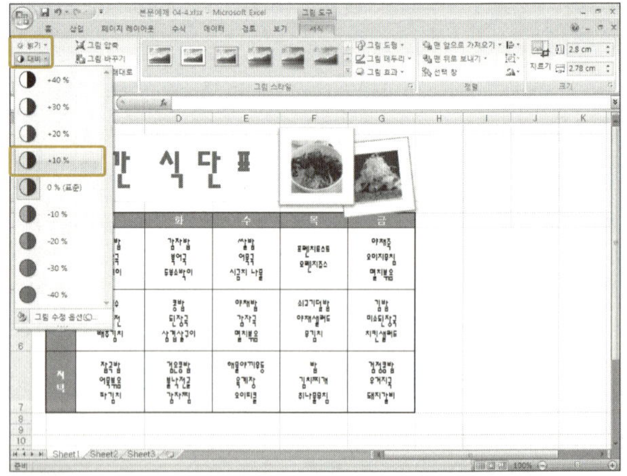

8 [서식] 탭의 [정렬] 그룹에서 [맨 뒤로 보내기]를 클릭하여 순서를 변경한다.

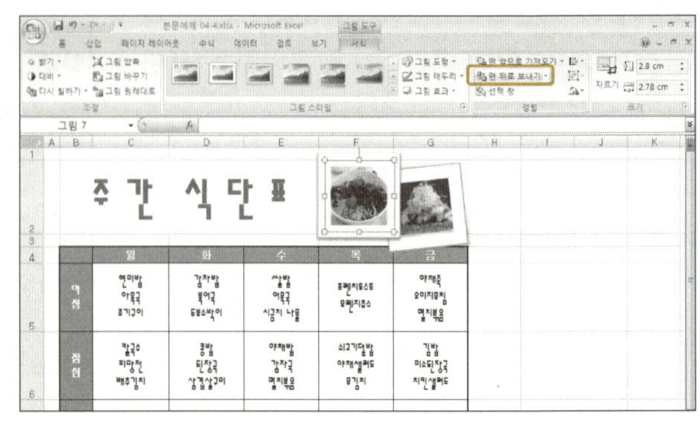

9 [서식] 탭의 [조정] 그룹에서 [그림 압축] 단추를
눌러 [그림 압축] 대화상자가 나타나면 [확인] 단추를
클릭한다.

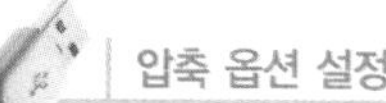

압축 옵션 설정

세부사항을 직접 설정하여 압축하려면 [옵션] 단추를 눌
러 설정할 수 있다.

[그림 도구]–[서식] 탭

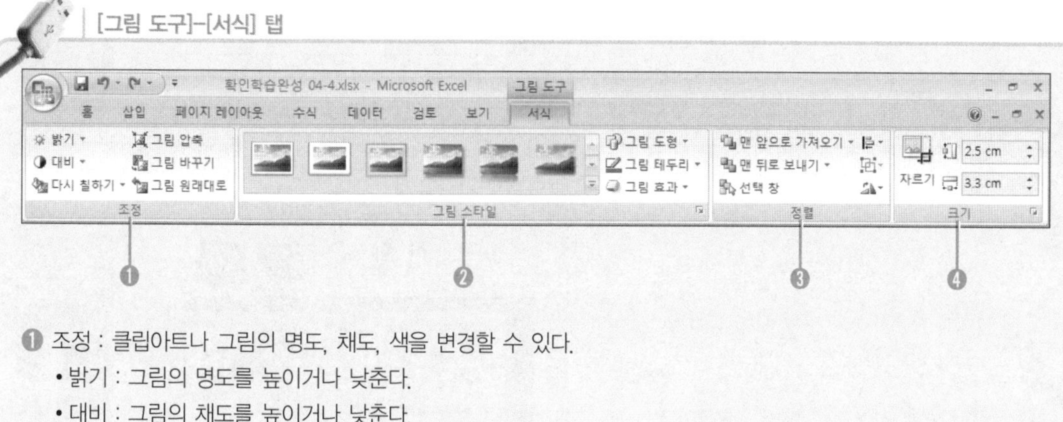

❶ 조정 : 클립아트나 그림의 명도, 채도, 색을 변경할 수 있다.
　• 밝기 : 그림의 명도를 높이거나 낮춘다.
　• 대비 : 그림의 채도를 높이거나 낮춘다.
　• 다시 칠하기 : 그림의 전체 색상을 설정한 색상으로 바꾼다.
　• 그림 압축 : 워크시트에 삽입된 그림의 용량을 줄인다.
　• 그림 바꾸기 : 현재 그림의 서식과 크기를 유지하면서 다른 그림으로 바꾼다.

❷ 그림 스타일 : 클립아트나 그림의 스타일을 미리 만들어진 갤러리에서 선택하거나 직접 꾸밀 수 있다.
　• 그림 스타일 : 미리 설정된 스타일을 갤러리 형식으로 보면서 선택할 수 있다.
　• 그림 도형 : 서식은 모두 유지한 채 선택한 도형 모양으로 그림 모양을 바꾼다.
　• 그림 테두리 : 그림 테두리에 대한 서식을 지정한다.
　• 그림 효과 : 그림자, 네온, 반사, 3차원 회전 등의 시각적 효과를 그림에 지정한다.

❸ 정렬 : 그림의 순서나 그룹화, 회전 등을 설정한다.
　• 맨 앞으로 가져오기/맨 뒤로 보내기 : 선택한 그림의 순서를 앞으로 또는 뒤로 변경한다.
　• 선택 창 : 화면 오른쪽에 선택 창이 표시되어 워크시트에 삽입되어 있는 간격을 동일하게 배분한다.
　• 그룹 : 선택한 여러 개의 하나의 개체를 그룹으로 묶거나, 그룹을 해제한다.
　• 회전 : 선택한 개체를 90도씩 회전시키거나, 대칭시킨다.

❹ 크기 : 그림의 필요없는 부분을 자르거나 사이즈를 조정한다.
　• 자르기 : 그림 자르기 모드로 변경되면 자르기 선을 드래그하여 그림의 일부를 자른다.
　• 도형 높이/도형 너비 : 그림의 크기를 직접 수치를 적용하여 조절한다.

1 [삽입] 탭의 [일러스트레이션] 그룹에서 [클립 아트]를 선택한 후 [클립 아트] 창이 나타나면 삽입할 이미지를 클릭한다.

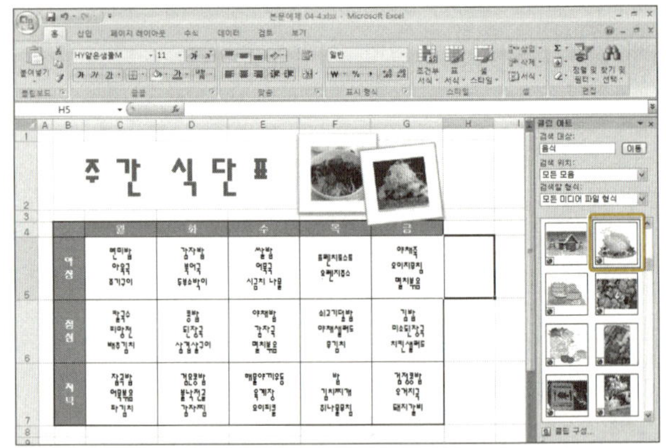

2 여러 개 이미지를 삽입하고 크기와 위치를 조절한다.

클립 아트 창 닫기

클립아트 기능을 사용한 후에는 오른쪽에 열려있는 클립 아트 창을 닫아 작업 화면을 넓게 사용하도록 한다.

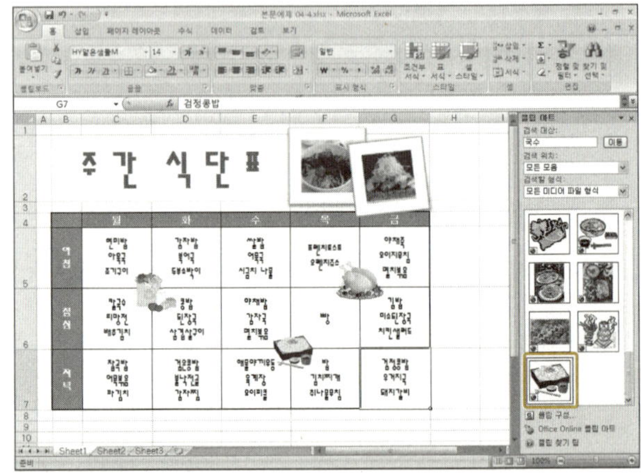

다양한 도형을 활용하면 문서를 좀 더 비주얼하게 표현할 수 있다.

1 [Sheet2]를 선택하고 [삽입] 탭의 [일러스트레이션] 그룹에서 [도형]을 클릭하여 '모서리가 둥근 직사각형'을 선택하고 마우스로 드래그하여 그린다.

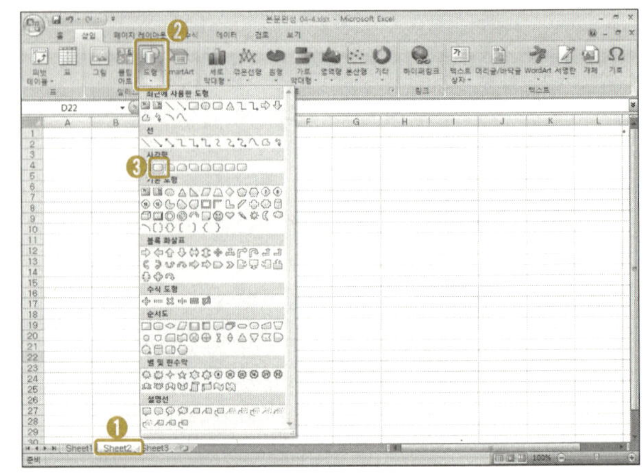

2 [그리기 도구]–[서식] 탭의 [도형 스타일] 그룹에서 [자세히] 단추를 클릭한 후 '미세 효과 – 강조 3'을 선택한다.

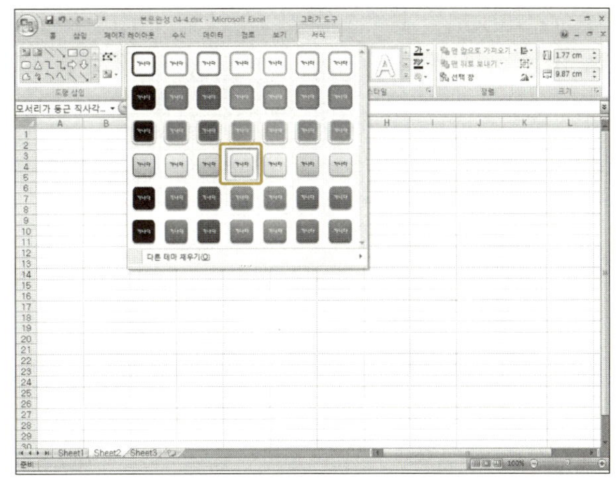

3 [서식] 탭의 [도형 스타일] 그룹에서 [도형 효과]–[반사]– '근접반사, 터치'를 선택하여 적용한 후 "조직도"라는 텍스트를 입력한다.

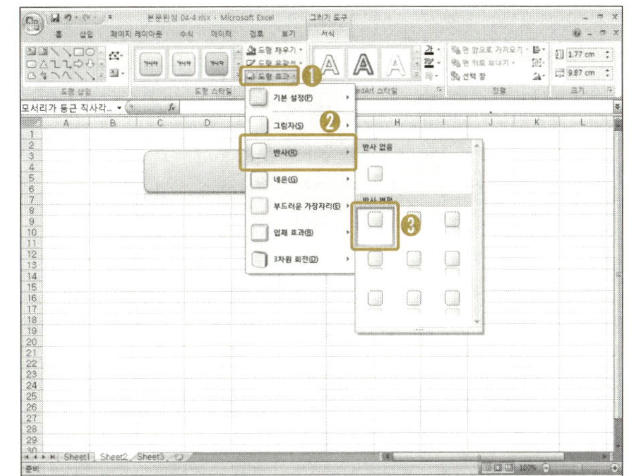

4 텍스트를 입력하면 도형은 텍스트 편집 상태로 선택이 되는데, 이때 도형의 테두리를 눌러 다시 선택한 후 [WordArt 스타일] 그룹의 [자세히] 단추를 눌러 '채우기–강조 2, 무광택 입체'를 선택하여 워드아트 서식을 적용한다.

5 [홈] 탭의 [글꼴] 그룹에서 글꼴은 'HY동녘B', 글꼴 크기는 '20'으로 지정한다.

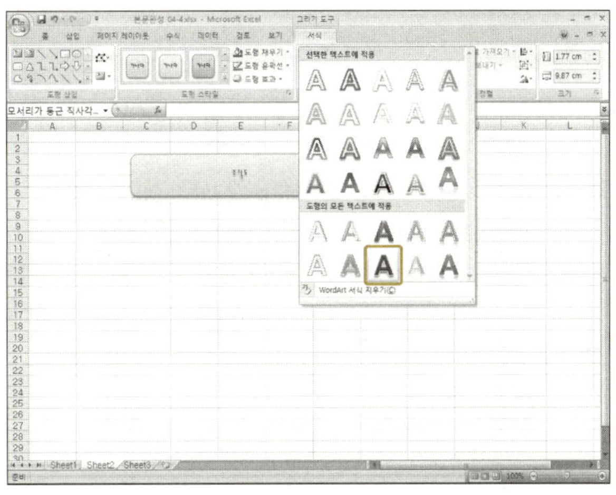

6 [서식] 탭의 [도형 삽입] 그룹에서 [도형 편집]–[도형 모양 변경]– '빗면' 을 선택하여 도형의 서식은 유지한 채 모양을 변경한다.

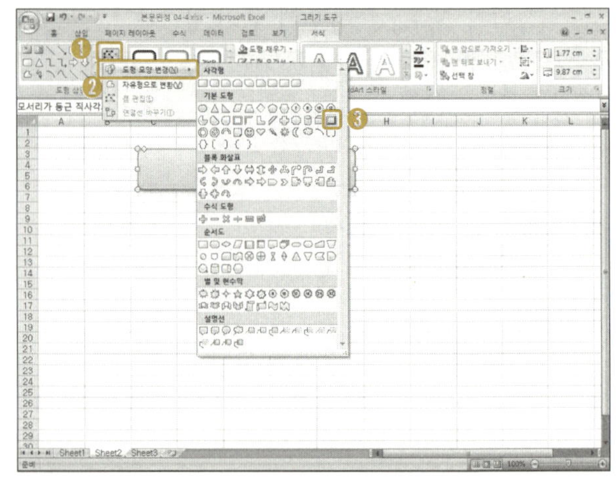

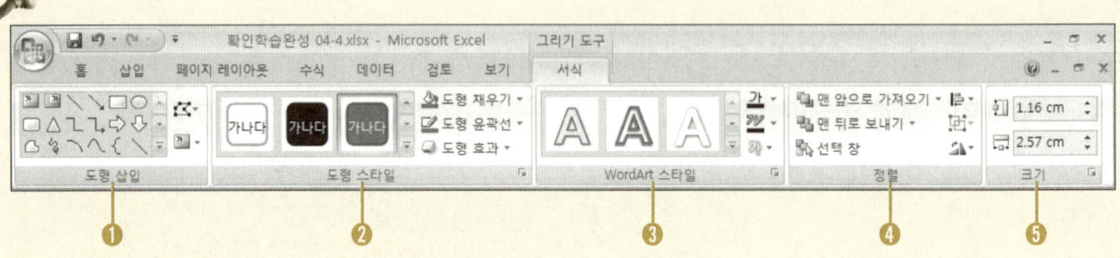

[그리기 도구]–[서식] 탭 메뉴

❶ **도형 삽입** : 도형이나 텍스트 상자를 삽입하고 삽입한 도형을 편집할 수 있다.
- 도형 : 원하는 도형을 선택해 삽입할 수 있고, 자세히( ) 단추를 누르면 더 많은 도구 목록을 볼 수 있다.
- 도형 편집 : 도형의 모양을 변경하거나 자유형 도형을 편집할 수 있다.
- 텍스트 상자 : 가로와 세로 텍스트 상자를 삽입할 수 있다.

❷ **도형 스타일** : 도형의 스타일을 미리 만들어진 갤러리에서 선택하거나 직접 꾸밀 수 있다.
- 도형 스타일 : 도형의 스타일을 갤러리 형식으로 보며 선택할 수 있다.
- 도형 채우기 : 선택한 도형을 단색, 그라데이션, 그림, 질감으로 채울 수 있다.
- 도형 윤곽선 : 선택한 도형에 그림자, 네온, 반사, 3차원 회전 등의 시각적 효과를 지정한다.
- 도형 효과 : 선택한 도형에 그림자, 네온, 반사, 3차원 회전 등의 시각적 효과를 지정한다.

❸ **WordArt 스타일** : 워드아트의 스타일을 미리 만들어진 갤러리에서 선택하거나 직접 꾸밀 수 있다.
- WordArt 스타일 : 선택한 워드아트의 전체적인 스타일을 갤러리 형식으로 보며 선택할 수 있다.
- 텍스트 채우기 : 선택한 워드아트를 단색, 그라데이션, 그림, 질감으로 채울 수 있다.
- 텍스트 윤곽선 : 선택한 워드아트 윤곽선의 색, 두께, 선 스타일을 결정할 수 있다.

❹ **정렬** : 도형의 정렬을 지정하거나 여러 도형을 그룹화하여 묶을 수 있다.
- 맨 앞으로 가져오기 : 선택한 개체를 다른 모든 개체의 맨 앞으로 오게 한다.
- 맨 뒤로 가져오기 : 선택한 개체를 다른 모든 개체의 맨 뒤로 오게 한다.
- 선택 창 : 개체의 순서와 표시 방법을 바꿀 수 있는 선택 창을 연다.
- 맞춤 : 워크시트에 개체를 맞추거나 배분할 수 있다.
- 그룹 : 선택한 여러 개체를 단일 개체처럼 움직일 수 있게 그룹화한다.
- 회전 : 선택한 개체를 회전하거나 대칭 이동한다.

❺ **크기** : 도형의 높이와 너비를 직접 입력하거나 목록 단추를 통해 지정한다.
- 도형 높이 : 도형이나 그림의 높이를 변경한다.
- 도형 너비 : 도형이나 그림의 너비를 변경한다.

4   스마트아트 개체 삽입 및 편집

이전 버전의 '다이어그램 갤러리'가 업그레이드된 형태가 '스마트아트'이다. 몇 번의 클릭만으로도 그래픽 전문가 수준의 도해를 만들 수 있어서 편리하다.

1 [삽입] 탭의 [일러스트레이션] 그룹에서 [SmartArt]를 선택하여 [SmartArt 그래픽 선택] 대화상자가 나타나면 [주기형] 중 '무지향 주기형'을 선택한 후 [확인] 단추를 클릭한다.

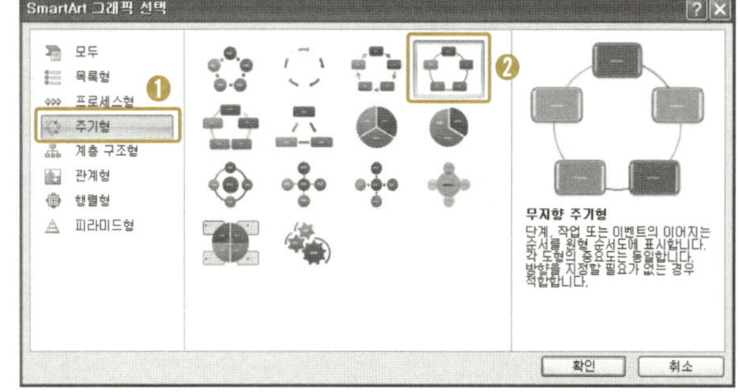

스마트아트 종류 선택

삽입하고자 하는 SmartArt의 종류를 잘 모르는 경우에는 [모두]를 선택한 후 고른다.

2 [SmartArt 도구]–[디자인] 탭의 [그래픽 만들기] 그룹에서 [도형 추가]를 클릭한다.

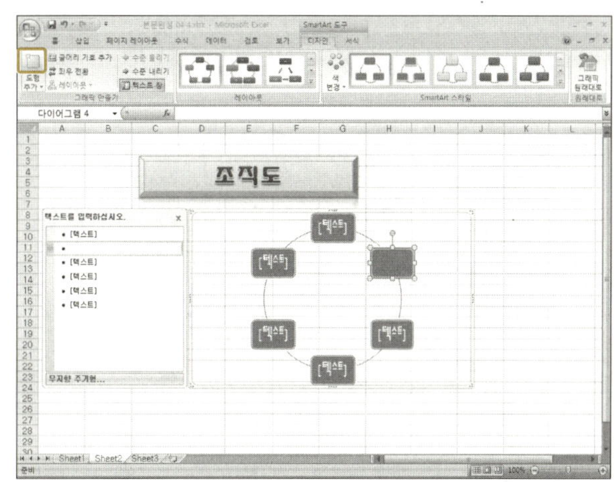

3 각 도형에 텍스트를 입력하고 텍스트 서식을 적용한 후, 왼쪽에 있는 텍스트 창을 닫고 위치와 크기를 조절한다.

텍스트 창 이용하기

[SmartArt]의 왼쪽에 있는 텍스트 창을 이용하면 텍스트를 입력하고 도형을 쉽게 추가할 수 있다.

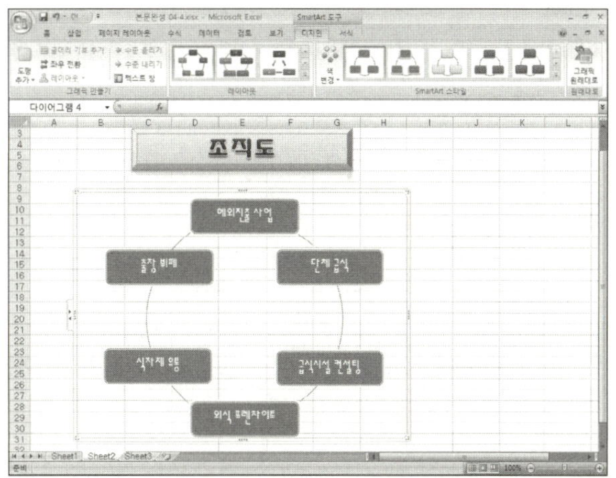

4 [SmartArt 도구]-[디자인] 탭의 [SmartArt 스타일] 그룹에서 '만화'를 선택한다.

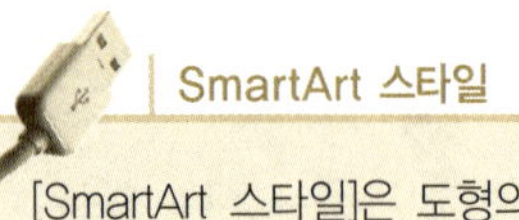
SmartArt 스타일

[SmartArt 스타일]은 도형의 서식이나 3차원 효과 등을 한번에 적용할 수 있게끔 오피스에서 제공하는 편리한 기능이다.

5 [SmartArt 도구]-[서식] 탭의 [도형 스타일] 그룹에서 [도형 채우기]-[질감]-'파랑 박엽지'를 선택하여 SmartArt의 배경을 지정한다.

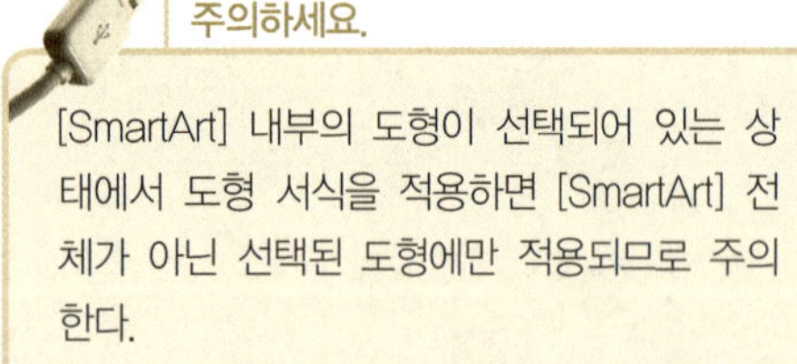
주의하세요.

[SmartArt] 내부의 도형이 선택되어 있는 상태에서 도형 서식을 적용하면 [SmartArt] 전체가 아닌 선택된 도형에만 적용되므로 주의한다.

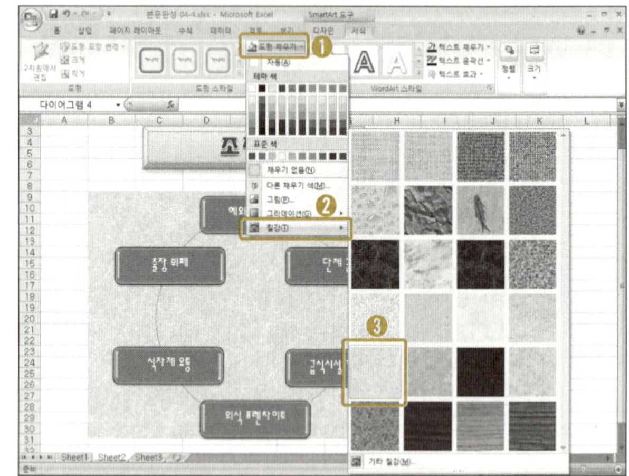

[SmartArt 도구]-[디자인] 탭 메뉴

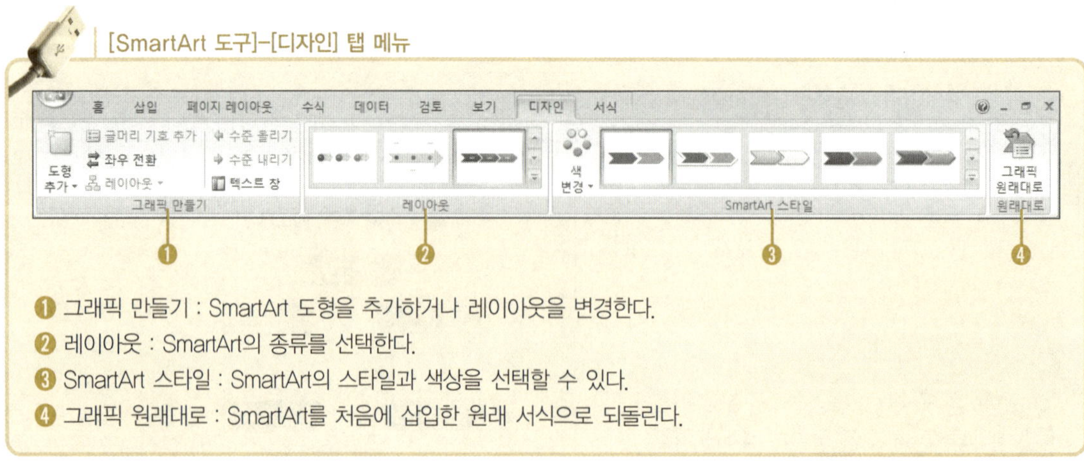

❶ 그래픽 만들기 : SmartArt 도형을 추가하거나 레이아웃을 변경한다.

❷ 레이아웃 : SmartArt의 종류를 선택한다.

❸ SmartArt 스타일 : SmartArt의 스타일과 색상을 선택할 수 있다.

❹ 그래픽 원래대로 : SmartArt를 처음에 삽입한 원래 서식으로 되돌린다.

확인학습문제

[문제 **1**] [B2:E2] 영역에 '채우기-흰색, 그림자' 스타일을 적용한 '2009년 매출 실적' 텍스트의 WordArt를 '28pt'로 삽입하시오.

[문제 **2**] 오른쪽 표 위쪽에 [Chapter04] 폴더의 '과일.jpg' 이미지를 삽입한 후 '부드러운 가장자리 타원' 스타일을 적용하고 높이를 2.5cm로 지정하시오.

[문제 **3**] 오른쪽 표 아래쪽에 '기본 갈매기형 수장 프로세스형' SmartArt를 삽입한 후 각 도형에 "재배","수확", "유통"이라고 입력하시오.

[문제 **4**] 삽입된 SmartArt 개체에 '색상형 – 강조색'을 적용하시오.

⊙ **준비파일** : Chapter04/확인학습04-4   　 ⊙ **완성파일** : Chapter04/완성파일/확인학습완성04-4

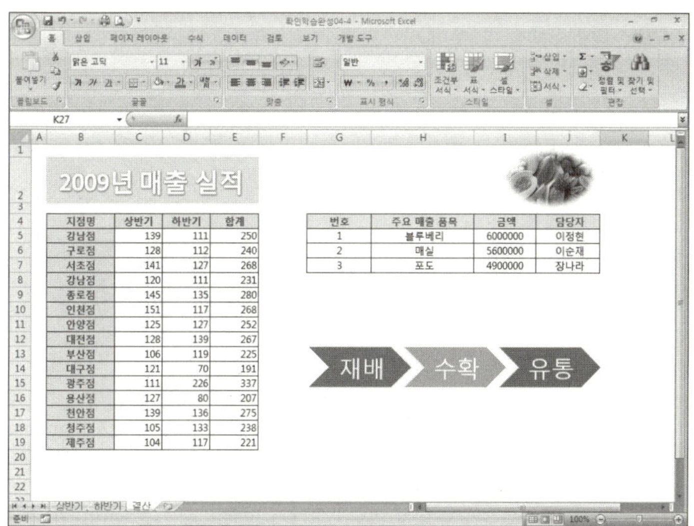

---

1 풀이　　워드아트 삽입 및 편집

1 [삽입] 탭의 [텍스트] 그룹에서 [WordArt]를 클릭하고 '채우기-흰색, 그림자'를 선택한다. "2009년 매출 실적"이라고 입력한 후 [B2:E2] 영역으로 드래그하여 이동한다.

2 [홈] 탭의 [글꼴] 그룹에서 글자 크기를 '28'로 적용한다.

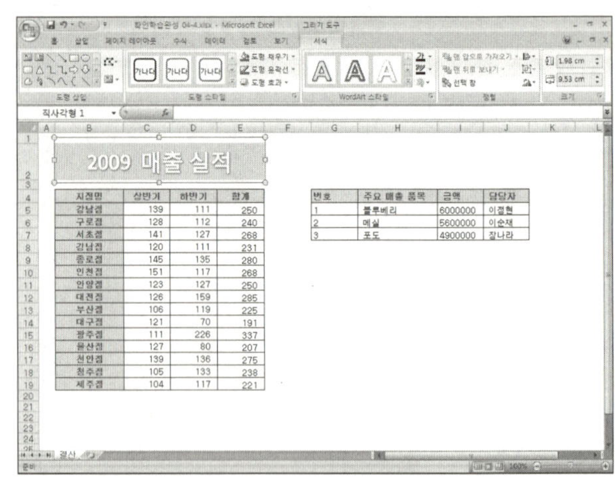

---

2 풀이   이미지 삽입과 편집

1 [삽입] 탭의 [일러스트레이션] 그룹에서 [그림]을 선택한 후 [그림 삽입] 대화상자가 나타나면 [Chapter04] 폴더의 '과일.jpg' 이미지를 선택하여 삽입한다.

2 [그림 도구]-[서식] 탭의 [그림 스타일] 그룹에서 [자세히]를 눌러 '부드러운 가장자리 타원'을 적용한다.

3 [서식] 탭의 [크기] 그룹에서 '도형 높이'를 '2.5'로 수정한 후 Enter 를 누른다.

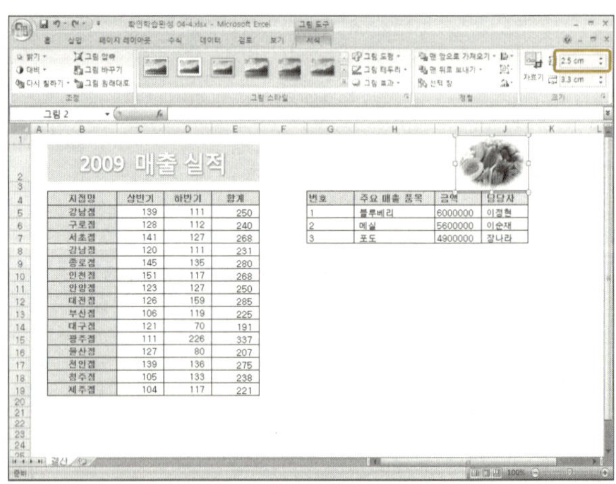

1　[삽입] 탭의 [일러스트레이션] 그룹에서 [SmartArt]를 선택하여 [SmartArt 그래픽 선택] 대화 상자가 나타나면 [프로세스형] 중 '기본 갈매기형 수장 프로세스형'을 선택하고 [확인] 단추를 클릭한다.

2　각 도형에 "재배", "수확", "유통"을 입력한다.

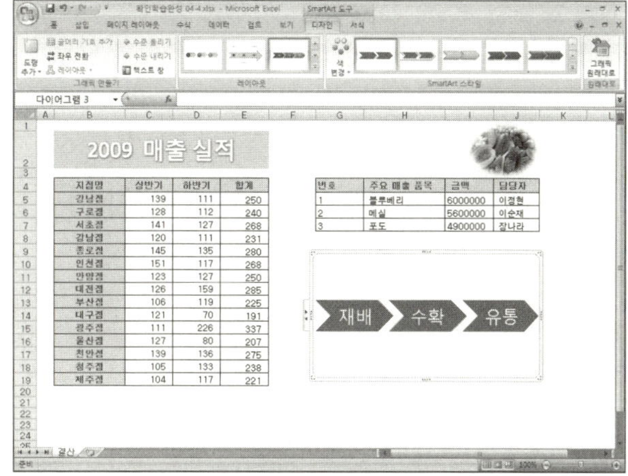

1　[SmartArt 도구]–[디자인] 탭의 [SmartArt 스타일] 그룹에서 [색 변경] 단추를 눌러 '색상형 – 강조색'을 선택한다.

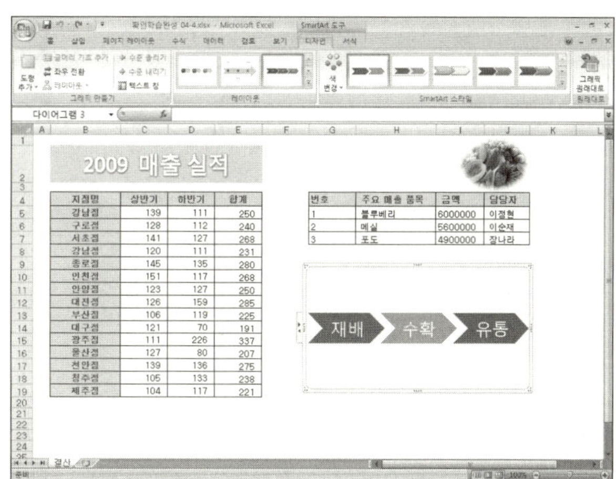

5 데이터 정렬 및 필터

데이터를 원하는 순서로 정렬하고 필터한다.

준비파일 : Chapter04/본문예제04-5   완성파일 : Chapter04/완성파일/본문완성04-5

1 데이터베이스

데이터베이스란 대량의 데이터를 특정한 용
도로 사용하기 위해 체계적으로 모아놓은 집
합체로 흔히 DB라고 부른다.

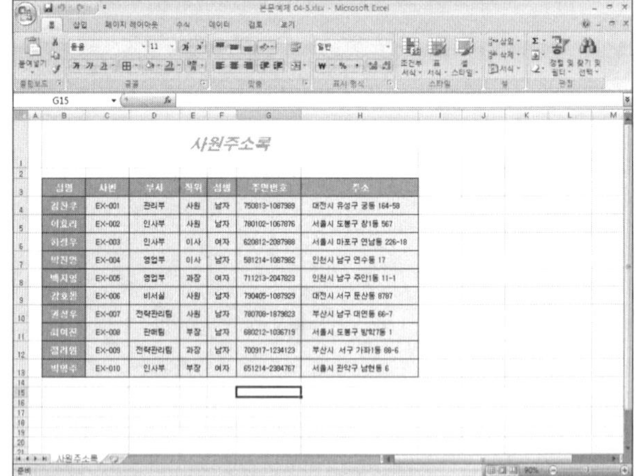

 데이터베이스의 구성

- **필드(Field)** : 표를 구성하는 열 방향 데이터
  모음으로, 같은 종류의 데이터로 구성한다.
- **필드명(Field Name)** : 표의 첫 번째 행에
  있는 항목 이름이다.
- **레코드(Record)** : 행 방향으로 나열된 서로
  관련 있는 필드가 모인 정보이다.
- **데이터베이스(DataBase)** : 필드와 레코드
  구조로 입력된 데이터 표이다.

 데이터베이스의 구성 요건

- 필드의 첫 행에는 해당 필드를 대표하는 필드 이름이 있어야 한다.
- 필드명은 한 행에 입력해야 한다.
- 필드명에는 ". : ; – # ~ !" 등의 기호나 빈 칸과 연산자 등을 포함할 수 없다.
- 데이터베이스 중간에 빈 행이나 빈 열이 있어서는 안 된다.
- 하나의 필드에는 하나의 정보만 입력한다.
- 각각의 필드에는 같은 종류의 데이터를 입력한다.
- 필드는 병합하지 않는다.
- 데이터베이스와 관련 없는 데이터는 반드시 한 행, 한 열 이상을 띄워 입력한다.

선택한 필드를 기준으로 오름차순과 내림차순의 일정한 기준으로 정렬할 수 있다.

1 성명 열의 임의의 셀을 선택한 후 [데이터] 탭의 [정렬 및 필터] 그룹에서 [텍스트 오름차순 정렬]을 클릭하여 정렬한다.

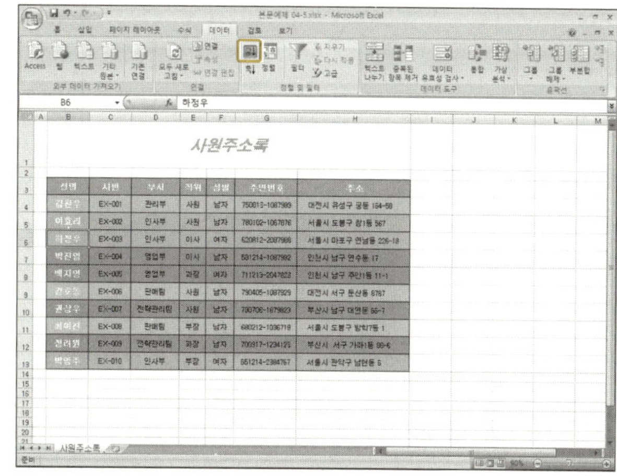

2 데이터가 입력된 임의의 셀이 선택된 상태로 [데이터] 탭의 [정렬 및 필터] 그룹에서 [정렬]을 클릭한다.

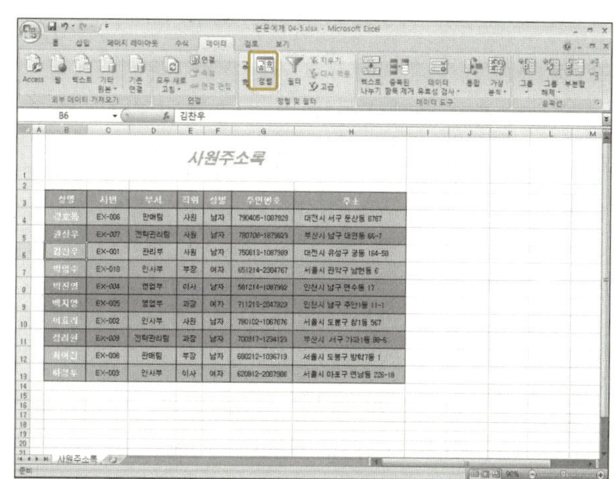

3 [정렬] 대화상자가 나타나면 열 정렬 기준을 '부서'로, 정렬 기준을 '셀 색'으로, 정렬은 원하는 색상으로 선택한다.

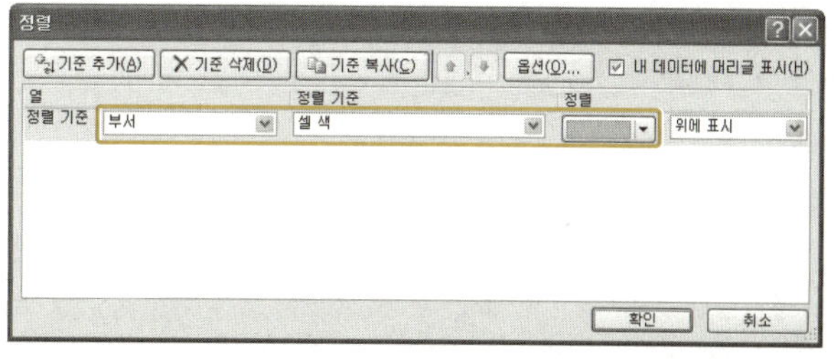

4 [기준 추가] 단추를 눌러 다음 기준을 작성한 후 [확인] 단추를 클릭한다.

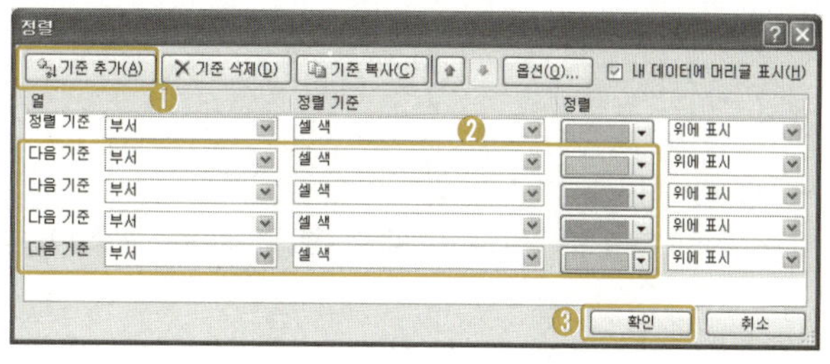

5 [Office] 단추의 [Excel 옵션]을 클릭한 후 [사용자 지정 목록 편집] 단추를 클릭한다.

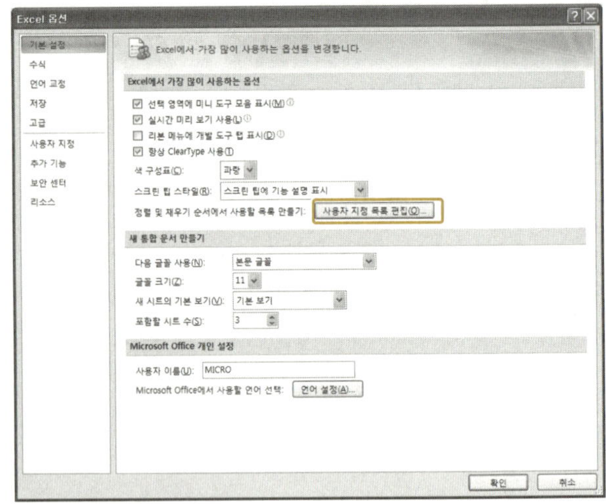

6 [사용자 지정 목록] 대화상자가 나타나면 목록 항목에 "이사", "부장", "과장", "사원"을 입력한 후 [추가] 단추를 눌러 사용자 지정 목록 창에 추가되면 [확인] 단추를 클릭한다. [Excel 옵션] 대화상자의 [확인]도 클릭하여 닫는다.

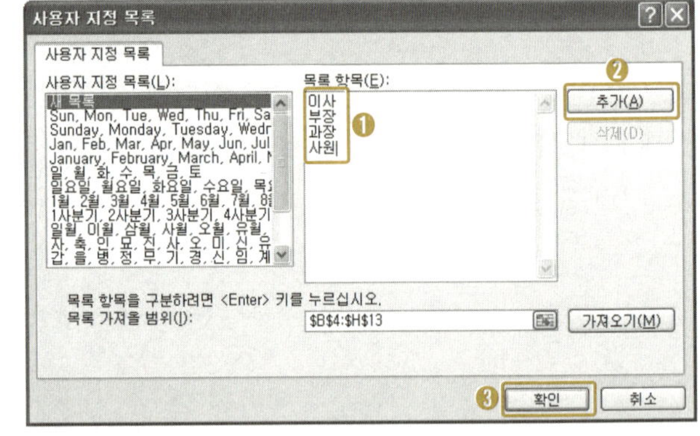

7 다시 [정렬] 대화상자를 열고 [기준 추가] 단추를 누른 후 다음 기준을 '직위'로, 정렬 기준은 '값'으로, 정렬은 '사용자 지정 목록'을 눌러 '이사, 부장, 과장, 사원'을 선택한 후 [확인] 단추를 클릭한다.

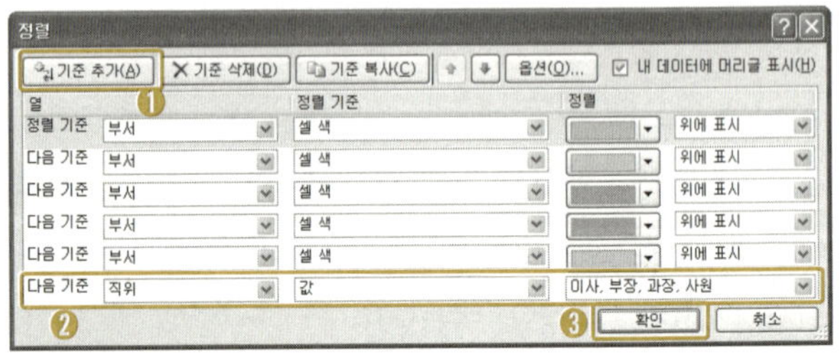

[정렬] 대화상자

- 기준 추가 : 정렬할 기준을 추가한다.
- 기준 삭제 : 선택한 기준을 삭제한다.
- 기준 복사 : 선택한 기준을 복사한다.
- 위로 이동/아래로 이동 : 선택한 정렬 기준의 순서를 설정한다. 이때 위쪽에서 아래쪽 순서로 정렬된다.
- 옵션 : 대/소문자 구분, 정렬 방향 옵션을 설정한다.
- 내 데이터에 머리글 표시 : 체크하면 정렬 기준의 필드 이름이 표시되며, 선택이 해제되어 있다면 필드 이름 대신 열 번호가 표시된다.

8 부서 열이 색상별로 정렬되고, 같은 부서인 경우에는 '이사, 부장, 과장, 사원'의 순으로 정렬된다.

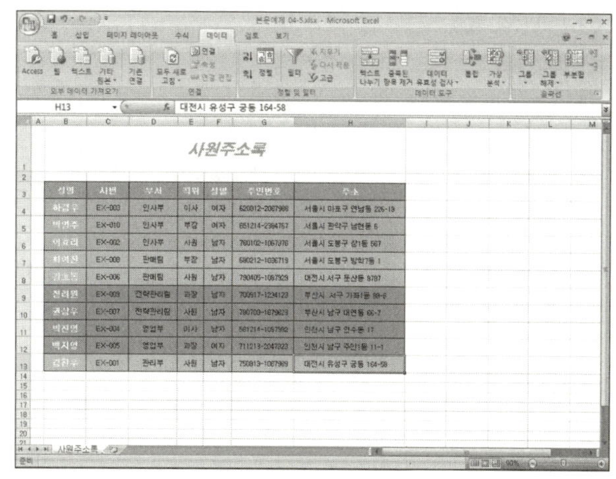

3 데이터 필터

필터 기능으로 특정 조건에 맞는 레코드만 화면에 추출하여 남긴다.

1 [데이터] 탭의 [정렬 및 필터] 그룹에서 [필터]를 클릭하여 필터링 단추가 표시되도록 한다.

2 성별 열의 필터링 단추를 누르고 '여자'를 체크 해제하여 '남자' 데이터만 남도록 한다.

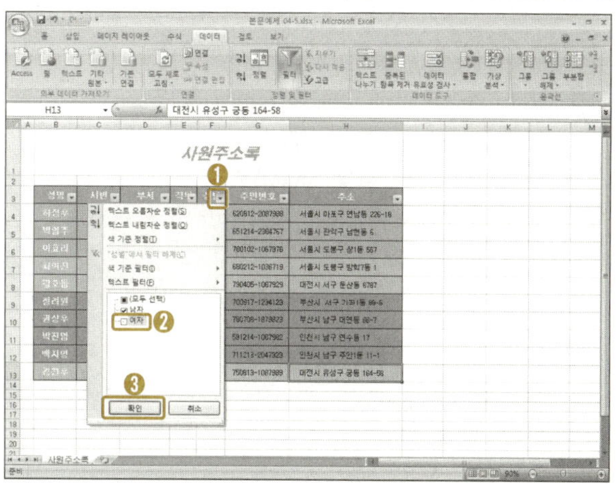

필터링 단추로 정렬하기

필터링 단추를 눌렀을 때 목록으로 표시되는 [텍스트 오름차순 정렬] 또는 [텍스트 내림차순 정렬]을 선택하여 필터링이 된 후에도 레코드를 정렬할 수 있다.

3 주소 열의 필터링 단추를 누르고 [텍스트 필터]-[시작 문자]를 선택한다.

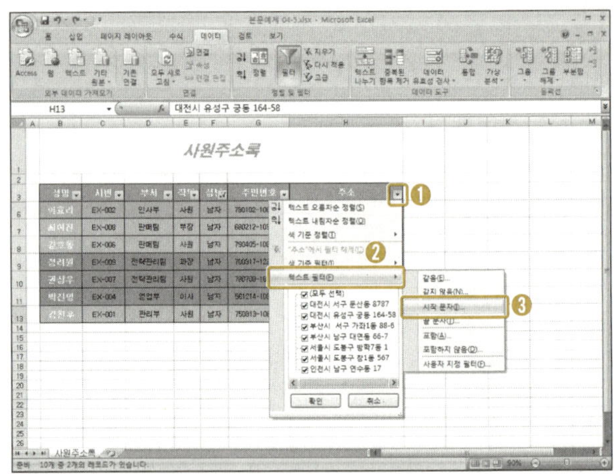

4 [사용자 지정 자동 필터] 대화상자가 나타나면 시작 문자를 각각 '서울시', '또는', '부산시'로 설정한 후 [확인] 단추를 클릭한다.

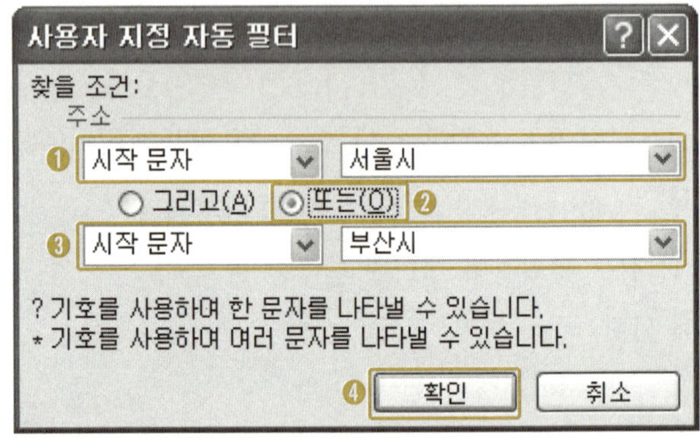

5 성별은 남자이고 주소는 서울시 또는 부산시인 사원만 나타난다.

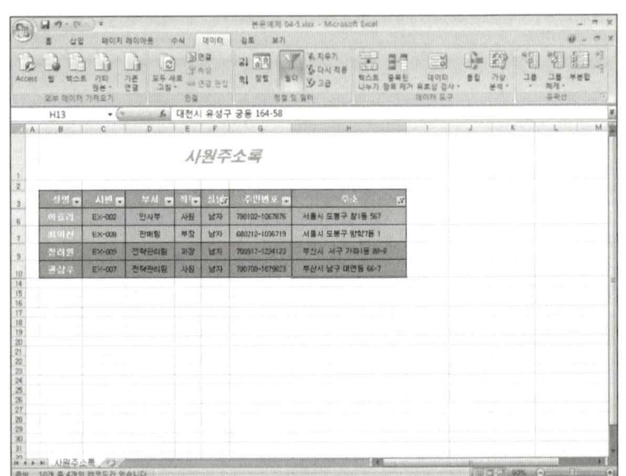

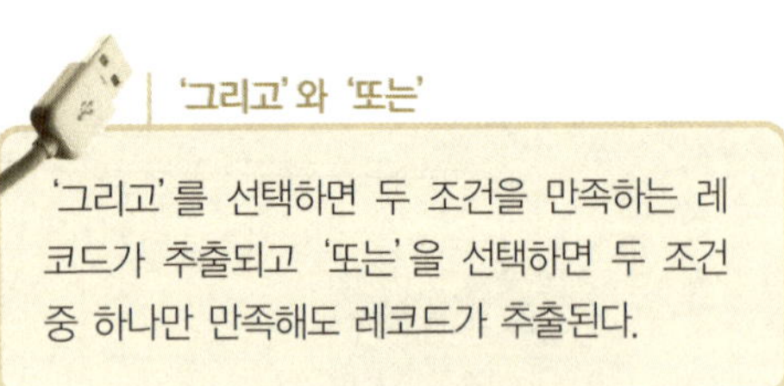

'그리고'와 '또는'

'그리고'를 선택하면 두 조건을 만족하는 레코드가 추출되고 '또는'을 선택하면 두 조건 중 하나만 만족해도 레코드가 추출된다.

확인학습문제

[문제 **1**] 지점명을 기준으로 '내림차순' 정렬하시오.

[문제 **2**] 평균값이 '20' 이상인 값만 화면에 표시되도록 설정하시오.

◉ 준비파일 : Chapter04/확인학습04-5 　　　　◉ 완성파일 : Chapter04/완성파일/확인학습완성04-5

---

1 풀이　　데이터 정렬

1　지점명 열의 임의의 셀을 선택하고 [데이터] 탭의 [정렬 및 필터] 그룹에서 [텍스트 내림차순 정렬]을 눌러 정렬한다.

1　평균 열의 임의의 셀을 선택한 후 [데이터] 탭의 [정렬 및 필터] 그룹에서 [필터]를 클릭한다. 평균 열의 필터링 단추를 누르고 [숫자 필터]-[크거나 같음]을 클릭한다.

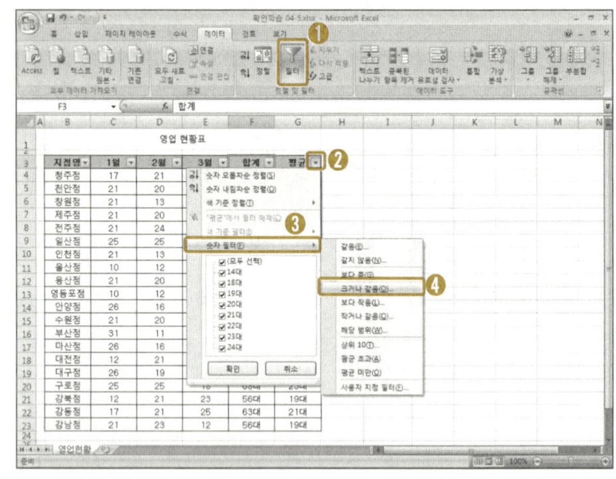

2　[사용자 지정 자동 필터] 대화상자가 나타나면 '>=', '20'으로 설정한 후 [확인] 단추를 클릭하여 필터링한다.

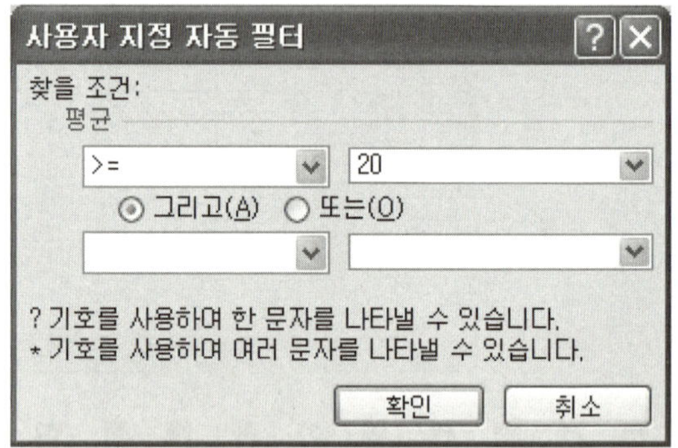

3　평균값이 20 이상인 값만 화면에 표시된다.

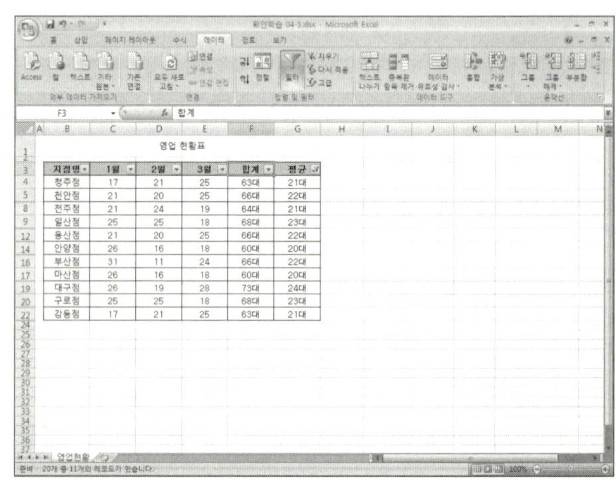

6 부분합 및 자동 윤곽

출제포인트

중복된 행을 찾아 쉽게 찾아 삭제하는 방법

⊕ **준비파일** : Chapter04/본문예제04-6   ⊕ **완성파일** : Chapter04/완성파일/본문완성04-6

1　부분합

부분합은 데이터를 일정한 기준으로 그룹화한 후 해당 그룹에 포함된 레코드의 합계나 평균을 자동 계산해 요약해 주는 기능이다.

1　발행처 열의 임의의 셀을 선택한 후 [데이터] 탭의 [정렬 및 필터] 그룹에서 [텍스트 오름차순 정렬]을 클릭하여 정렬한다.

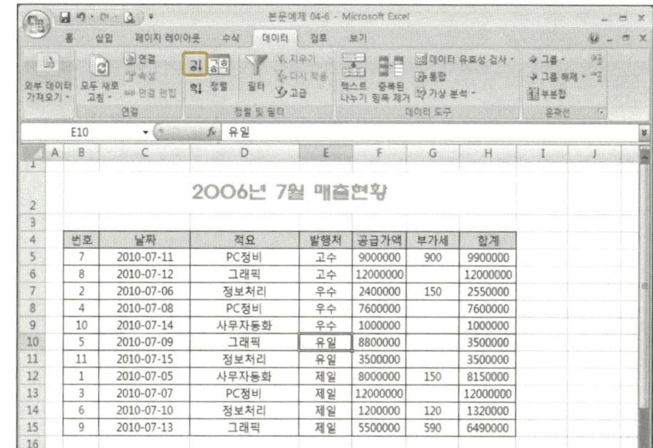

🔌 **주의하세요.**

부분합 기능을 이용하려면 계산하려는 그룹의 필드를 미리 정렬해놓아야 한다.

2　[데이터] 탭의 [윤곽선] 그룹에서 [부분합]을 클릭한다.

3　[부분합] 대화상자가 나타나면 그룹화할 항목은 '발행처'를, 사용할 함수는 '합계'를, 부분합 계산 항목은 '공급가액'과 '합계'를 선택한 후 [확인] 단추를 클릭한다.

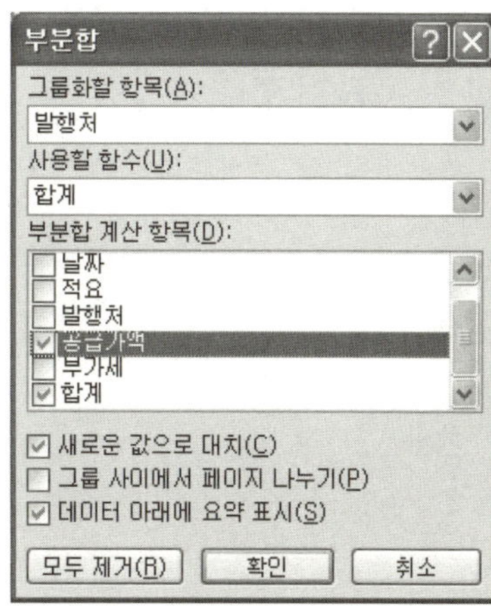

[부분합] 대화상자

- 그룹화할 항목 : 그룹화할 필드를 선택한다.
- 사용할 함수 : 합계, 평균, 개수, 최대값, 최소값 등 구할 함수를 선택한다.
- 부분합 계산 항목 : 함수을 이용해 계산할 항목을 체크하여 선택한다.
- 새로운 값으로 대치 : 이미 계산된 부분합을 제거하고 새로운 부분합만 적용한다.
- 그룹 사이에 페이지 나누기 : 그룹마다 페이지 나누기가 실행되어 각 페이지에 나누어 인쇄된다.
- 데이터 아래에 요약 표시 : 부분합과 총합계 요약 행이 그룹 필드 아래에 표시되며, 체크를 해제하면 요약 행이 그룹 위에 표시된다.
- 모두 제거 : 설정되어 있는 소계, 윤곽, 페이지 나누기가 모두 한꺼번에 제거된다.

4 발행처를 기준으로 부분합된 데이터가 나타난다.

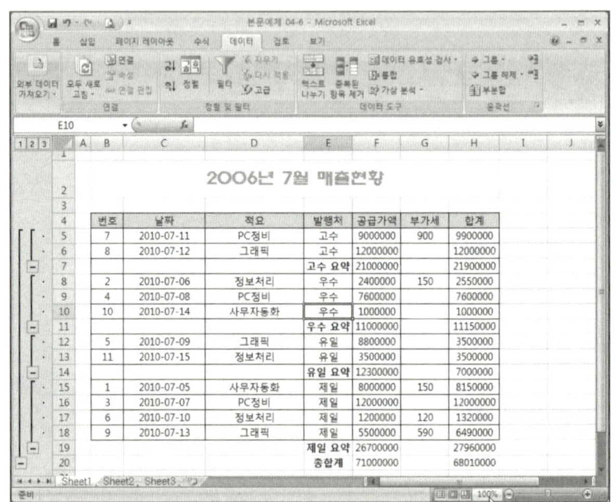

2 윤곽 조정

1 왼쪽 화면의 [−]를 클릭하여 제일대학교의 세부 내용만 표시하고 나머지는 요약행만 표시되도록 한다.

확인학습문제

[문제 **1**] 급여결제장 데이터의 직급별로 '급여액의 평균'과 '공제액의 평균'을 구하시오.

[문제 **2**] 직급별로 '지급액의 합계'를 추가로 계산하고 '과장'의 세부 항목만 표시되도록 하시오.

◉ **준비파일** : Chapter04/확인학습04-6　　　　◉ **완성파일** : Chapter04/완성파일/확인학습완성04-6

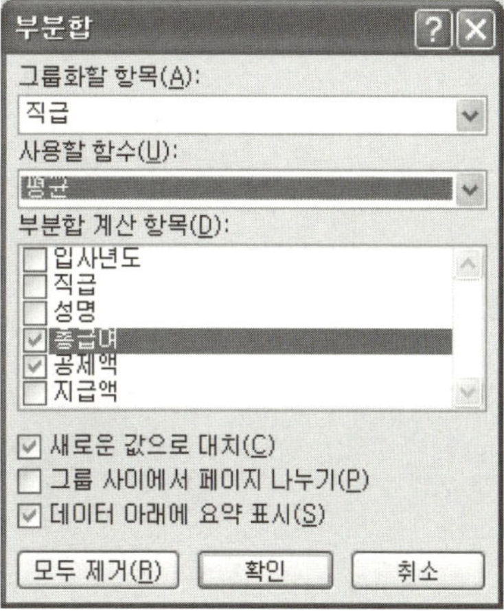

1 풀이　　부분합 계산

1 데이터가 입력된 임의의 셀을 선택한 후 [데이터] 탭의 [윤곽선] 그룹에서 [부분합]을 선택한다.

2 [부분합] 대화상자가 나타나면 그룹화할 항목은 '직급'을, 사용할 함수는 '평균'을, 부분합 계산 항목은 '총급여'와 '공제액'을 선택한 후 [확인] 단추를 클릭한다.

3 총급여와 공제액의 평균이 직급을 기준으로 계산되어 정렬된다. [데이터] 탭의 [윤곽선] 그룹에서 [부분합]을 다시 선택한다.

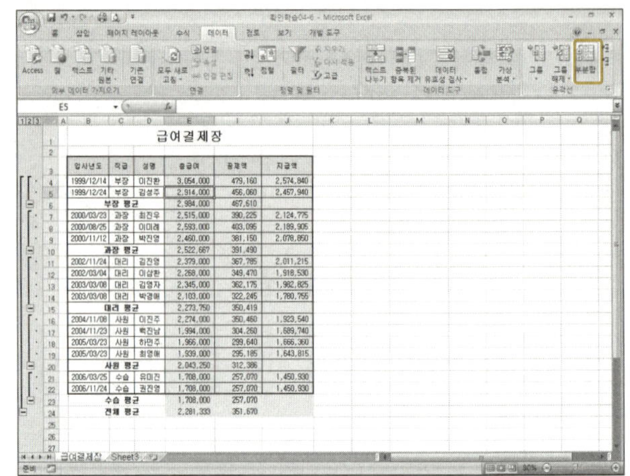

4 [부분합] 대화상자에서 사용할 함수는 '합계'를, 부분합 계산 항목은 '지급액'을 선택한 후 '새로운 값으로 대치'의 체크를 해제하고 [확인] 단추를 누른다

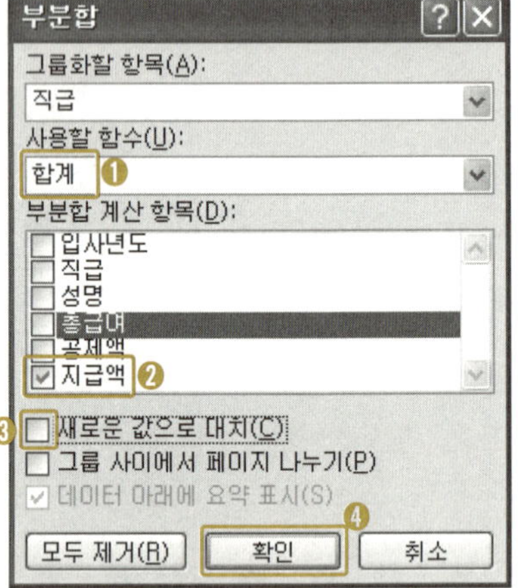

5 과장을 제외한 나머지 항목의 왼쪽 화면의 [-]를 클릭하여 접는다.

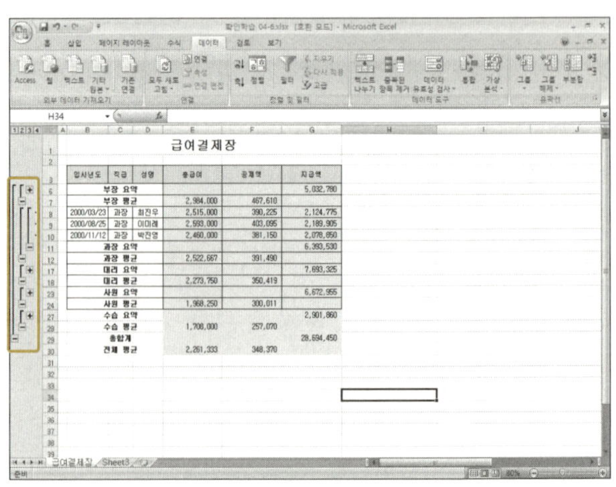

V

공동작업 및 데이터 보호

1 메모 삽입과 편집

출제포인트
메모를 삽입하거나 편집하는 방법

◉ **준비파일** : Chapter05/본문예제05-1   ◉ **완성파일** : Chapter05/완성파일/본문완성05-1

1 메모 삽입

메모는 선택한 셀의 부연 설명이나 참고 사항을 표시할 수 있다.

1 [B2] 셀을 선택하고 [검토] 탭의 [메모] 그룹에서 [새 메모]를 클릭한다.

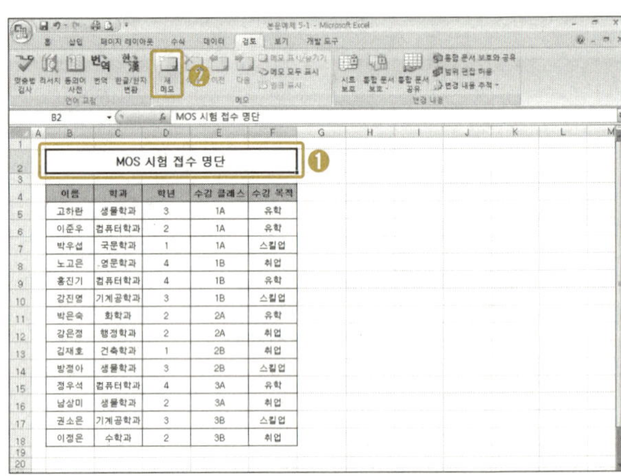

이렇게 해도 됩니다.

셀을 선택하고 마우스 오른쪽 단추를 클릭하여 [메모 삽입]을 선택해도 된다.

2 [메모] 대화상자가 나타나면 "개강일 일주일 전까지 접수"라고 입력한 후 크기와 위치를 조정한다.

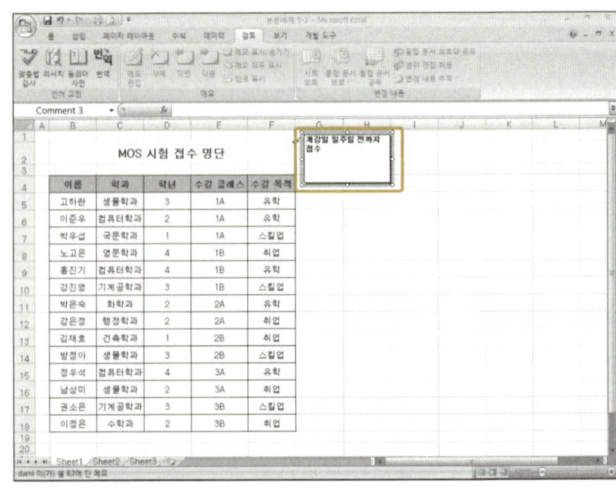

3 메모 바깥쪽 임의의 셀을 클릭하면 메모가 삽입된 셀의 오른쪽 위에 **빨간색 표식**이 나타난다. 메모가 삽입된 셀에 마우스를 위치시키면 메모가 표시된다.

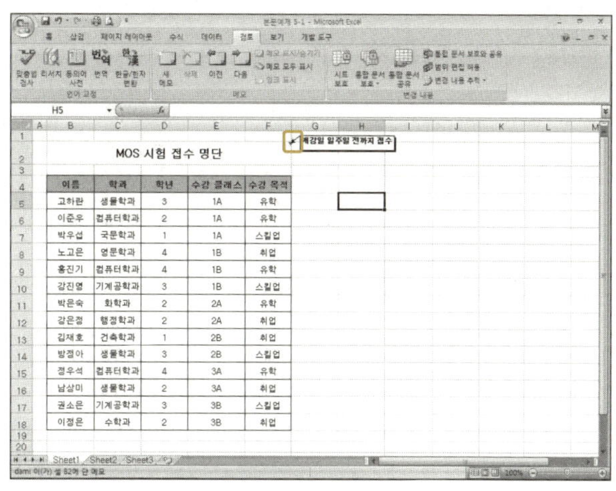

2 메모 편집

1 [B2] 셀을 선택하고 [검토] 탭의 [메모] 그룹에서 [메모 편집]을 클릭하여 메모 편집 상태가 되면 메모 앞에 "접수 기간 :"이라고 입력한다.

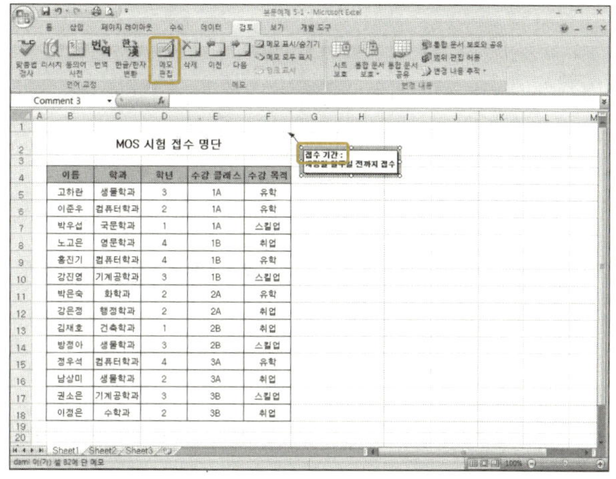

2 [B2] 셀을 선택하고 [검토] 탭의 [메모] 그룹에서 [메모 표시/숨기기]를 클릭하면 메모가 삽입된 셀을 선택하지 않아도 화면에 메모가 표시된다.

메모 모두 표시

[메모 모두 표시]를 클릭하면 시트에 삽입된 모든 메모를 항상 보이도록 설정할 수 있다.

확인학습문제

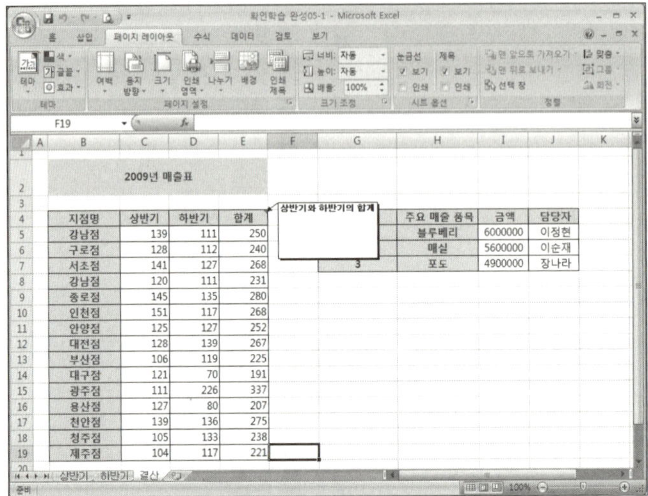

---

1 풀이   메모 삭제

1 [B2] 셀을 선택한 후 [검토] 탭의 [메모] 그룹에서 [삭제]를 클릭한다.

2 풀이   메모 삽입과 편집

1 [E4] 셀을 선택한 후 [검토] 탭의 [메모] 그룹에서 [새 메모]를 클릭하고 "상반기와 하반기의 합계"라는 메모를 입력한다.

2 [검토] 탭의 [메모] 그룹에서 [메모 표시/숨기기]를 클릭한다.

2 워크시트/통합 문서 보호 및 공유 설정

출제포인트
시트 및 통합 문서를 보호하고 공유를 설정

◉ **준비파일** : Chapter05/본문예제05-2　　　　◉ **완성파일** : Chapter05/완성파일/본문완성05-2

1 시트 보호

시트 보호는 워크시트의 내용을 함부로 편집할 수 없도록 설정하는 기능이다.

1 [홈] 탭의 [셀] 그룹에서 [서식]-[시트 보호]를 선택한다.

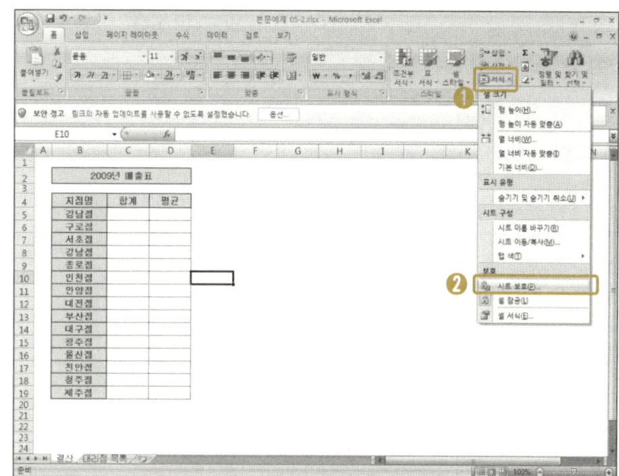

이렇게 해도 됩니다.

[검토] 탭의 [변경 내용] 그룹에서 [시트 보호] 명령을 선택해도 된다.

2 [시트 보호] 대화상자가 나타나면 '시트 보호 해제 암호'를 입력한 후 [확인]을 클릭한다. 잘못 입력하거나 암호를 잊어버리지 않도록 주의한다.

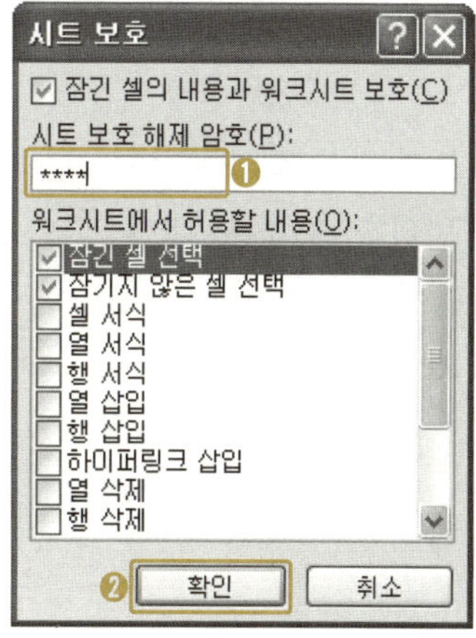

3 [암호 확인] 대화상자에 동일한 암호를 한 번 더 입력한 후 [확인] 단추를 클릭한다.

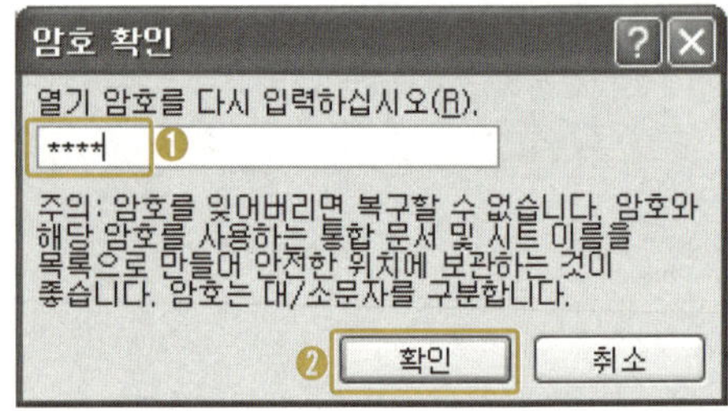

 **[시트 보호] 대화상자**

- 잠긴 셀의 내용과 워크시트 보호 : 셀 잠김이 설정되어 있는 셀과 워크시트를 보호한다.
- 시트 보호 해제 암호 : 시트 보호를 해제할 때 필요한 암호를 설정한다.
- 워크시트에서 허용할 내용 : 시트 보호 후 편집을 허용할 항목만 체크한다.

4 이제 시트에 데이터를 입력하면 오류 메시지가 표시된다.

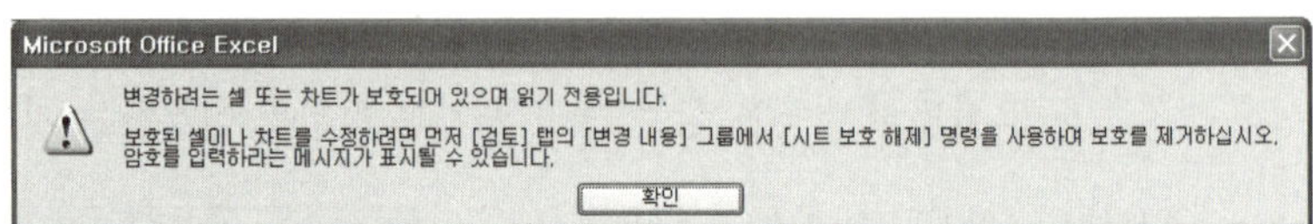

5 [홈] 탭의 [셀] 그룹에서 [서식]-[시트 보호 해제]를 선택한 후 [시트 암호 해제] 대화상자에 암호를 정확하게 입력하고 [확인] 단추를 클릭하면 시트 보호 기능이 해제되어 시트 편집이 가능하다.

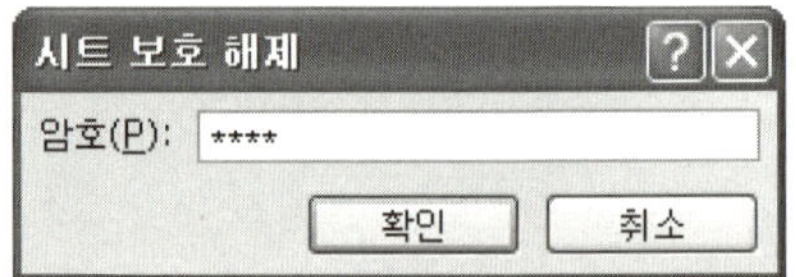

2 범위 편집 허용

특정 셀 범위에만 시트 보호를 적용할 수 있다.

1 [C5:D19] 영역을 선택한 후 [검토] 탭의 [변경 내용] 그룹에서 [범위 편집 허용]을 선택하고 [범위 편집 허용] 대화상자가 나타나면 [새로 만들기]를 클릭한다.

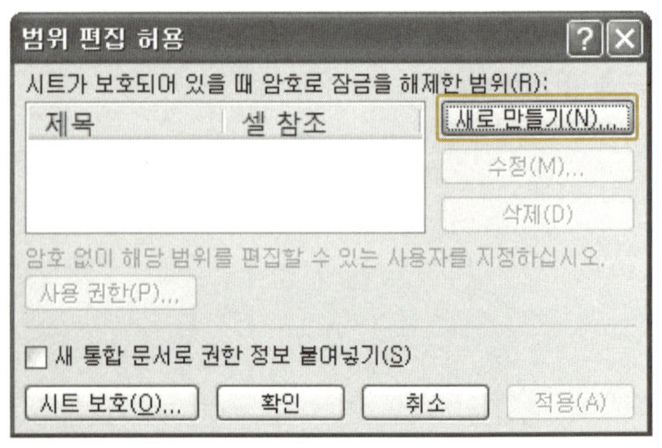

2 [새 범위] 대화상자가 나타나면 설정 내용을 확인하고 [확인] 단추를 클릭한다.

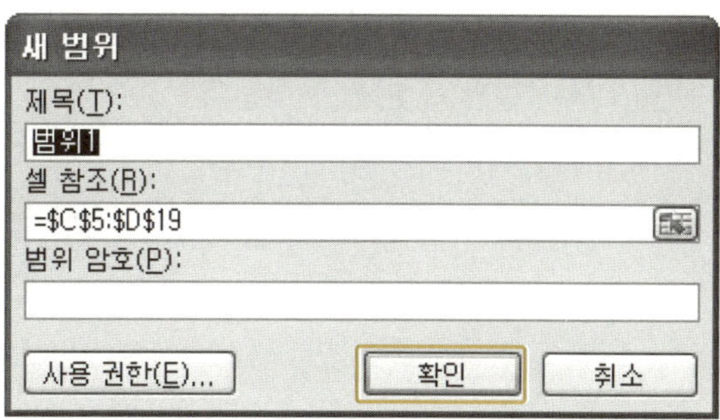

[새 범위] 대화상자

- 제목 : 입력하거나 생략한다.
- 셀 범위 : 범위를 허용할 셀 범위를 지정한다.
- 범위 암호 : 범위 편집을 허용할 암호를 설정하거나 생략한다. 범위 암호를 설정하면 암호를 아는 사용자만 지정된 셀 범위를 편집할 수 있다.

3 [범위 편집 허용] 대화상자가 다시 열리면 [시트 보호] 단추를 클릭하고 [확인] 단추를 누른다. 이제 [C5:D19] 영역만 편집 가능한 상태가 된다.

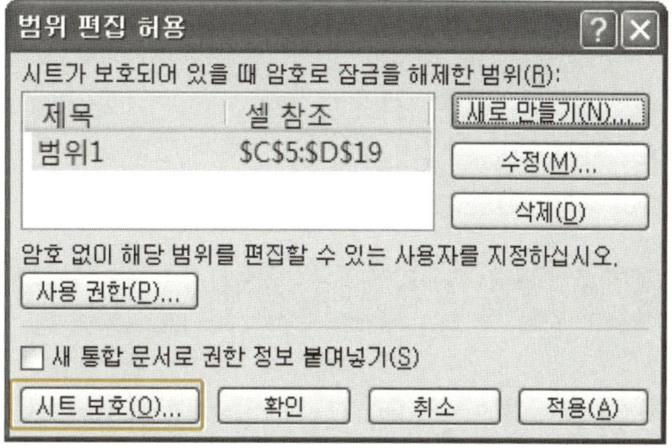

범위 편집 허용 기능 해제

범위 편집 허용 기능을 해제하려면 시트 보호 기능을 해제할 때와 마찬가지로 [홈] 탭의 [셀] 그룹에서 [서식]–[시트 보호 해제]를 선택한다.

3 **통합 문서 보호**

1 [Office] 단추를 클릭하고 [다른 이름으로 저장]을 클릭한다.

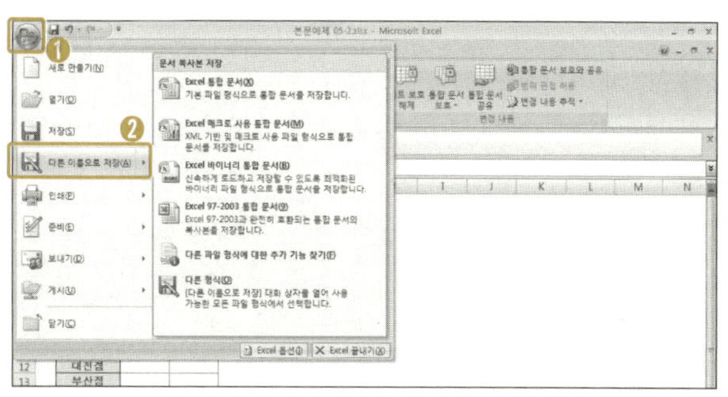

2 [다른 이름으로 저장] 대화상자가 나타
나면 [도구]-[일반 옵션]을 선택한다.

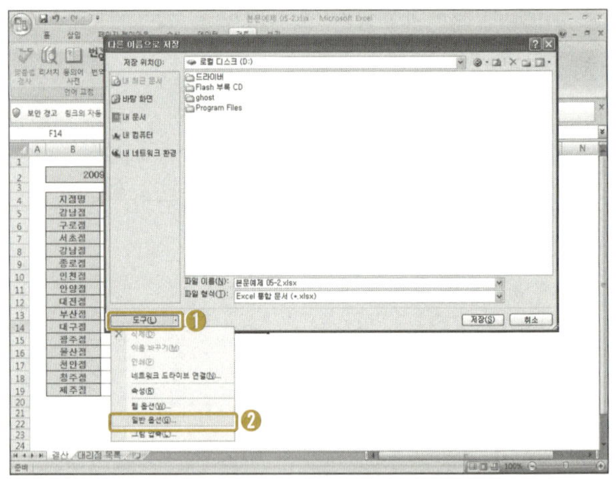

3 [일반 옵션] 대화상자에 [열기 암호]와 [쓰기 암호]를 입력하고
[확인] 단추를 클릭한 후, 열기 암호와 쓰기 암호를 한 번씩 더 입력
하고 [저장] 단추를 클릭한다.

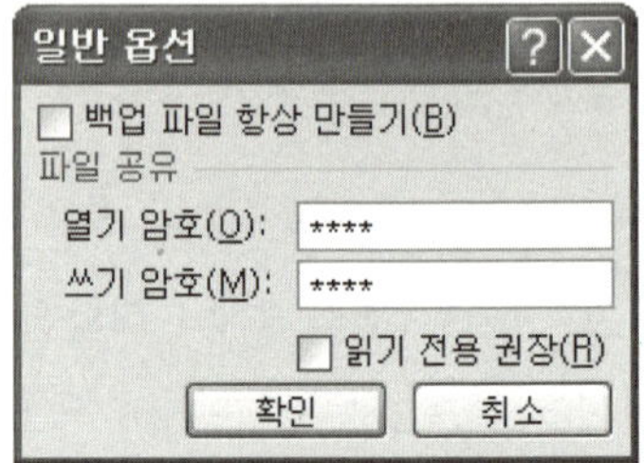

4 통합 문서 공유 설정

통합 문서 공유는 여러 사람이 동시에 편집할 수 있도록 하는 기능이다.

1 [검토] 탭의 [변경 내용] 그룹에서 [통
합 문서 공유]를 클릭한다.

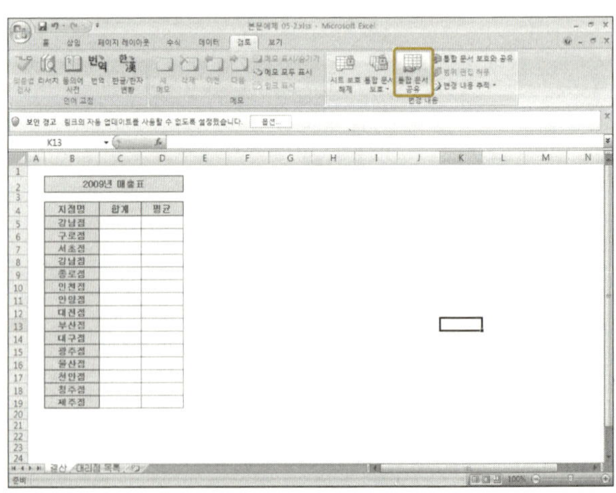

2 [통합 문서 공유] 대화상자의 [편집] 탭에서 '여러 사용자가 동시에 변경할 수 있으며 통합 문서 병합도 가능'을 체크한다.

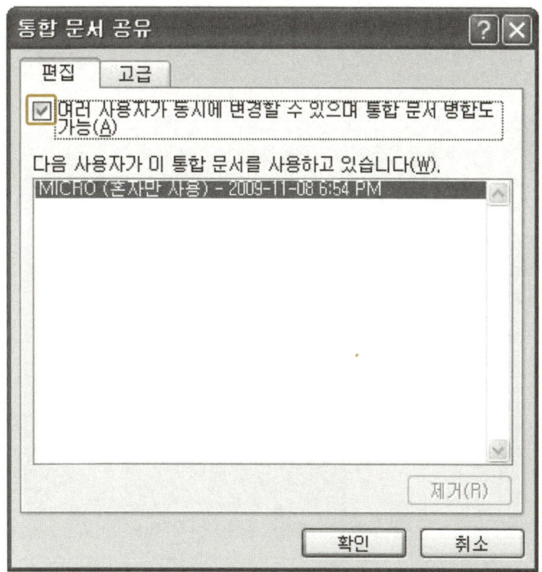

3 [고급] 탭을 클릭하고 '자동 업데이트 간격'을 선택한 후 '10'분으로 설정하고 [확인] 단추를 클릭한다.

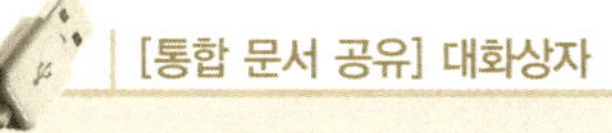
[통합 문서 공유] 대화상자

- 변경 내용 추적 : 변경 내용을 저장할 기간을 일 단위로 설정한다.
- 변경 내용 업데이트 : 통합 문서를 저장할 때마다 다른 사용자가 저장한 변경 내용으로 업데이트된다.
- 충돌 해결 : 하나의 파일을 여러 사용자가 동시에 편집할 경우 다른 사용자가 변경한 내용을 저장 전에 확인할 수 있다.
- 사용자 보기에 포함할 내용 : 기본적으로 필터와 인쇄 설정이 포함되나 해제할 수도 있다.

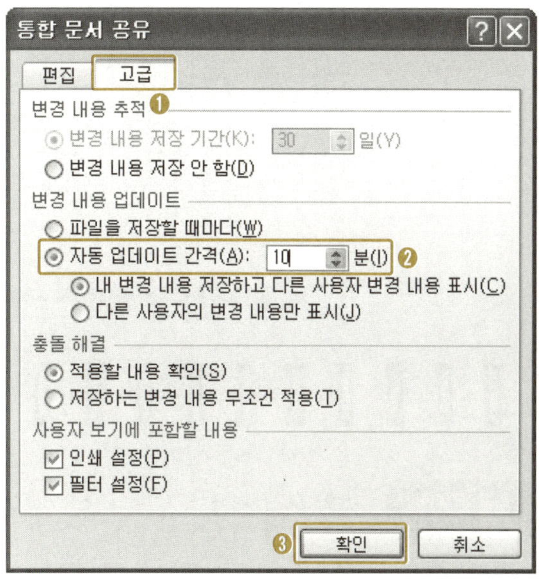

4 확인 메시지가 나타나면 [확인] 단추를 클릭한다.

확인학습문제

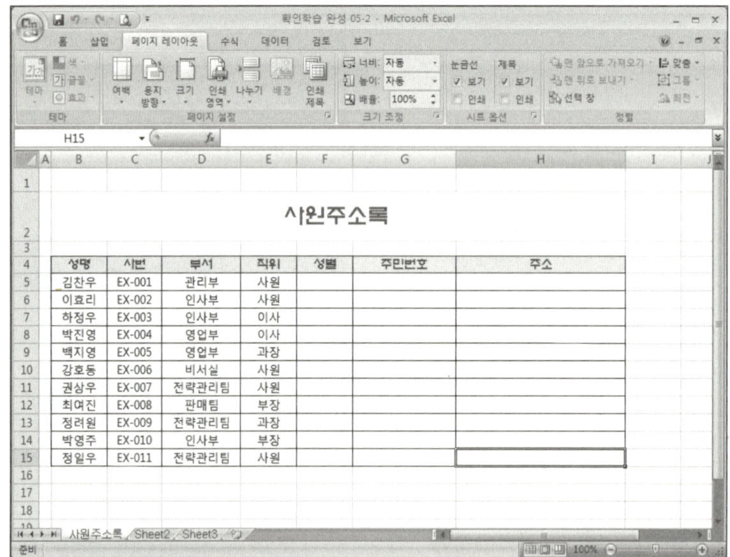

1 풀이   범위 편집 허용

1 [F5:H15] 영역을 선택한 후 [검토] 탭의 [변경 내용] 그룹에서 [범위 편집 허용]을 선택하고 [새로 만들기]를 클릭한다.

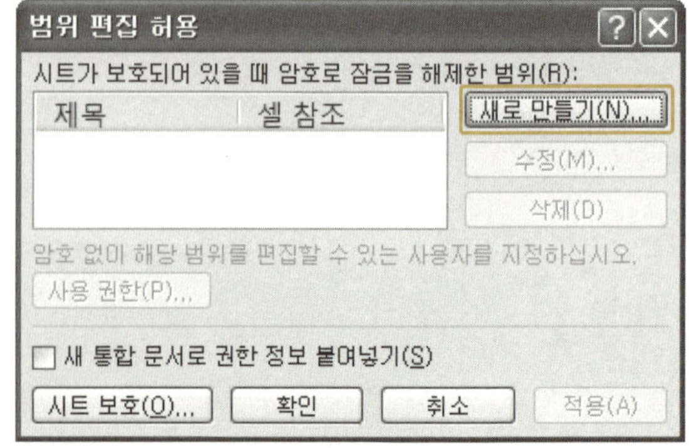

2 [새 범위] 대화상자가 나타나면 [확인] 단추
를 클릭한다.

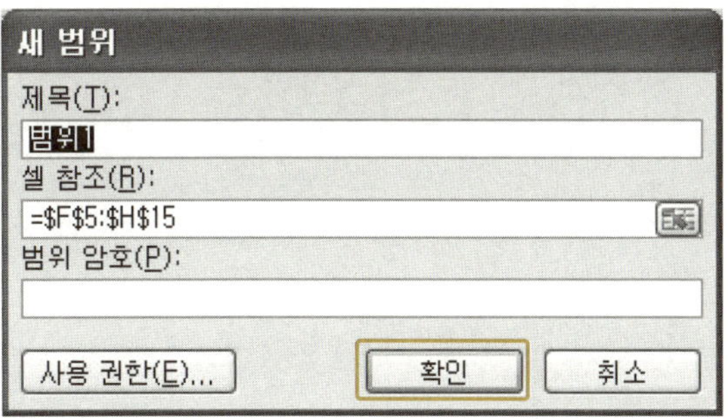

3 [범위 편집 허용] 대화상자에서 [시트 보호] 단추를 클릭한다.

4 [시트 보호] 대화상자에서 [확인] 단추를 클릭한다.

2 풀이　　통합 문서 보호

1 [Office] 단추를 클릭하여 [다른 이름으로 저장]을 클릭한 후 [다른 이름으로 저장] 대화상자가 나
타나면 [도구]−[일반 옵션]을 선택한다.

2 [일반 옵션] 대화상자에 '열기 암호'와 '쓰기 암호'를 입력
하고 [확인] 단추를 클릭한 후, '열기 암호'와 '쓰기 암호'를 한
번씩 더 입력하고 [저장] 단추를 클릭한다.

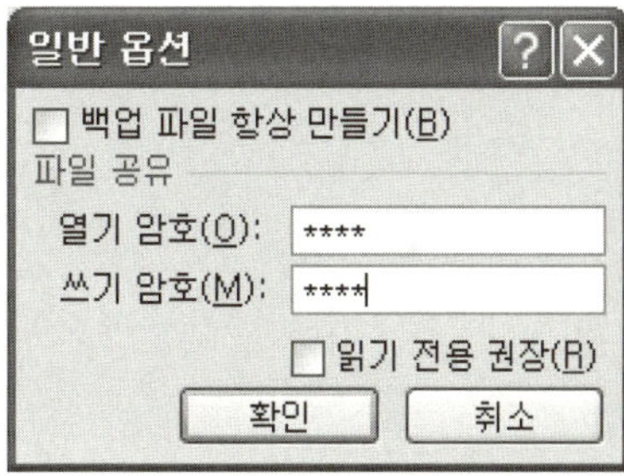

통합 문서 배포 준비

출제포인트

문서를 배포하기 전에 준비할 수 있는 기능

◉ **준비파일** : Chapter05/본문예제05-3   ◉ **완성파일** : Chapter05/완성파일/본문완성05-3

1   통합 문서 속성

통합 문서 속성은 문서 제목, 만든 이, 주제, 키워드 등 문서의 주제나 다른 주요 정보를 확인하거나, 기록해 둘 수 있다.

1 [Office] 단추를 클릭하여 [준비]-[속성]을 선택한다.

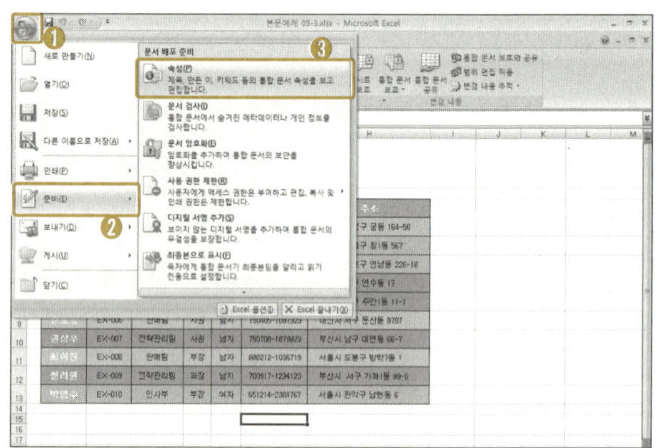

2 [문서 속성]-[고급 속성]을 선택한다.

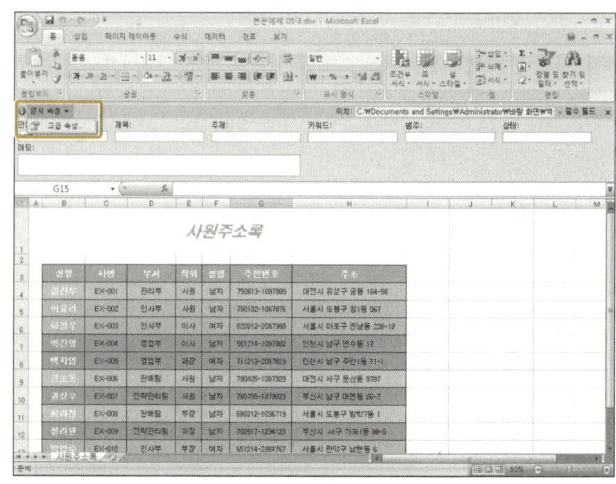

3 [요약] 탭에서 만든 이를 "홍길동"으로 입력한다.

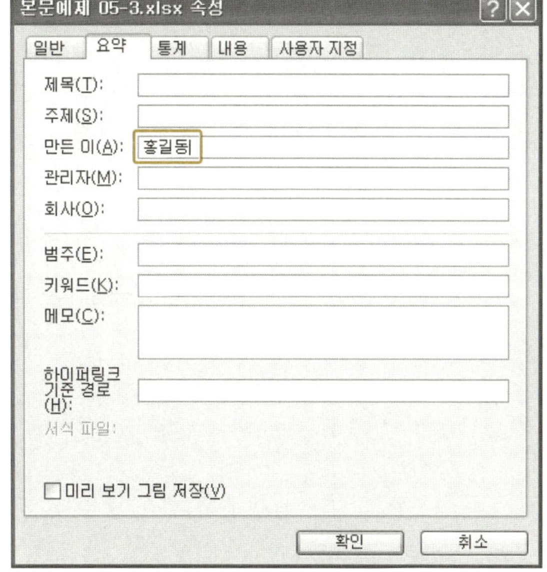

[일반] 탭

[속성] 대화상자의 [일반] 탭에서는 문서의 이름과 종류, 위치와 크기, 만든 날짜와 수정한 날짜 및 특성 등의 일반적인 정보를 확인할 수 있다.

4 [사용자 지정] 탭을 클릭하고 이름을 '부서'로 선택하고 값을 "총무부"로 입력한 후 [추가] 단추를 클릭하여 속성 목록으로 추가되면 [확인] 단추를 클릭한다. 문서 속성의 [문서 정보 창 닫기] 단추를 클릭한다.

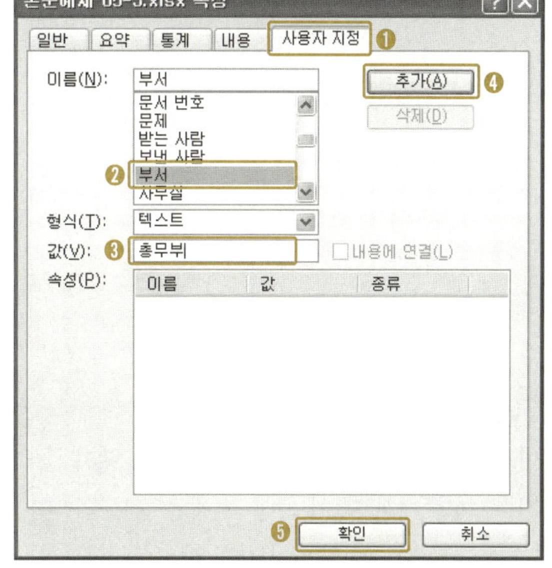

속성 삭제

속성을 삭제하려면 [속성] 목록에서 선택한 후 [삭제] 단추를 클릭한다.

1 [Office] 단추를 클릭하여 [준비]-[문서 검사]를 선택한 후 저장 확인 메시지 창이 나타나면 [예]를 클릭한다.

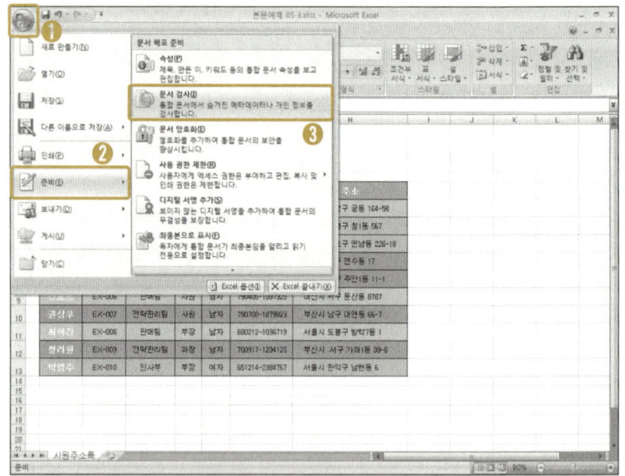

2 [문서 검사] 대화상자의 검사할 항목을 확인한 후 [검사]를 클릭한다.

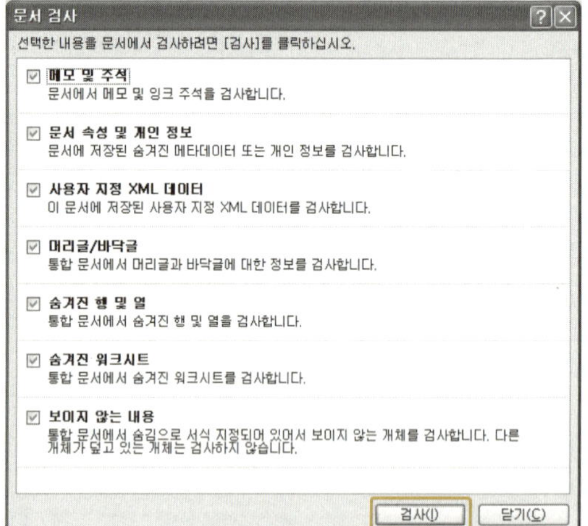

3 검사가 완료되고 검사 결과가 나타나면 변경된 항목에 빨강색의 느낌표(!)가 표시된다. 이 중에서 "문서 속성 및 개인 정보"의 [모두 제거]를 클릭한 후 [닫기] 단추를 클릭한다.

다른 사용자와 공유하기 전에 통합 문서를 최종본으로 표시하여 읽기 전용으로 설정하면 문서가 변경되는 것을 막을 수 있다.

1   [Office] 단추를 클릭하여 [준비]–[최종본으로 표시]를 선택한 후 저장 확인 메시지 창이 나타나면 [확인] 단추를 클릭한다.

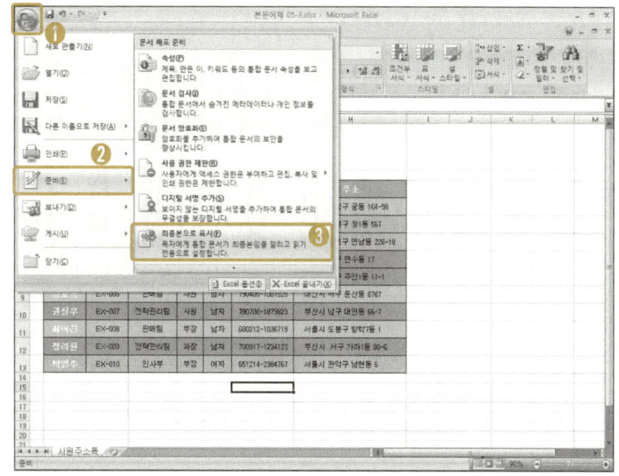

2   문서가 최종본으로 표시되었다는 메시지가 표시되면 [확인] 단추를 클릭한다.

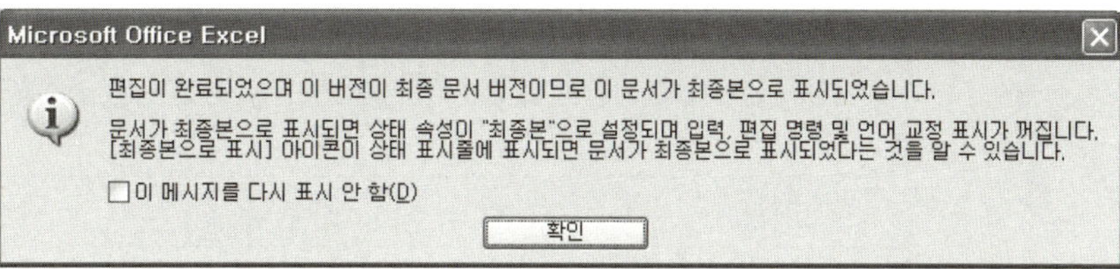

3   문서의 제목 표시줄에 [읽기 전용]이 표시되고, 상태 표시줄 왼쪽에는 '최종본' 임을 알리는 아이콘(🖬)이 표시된다.

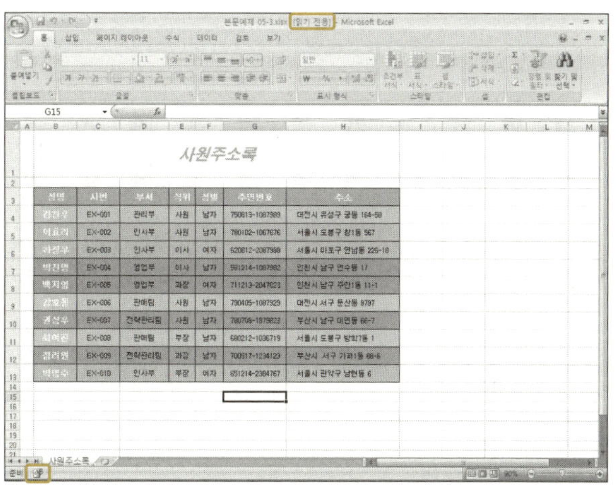

확인학습문제

[문제 **1**] 통합 문서의 원본 속성을 '예 또는 아니오' 중 '예'로 설정하시오.

[문제 **2**] 문서를 검사하여 머리글과 바닥글을 모두 제거하시오.

[문제 **3**] 문서를 최종본으로 표시하시오.

◉ **준비파일** : Chapter05/확인학습05-3   ◉ **완성파일** : Chapter05/완성파일/확인학습완성05-3

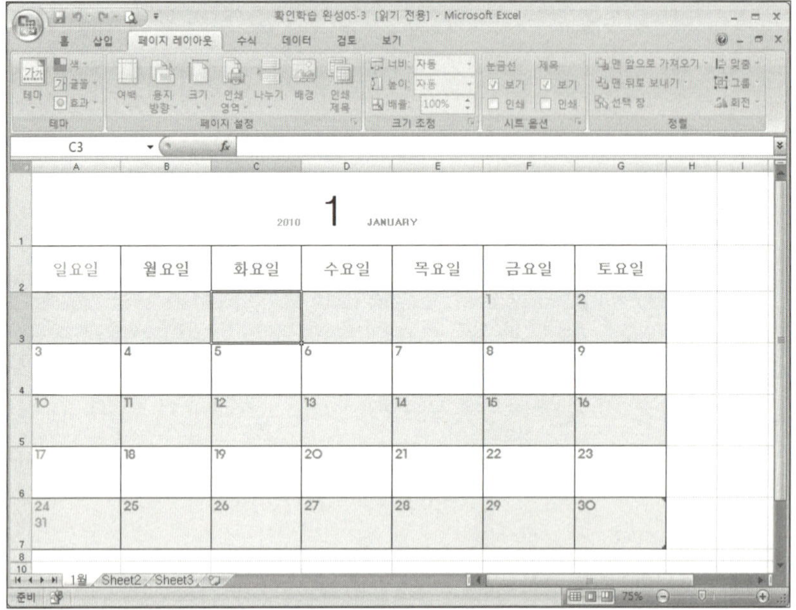

---

1 풀이 　문서의 속성 설정

1　[Office] 단추를 클릭하여 [준비]-[속성]을 선택한 후 [문서 속성]-[고급 속성]을 클릭한다.

2 [사용자 지정] 탭에서 이름을 '원본'으로 선택하고 형식을 '예 또는 아니오'로 선택한 후 값을 '예'로 선택하고 [추가] 단추를 클릭하여 속성 목록으로 추가되면 [확인] 단추를 클릭한다.

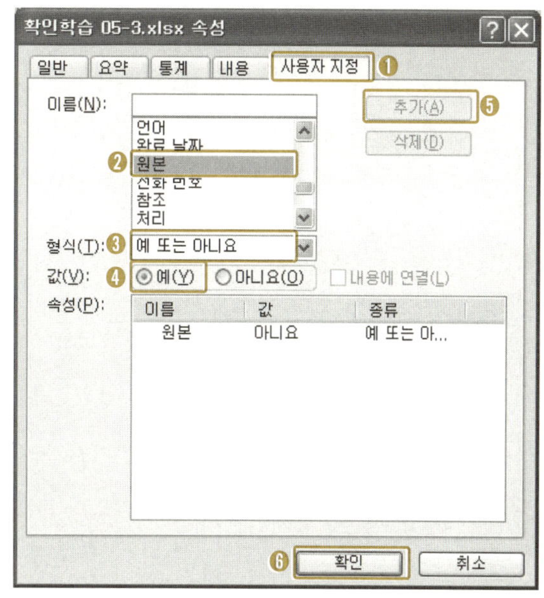

2 풀이 문서 검사

1 [Office] 단추를 클릭하여 [준비]–[문서 검사]를 선택한 후 저장 확인 메시지 창이 나타나면 [예]를 누른다.

2 [문서 검사] 대화상자에서 [검사]를 클릭하고, 검사 결과가 나오면 [머리글/바닥글] 항목의 [모두 제거]를 누른 후 [닫기]를 클릭한다.

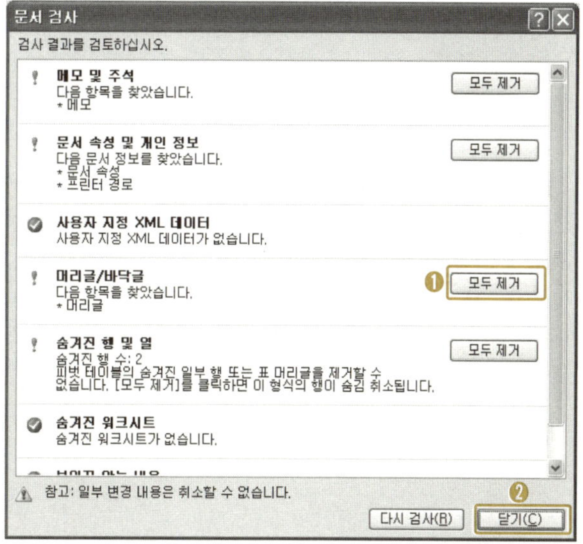

3 [Office] 단추를 클릭하여 [준비]–[최종본으로 표시]를 선택한 후 확인 메시지가 두 번 나타나면 각각 [확인] 단추를 클릭한다.

4 통합 문서 저장

출제포인트

문서의 호환성을 검사하고 다양한 방법으로 저장하는 기능

◎ **준비파일** : Chapter05/본문예제05-4　　　　◎ **완성파일** : Chapter05/완성파일/본문완성05-4

1 호환성 검사 실행

통합 문서를 이전 버전의 엑셀에서 열 경우 특정 기능이나 일부 문서 내용을 잃게 될 수 있다. 이러한 호환성 문제가 없는지 확인하는 기능이 있다.

1 [Office] 단추를 클릭하여 [준비]-[호환성 검사 실행]을 선택한다.

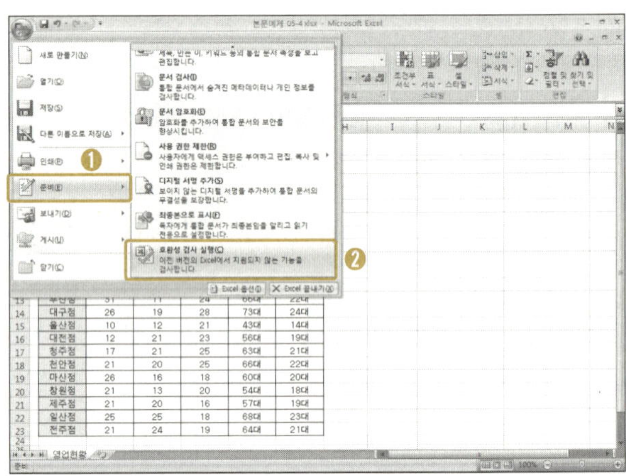

2 [호환성 검사] 대화상자가 나타나면 [요약]에 표시된 보고서를 별도의 워크시트로 만들기 위해 [새 시트에 복사]를 클릭한다.

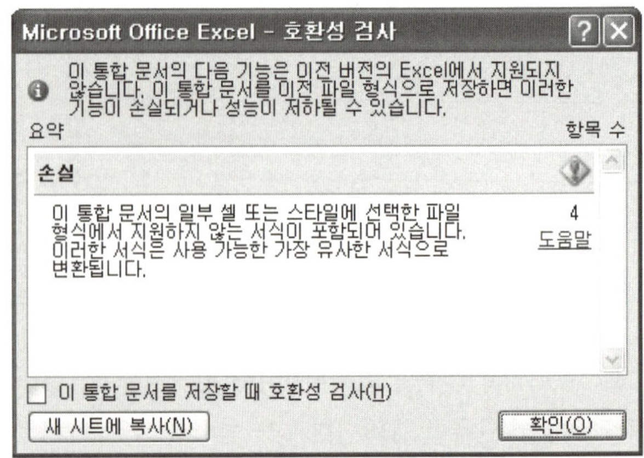

- 요약 : 이 통합 문서에 있는 호환에 관한 문제점이 나열된다.
- 이 통합 문서를 저장할 때 호환성 검사 : 통합 문서를 저장할 때마다 호환성을 검사한다.
- 새 시트에 복사 : 요약 내용을 새 워크시트에 표시한다.

3 검사 결과 내용이 표시된 새 워크시트
가 열린다.

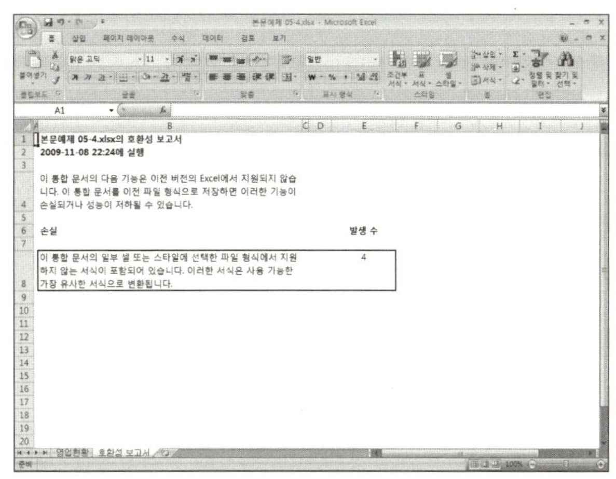

2 이전 버전으로 저장

엑셀 2007의 확장자는 xlsx이고 확장자가 xls인 이전 버전의 프로그램에서는 열 수가 없다. 이전 버전에서도 2007 버전에서 작성된 파일을 열기 위해서는 파일 형식을 바꾸어 저장한다.

1 [Office] 단추를 클릭하고 [다른 이름
으로 저장]의 'Excel 97-2003 통합 문서'
를 선택한다.

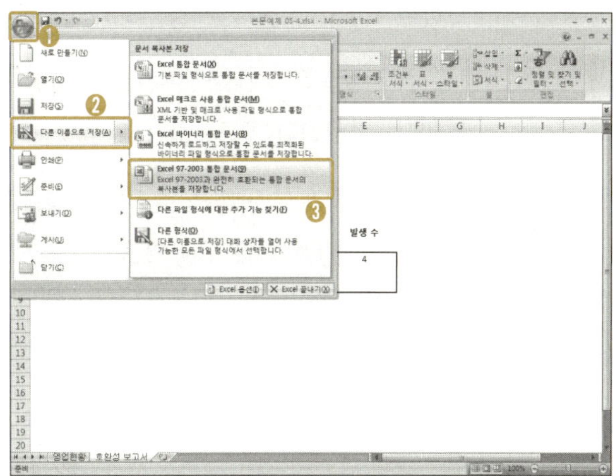

2 [다른 이름으로 저장] 대화상자가 나타나면 저장 위치와 파일 이름 등을 변경하고 [저장] 단추를 클릭한다.

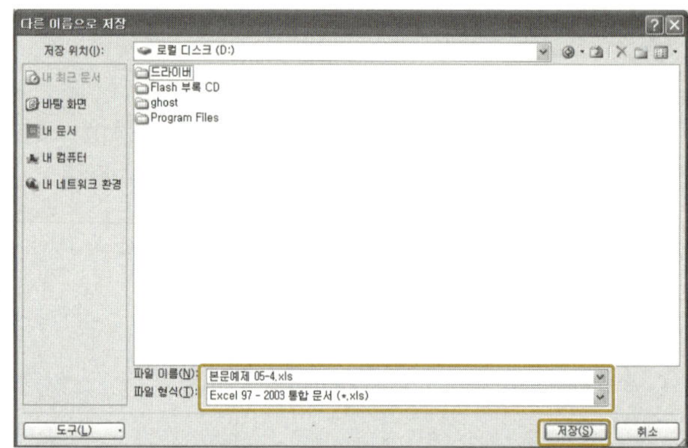

3 [호환성 검사] 대화상자가 나타나면 [계속]을 클릭한다.

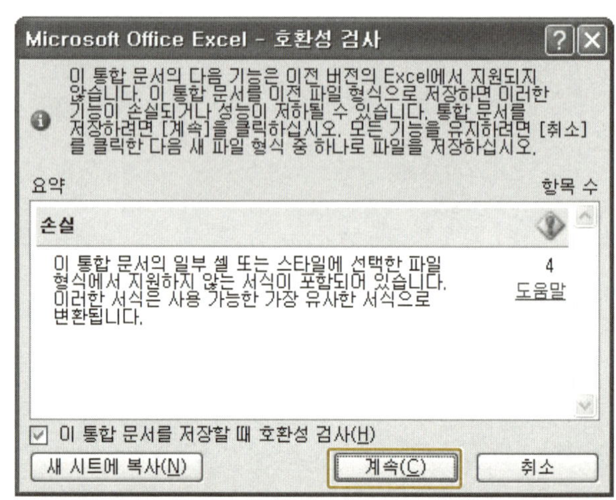

3 서식 파일로 저장

통합 문서에 포함된 서식을 저장한 파일을 의미한다.

1 [Office] 단추를 클릭하고 [다른 이름으로 저장]을 선택하여 대화상자가 나타나면 [파일 형식]을 'Excel 서식 파일'로 선택한다.

2 파일 형식을 [Excel 서식 파일]로 선택하면 저장 위치가 [Template] 폴더로 변경된다. [저장] 단추를 클릭한다.

확인학습문제

[문제 **1**] 통합 문서를 '대리점 목록'이라는 이름의 서식 파일로 기본 폴더에 저장하시오.

[문제 **2**] 통합 문서의 호환성을 검사하여 새 워크시트에 표시하시오.

◎ **준비파일** : Chapter05/확인학습05-4   ◎ **완성파일** : Chapter05/완성파일/확인학습완성05-4

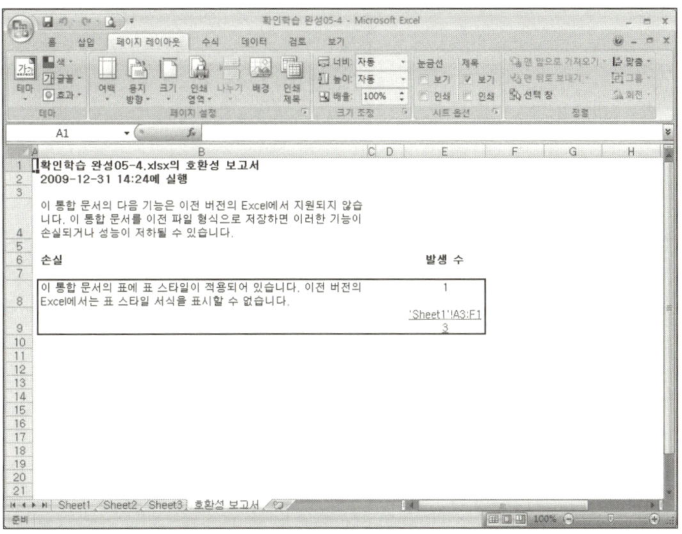

1 풀이   서식 파일로 저장

1 [Office] 단추를 클릭하고 [다른 이름으로 저장]을 선택하여 대화상자가 나타나면 [파일 형식]을 [Excel 서식 파일]로 선택하고 저장 위치가 [Template] 폴더로 변경되면 [저장] 단추를 클릭한다.

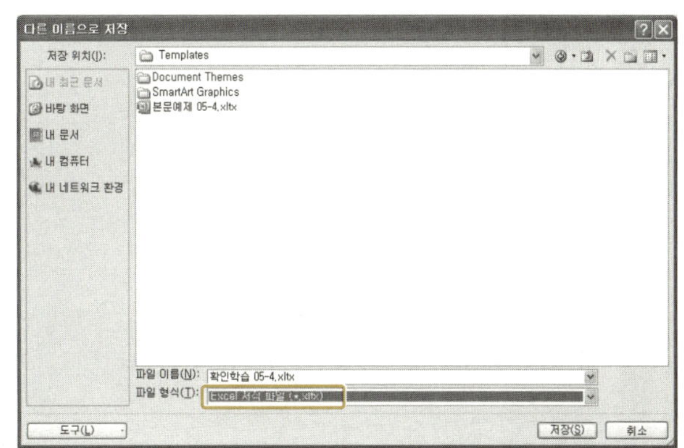

1   [Office] 단추를 클릭하여 [준비]–[호환성 검사 실행]을 클릭한다.

2   [호환성 검사] 대화상자가 나타나면 [요약]에 표시된 보고서를 별도의 워크시트로 만들기 위해 [새 시트에 복사]를 클릭한다.

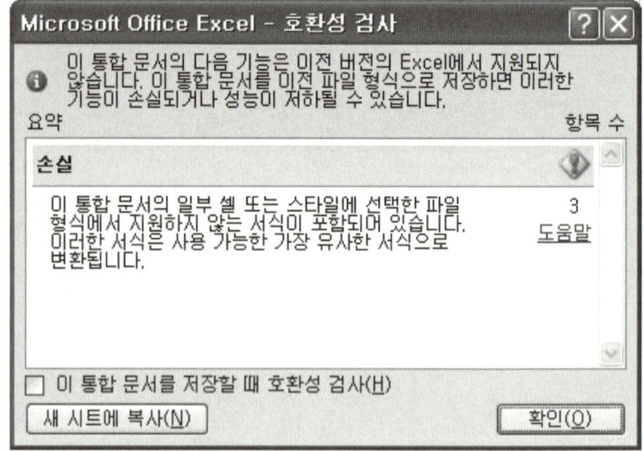

3   검사 결과 내용이 표시된 새 워크시트가 열린다.

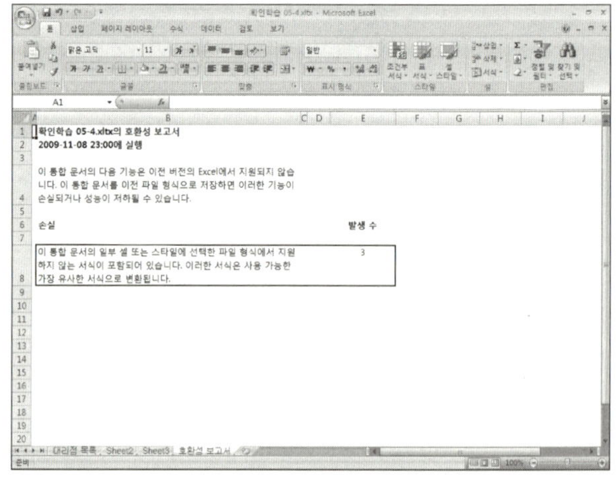

5 통합 문서 인쇄

출제포인트

인쇄를 위한 설정 방법

⊙ **준비파일** : Chapter05/본문예제05-5　　　⊙ **완성파일** : Chapter05/완성파일/본문완성05-5

1 인쇄 미리 보기

인쇄하기 전에 인쇄될 결과를 미리 화면상에서 확인하는 기능이다.

1 [Office] 단추를 클릭하여 [인쇄]-[인쇄 미리 보기]를 클릭한다.

> **빠른 인쇄**
>
> [인쇄 미리 보기]를 한 후 인쇄를 하면 인쇄시 발생할 수 있는 실수를 줄일 수 있지만, 이미 확인한 문서이거나 확인이 필요없는 경우에는 [빠른 인쇄]를 사용하여 곧바로 인쇄한다.

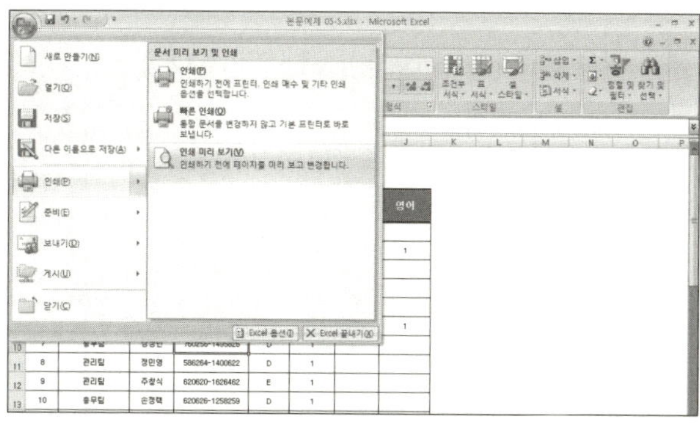

2 [인쇄 미리 보기] 대화상자가 열리면서 인쇄할 데이터의 모습이 나타난다.

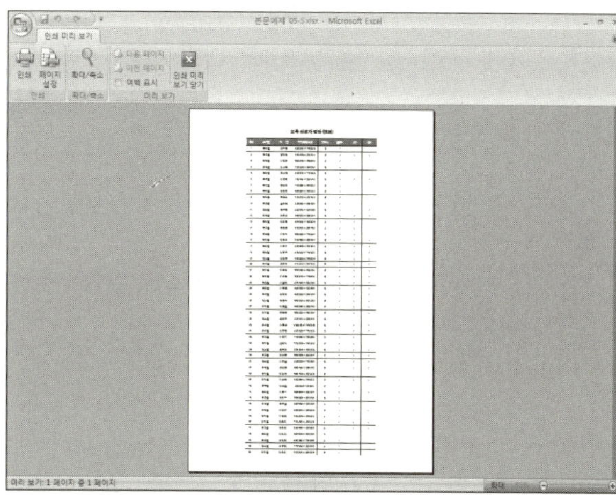

> **다음 페이지 보기**
>
> [미리 보기] 그룹에서 [다음 페이지] 도구를 클릭하면 다음 페이지를 확인할 수 있다.

3 [인쇄 미리 보기 닫기]를 클릭하여 인쇄 미리 보기 창에서 나온다.

인쇄하기 전에 미리 인쇄된 결과를 미리 화면상에서 확인하는 기능이다.

1 [31] 행을 선택하고 [페이지 레이아웃] 탭의 [페이지 설정] 그룹에서 [나누기]-[페이지 나누기 삽입]을 클릭한다.

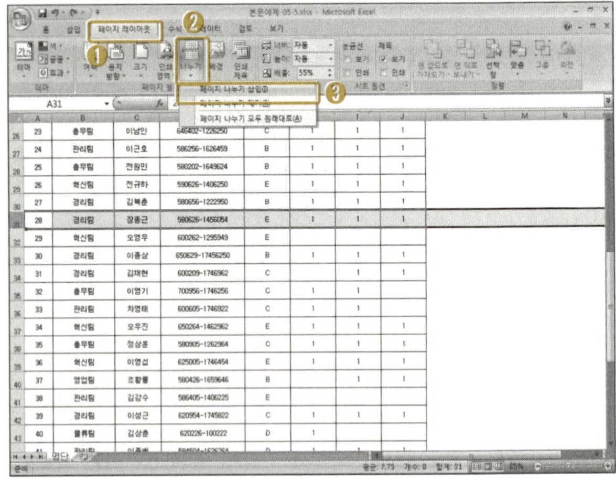

2 [31] 행 위쪽에 점선이 표시되고 다음 페이지로 나눠진다.

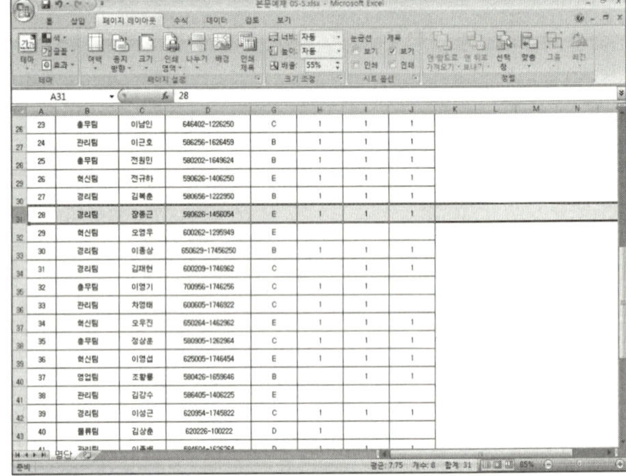

이렇게 해도 됩니다.

[보기] 탭의 [통합 문서 보기] 그룹에서 [페이지 나누기 미리 보기] 창을 열어 지정해도 된다.

페이지 나누기 제거

[페이지 나누기]를 제거하려면 페이지 나누기를 실행했던 행 머리글이나 열 머리글을 선택하고 [페이지 레이아웃] 탭의 [페이지 설정] 그룹에서 [나누기]-[페이지 나누기 제거]를 클릭한다.

인쇄하기 전에 여백, 용지 방향, 인쇄 제목 등을 설정하는 기능이다.

1 [페이지 레이아웃] 탭의 [페이지 설정] 그룹에서 [여백]-[사용자 지정 여백]을 클릭한다.

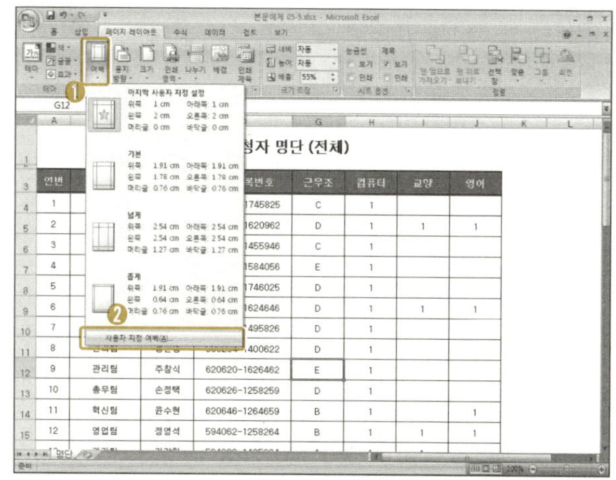

2 [페이지 설정] 대화상자의 왼쪽과 오른쪽 여백은 '2', 위쪽과 아래쪽 여백은 '1', 머리글과 바닥글 여백은 '0'으로 지정하고 페이지 가운데 맞춤은 '가로'로 설정한 후 [확인] 단추를 클릭한다.

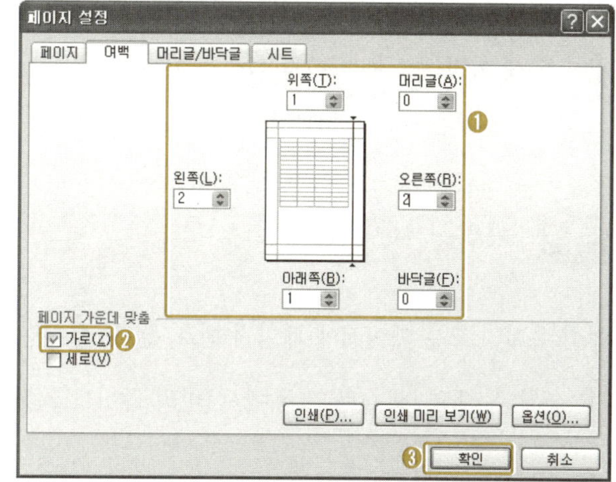

3 [페이지 레이아웃] 탭의 [페이지 설정] 그룹에서 [용지 방향]-[가로]를 선택한다.

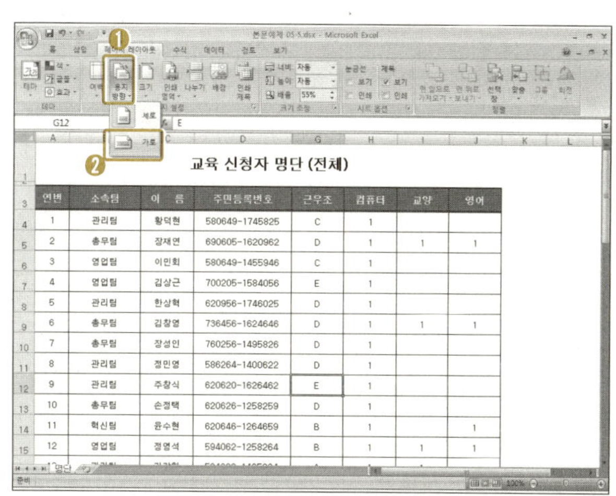

4 [페이지 레이아웃] 탭의 [페이지 설정] 그룹에서 [인쇄 제목]을 선택한다.

5 [페이지 설정] 대화상자의 [시트] 탭에서 [반복할 행]을 클릭한 후 [3] 행을 선택하고 [확인] 단추를 클릭한다.

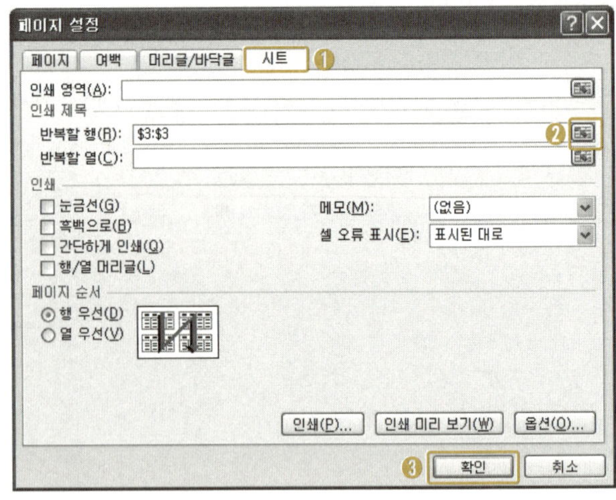

반복할 행

[반복할 행]을 설정하면 인쇄 미리보기 상태에서 다음 페이지로 이동해도 3행은 계속 표시된다.

6 인쇄 미리 보기로 페이지 설정을 확인한다.

4 머리글/바닥글 설정

통합 문서의 모든 페이지에 페이지 번호, 날짜 및 시간, 파일 이름 등을 삽입하는 기능이다.

1 [삽입] 탭의 [텍스트] 그룹에서 [머리글/바닥글]을 클릭한다.

2 페이지 레이아웃 보기 상태가 된다. 머리글 구역에 커서가 나타나면 "교육팀"이라고 입력한다.

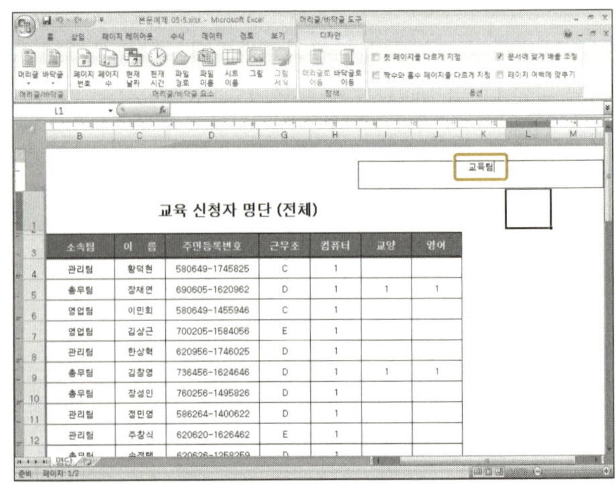

3 [머리글/바닥글 도구]–[디자인] 탭의 [탐색] 그룹에서 [바닥글로 이동] 단추를 클릭하고, [머리글/바닥글 요소] 그룹에서 [페이지 번호]와 [페이지 수] 단추를 클릭한다.

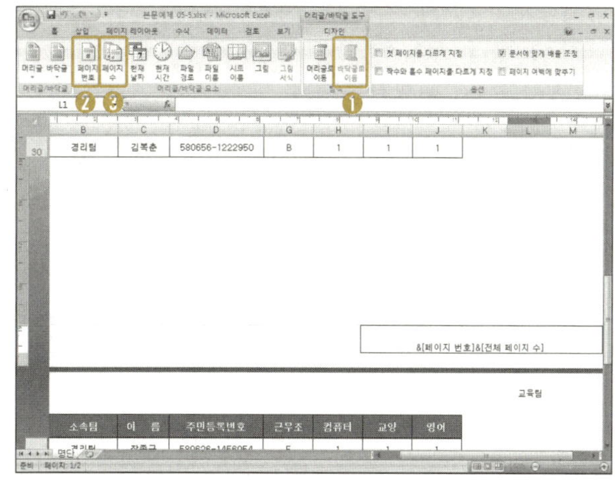

[머리글/바닥글 도구]–[디자인] 탭

- 머리글/바닥글 : 미리 정의되어 있는 머리글/바닥글 내용을 빠르게 삽입한다.
- 머리글/바닥글 요소 : 페이지 번호, 날짜, 시간 등의 미리 설정된 요소를 선택하여 삽입한다.
  - 페이지 번호 : 현재 페이지 번호를 삽입한다.
  - 페이지 수 : 전체 페이지 수를 삽입한다.
  - 현재 날짜 : 오늘 날짜를 삽입한다.
  - 현재 시간 : 현재 시간을 삽입한다.
  - 파일 경로 : 통합 문서의 저장 경로와 파일 이름을 삽입한다.
  - 파일 이름 : 현재 통합 문서의 파일 이름을 삽입한다.
  - 시트 이름 : 현재 워크시트의 이름을 삽입한다.
  - 그림 : 저장되어 있는 그림 파일을 삽입한다.
  - 그림 서식 : 삽입된 그림의 크기와 서식을 변경한다.
- 탐색 : 머리글과 바닥글 사이를 전환한다.
- 옵션
  - 첫 페이지를 다르게 지정 : 첫 페이지 구역이 추가되어 첫 페이지에만 다른 머리글/바닥글을 삽입한다.
  - 짝수와 홀수 페이지를 다르게 지정 : 짝수 페이지와 홀수 페이지 구역이 나누어져 각각 다른 머리글/바닥글을 삽입한다.
  - 문서에 맞게 배율 조정 : 셀 서식 중 '셀에 맞춤' 기능이 설정되어 있을 때 머리글/바닥글의 배율 조정 옵션을 선택한다.
  - 페이지 여백에 맞추기 : 머리글이나 바닥글 양쪽을 페이지 여백에 맞춘다.

확인학습문제

[문제 **1**] 용지 방향은 '세로', 여백은 '좁게' 설정하시오.

[문제 **2**] 인쇄 미리 보기를 한 후 미리 보기를 닫으시오.

⊙ 준비파일 : Chapter05/확인학습05-5   ⊙ 완성파일 : Chapter05/완성파일/확인학습완성05-5

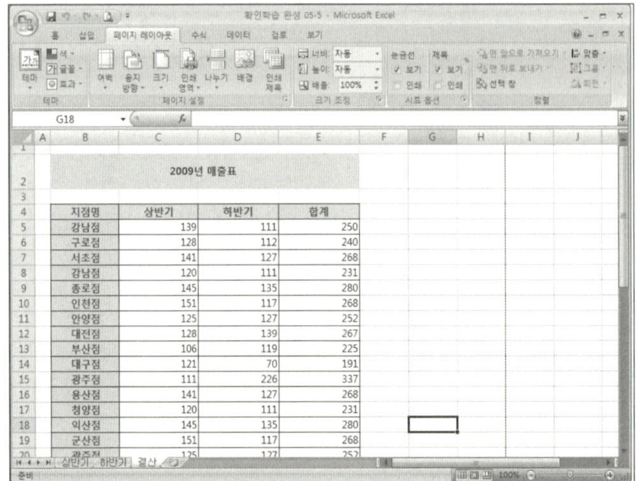

---

1 풀이   페이지 설정

1 [페이지 레이아웃] 탭의 [페이지 설정] 그룹에서 [용지 방향]-[세로]를 선택한다.

2 [페이지 설정] 그룹에서 [여백]-[좁게]를 선택한다.

2 풀이   인쇄 미리 보기

1 [Office] 단추를 클릭하여 [인쇄]-[인쇄 미리 보기]를 클릭한다.

2 [인쇄 미리 보기 닫기]를 클릭하여 창을 닫는다.

VI

실전문제 유형별 따라잡기

[문제 **1**] 워크시트를 '120%' 배율로 표시하시오.

[문제 **2**] 워크시트의 눈금선이 보이지 않도록 설정하시오.

■ 화면을 지정한 배율로 보는 방법

1 [보기] 탭의 [확대/축소] 그룹에서 [확대/축소]를 클릭한다.

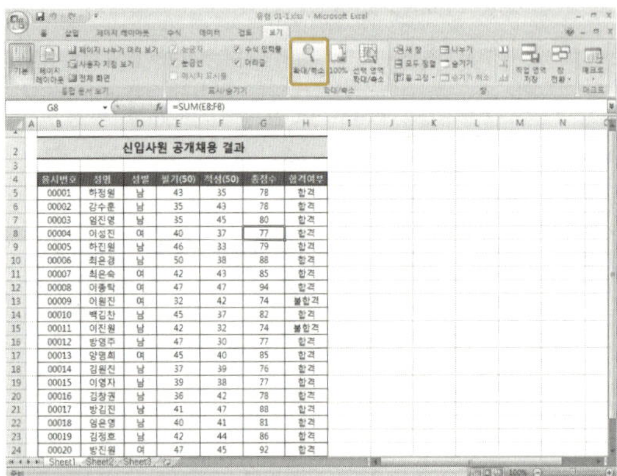

2 [확대/축소] 대화상자에서 사용자 지정에 "120"을 입력하고 [확인] 단추를 클릭한다.

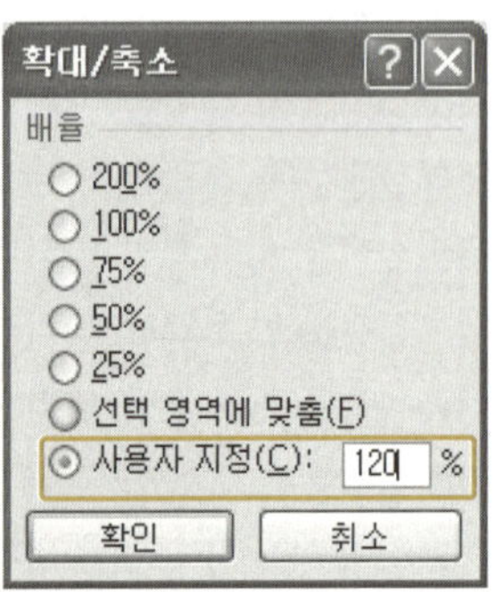

■ 화면에 눈금선이 보이지 않도록 설정하는 방법

1 [보기] 탭의 [표시/숨기기] 그룹에서 눈금선 항목의 체크 박스를 클릭하여 눈금선을 해제한다.

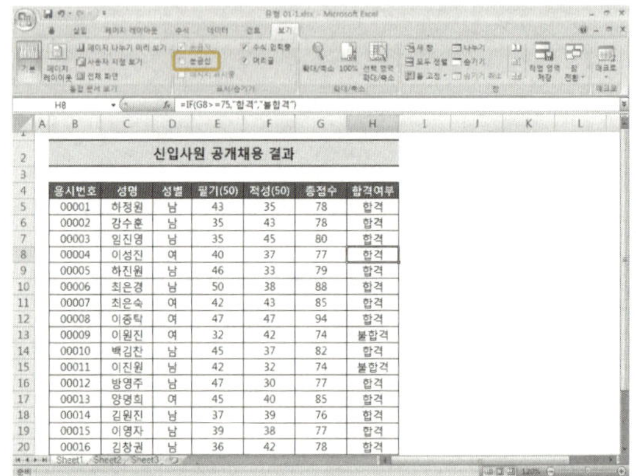

표시하기/숨기기

눈금선뿐 아니라 수식 입력줄이나 머리글 등도 같은 메뉴로 표시하거나 표시하지 않도록 설정할 수 있다.

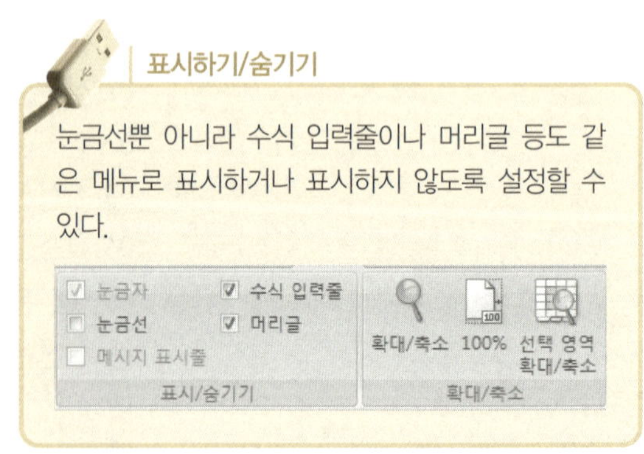

⊙ 준비파일 : 실전문제/실전02
⊙ 완성파일 : 실전문제/완성파일/실전완성02

[문제 1] [10] 행과 [11] 행을 삭제하시오.

[문제 2] [A3:A27] 영역에 1부터 연속된 데이터를 입력하시오.

1 열 삭제하는 방법

1 [10], [11] 행을 선택한 후 [홈] 탭의 [셀] 그룹에서 [삭제]-[시트 행 삭제]를 클릭한다.

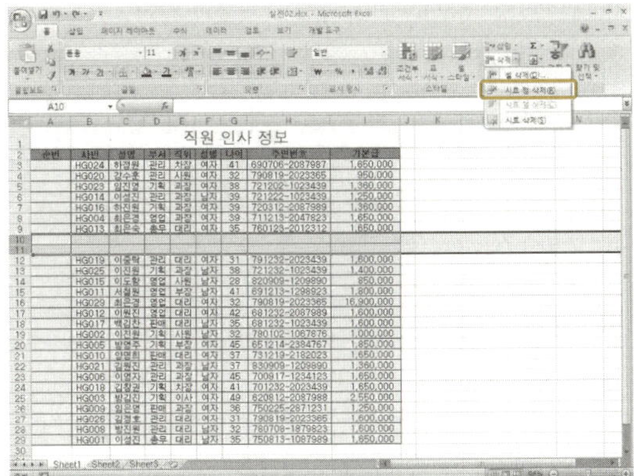

2 [10], [11] 열이 삭제되고 [13] 행이 위쪽으로 당겨진다.

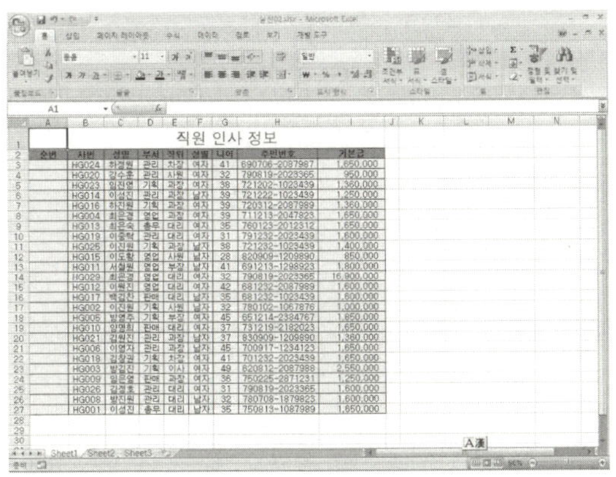

2 연속 데이터를 채우기하는 방법

1 [A3] 셀을 클릭하여 "1"을 입력한다.

2 채우기 핸들을 마우스 오른쪽 단추로 눌러 [A27] 셀까지 드래그한 후 [연속 데이터 채우기]를 클릭한다.

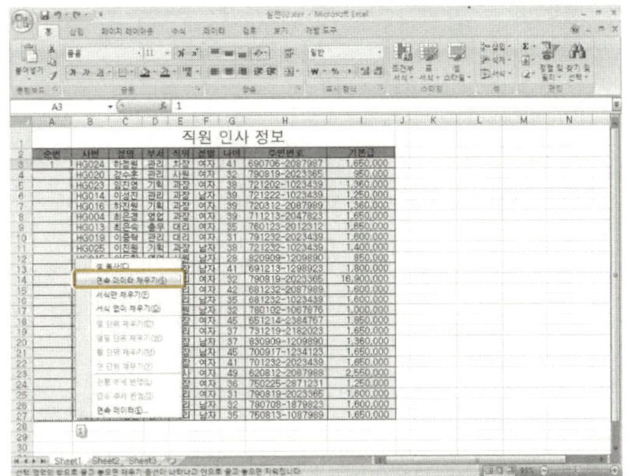

이렇게 해도 됩니다.

채우기 핸들을 드래그하여 '1'이 채워지면 [자동 채우기 옵션] 단추를 눌러 [연속 데이터 채우기]를 클릭해도 된다.

03 실전문제 유형별 따라잡기

◎ 준비파일 : 실전문제/실전03
◎ 완성파일 : 실전문제/완성파일/실전완성03

[문제 **1**] [B4:B12] 영역을 복사하여 [E4:F12] 영역에 서식만 붙여 넣으시오

[문제 **2**] 셀 범위 [B4:F12]의 제품 데이터에서 중복된 레코드를 삭제하시오

---

1 복사한 내용을 붙여넣은 후 붙여넣기 옵션으로 서식만 적용하는 방법

1 [B4:B12] 영역을 선택한 후 [홈] 탭의 [클립보드] 그룹에서 [복사]를 클릭한다.

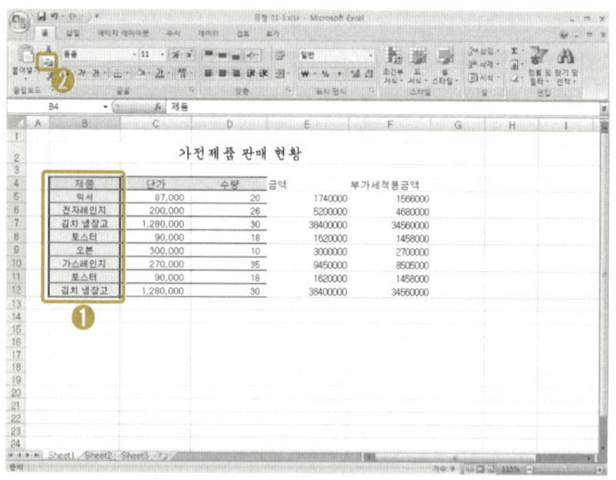

2 [E4:F12] 영역을 선택한 후 [홈] 탭의 [클립보드] 그룹에서 [붙여넣기]를 클릭한다.

3 [붙여넣기] 옵션에서 [서식만]을 클릭한다.

2 중복된 레코드를 삭제하는 방법

1 데이터가 입력된 셀 하나를 선택하고, [데이터] 탭의 [데이터 도구] 그룹에서 [중복된 항목 제거]를 클릭한다.

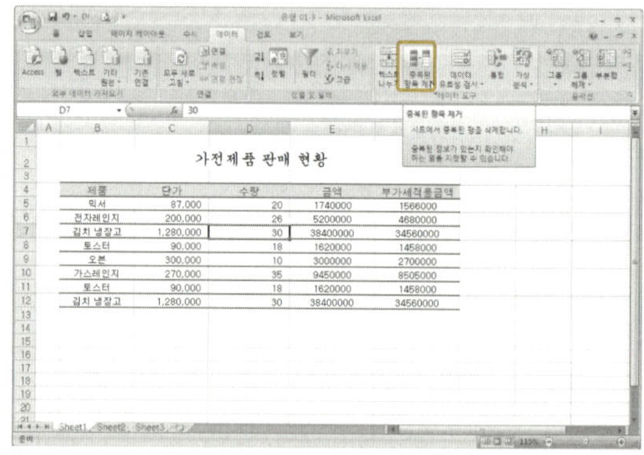

2 대화상자가 나타나면 [제품]만 체크하고 [확인] 단추를 클릭한다.

3 메시지로 몇 행의 데이터가 제거되는지 확인한 후 [확인] 단추를 클릭한다.

04 실전문제 유형별 따라잡기

⊙ 준비파일 : 실전문제/실전04
⊙ 완성파일 : 실전문제/완성파일/실전완성04

[문제 1] [Sheet1] 시트명을 '시험결과'로 변경하시오.

[문제 2] [시험결과] 시트의 탭 색을 '빨강, 강조2'로 설정하시오.

1 시트의 이름을 변경하는 방법

1 [Sheet1] 시트 탭을 마우스 오른쪽 단추로 클릭한 후 [이름 바꾸기]를 선택한다.

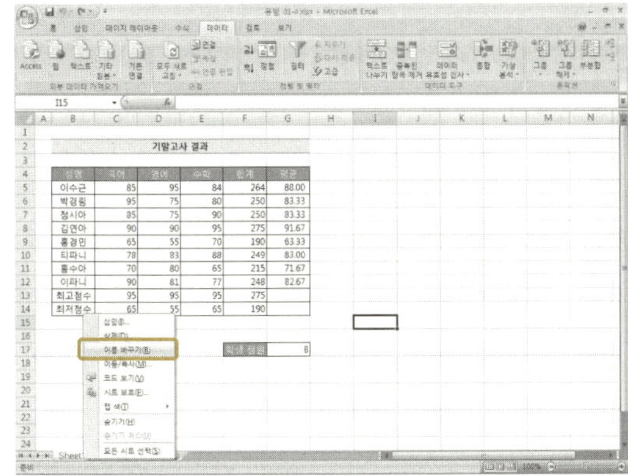

2 "시험결과"를 입력한 후 Enter 를 누르면 시트명이 변경된다.

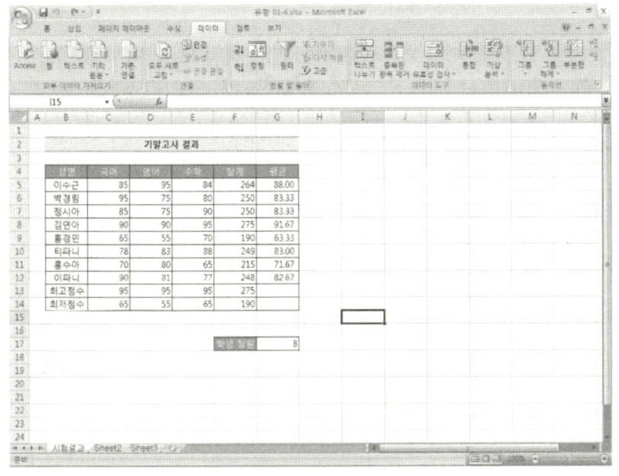

2 시트의 탭 색을 변경하는 방법

1 [시험결과] 시트 탭을 선택하고 마우스 오른쪽 단추를 클릭하여 [탭 색]에서 '빨강, 강조2'를 선택한다.

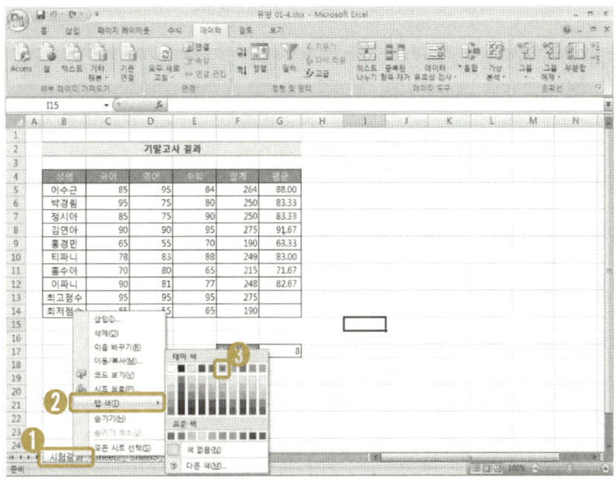

2 시트 탭의 색이 변경된다.

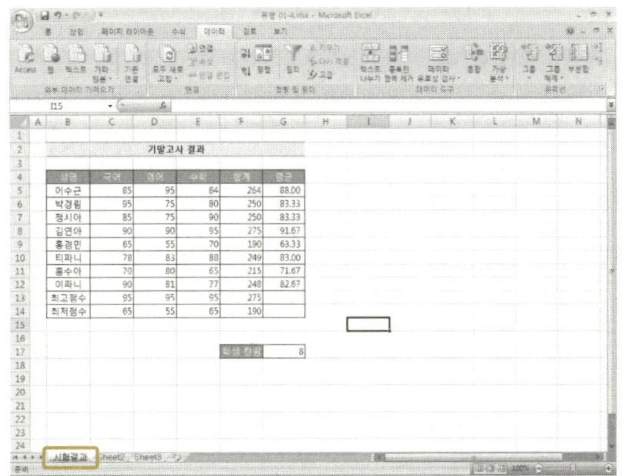

⊙ **준비파일** : 실전문제/실전05
⊙ **완성파일** : 실전문제/완성파일/실전완성05

[문제 **1**] [12:19] 행의 데이터를 숨기기하시오.

[문제 **2**] [1] 행의 행 높이를 '27'로 설정하시오.

---

1 데이터를 삭제하지 않고 화면에 나타나지 않도록 숨기는 방법

1 [12:19] 행의 머리글을 드래그하여 선택한 후 마우스 오른쪽 단추를 클릭하여 [숨기기]를 선택한다.

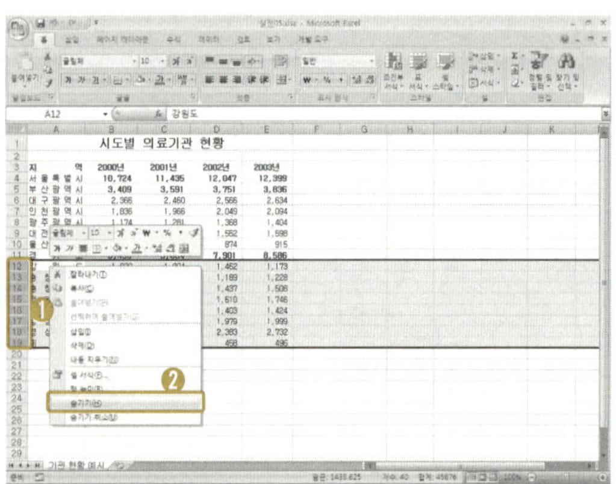

2 선택 영역이 숨기기되고 해당 영역에는 굵은 경계선이 표시된다.

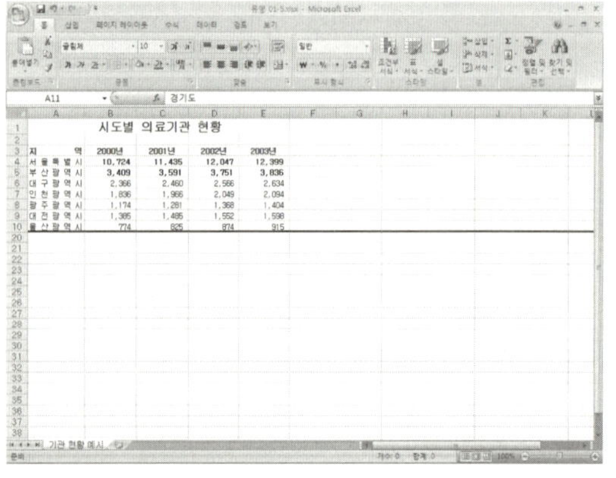

2 행의 높이를 수치를 이용해 지정하는 방법

1 [1] 행을 선택한 후 마우스 오른쪽 단추를 클릭하여 [행 높이]를 선택한다.

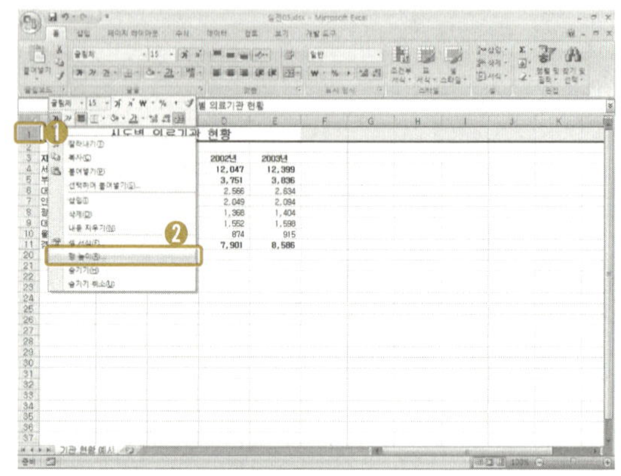

2 행 높이 대화상자가 나타나면 "27"을 입력한 후 [확인] 단추를 클릭한다.

06 실전문제 유형별 따라잡기

◎ 준비파일 : 실전문제/실전06
◎ 완성파일 : 실전문제/완성파일/실전완성06

[문제 ①] 워크시트에 '광장' 테마와 '오렌지' 글꼴을 적용하시오.

[문제 ②] [B2:H2] 영역에 '60%-강조색1'을 적용한 후 글자 크기를 '20'으로 변경하시오.

---

1 오피스 2007에서 제공하는 테마와 글꼴색을 이용해 서식을 변경하는 방법

1 [페이지 레이아웃] 탭의 [테마] 그룹에서 [테마]를 클릭하고 '광장'을 선택한다.

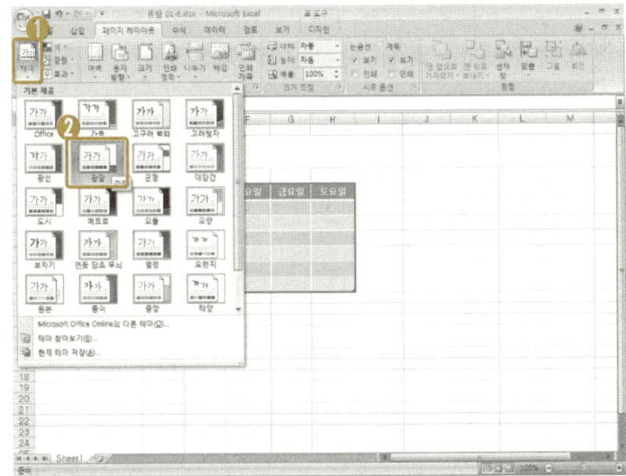

2 [페이지 레이아웃] 탭의 [테마] 그룹에서 [글꼴]을 클릭하고 '오렌지'를 선택한다.

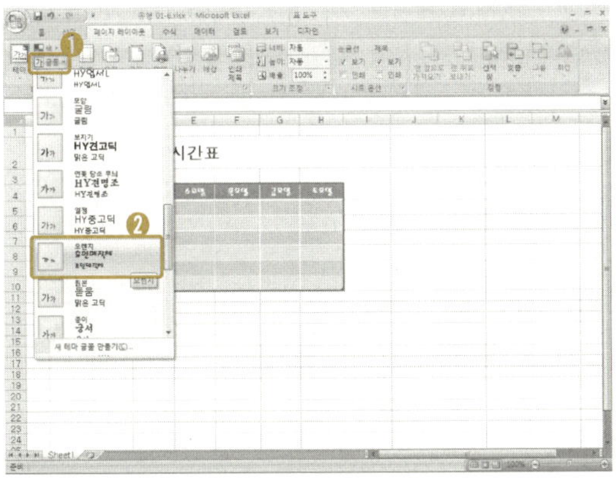

2 셀 스타일을 적용하는 방법

1 [B2:H2] 영역을 선택한다.

2 [홈] 탭의 [스타일] 그룹에서 [셀 스타일]을 클릭하고 '60% – 강조색1'을 선택한다.

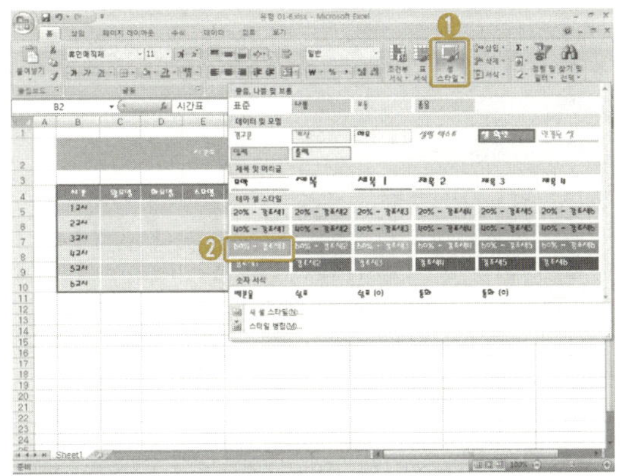

3 [홈] 탭의 [글꼴] 그룹에서 [글꼴 크기]를 선택한 후 '20pt'를 선택한다.

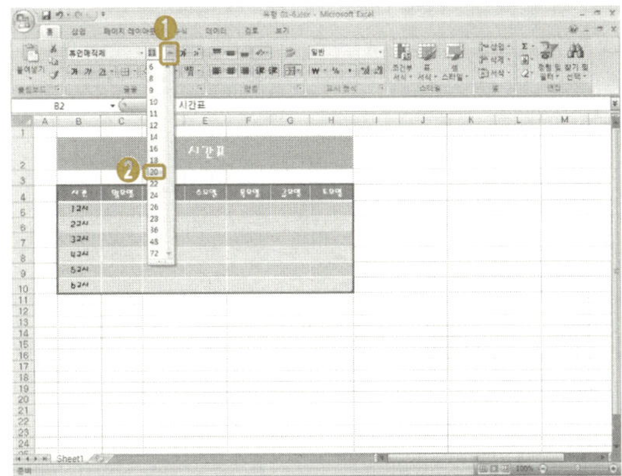

07

실전문제
유형별 따라잡기

◎ 준비파일 : 실전문제/실전07
◎ 완성파일 : 실전문제/완성파일
/실전완성07-주소록

[문제 1] [F3:F13] 영역의 공백으로 분리된 내용을 열로 변환하시오(나머지는 기본 설정을 적용할 것).

[문제 2] [사원주소록] 시트를 새 통합 문서로 이동하여 내 문서에 '주소록'으로 저장하시오.

---

1 공백으로 분리된 텍스트를 열로 분리하는 방법

1 [F3:F13] 셀 범위를 선택한 후 [데이터] 탭의 [데이터 도구] 그룹에서 [텍스트 나누기]를 클릭한다.

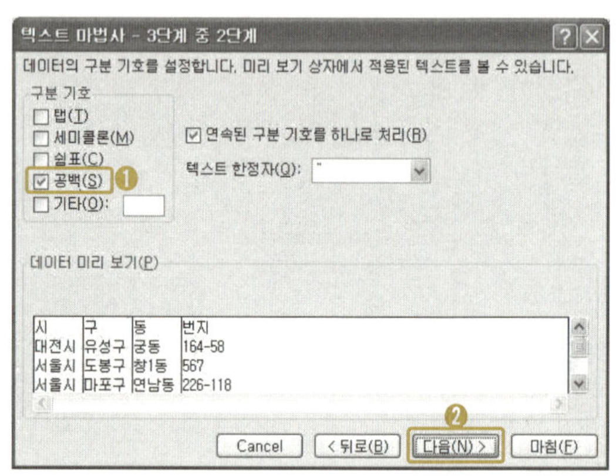

2 [텍스트 마법사 – 3단계 중 1단계] 대화상자에서 '구분 기호로 분리됨'을 선택하고 [다음] 단추를 클릭한다.

3 [텍스트 마법사 – 3단계 중 2단계] 대화상자에서 구분 기호를 '공백'으로 선택하고 [다음] 단추를 클릭한다.

4 [텍스트 마법사 – 3단계 중 3단계] 대화상자에서 [마침] 단추를 클릭한다. 셀의 데이터를 바꿀지를 묻는 창이 나타나면 [확인] 단추를 클릭한다.

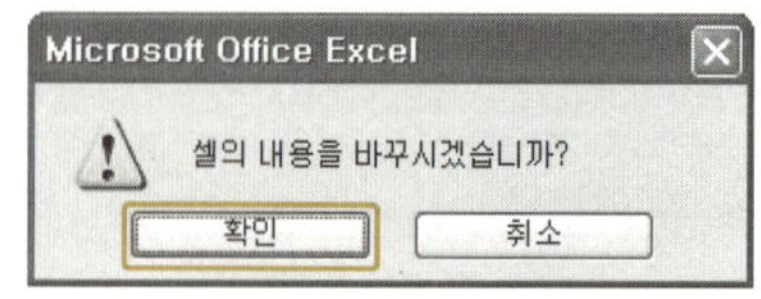

❷ 통합 문서를 새 통합 문서로 이동하는 방법

1 [사원주소록] 시트 탭 위에서 마우스 오른쪽 단추를 눌러 [이동/복사]를 클릭한다.

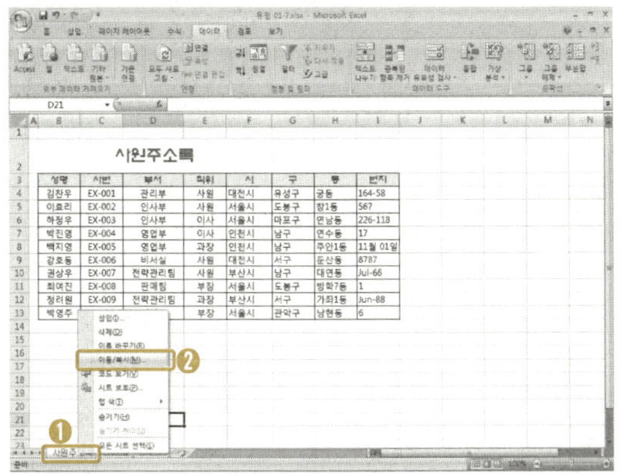

2 [이동/복사] 대화상자에서 대상 통합 문서를 '(새 통합 문서)'로 선택한다.

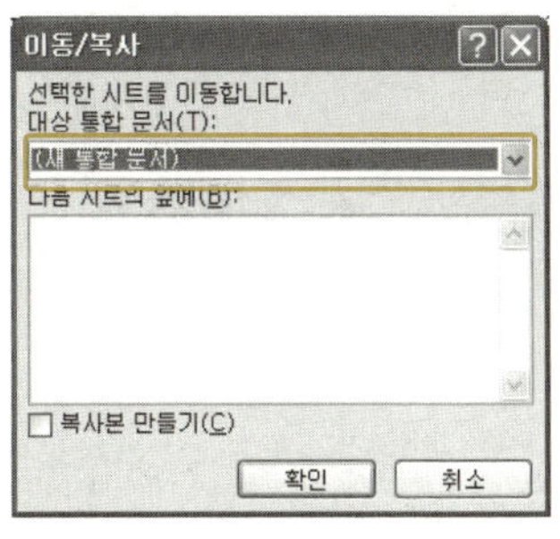

복사본 만들기

[이동/복사] 대화상자에서 열려 있는 다른 통합 문서를 선택하거나 [복사본 만들기]를 체크하는 경우도 구분하여 익혀두도록 한다.

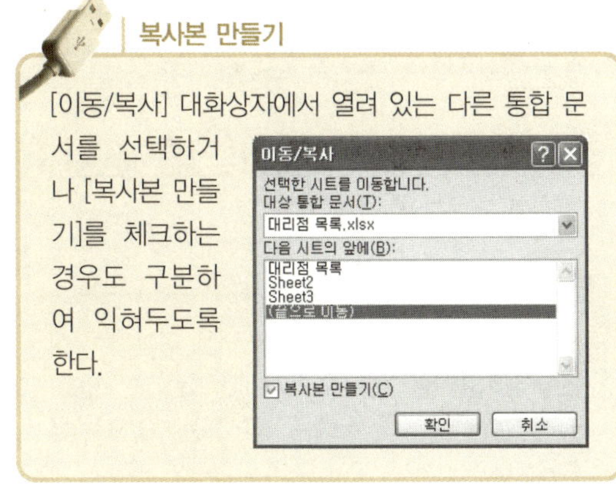

3 [확인] 단추를 클릭하면 새 통합 문서로 이동된다.

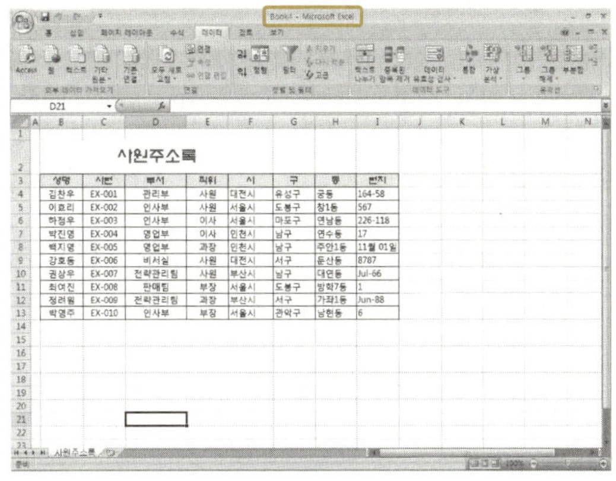

4 [Office] 단추의 [다른 이름으로 저장]을 클릭한다.

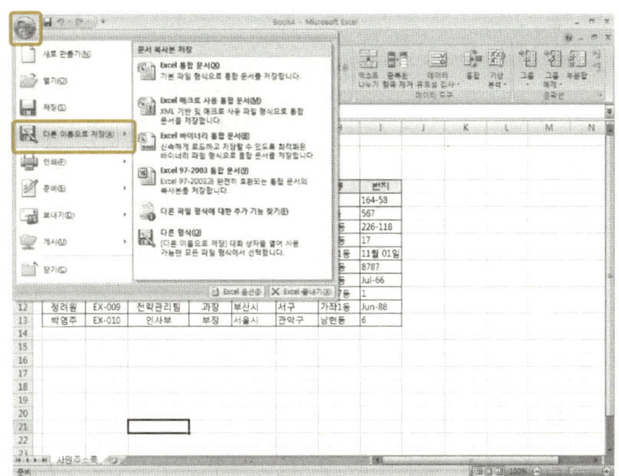

5 저장 위치를 [내 문서]로 선택한 후 이름을 "주소록"으로 변경하여 저장한다.

08

실전문제 유형별 따라잡기

⊙ 준비파일 : 실전문제/실전08
⊙ 완성파일 : 실전문제/완성파일/실전완성08

[문제 **1**] [D4:F10] 영역의 숫자 데이터에 '쉼표 스타일'을 적용하시오.

[문제 **2**] [D3:F3] 영역의 숫자 데이터 뒤에 '월'이라는 텍스트가 표시되도록 사용자 정의 형식을 적용하시오.

---

1 숫자 데이터에 세 자리 구분 기호를 적용하는 방법

1 [D4:F10] 영역을 선택한 후 [홈] 탭의 [표시 형식] 그룹에서 [쉼표 스타일]을 클릭한다.

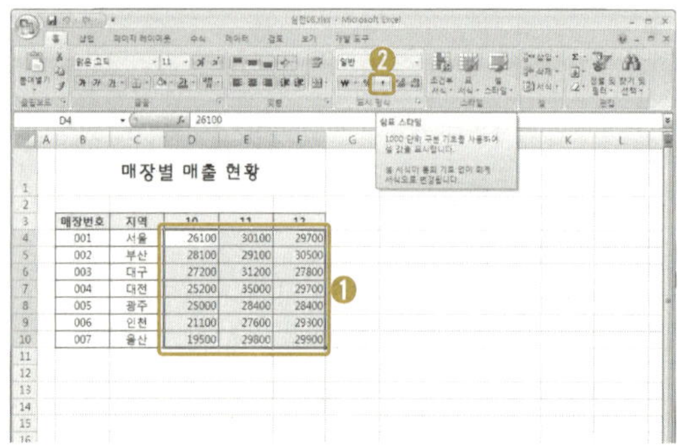

2 사용자 정의 형식을 이용해 데이터의 앞이나 뒤에 문자를 표시하는 방법

1 [D3:F3] 영역을 선택한 후 [홈] 탭의 [맞춤] 그룹에서 [셀 서식:맞춤] 대화상자 단추를 클릭한다.

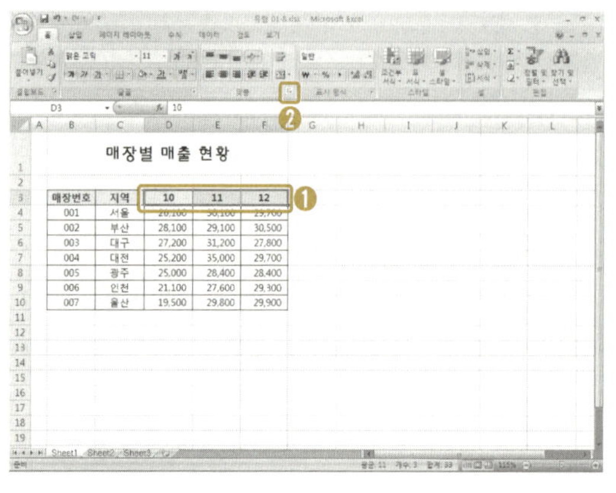

이렇게 해도 됩니다.

마우스 오른쪽 단추를 눌러 [셀 서식]을 클릭하고 [표시 형식] 탭을 클릭해도 된다.

2 [셀 서식] 대화상자의 [표시 형식] 탭에서 '사용자 지정'의 '형식'에 "#"월""을 입력한 후 [확인] 단추를 클릭한다.

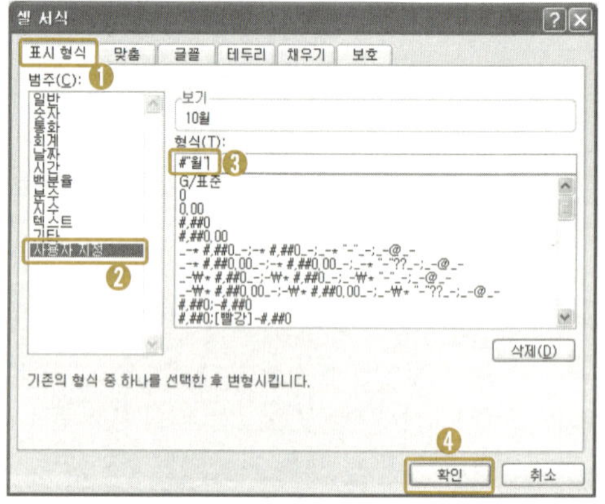

데이터 표시 형식

숫자 데이터에 사용자 지정 형식을 이용해 특정 데이터를 표시할 경우 '#'이나 'G/표준'을 사용하고, 문자 데이터의 경우에는 '@' 또는 'G/표준'을 사용한다.

⑩ 화면 표시 : 1월, 2월, 3월...
　 표시 형식 : # '월'

◉ **준비파일** : 실전문제/실전09
◉ **완성파일** : 실전문제/완성파일/실전완성09

[문제 **1**] [D5:D9] 영역에 근무자의 "급여액"을 계산하시오.

[문제 **2**] 성명 열을 이용하여 [C12] 셀에 근무 인원 수를 계산하시오.

---

1 절대 참조를 사용하여 계산하는 방법

1 [D5] 셀을 선택한 후 "=C5*$D$3"을 입력하여 수식을 작성한다($ 기호는 키보드의 F4 를 눌러 적용한다).

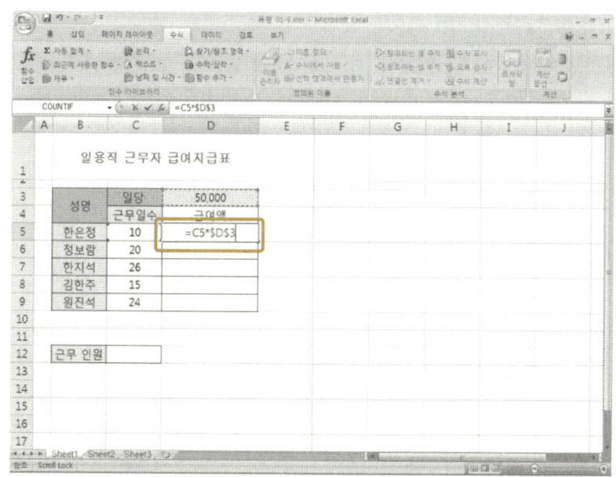

2 [D5] 셀의 채우기 핸들을 드래그하여 [D9] 셀까지 수식 복사한다.

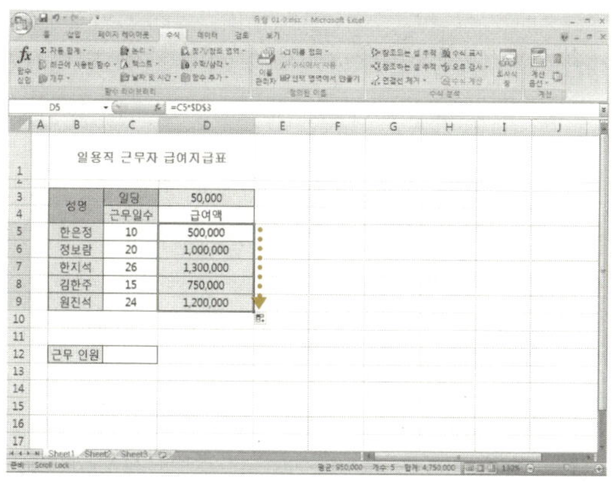

2 COUNTIF 함수를 이용하여 조건에 맞는 셀의 개수를 세는 방법

1 [C12] 셀을 선택한 후 [수식] 탭의 [함수 라이브러리] 그룹에서 [함수 추가]-[통계]-[COUNTA] 함수를 선택한다.

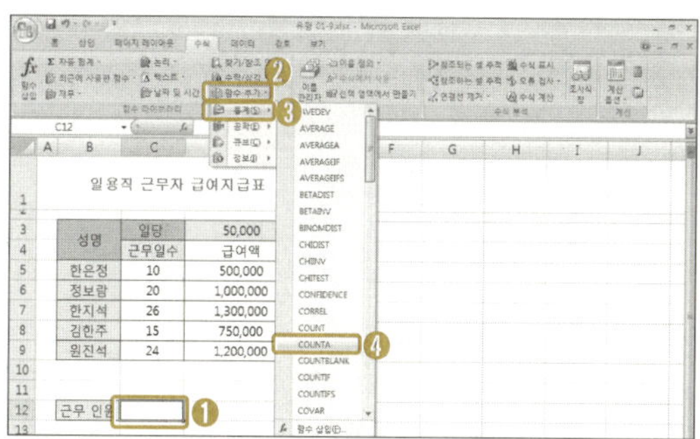

2 COUNTA의 [함수 인수] 대화상자가 나타나면 "B5:B9"를 입력한 후 [확인] 단추를 클릭한다.

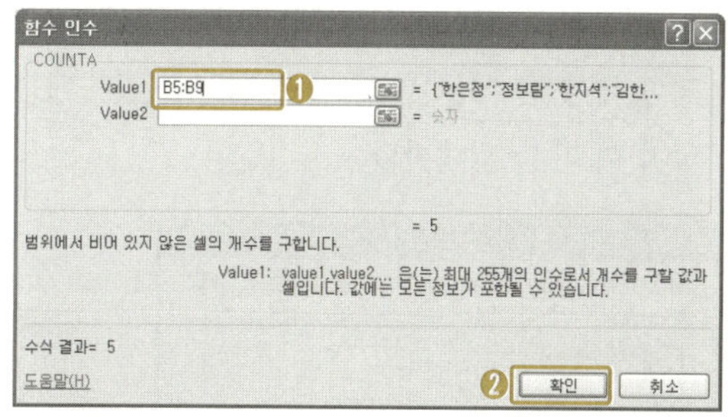

COUNT와 COUNTA

숫자 데이터가 입력된 셀을 계산할 때는 자동 합계 목록에 있는 COUNT 함수를 사용하지만 문자 데이터는 COUNTA 함수를 사용해야 결과 값이 맞게 출력된다.

10 실전문제 유형별 따라잡기

⊙ **준비파일** : 실전문제/실전10
⊙ **완성파일** : 실전문제/완성파일/실전완성10

[문제 **1**] [D5:D24] 영역을 목록으로 제한하여 '남자' 또는 '여자' 데이터만 입력 가능하도록 하고, 오류 메시지를 '오류–목록에서 선택' 이라고 표시하시오.

[문제 **2**] [C5:C24] 영역에 입력할 텍스트 길이를 '3'으로 제한하시오.

1 유효성 검사 기능을 이용하여 목록으로 입력 내용을 제한하는 방법

1 [D5:D24] 영역을 드래그하여 선택한 후 [데이터] 탭의 [데이터 도구] 그룹에서 [데이터 유효성 검사]를 클릭한다.

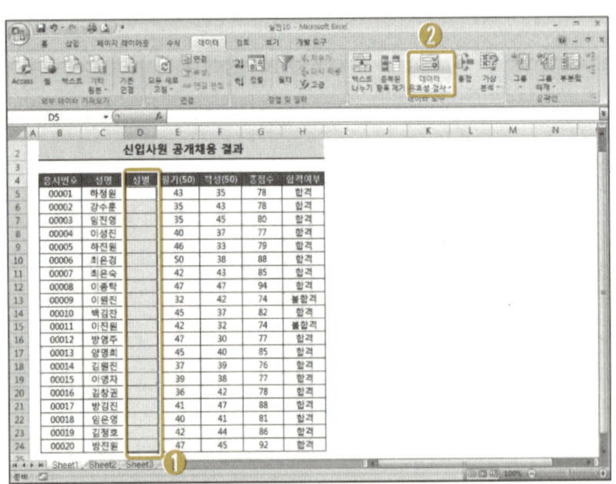

2 [데이터 유효성] 대화상자의 [설정] 탭에서 '제한 대상'은 '목록'으로 설정하고 '원본'에는 "남자,여자"를 입력한다.

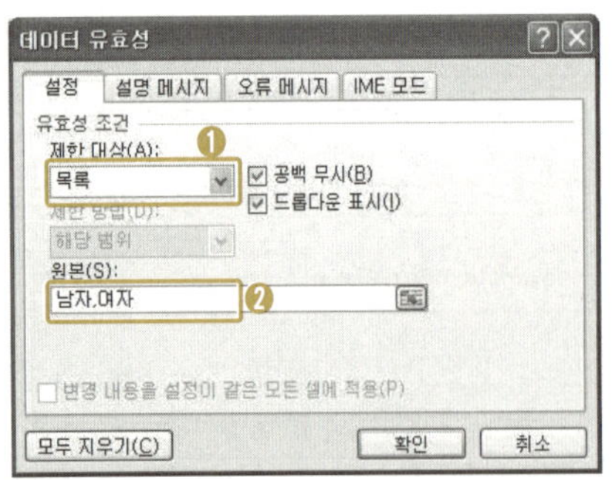

3 [오류 메시지] 탭을 클릭하여 이동한 후 "오류–목록에서 선택"이라고 입력한다.

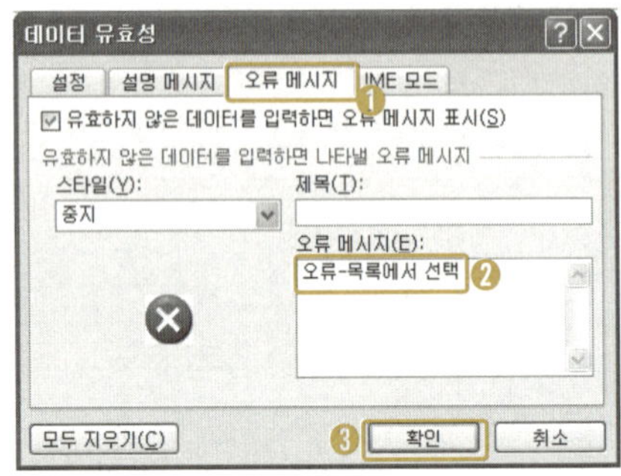

2 유효성 검사 기능을 이용하여 텍스트의 길이를 제한하는 방법

1 [C5:C24] 영역을 선택한 후 [데이터] 탭의 [데이터 도구] 그룹에서 [데이터 유효성 검사]를 클릭한다.

2 [데이터 유효성] 대화상자의 [설정] 탭에서 '제한 대상'은 '텍스트 길이'로, '제한 방법'은 '='로 설정하고, '길이'에는 "3"을 입력한 후 [확인] 단추를 클릭한다.

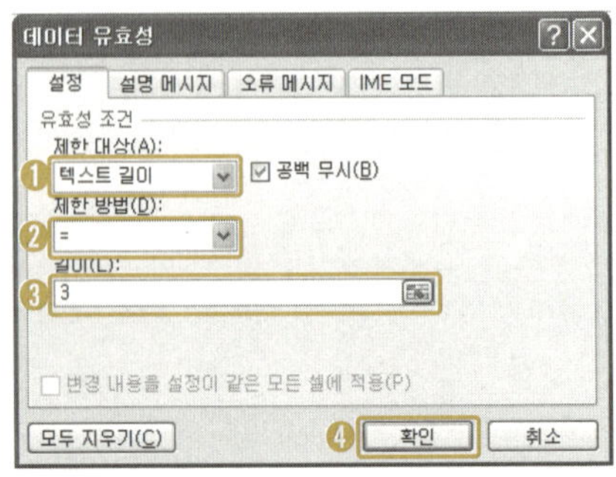

11 실전문제 유형별 따라잡기

[문제 **1**] [H3:H7] 영역에 평균값을 계산한 후 소수점 첫째 자리까지 표시하시오.

[문제 **2**] [H12] 셀에 평균 점수가 85점 이상인 사람의 수를 계산하시오.

---

1 평균값 계산 방법, 자릿수 지정 방법

1 [H3] 셀을 선택하고 [홈] 탭의 [편집] 그룹에서 [자동 합계]–[평균]을 클릭한 후 [C3:F3] 영역을 드래그하여 수식을 수정한 후 Enter 를 누른다.

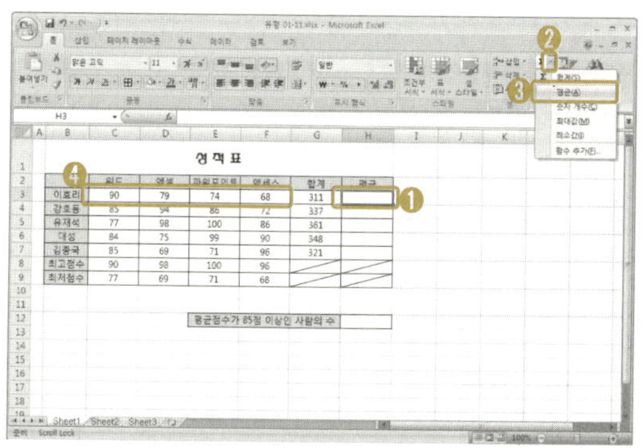

2 [H3] 셀의 채우기 핸들을 [H7] 셀까지 드래그하여 평균값을 수식을 복사한 후 [홈] 탭의 [표시 형식] 그룹에서 [자릿수 줄임]을 한 번 클릭하여 소숫점 첫째 자리까지 표시한다.

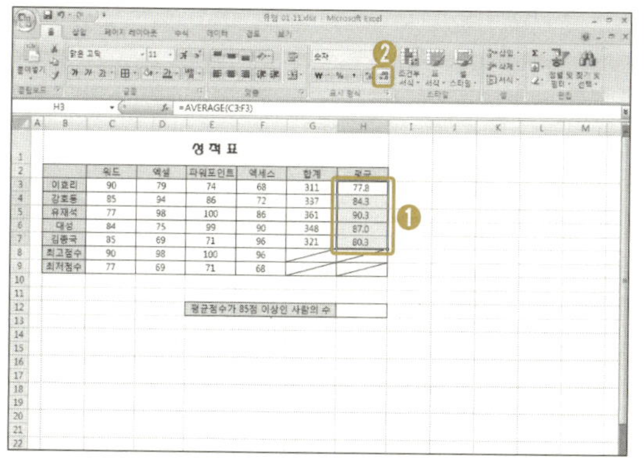

2 COUNTIF 함수를 이용하여 조건에 맞는 셀의 개수를 세는 방법

1 [H12] 셀을 선택한 후 [수식] 탭의 [함수 라이브러리] 그룹에서 [함수 추가]–[통계]–[COUNTIF] 함수를 선택한다.

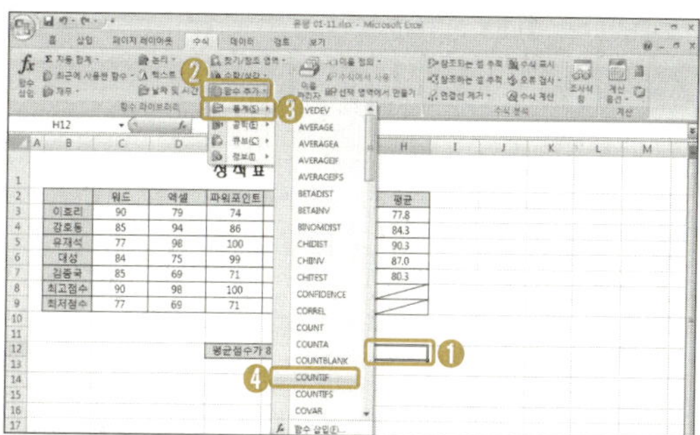

2 COUNTIF의 [함수 인수] 대화상자의 'Range'에 "H3:H7"을, 'Criteria'에 ">=85"을 입력하고 [확인] 단추를 클릭한다.

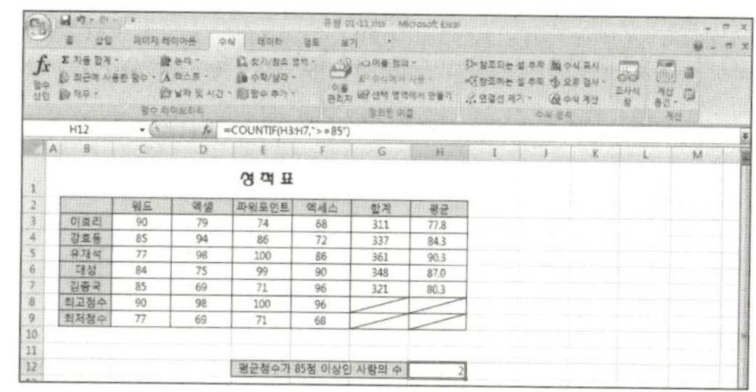

주의하세요.

엑셀에서 계산을 할 때에는 인수로 입력되는 영역 등이 정확하게 반영되어야 하므로 잘 확인한다. 특히 평균을 계산할 때 합계가 계산식에 적용되지 않도록 주의한다.

12 실전문제 유형별 따라잡기

[문제 **1**] [I4:I21] 영역에 신청 과목 수가 2개 이상이면 '교재 증정'이, 그렇지 않으면 빈칸이 표시되도록 하시오.

[문제 **2**] [H4:H21] 영역에 '3색 신호등(테두리)' 조건부 서식을 적용하시오.

1 논리 IF 함수를 이용하여 수식을 구하는 방법

1 [I4] 셀을 클릭한 후 [수식] 탭의 [함수 라이브러리] 그룹에서 [논리]-[IF] 함수를 선택한다.

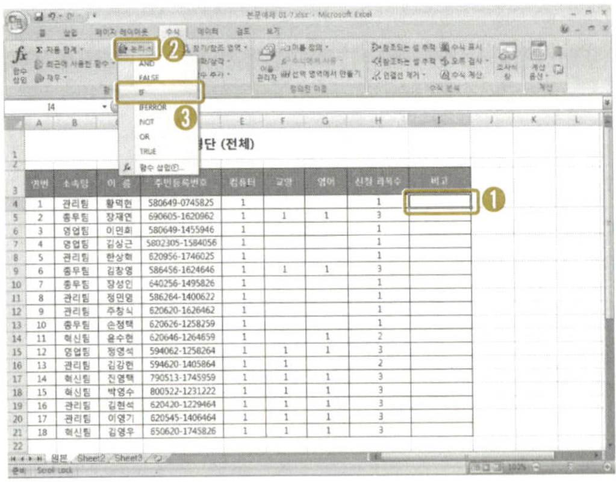

2 IF [함수 인수] 대화상자의 'Logical_test'에 "H4>=2"를 입력한다. 'Value_if_true'에 "교재 증정"을, 'Value_if_false'에 """"을 입력하고 [확인] 단추를 클릭한다.

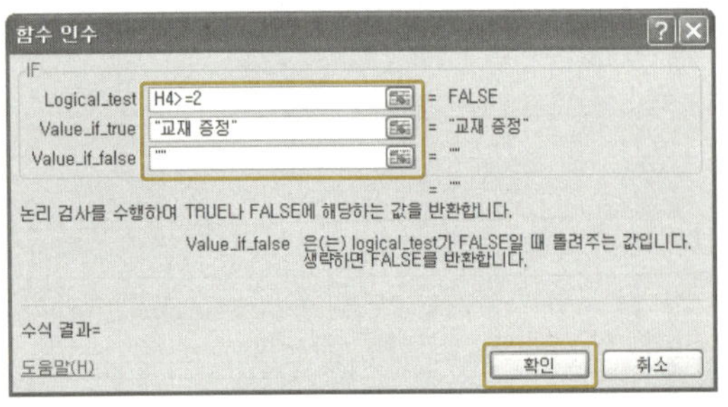

주의하세요.

빈칸이라고 해서 인수창을 채우지 않으면 'False'가 출력되므로 따옴표("")를 입력하여 빈칸을 표시하도록 한다.

5 수식 결과가 나타나면 [I4] 셀의 채우기 핸들을 [I21] 셀까지 드래그하여 수식을 복사한다.

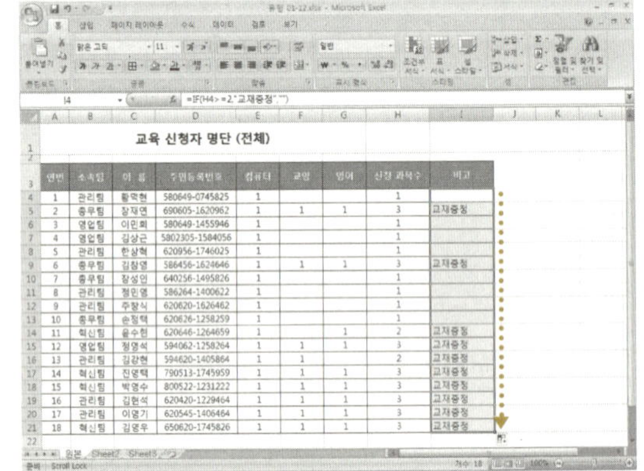

2 조건부 서식 중 아이콘 집합을 설정하는 방법

1 [H4:H21] 영역을 선택한다.

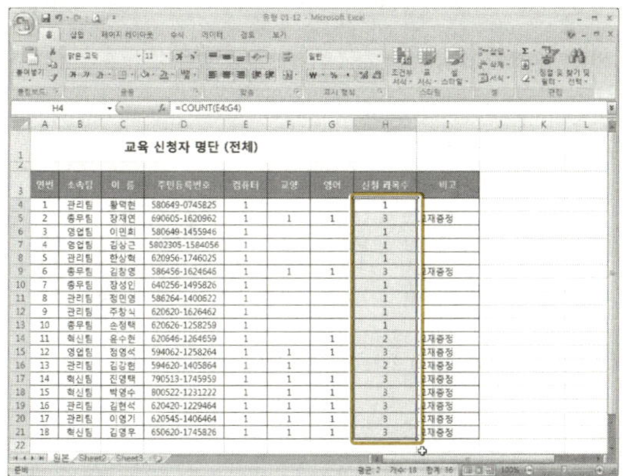

2 [홈] 탭의 [스타일] 그룹에서 [조건부 서식]–[아이콘 집합]– '3색 신호등(테두리)'를 선택한다.

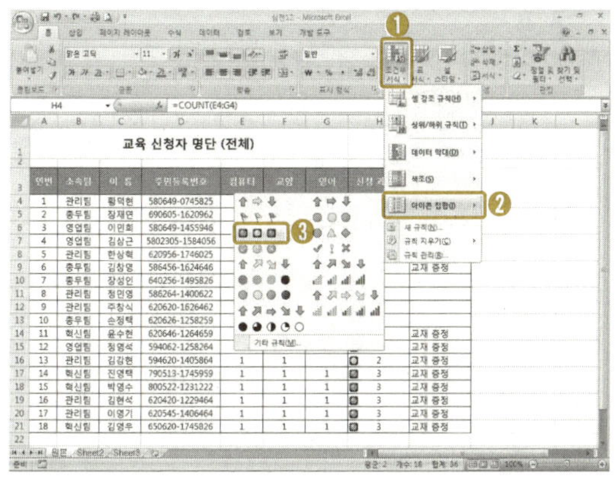

3 해당 열에 조건부 서식이 적용된다. 임의의 셀을 클릭하여 선택 영역을 해제한다.

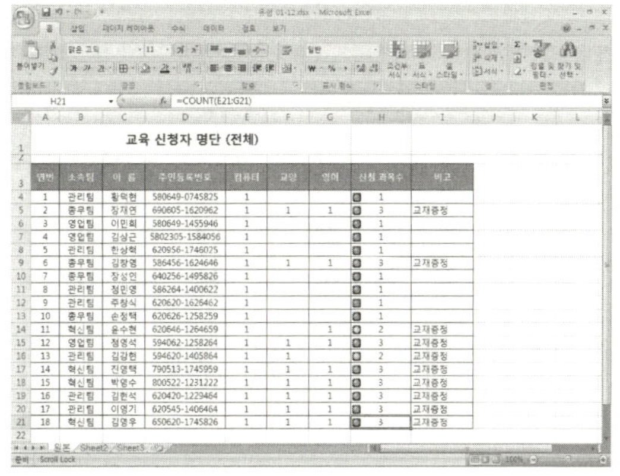

조건부 서식 제거

이미 적용되어 있는 조건부 서식을 제거하는 문제도 출제되고 있다.

[홈] 탭의 [스타일] 그룹에서 [조건부 서식]–[규칙 지우기]을 클릭하고, [선택한 셀의 규칙 지우기]와 [시트 전체에서 규칙 지우기] 중에서 선택할 수 있다.

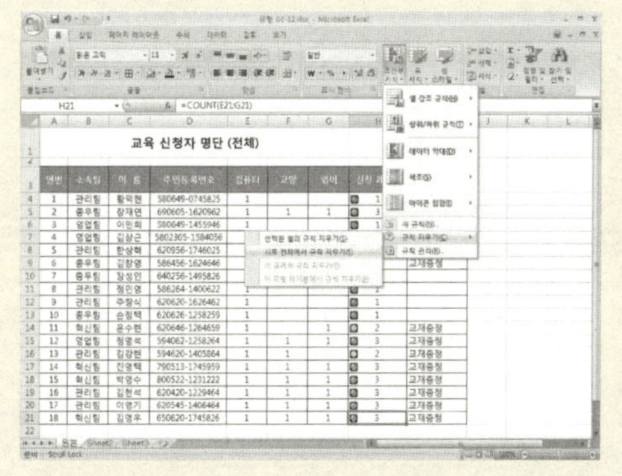

13 실전문제 유형별 따라잡기

⊙ **준비파일** : 실전문제/실전13
⊙ **완성파일** : 실전문제/완성파일/실전완성13

[문제 **1**] 차트에 '레이아웃 4'를 적용하시오.

[문제 **2**] 차트의 크기를 높이 '8cm', 너비 '10.5cm'로 설정하시오.

1 차트의 레이아웃 수정 방법

1 차트를 선택한다.

2 [차트 도구]-[디자인] 탭의 [차트 레이아웃] 그룹에서 [자세히] 단추를 눌러 '레이아웃 4'를 선택한다.

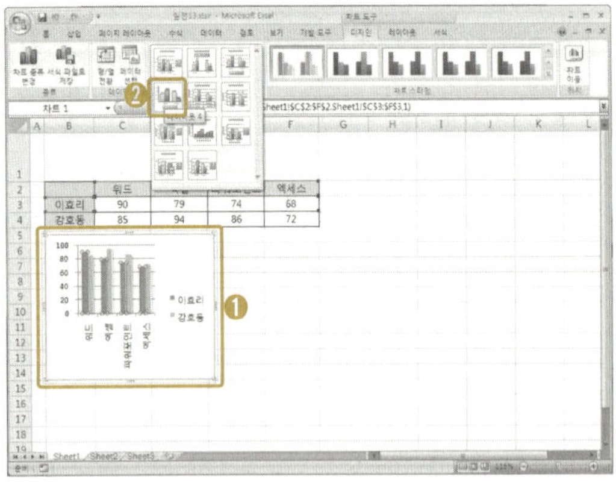

3 차트에 '레이아웃 4'가 적용된다.

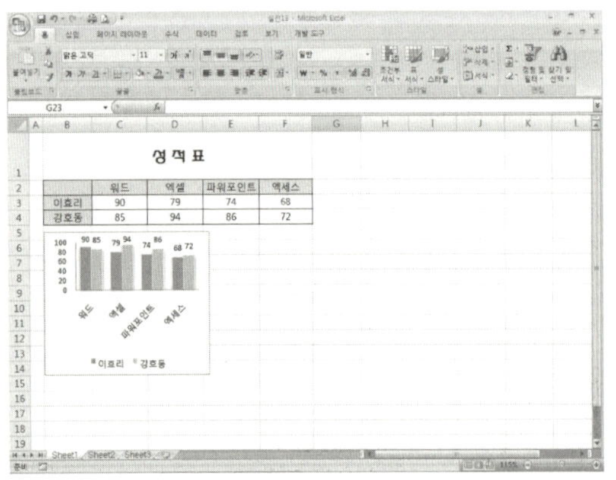

2 차트 높이와 너비 설정 방법

1 차트를 선택한다.

2 [차트 도구]-[서식] 탭의 [크기] 그룹에서 도형 높이를 '8cm'로, 도형 너비를 '10.5cm'로 설정한다.

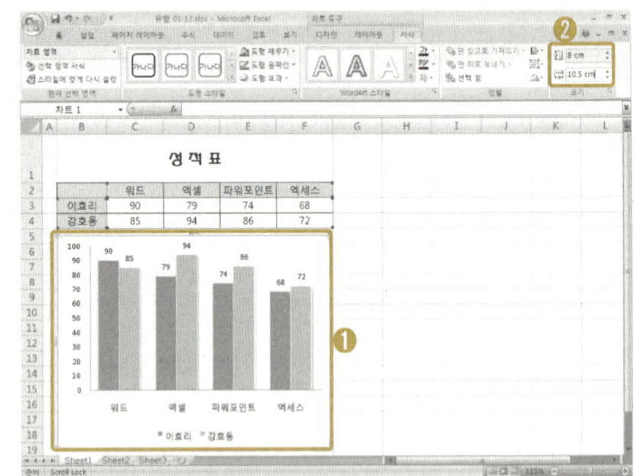

3 임의의 셀을 클릭하여 차트 선택을 해제한다.

[문제 **1**] 통합 문서의 표를 학교순으로 오름차순, 성명순으로 내림차순 정렬하시오.

[문제 **2**] 학교별로 엑셀과 파워포인트의 평균을 구하고, 학교별로 페이지를 나누시오.

1 데이터 정렬 방법

1 데이터가 입력된 범위의 임의의 셀을 클릭한 후 [데이터] 탭의 [정렬 및 필터] 그룹에서 [정렬]을 클릭한다.

2 [정렬] 대화상자의 정렬 기준을 '학교', '오름차순' 으로 선택한다.

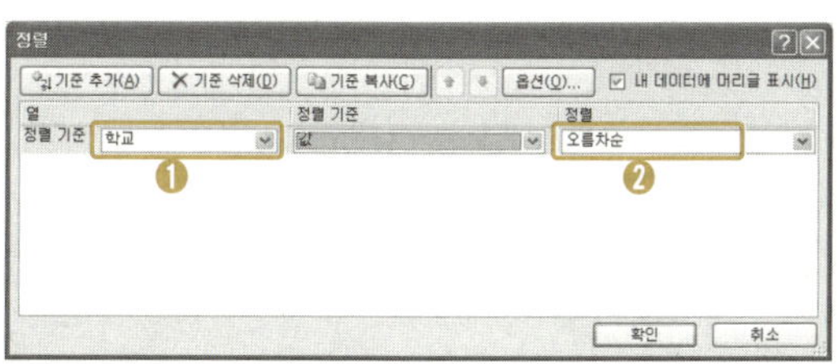

3 [기준 추가] 단추를 눌러 다음 기준을 '이름' 으로 하고 '내림차순'을 선택한 후 [확인] 단추를 클릭한다.

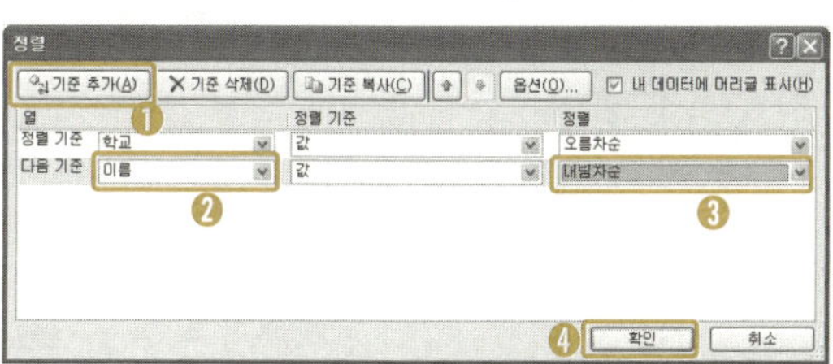

4 두 가지 조건에 맞게 정렬된다.

2 제시된 설정에 따라 부분합을 구하는 방법

1 [데이터] 탭의 [윤곽선] 그룹에서 [부분합]을 클릭한다.

2 [부분합] 대화상자에서 그룹화할 항목은 '학교', 사용할 함수는 '평균', 부분합 계산 항목은 '엑셀'과 '파워포인트'를 선택하고, '그룹 사이에서 페이지 나누기'에 체크한 후 [확인] 단추를 클릭한다.

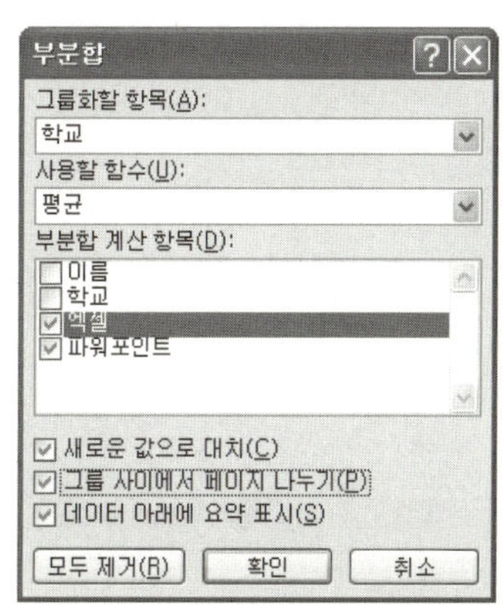

3 설정 항목에 맞춰 부분합이 구해진다.

그룹별로 표시하거나 감추기

부분합 계산 후 왼쪽에 표시된 단추를 이용해 그룹별로 표시하거나 감추는 기능도 알아두도록 한다.

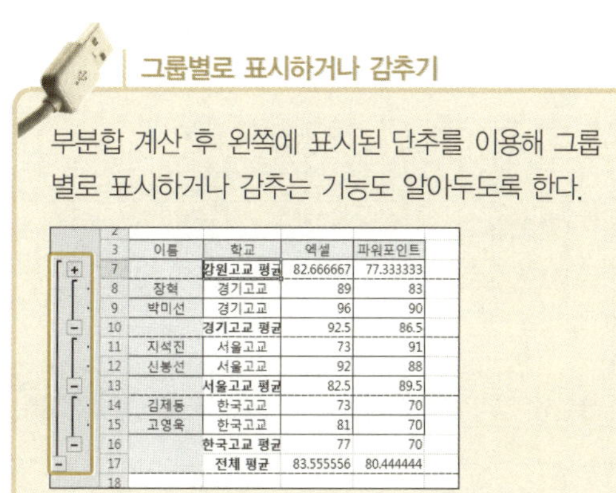

15 실전문제 유형별 따라잡기

[문제 1] [C5:C15] 영역의 날짜 데이터를 '간단한 날짜'로 변경하시오.

[문제 2] 워크시트의 수식이 보이도록 설정하시오.

1 날짜 서식 변경 방법

1 [C5:C15] 셀을 클릭하여 선택한 후 [홈] 탭의 [표시 형식] 그룹에서 [간단한 날짜]를 선택한다.

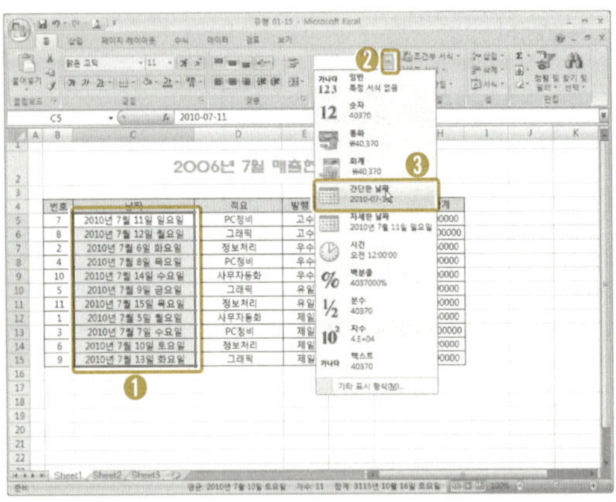

2 날짜 형식이 변경된다.

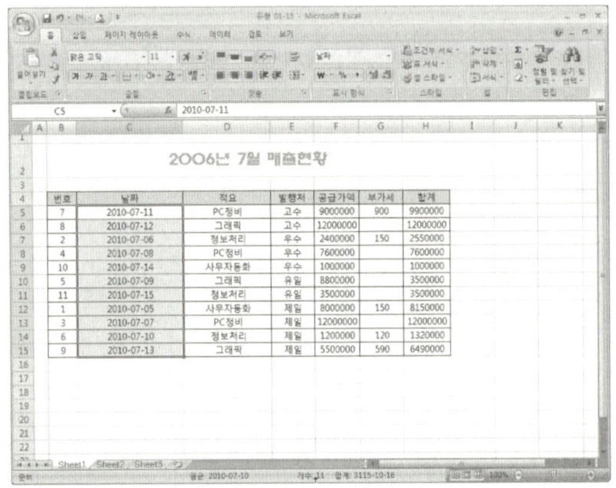

2 워크시트에 수식을 표시하는 방법

1 [수식] 탭의 [수식 분석] 그룹에서 [수식 표시]를 선택한다.

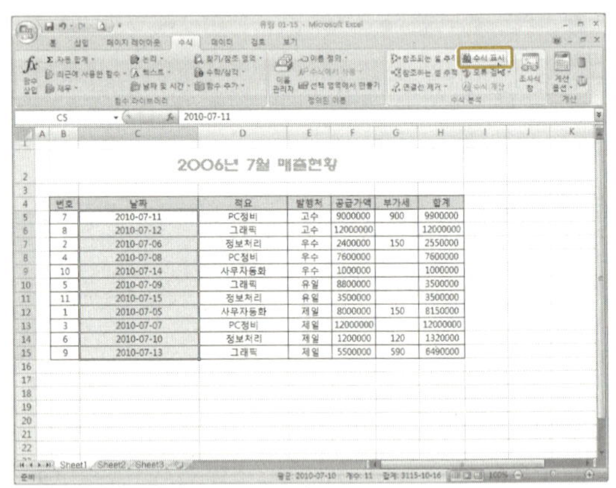

2 모든 계산 결과 값이 수식으로 전환되어 표시된다.

16 실전문제 유형별 따라잡기

⊙ 준비파일 : 실전문제/실전16
⊙ 완성파일 : 실전문제/완성파일/실전완성16

[문제 **1**] 그래픽 개체의 서식을 '반사형 입체, 흰색'으로 설정하시오.

[문제 **2**] 주소 중 글꼴 색이 '자동'인 행만 표시되도록 표를 필터링하시오.

1 그림에 효과를 설정하는 방법

1 이미지를 선택하고 [그림 도구]–[서식] 탭의 [그림 스타일] 그룹에서 [자세히] 단추를 클릭한다.

2 '반사형 입체, 흰색'을 선택한다.

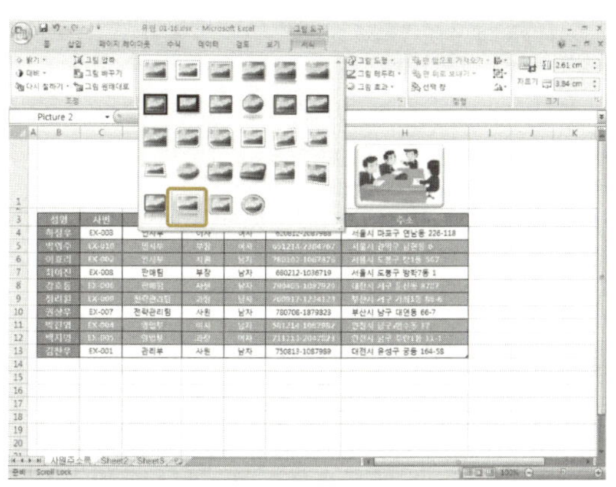

2 색 아이콘 기준으로 필터링하는 방법

1 데이터 범위의 임의의 셀을 클릭한다.

2 [데이터] 탭의 [정렬 및 필터] 그룹에서 [필터]를 클릭한다.

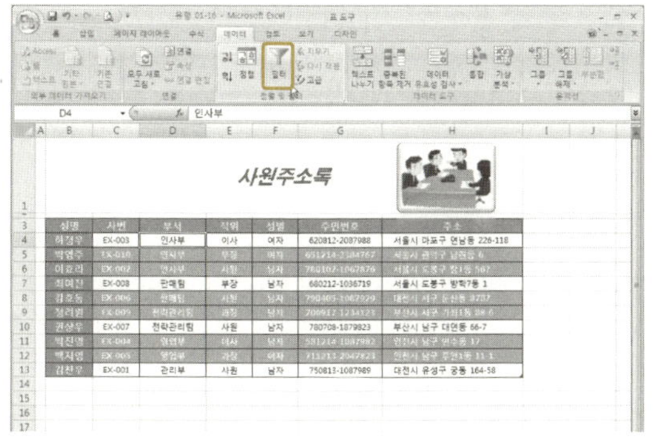

3 첫 행에 필터 단추가 나타나면 '주소' 열의 필터 단추를 클릭하고 [색 기준 필터]–[자동]을 클릭한다.

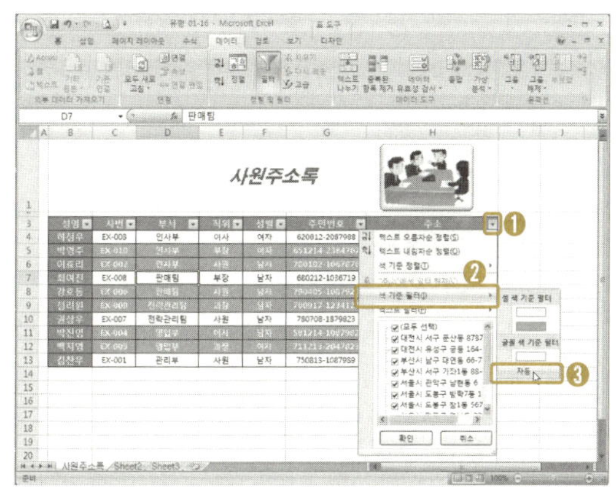

주의하세요

[색 기준 필터]를 사용할 때는 [셀 색 기준 필터]와 [글꼴 색 기준 필터]의 두 가지 경우를 구분해서 사용한다.

⊙ **준비파일** : 실전문제/실전17
⊙ **완성파일** : 실전문제/완성파일/실전완성17

[문제 **1**] [C5:G7] 영역만 편집이 가능하도록 시트를 보호하시오.

[문제 **2**] 현재 통합 문서를 이전 버전에서도 사용 가능하도록 [내 문서] 폴더에 저장하시오.

---

1 범위 편집 허용 방법

1 [C5:G7] 영역을 선택하고 [검토] 탭의 [변경 내용] 그룹에서 [범위 편집 허용]을 선택한다.

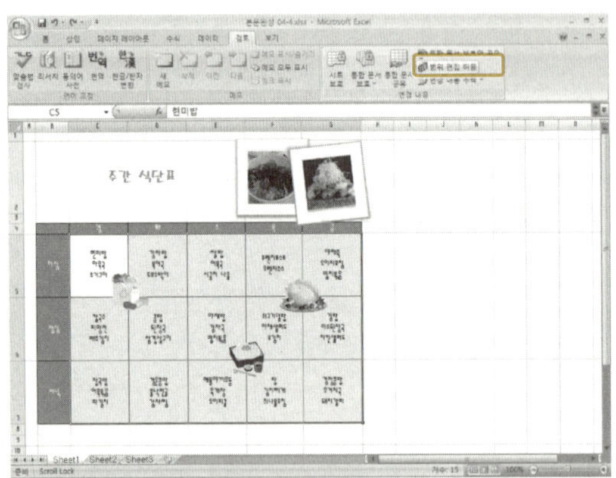

2 [범위 편집 허용] 대화상자가 나타나면 [새로 만들기] 단추를 클릭한다.

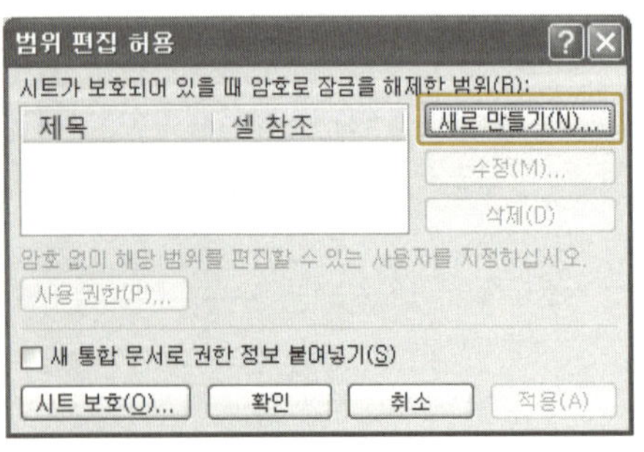

3 [새 범위] 대화상자에서 [확인] 단추를 클릭하여 범위를 추가한다.

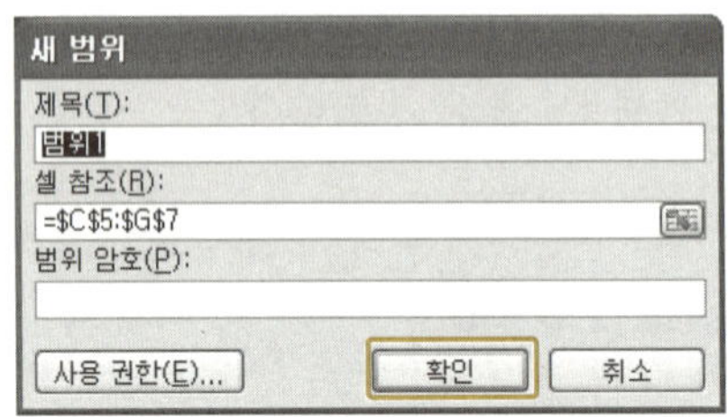

4 [범위 편집 허용] 대화상자가 다시 열리면 [시트 보호] 단추를 클릭한다.

5 [시트 보호] 대화상자가 나타나면 워크시트에서 허용할 내용을 체크한 후 [확인] 단추를 클릭한다.

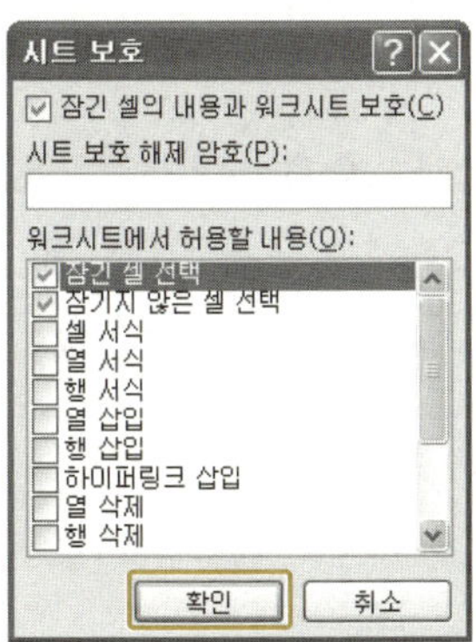

② Excel 97~2003 형식으로 저장하는 방법

1 [Office] 단추를 눌러 [다른 이름으로 저장]-[Excel 97-2003 통합 문서]를 클릭한다.

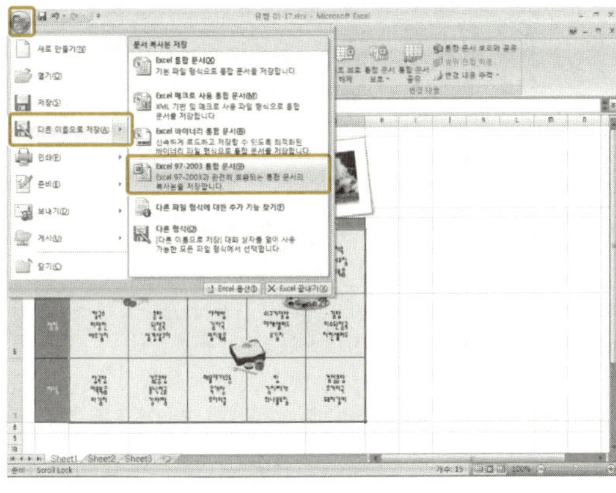

2 저장 위치를 [내 문서]로 설정한 후 [저장] 단추를 클릭한다.

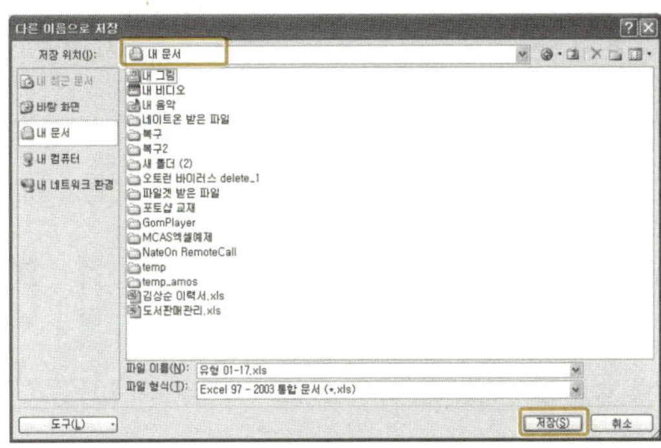

3 [호환성 검사] 대화상자가 나타나면 [계속]을 클릭하여 저장을 완료한다.

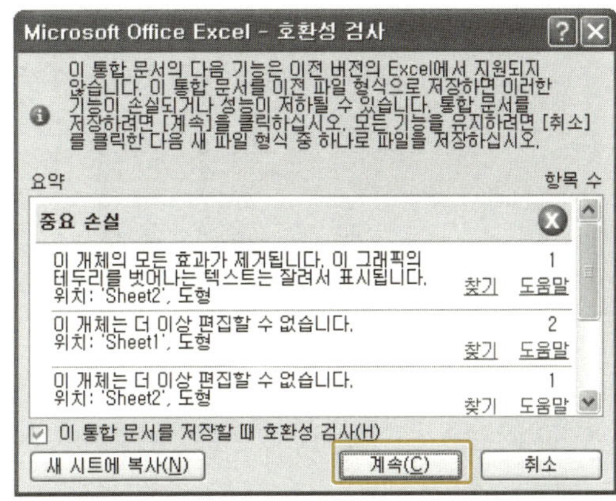

◉ **준비파일** : 실전문제/실전18
◉ **완성파일** : 실전문제/완성파일/실전완성18

[문제 **1**] 워크시트에 삽입된 두 도형을 '양방향 화살표'로 연결하고 선의 두께는 3pt로 설정하시오.

[문제 **2**] [B1:F1] 셀의 메모를 삭제하시오.

---

1 도형을 연결하고 선 두께를 조절하는 방법

1 [삽입] 탭의 [일러스트레이션] 그룹에서 [도형]– '양방향 화살표'를 선택한다.

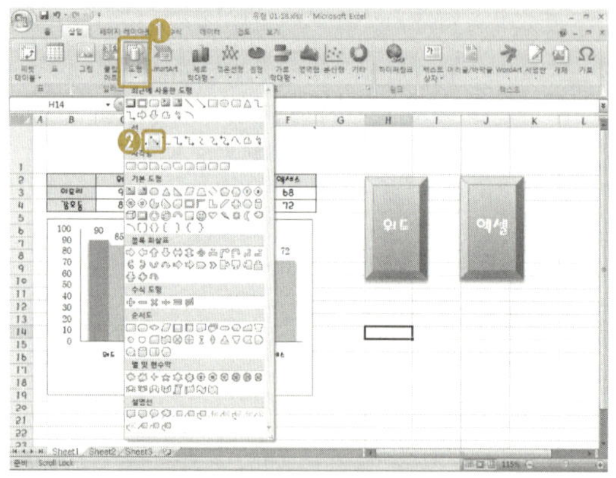

2 한 도형에 마우스를 대고 연결점이 생기면 다른 도형으로 드래그하여 화살표를 그린다.

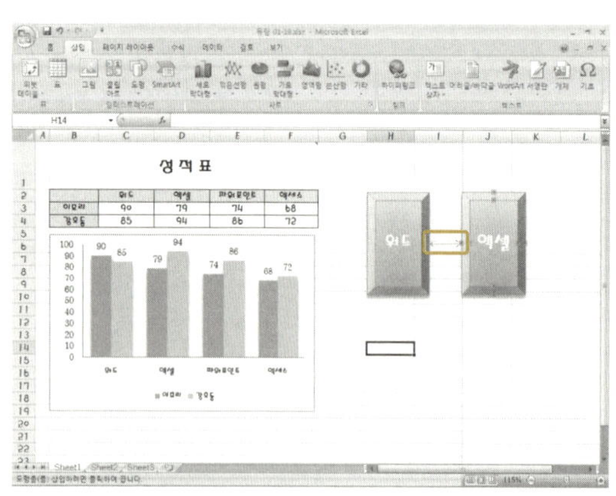

3 화살표 도형이 선택된 상태로 [그리기 도구]–[서식] 탭의 [도형 스타일] 그룹에서 [도형 윤곽선]–[두께]– '3pt'를 선택한다.

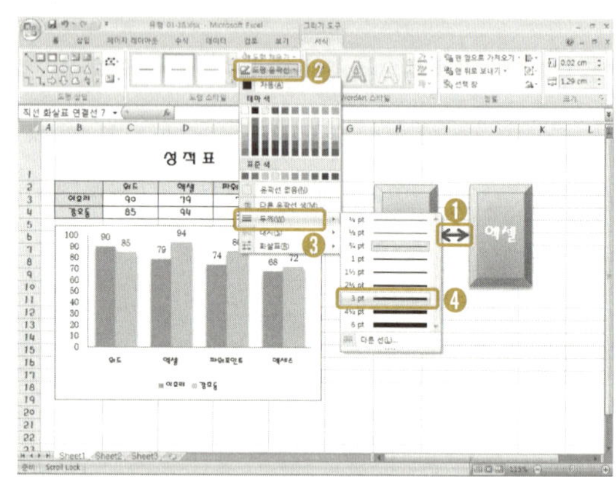

2 메모 삭제 방법

1 [B1:F1] 셀을 선택한 후 [홈] 탭의 [편집] 그룹에서 [지우기]–[메모 지우기]를 선택한다(마우스 오른쪽 단추를 눌러 [메모 삭제]를 클릭해도 된다).

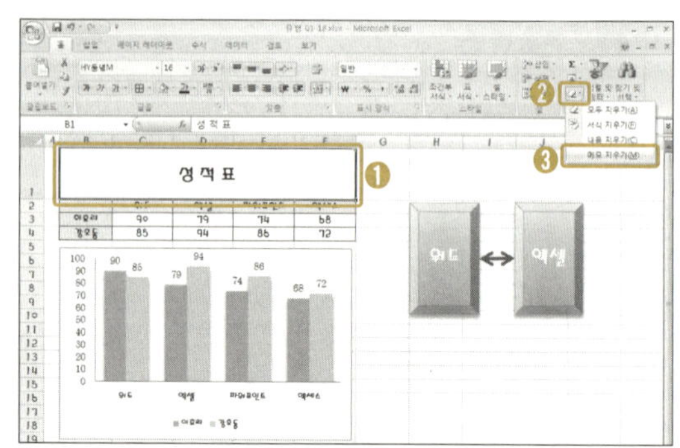

◉ **준비파일** : 실전문제/실전19
◉ **완성파일** : 실전문제/완성파일/실전완성19

[문제 **1**] 통합 문서에서 숨겨진 메타 데이터 및 개인 정보를 검사하고 검사 결과를 모두 제거하시오(모두 기본 설정을 적용할 것).

[문제 **2**] 이 통합 문서 기능을 저장할 때 [호환성 검사]가 적용되도록 하고 호환되지 않는 기능은 새 시트에 복사하시오.

---

1 숨겨진 메타 데이터 및 개인 정보를 검사하고 검사 결과를 제거하는 방법

1 [Office] 단추를 클릭하여 [준비]-[문서 검사] 메뉴를 클릭한다.

2 [문서 검사] 대화상자에서 [검사] 단추를 클릭한다.

3 검사 결과가 나오면 [메모 및 주석]과 [문서 속성 및 개인 정보]의 [모두 제거] 단추를 클릭한다.

4 [닫기] 단추를 클릭한다.

2 호환성 검사 결과를 새 시트에 복사하는 방법

1 [Office] 단추를 클릭하고 [준비]-[호환성 검사 실행]을 선택한다.

2 [새 시트에 복사]를 선택한다.

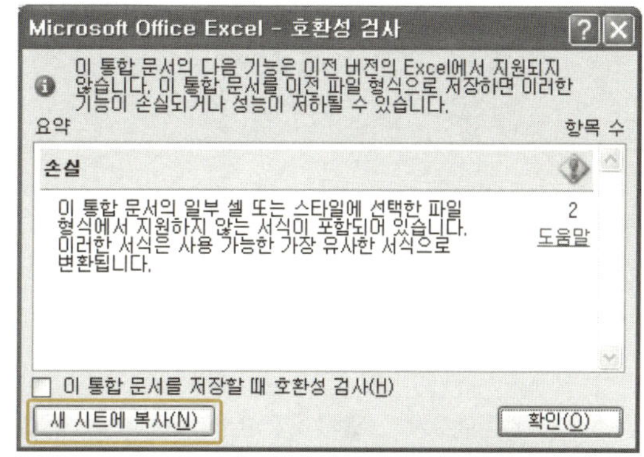

3 새 시트에 호환성 검사 결과가 표시된다.

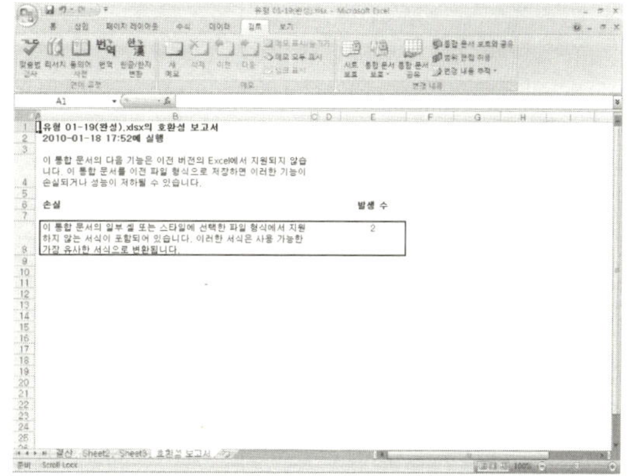

20 실전문제 유형별 따라잡기

[문제 **1**] 현재 문서를 통합 문서를 최종본으로 표시하고 배포 준비를 하시오.

1 통합 문서를 최종본으로 표시하는 방법

1 [Office] 단추를 클릭한다.

2 [준비]-[최종본으로 표시]를 클릭한다.

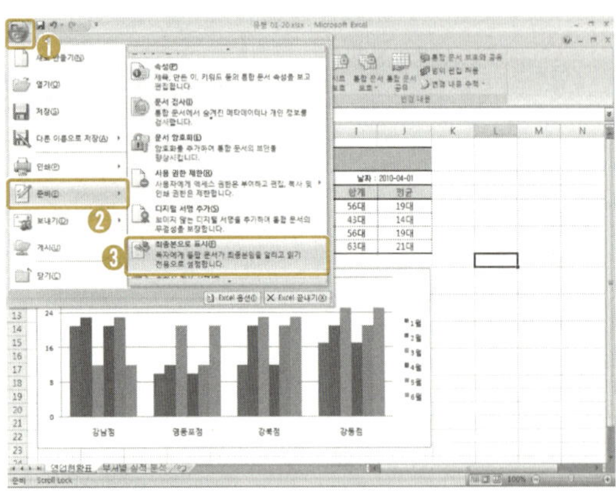

3 최종본임을 확인하는 창이 열리면 [확인] 단추를 클릭한다.

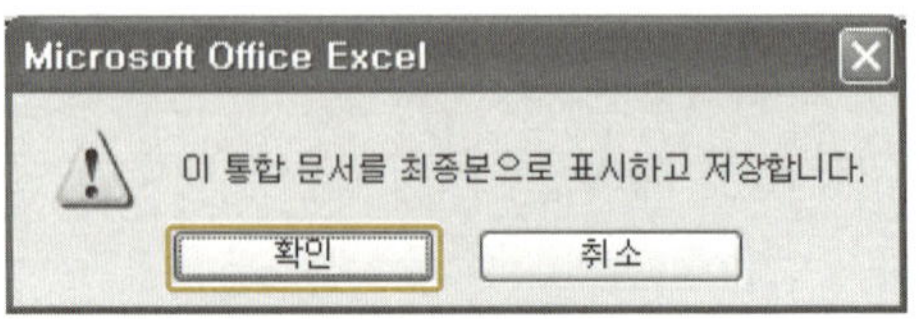

4 확인 메시지가 열리면 다시 [확인] 단추를 클릭한다.

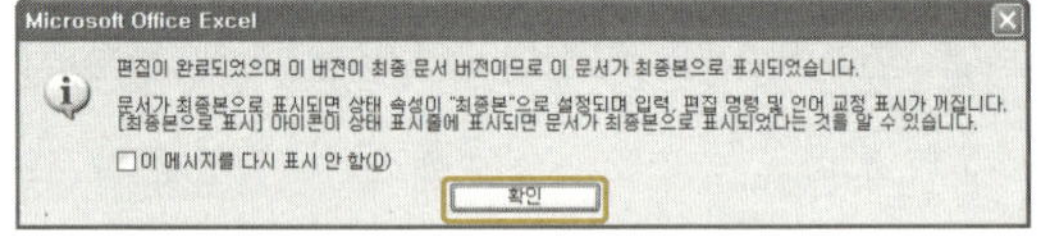

실전모의고사

1-01 다음 작업을 완성하시오.

- **준비파일** : 모의고사01/모의고사01-01
- **완성파일** : 모의고사01/완성파일/모의고사완성01-01

[문제 **1**] 워크시트를 '130%' 배율로 표시하시오.
[문제 **2**] 통합 문서를 최종본으로 표시하고 배포 준비를 하시오.

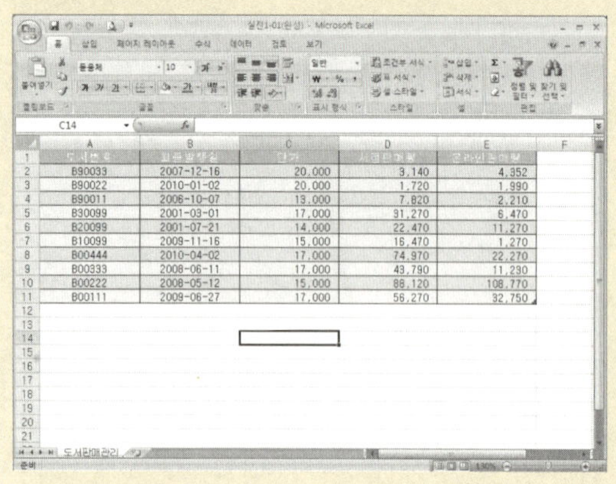

1-02 다음 작업을 완성하시오.

- **준비파일** : 모의고사01/모의고사01-02
- **완성파일** : 모의고사01/완성파일/모의고사완성01-02

[문제 **1**] 워크시트에 '풍요' 테마와 '보자기' 글꼴을 적용하시오.
[문제 **2**] 메모를 삭제하시오.

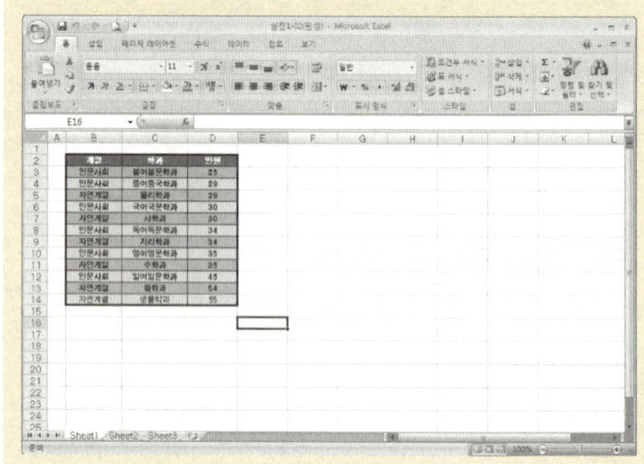

1-03 다음 작업을 완성하시오.

- **준비파일** : 모의고사01/모의고사01-03
- **완성파일** : 모의고사01/완성파일/모의고사완성01-03

[문제 **1**] 워크시트에서 모든 조건부 서식 규칙을 지우시오.
[문제 **2**] 이 통합 문서 기능을 저장할 때 [호환성 검사]가 적용되도록 하고 호환되지 않는 기능은 새 시트에 복사하시오.

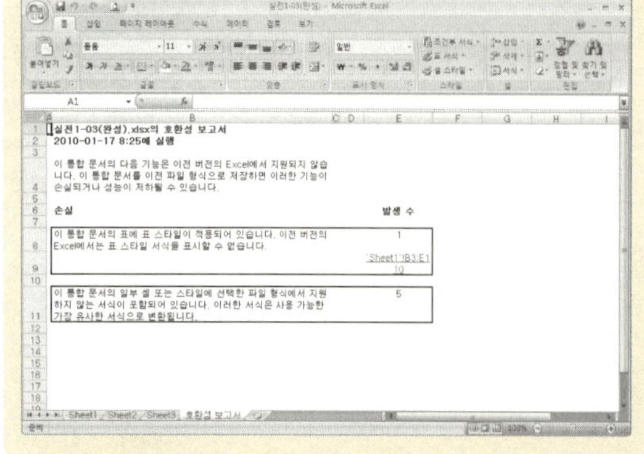

1-04 다음 작업을 완성하시오.

- **준비파일** : 모의고사01/모의고사01-04
- **완성파일** : 모의고사01/완성파일/모의고사완성01-04

[문제 **1**] 셀 범위 [B4:G12]의 성명 데이터에서 중복된 레코드를 삭제하시오.
[문제 **2**] 차트 높이를 '8.5cm', 너비를 '12.4cm'로 수정하시오.

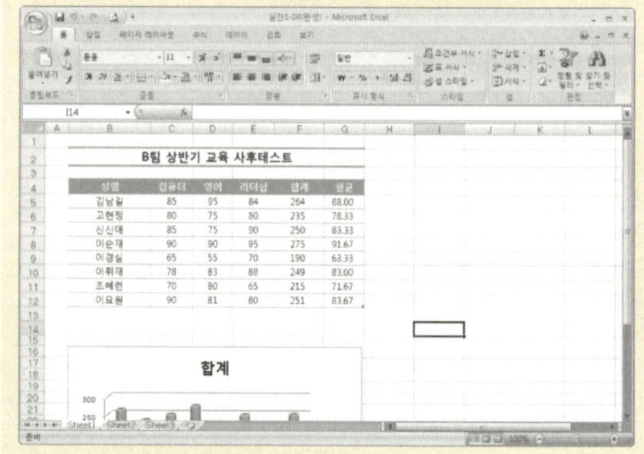

◉ **준비파일** : 모의고사01/모의고사01-05
◉ **완성파일** : 모의고사01/완성파일/모의고사완성01-05

[문제 **1**] [B4] 셀을 복사하여 [C4:E4] 영역에 서식만 붙여 넣으시오.

[문제 **2**] [B5] 셀부터 [B20] 셀까지 연속 데이터를 채우시오.

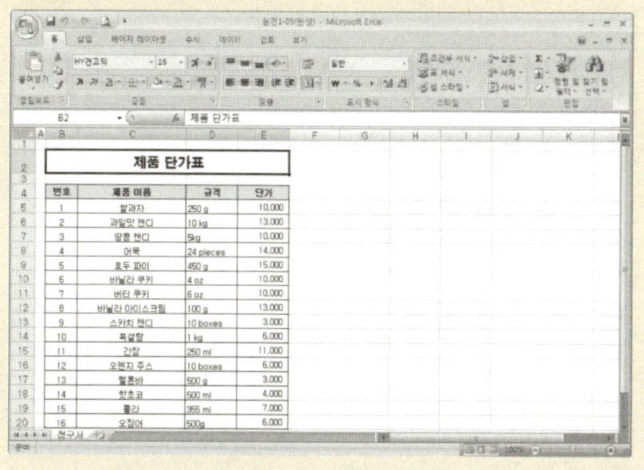

◉ **준비파일** : 모의고사01/모의고사01-06
◉ **완성파일** : 모의고사01/완성파일/모의고사완성01-06

[문제 **1**] 워크시트의 눈금선이 보이지 않도록 설정하시오.

[문제 **2**] [B4:I4] 영역에 '강조색2' 서식을 적용하시오.

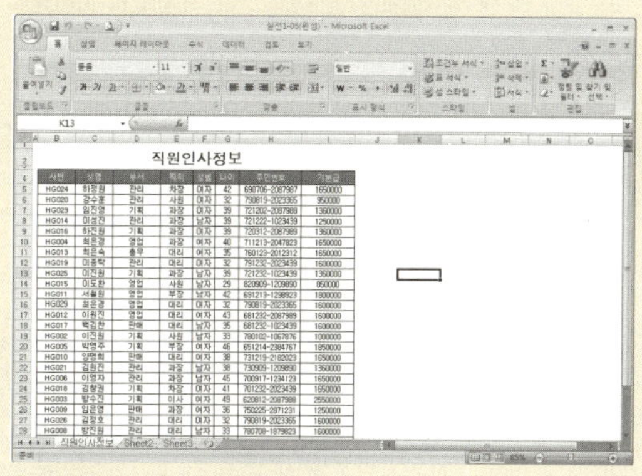

◉ **준비파일** : 모의고사01/모의고사01-07
◉ **완성파일** : 모의고사01/완성파일/모의고사완성01-07

[문제 **1**] [F5:F12] 영역에 평균값을 계산한 후 소수점 둘째자리까지 표시하시오.

[문제 **2**] [B5:B12] 영역의 데이터 왼쪽에 'MS-'가 공통적으로 표시되도록 설정하시오.

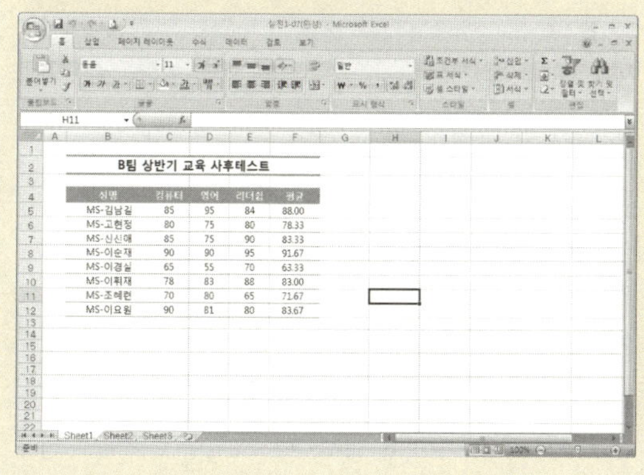

◉ **준비파일** : 모의고사01/모의고사01-08
◉ **완성파일** : 모의고사01/완성파일/모의고사완성01-08

[문제 **1**] [G] 열을 이용하여 [G17] 셀에 기말고사 응시자 인원 수를 구하시오.

[문제 **2**] 워크시트에 수식을 표시하시오.

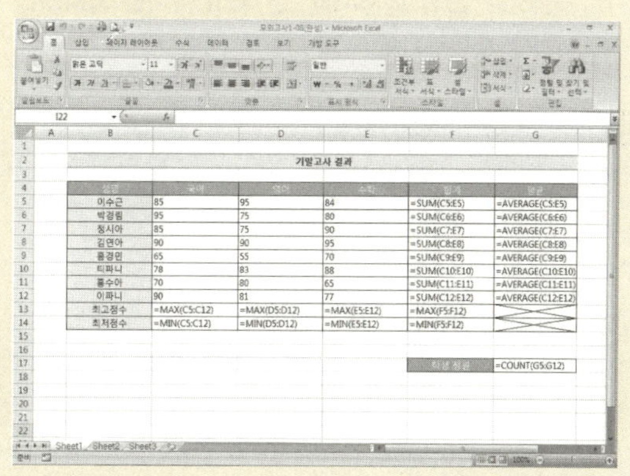

1-09 다음 작업을 완성하시오.

- **준비파일** : 모의고사01/모의고사01-09
- **완성파일** : 모의고사01/완성파일/모의고사완성01-09

[문제 1] 차트에 '레이아웃 4'를 적용하시오.

[문제 2] 차트의 위쪽에 '구별 병원 비율'이라는 차트 제목을 추가하시오.

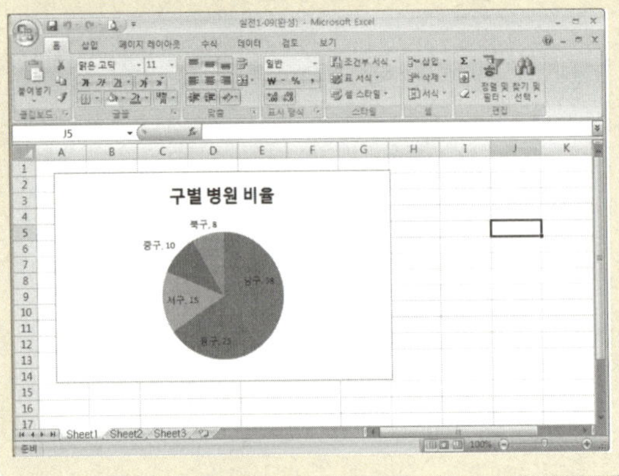

1-10 다음 작업을 완성하시오.

- **준비파일** : 모의고사01/모의고사01-10
- **완성파일** : 모의고사01/완성파일/모의고사완성01-10

[문제 1] 셀 범위 [B3:B8]의 쉼표로 분리된 내용을 열로 변환하시오(나머지는 기본 설정을 적용할 것).

[문제 2] 통합 문서에서 숨겨진 메타 데이터 및 개인 정보를 검사하고 모든 검사 결과를 제거하시오(모두 기본 설정을 적용할 것).

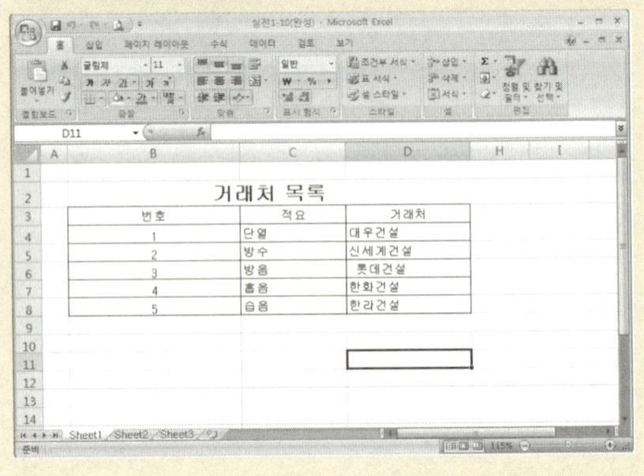

1-11 다음 작업을 완성하시오.

- **준비파일** : 모의고사01/모의고사01-11
- **완성파일** : 모의고사01/완성파일/모의고사완성01-11

[문제 1] [F5:F19] 셀에 E열의 데이터가 '장려상'이면 '문구 세트'를, 나머지는 '문화 상품권'을 채우는 수식을 작성하시오.

[문제 2] [C5:C19] 영역에 텍스트 입력 길이를 '1'로 제한하고, 오류 메시지를 '한 자리 숫자만 입력 가능'이라고 표시하시오.

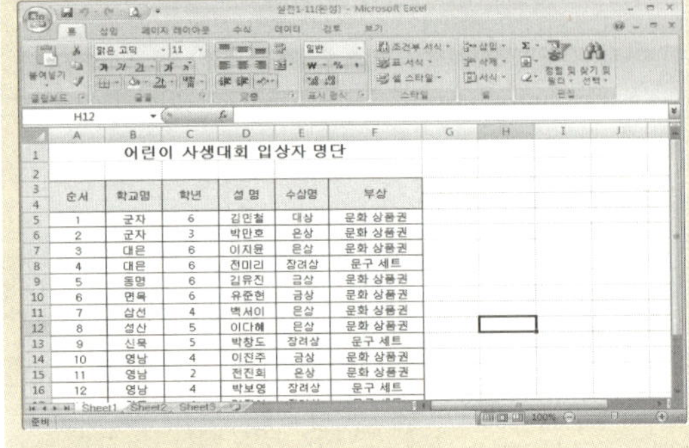

1-12 다음 작업을 완성하시오.

- **준비파일** : 모의고사01/모의고사01-12
- **완성파일** : 모의고사01/완성파일/모의고사완성01-12

[문제 1] '직원인사정보' 표를 부서별로 오름차순 정렬하시오.

[문제 2] 셀 범위 [B4:I33]에서 부서별 기본급의 평균을 구하고, 각 부서별로 페이지를 나누어 표시하시오.

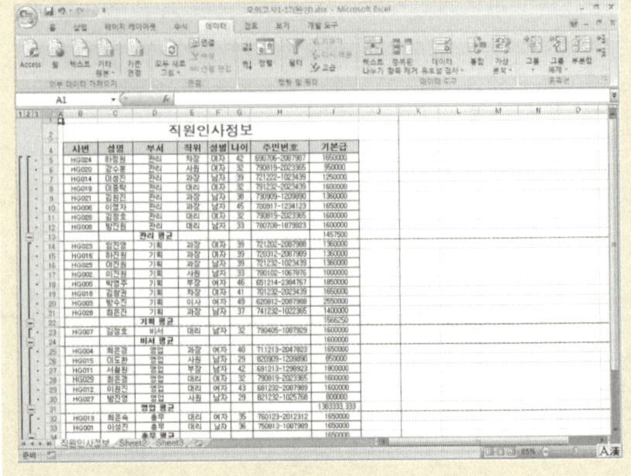

1-13 다음 작업을 완성하시오.

- **준비파일** : 모의고사01/모의고사01-13
- **완성파일** : 모의고사01/완성파일/모의고사완성01-13

[문제 **1**] [B4:B7] 영역에 이자를 계산하시오.

[문제 **2**] [A3:B7] 영역에 '표 스타일 보통 13'을 적용하고 줄무늬 행을 삭제하시오.

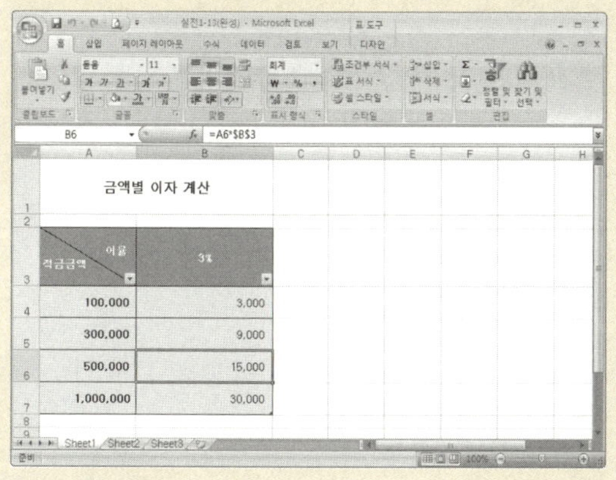

1-14 다음 작업을 완성하시오.

- **준비파일** : 모의고사01/모의고사01-14
- **완성파일** : 모의고사01/완성파일/모의고사완성01-14

[문제 **1**] [H3:H8] 영역에 '남자' 또는 '여자'만 목록 단추를 이용하여 입력이 가능하도록 설정하시오.

[문제 **2**] [B2:H2] 영역에 '강조색5'를 적용하시오.

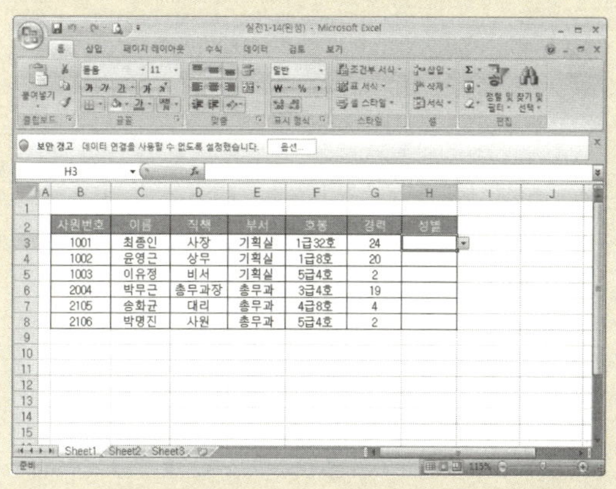

1-15 다음 작업을 완성하시오.

- **준비파일** : 모의고사01/모의고사01-15
- **완성파일** : 모의고사01/완성파일/모의고사완성01-15

[문제 **1**] [B1:G1] 영역을 병합하고 가운데 정렬하시오.

[문제 **2**] [B4:B10] 영역의 데이터 뒤에 '점'이 공통적으로 표시되도록 하시오.

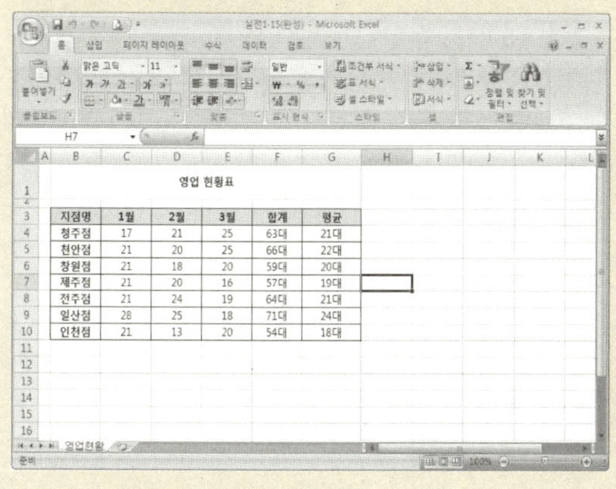

1-16 다음 작업을 완성하시오.

- **준비파일** : 모의고사01/모의고사01-16
- **완성파일** : 모의고사01/완성파일/모의고사완성01-16

[문제 **1**] SmartArt 그래픽의 스타일을 '미세 효과'로 변경하시오.

[문제 **2**] 워크시트에 삽입된 이미지에 '금속 타원'을 적용하시오.

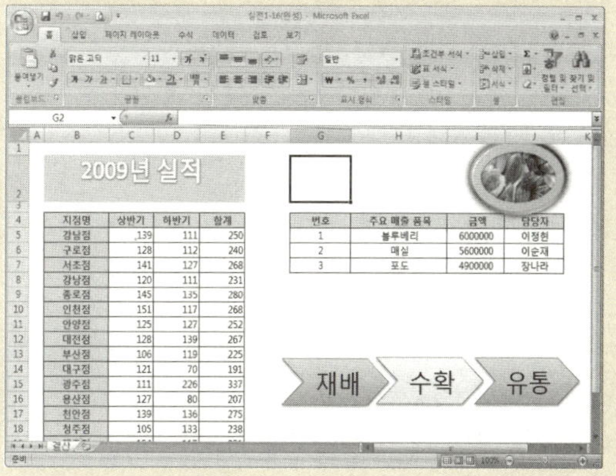

1-17 다음 작업을 완성하시오.

⊙ **준비파일** : 모의고사01/모의고사01-17
⊙ **완성파일** : 모의고사01/완성파일/모의고사완성01-17

[문제 **1**] 워크시트에 삽입된 가로 막대형 차트를 '묶은 세로 막대형 차트'로 변경하시오.
[문제 **2**] 차트의 '범례'를 삭제하시오.

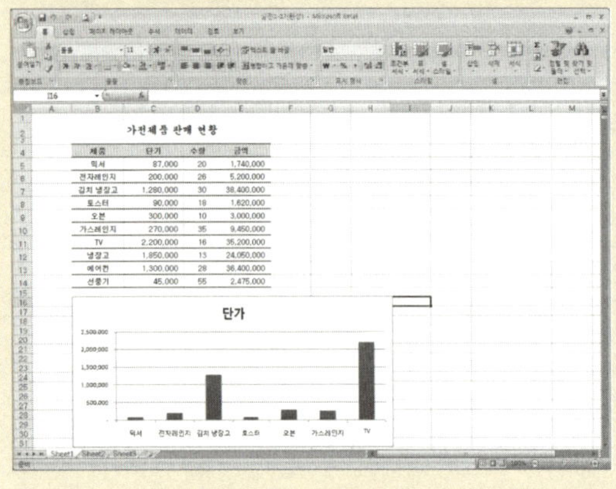

1-18 다음 작업을 완성하시오.

⊙ **준비파일** : 모의고사01/모의고사01-18
⊙ **완성파일** : 모의고사01/완성파일/모의고사완성01-18

[문제 **1**] [E3] 셀의 표시 형식을 '자세한 날짜'로 변경하시오.
[문제 **2**] 현재 통합 문서를 '엑셀 서식 파일'로 저장하시오.

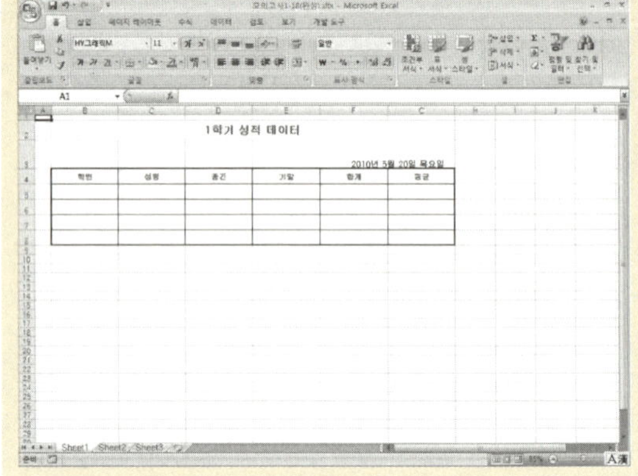

1-19 다음 작업을 완성하시오.

⊙ **준비파일** : 모의고사01/모의고사01-19
⊙ **완성파일** : 모의고사01/완성파일/모의고사완성01-19

[문제 **1**] 워크시트의 [D] 열을 삭제하시오.
[문제 **2**] [D5:D20]의 데이터에 '쉼표 스타일'을 적용하시오.

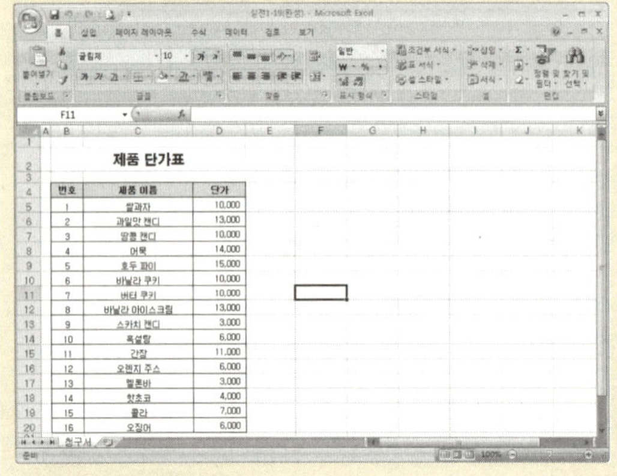

1-20 다음 작업을 완성하시오.

⊙ **준비파일** : 모의고사01/모의고사01-20
⊙ **완성파일** : 모의고사01/완성파일/모의고사완성01-20

[문제 **1**] 부분합된 데이터 중 '관리부'와 '영업부'만 화면에 표시되도록 설정하시오.
[문제 **2**] 부분합 결과를 제거하시오.

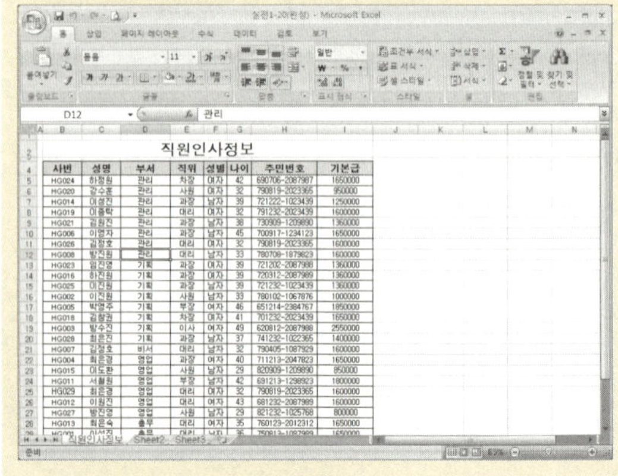

2-01 다음 작업을 완성하시오.

- **준비파일** : 모의고사02/모의고사02-01
- **완성파일** : 모의고사02/완성파일/모의고사완성02-01

[문제 1] 워크시트에 삽입된 가로막대형 차트를 '표식이 있는 꺾은선형' 차트로 변경하시오.

[문제 2] 차트의 눈금 간격이 '0, 20, 40, 60, 80, 100'으로 표시되도록 변경하시오.

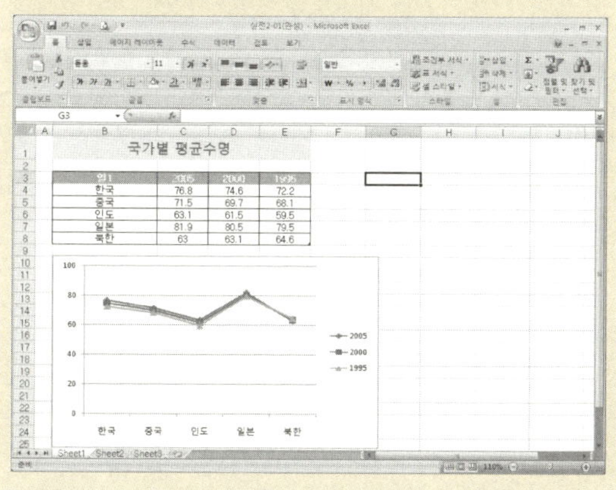

2-02 다음 작업을 완성하시오.

- **준비파일** : 모의고사02/모의고사02-02
- **완성파일** : 모의고사02/완성파일/모의고사완성02-02

[문제 1] [B2:B6] 영역의 데이터를 공백을 기준으로 나누어 입력하시오.

[문제 2] [B2:D2] 영역에 '강조색5' 셀 스타일을 적용하시오.

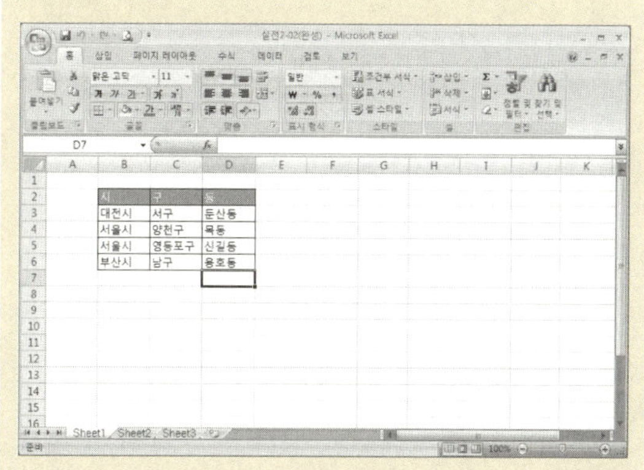

2-03 다음 작업을 완성하시오.

- **준비파일** : 모의고사02/모의고사02-03
- **완성파일** : 모의고사02/완성파일/모의고사완성02-03

[문제 1] [F5:F14] 영역에 제품 단가가 1,000,000원 이상이면 '상품권 증정'을, 이하일 때는 '무료 배송'을 표시하는 수식을 입력하시오.

[문제 2] [D5:D14] 영역에 '3가지 모양' 조건부 서식을 적용하시오.

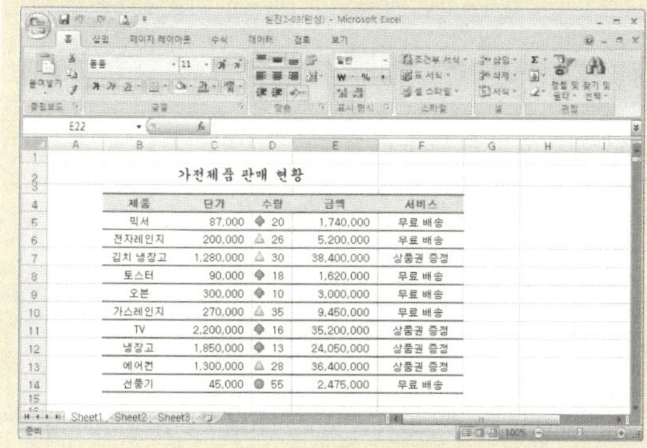

2-04 다음 작업을 완성하시오.

- **준비파일** : 모의고사02/모의고사02-04
- **완성파일** : 모의고사02/완성파일/모의고사완성02-04

[문제 1] [B4:E4] 영역에 할인금액을 계산하시오.

[문제 2] [A1:E1] 영역의 글꼴을 '궁서', '20pt'로 설정하시오.

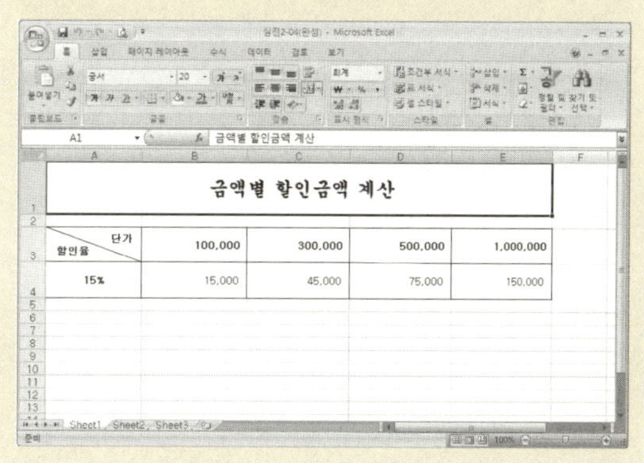

2-05 다음 작업을 완성하시오.

◎ **준비파일** : 모의고사02/모의고사02-05
◎ **완성파일** : 모의고사02/완성파일/모의고사완성02-05

[문제 **1**] [E4:E12] 영역에 각 학생들의 '합계' 점수를 계산하시오.

[문제 **2**] [E13] 셀에 엑셀 점수가 '85점' 이하인 학생의 수를 계산하시오.

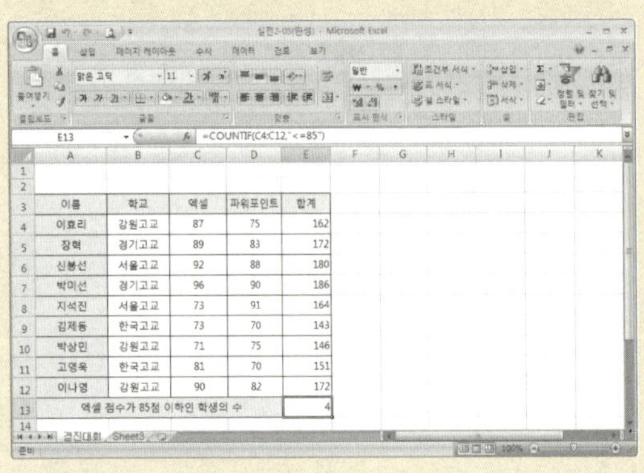

2-06 다음 작업을 완성하시오.

◎ **준비파일** : 모의고사02/모의고사02-06
◎ **완성파일** : 모의고사02/완성파일/모의고사완성02-06

[문제 **1**] 차트에 '레이아웃 3'을 적용하시오.

[문제 **2**] 차트의 크기를 높이 '7cm', 너비 '13cm'로 변경하시오.

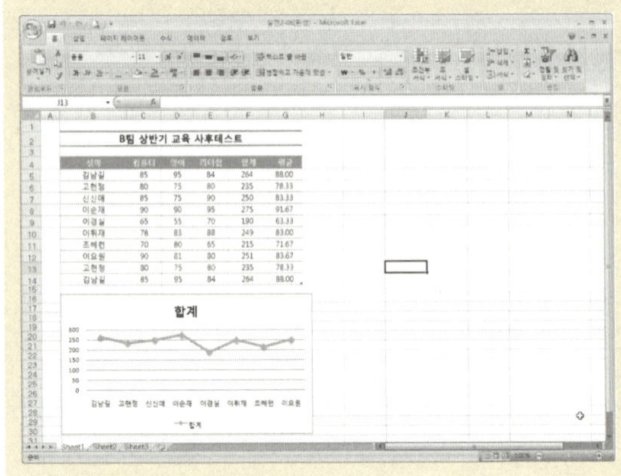

2-07 다음 작업을 완성하시오.

◎ **준비파일** : 모의고사02/모의고사02-07
◎ **완성파일** : 모의고사02/완성파일/모의고사완성02-07

[문제 **1**] [F5:F24] 영역을 목록으로 제한하여 [I5:I8] 영역의 데이터만 입력 가능하도록 하시오.

[문제 **2**] [F5:F24] 영역에 유효성 검사 오류 메시지를 '입력 오류-목록에서 선택' 이라고 표시하시오.

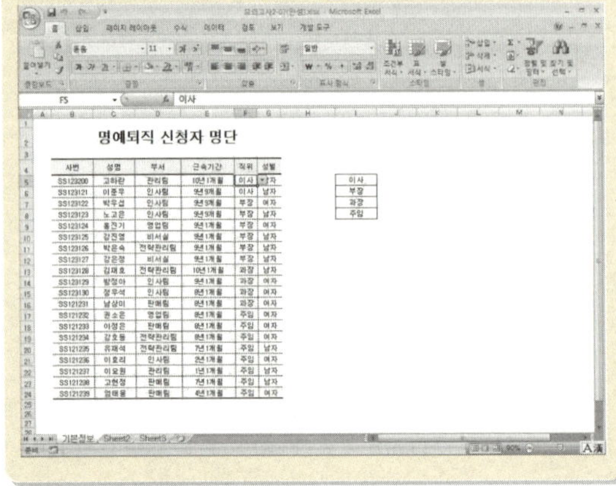

2-08 다음 작업을 완성하시오.

◎ **준비파일** : 모의고사02/모의고사02-08
◎ **완성파일** : 모의고사02/완성파일/모의고사완성02-08

[문제 **1**] 차트를 새 워크시트로 이동시키시오.

[문제 **2**] 통합 문서에서 숨겨진 메타 데이터 및 개인 정보를 검사하고 검사 결과 중 [머리글/바닥글]을 제거하시오(모두 기본 설정을 적용할 것).

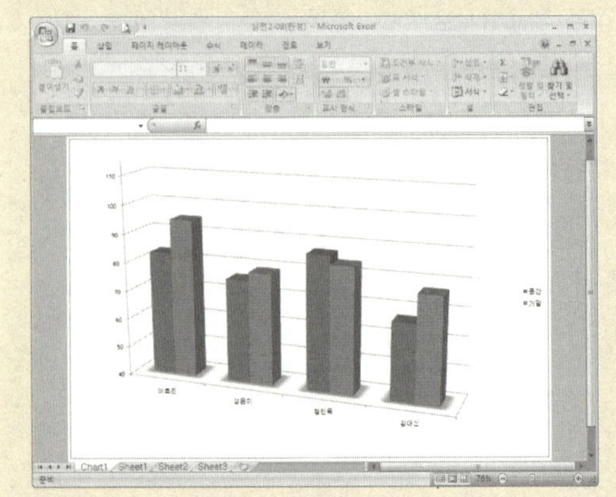

◎ **준비파일** : 모의고사02/모의고사02-09
◎ **완성파일** : 모의고사02/완성파일/결산 보고서

[문제 **1**] 통합 문서의 [결산] 시트를 새 통합 문서로 이동하시오.

[문제 **2**] 새 통합 문서의 이름은 '결산 보고서'로 하고, 매크로를 지원하는 Excel 2007 호환 형식으로 저장하시오(알림 : 나머지는 기본 설정을 적용할 것).

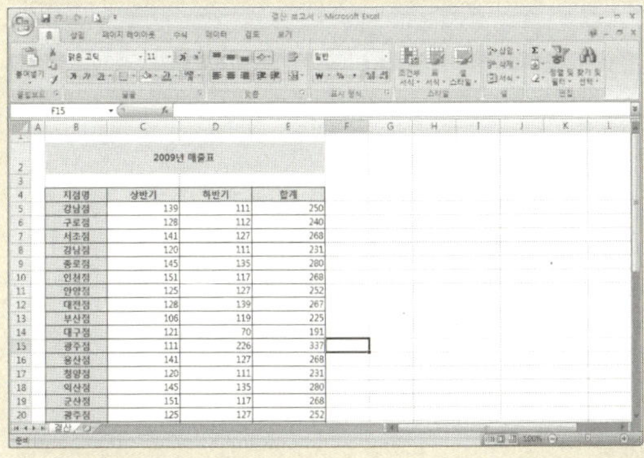

◎ **준비파일** : 모의고사02/모의고사02-10
◎ **완성파일** : 모의고사02/완성파일/모의고사완성02-10

[문제 **1**] [상반기] 시트의 [B2:C19] 영역을 복사하여 [하반기] 시트의 [B2:C19] 영역에 서식만 붙여 넣으시오.

[문제 **2**] [하반기] 시트의 [C5:C19] 영역에 '설명 텍스트' 셀 스타일을 적용하시오.

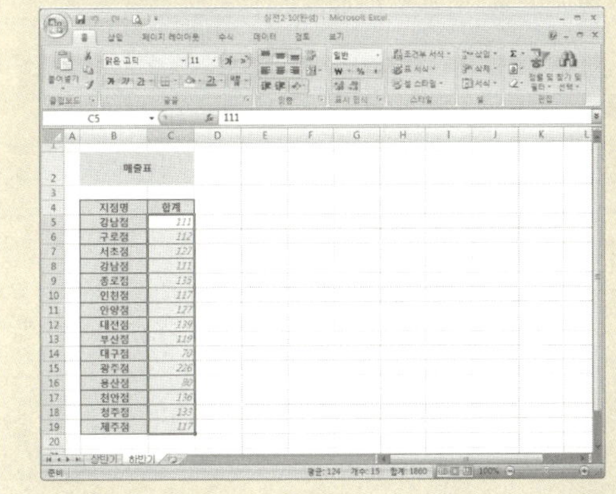

◎ **준비파일** : 모의고사02/모의고사02-11
◎ **완성파일** : 모의고사02/완성파일/모의고사완성02-11

[문제 **1**] 통합 문서의 [1월] 시트를 [1월] 시트 오른쪽에 복사한 후 이름을 [2월]로 변경하시오.

[문제 **2**] [2월] 시트에서 [A3:G7] 영역의 데이터를 모두 삭제하시오.

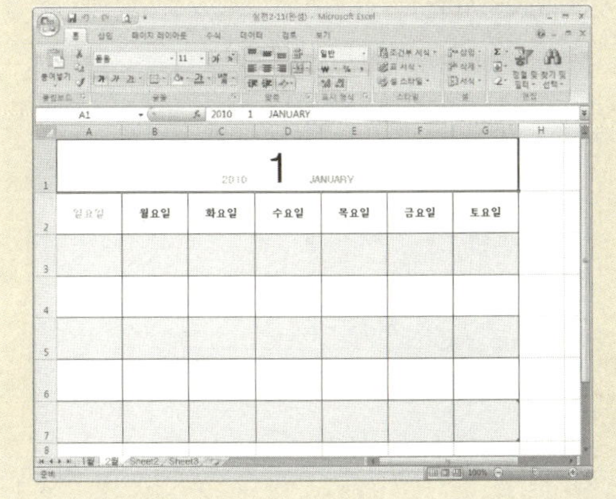

◎ **준비파일** : 모의고사02/모의고사02-12
◎ **완성파일** : 모의고사02/완성파일/모의고사완성02-12

[문제 **1**] [B4] 셀의 서식만 복사하여 [D4] 셀에 적용하시오.

[문제 **2**] [B1:E1] 영역을 병합하고 가운데로 정렬하시오.

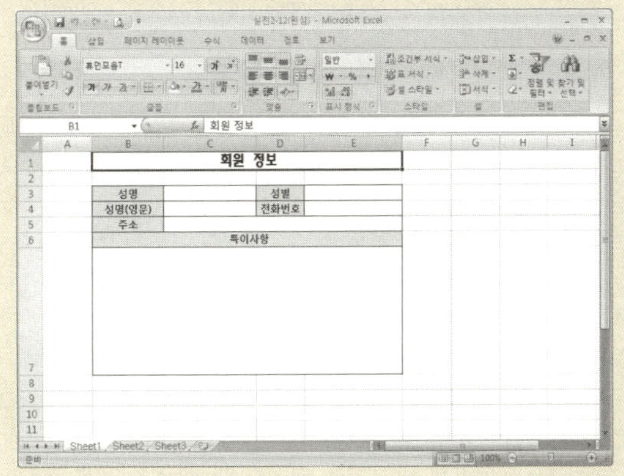

⊙ **준비파일** : 모의고사02/모의고사02-13
⊙ **완성파일** : 모의고사02/완성파일/모의고사완성02-13

[문제 **1**] 셀 범위 [B2:F10] 영역에 '표 스타일 어둡게 4'를 적용하고 줄무늬 행을 삭제하시오.
[문제 **2**] 셀 범위 [B2:F10] 영역에 '가을' 테마를 적용하시오.

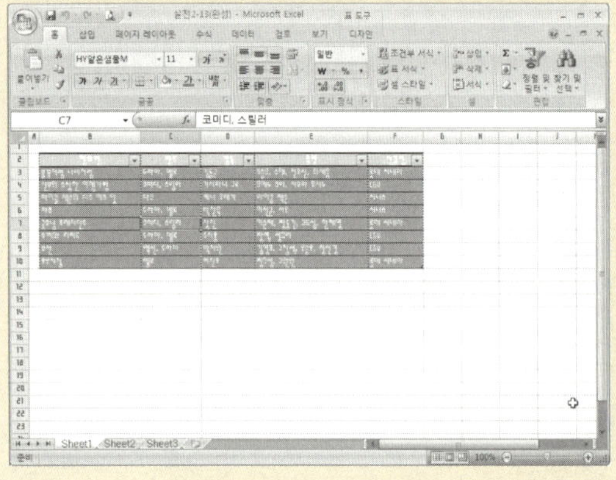

⊙ **준비파일** : 모의고사02/모의고사02-14
⊙ **완성파일** : 모의고사02/완성파일/모의고사완성02-14

[문제 **1**] '직원인사정보' 표를 직위별로 내림차순 정렬하시오.
[문제 **2**] 직위별로 나이와 기본급의 평균을 구하시오.

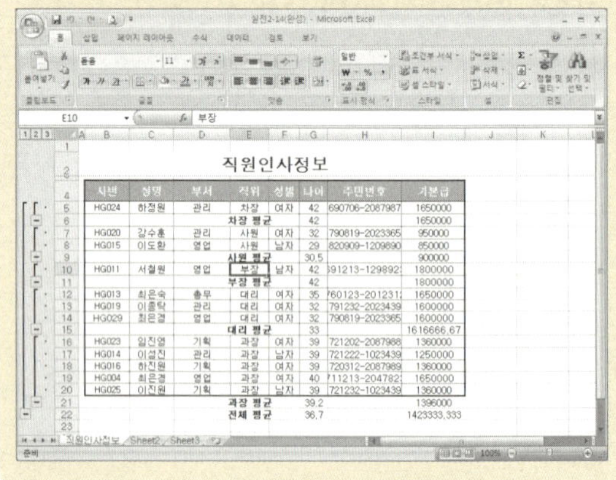

⊙ **준비파일** : 모의고사02/모의고사02-15
⊙ **완성파일** : 모의고사02/완성파일/모의고사완성02-15

[문제 **1**] 워크시트의 눈금선이 보이도록 설정하시오.
[문제 **2**] 수식 입력줄이 보이지 않도록 설정하시오.

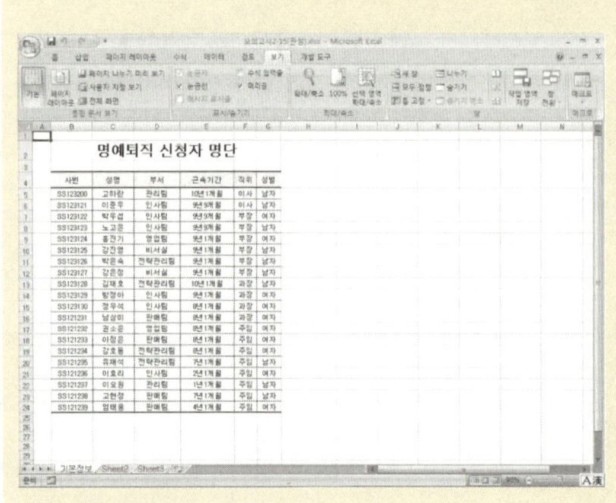

⊙ **준비파일** : 모의고사02/모의고사02-16
⊙ **완성파일** : 모의고사02/완성파일/모의고사완성02-16

[문제 **1**] [Sheet1] 시트의 탭 색을 '바다색, 강조 5, 40% 더 밝게'로 설정하시오.
[문제 **2**] 이 통합 문서 기능을 저장할 때 [호환성 검사]가 적용되도록 하고 호환되지 않는 기능은 새 시트에 복사하시오.

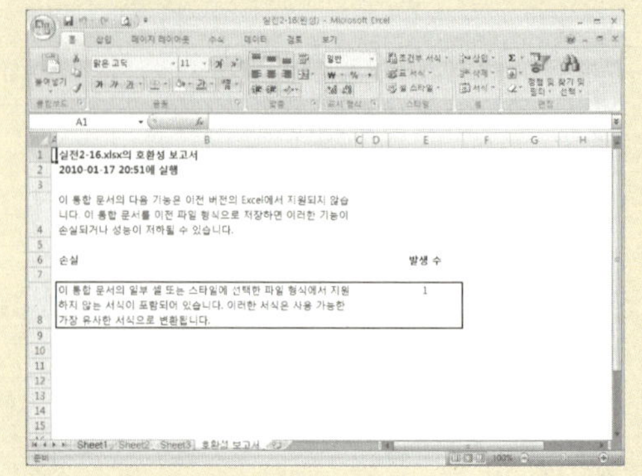

⊙ **준비파일** : 모의고사02/모의고사02-17
⊙ **완성파일** : 모의고사02/완성파일/모의고사완성02-17

[문제 **1**] 통합 문서의 두 개의 도형을 '화살표'로 연결하고 선의 두께는 '3pt'로 설정하시오.
[문제 **2**] 두 명 이상의 사용자가 같이 편집할 수 있도록 통합 문서를 공유하시오(나머지는 기본 설정을 적용할 것).

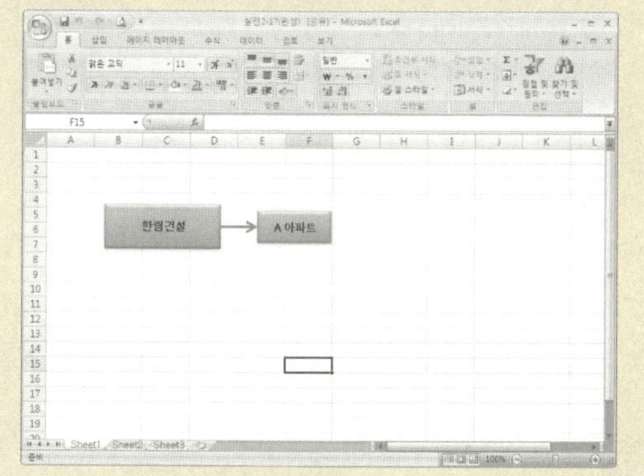

⊙ **준비파일** : 모의고사02/모의고사02-18
⊙ **완성파일** : 모의고사02/완성파일/모의고사완성02-18

[문제 **1**] 주간 식단표에 삽입된 이미지에 '반사형 입체, 흰색' 그림 스타일을 적용하시오.
[문제 **2**] 통합 문서를 최종본으로 표시하고 배포 준비를 하시오.

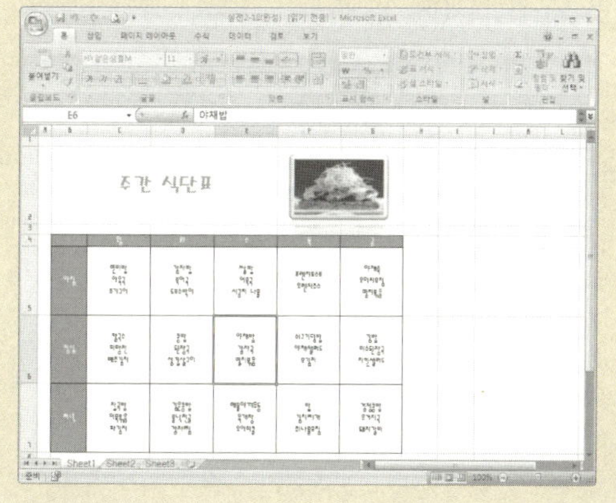

⊙ **준비파일** : 모의고사02/모의고사02-19
⊙ **완성파일** : 모의고사02/완성파일/모의고사완성02-19

[문제 **1**] 표에 요약 행을 표시하시오.
[문제 **2**] 워크시트에 수식을 표시하시오.

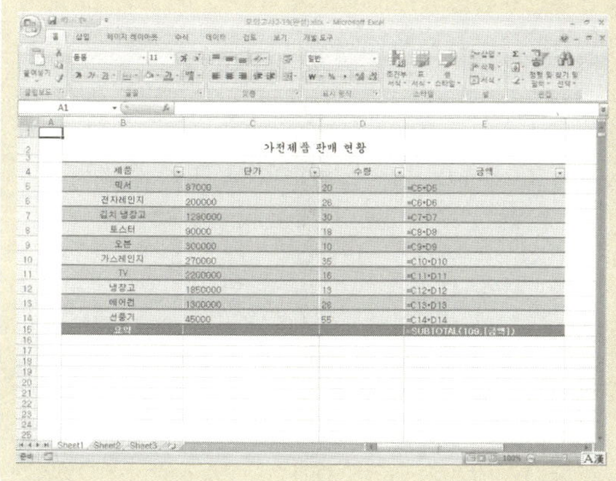

⊙ **준비파일** : 모의고사02/모의고사02-20
⊙ **완성파일** : 모의고사02/완성파일/모의고사완성02-20

[문제 **1**] 급여액의 글꼴 색을 '자동'으로 표시하도록 표를 필터링하시오.
[문제 **2**] 워크시트를 '130%' 배율로 표시하시오.

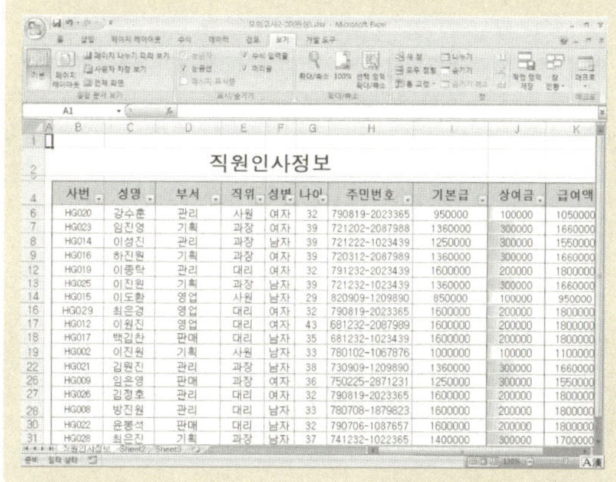

3-01 다음 작업을 완성하시오.

- 준비파일 : 모의고사03/모의고사03-01
- 완성파일 : 모의고사03/완성파일/모의고사완성03-01

[문제 1] [10] 행과 [11] 행 사이에서 가로로 창을 나눈 다음, [1] 행에서 [10] 행까지를 위쪽 창에 표시하고 아래쪽 창에는 [25] 행이 첫 행으로 표시되도록 하시오.

[문제 2] 아래 창에 있는 그림에 3차원 서식 효과 '디벗'을 적용하시오.

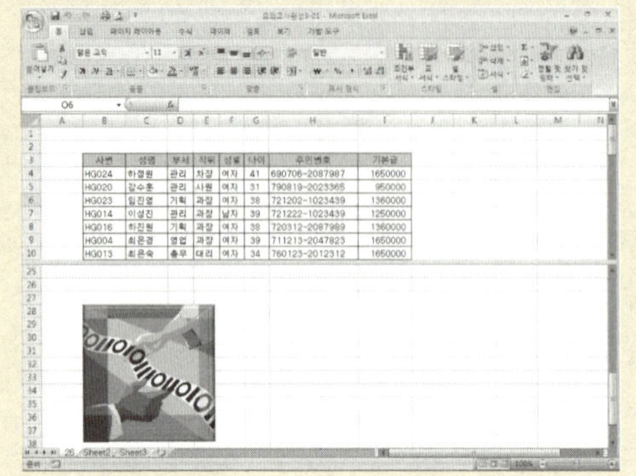

3-02 다음 작업을 완성하시오.

- 준비파일 : 모의고사03/모의고사03-02
- 완성파일 : 모의고사03/완성파일/모의고사완성03-02

[문제 1] [E5:E15] 영역에 입력된 발행처가 '제일'인 항목의 합계에 해당하는 값을 [H5:H15] 영역에서 찾아 그 합계를 구하는 함수를 [K5] 셀에 입력하시오.

[문제 2] [F5:F15] 영역에 있는 공급가액이 '8,000,000'보다 큰 항목의 개수를 구하는 함수를 [K8] 셀에 입력하시오.

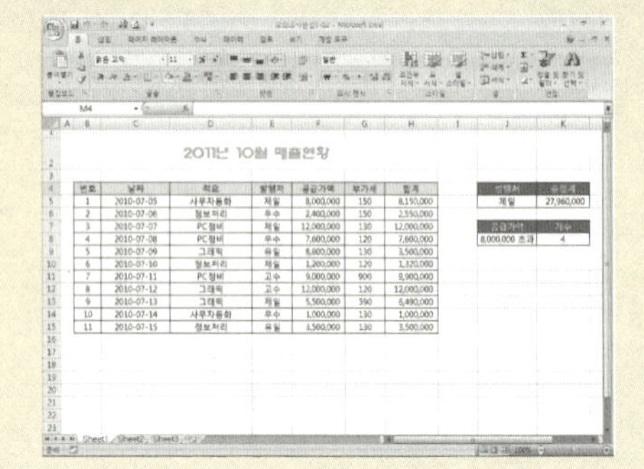

3-03 다음 작업을 완성하시오.

- 준비파일 : 모의고사03/모의고사03-03
- 완성파일 : 모의고사03/완성파일/모의고사완성03-03

[문제 1] [B3:B7] 영역의 값을 [I2:K7] 영역에서 조회하여 정확히 일치하는 항목의 이름을 반환하는 함수를 [C3:C7] 영역에 입력하시오.

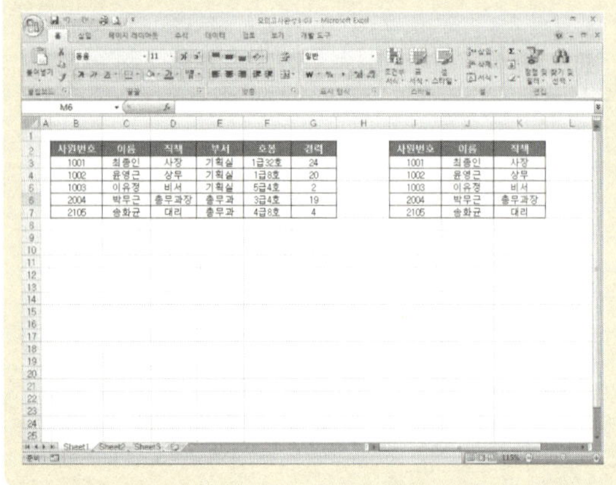

3-04 다음 작업을 완성하시오.

- 준비파일 : 모의고사03/모의고사03-04, 총 제품현황
- 완성파일 : 모의고사03/완성파일/모의고사완성03-04

[문제 1] [F3] 셀에 입력된 부가세율을 이용하여 [F5:F12] 영역에 부가세가 적용된 금액을 구하시오.

[문제 2] [총 제품현황] 통합 문서를 열고, [제품현황] 시트를 복사해 붙여넣으시오.

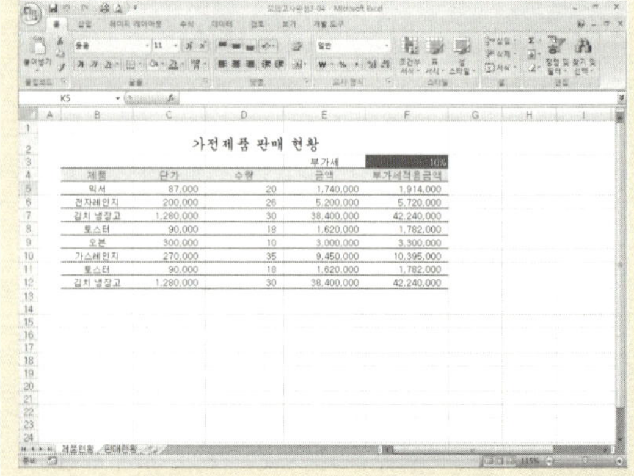

3-05 다음 작업을 완성하시오.

- **준비파일** : 모의고사03/모의고사03-05
- **완성파일** : 모의고사03/완성파일/모의고사완성03-05

[문제 1] [H5] 셀을 [H6:H15] 영역에 복사하시오.
[문제 2] 표의 마지막 행 아래에 합계를 구하는 요약 행을 표시하시오.

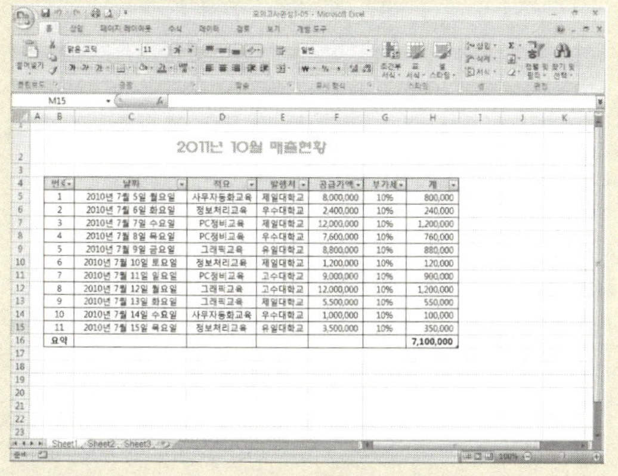

3-06 다음 작업을 완성하시오.

- **준비파일** : 모의고사03/모의고사03-06
- **완성파일** : 모의고사03/완성파일/모의고사완성03-06

[문제 1] [B4:I15] 영역에 '표 스타일 보통 15'를 적용한 뒤 첫 열과 마지막 열을 강조하고 '줄무늬 열'을 적용하시오.
[문제 2] 워크시트의 모든 메모를 제거하시오.

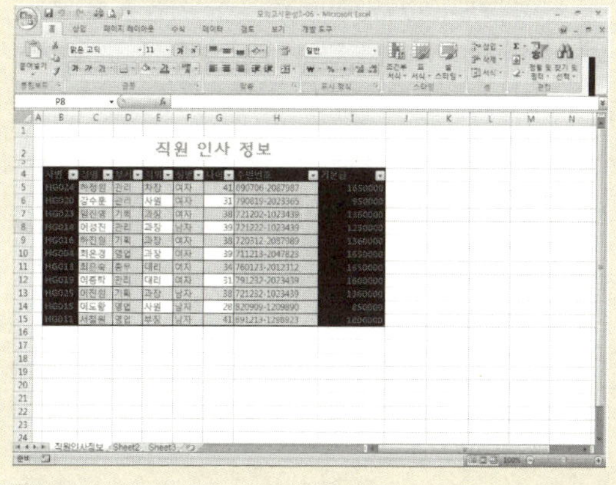

3-07 다음 작업을 완성하시오.

- **준비파일** : 모의고사03/모의고사03-07
- **완성파일** : 모의고사03/완성파일/모의고사완성03-07

[문제 1] [C5:C15] 영역만 편집할 수 있도록 허용하고 범위 암호를 'text'로 설정하시오(나머지는 기본 설정을 그대로 적용할 것).
[문제 2] 매크로를 지원하는 파일 형식으로 통합 문서를 저장하시오.

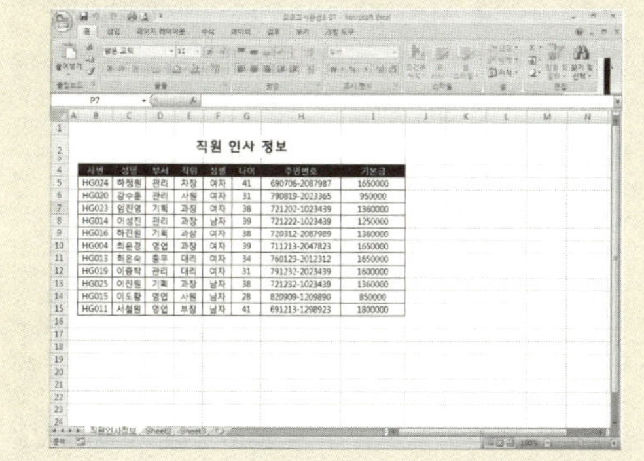

3-08 다음 작업을 완성하시오.

- **준비파일** : 모의고사03/모의고사03-08
- **완성파일** : 모의고사03/완성파일/모의고사완성03-08

[문제 1] 지점별로 5월과 6월의 영업 현황을 비교하는 '2차원 세로 막대형' 차트를 새 시트에 작성하시오(나머지는 기본 설정을 적용할 것).
[문제 2] 차트의 높이를 10cm, 너비를 20cm로 수정하시오.

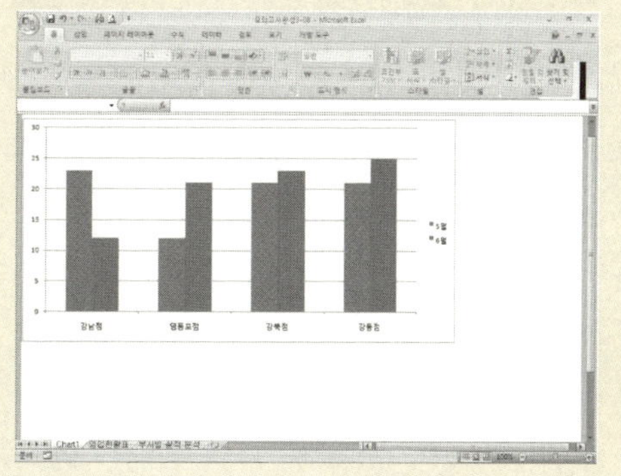

3-09 다음 작업을 완성하시오.

- 준비파일 : 모의고사03/모의고사03-09
- 완성파일 : 모의고사03/완성파일/모의고사완성03-09

[문제 **1**] 현재 1월부터 3월까지의 영업 실적만을 참조하고 있는 평균의 범위에 4월부터 6월까지의 실적을 추가하시오.

[문제 **2**] [부서별 실적 분석] 워크시트에 삽입된 원형 차트의 레이아웃을 '레이아웃 6'으로 변경하시오.

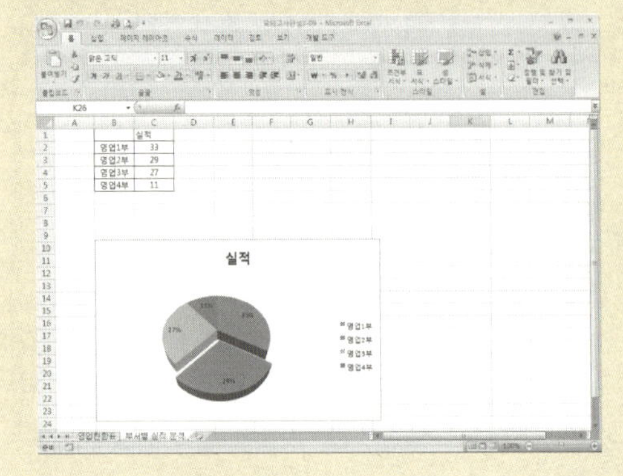

3-10 다음 작업을 완성하시오.

- 준비파일 : 모의고사03/모의고사03-10
- 완성파일 : 모의고사03/완성파일/모의고사완성03-10

[문제 **1**] [결산] 시트의 탭 색을 '주황, 강조6'으로 설정하시오.

[문제 **2**] 워크시트에 설정되어 있는 조건부 서식을 모두 제거하시오.

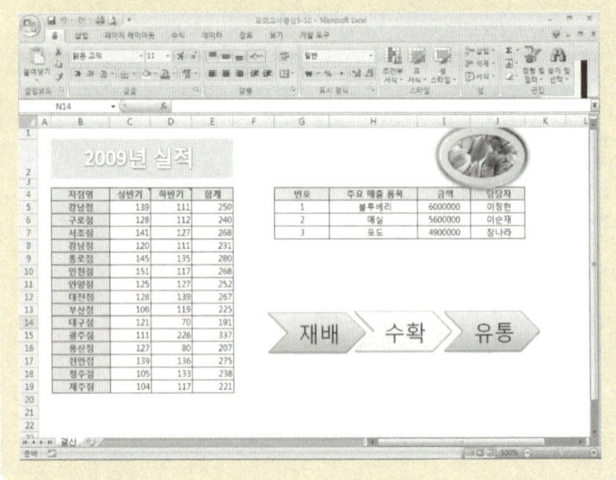

3-11 다음 작업을 완성하시오.

- 준비파일 : 모의고사03/모의고사03-11
- 완성파일 : 모의고사03/완성파일/모의고사완성03-11

[문제 **1**] 합계 열의 데이터를 글꼴 색 기준 '자동'으로 필터링하시오.

[문제 **2**] 워크시트에 '모양' 테마를 적용하시오

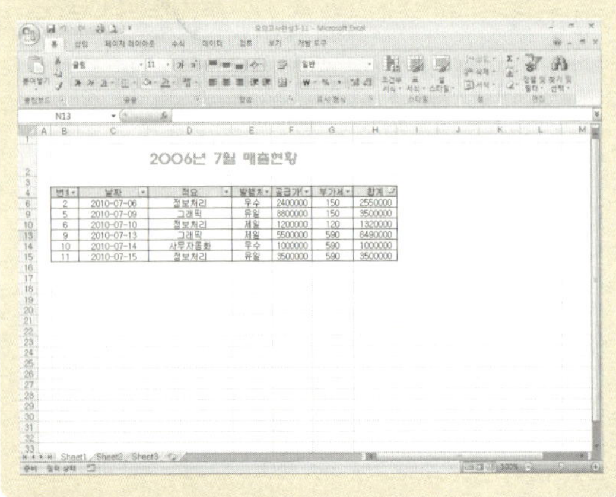

3-12 다음 작업을 완성하시오.

- 준비파일 : 모의고사03/모의고사03-12
- 완성파일 : 모의고사03/완성파일/모의고사완성03-12

[문제 **1**] [G4:G17] 영역에 2글자 길이의 텍스트 입력만 허용되도록 제한하시오.

[문제 **2**] 이 통합 문서를 저장할 때 호환성 검사가 적용되도록 설정하시오.

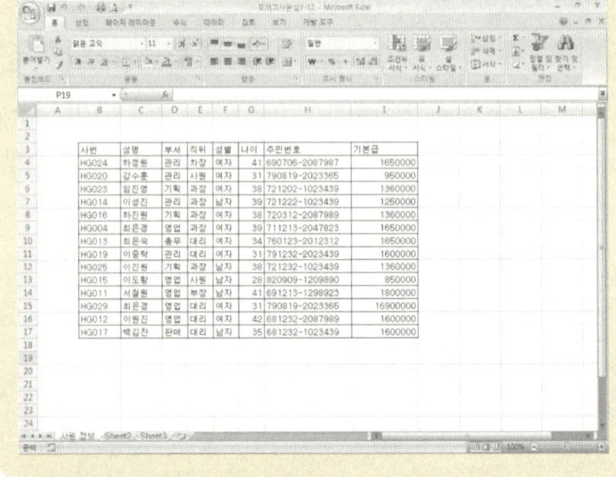

3-13 다음 작업을 완성하시오.

- 준비파일 : 모의고사03/모의고사03-13
- 완성파일 : 모의고사03/완성파일/모의고사완성03-13

[문제 **1**] 워크시트의 눈금선이 보이지 않도록 설정하시오.

[문제 **2**] 통합 문서에 있는 두 개의 도형을 '양방향 화살표'로 연결하고 선의 두께는 '6pt'로 설정하시오.

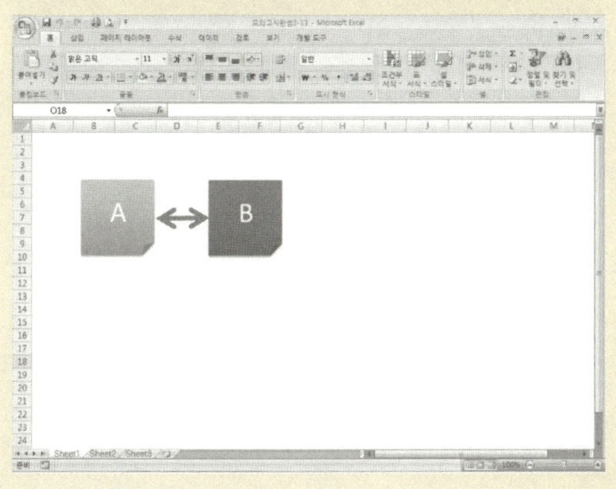

3-14 다음 작업을 완성하시오.

- 준비파일 : 모의고사03/모의고사03-14
- 완성파일 : 모의고사03/완성파일/모의고사완성03-14

[문제 **1**] 입력된 텍스트를 ';'를 기준으로 나누시오.

[문제 **2**] 데이터 영역에 '모든 테두리'를 적용하시오.

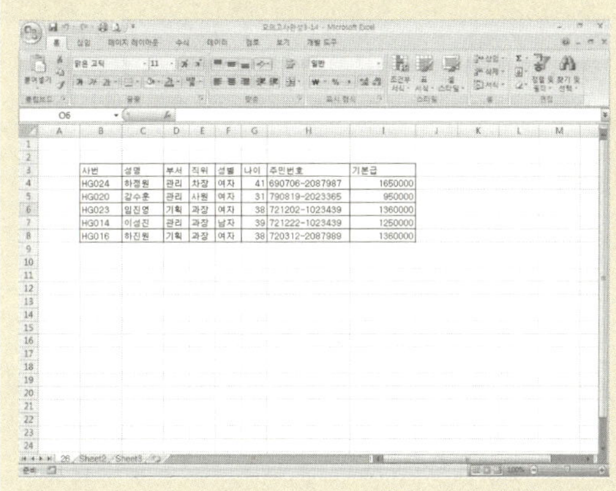

3-15 다음 작업을 완성하시오.

- 준비파일 : 모의고사03/모의고사03-15
- 완성파일 : 모의고사03/완성파일/모의고사완성03-15

[문제 **1**] [B3] 셀을 복사하여 [C3:I3] 영역에 서식만 붙여 넣으시오.

[문제 **2**] 성명 데이터가 중복된 레코드를 삭제하시오.

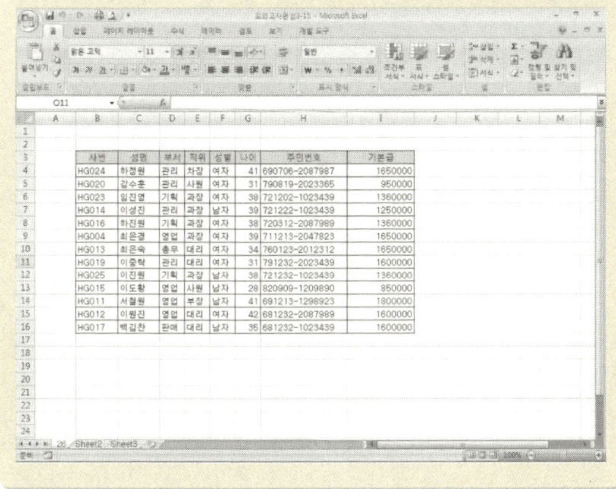

3-16 다음 작업을 완성하시오.

- 준비파일 : 모의고사03/모의고사03-16
- 완성파일 : 모의고사03/완성파일/모의고사완성03-16

[문제 **1**] 성별을 기준으로 오름차순 정렬하시오.

[문제 **2**] 성별을 기준으로 퇴직금의 부분합을 구하고 그룹 사이에서 페이지를 나누시오.

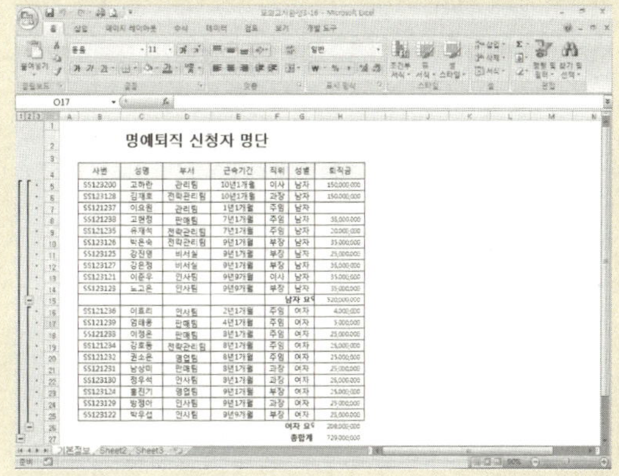

3-17 다음 작업을 완성하시오.

◉ 준비파일 : 모의고사03/모의고사03-17
◉ 완성파일 : 모의고사03/완성파일/모의고사완성03-17

[문제 1] [G4:G10] 영역의 숫자 데이터 뒤에 '대'가 붙도록 설정하시오.

[문제 2] [B1:G1] 영역을 셀 병합하고 가운데 정렬하시오.

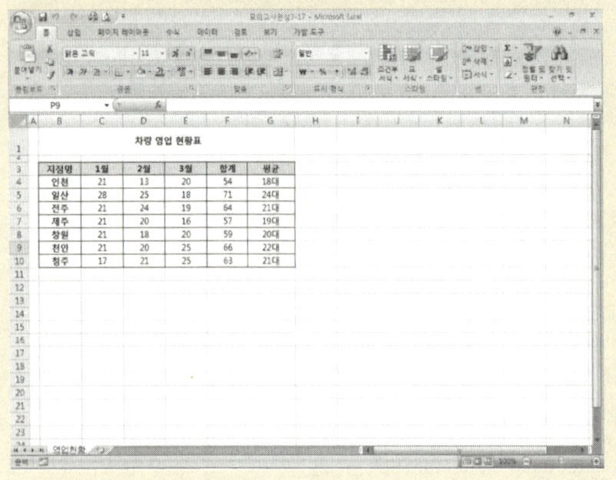

3-18 다음 작업을 완성하시오.

◉ 준비파일 : 모의고사03/모의고사03-18
◉ 완성파일 : 모의고사03/완성파일/모의고사완성03-18

[문제 1] 워크시트에 적용된 부분합을 제거하시오.

[문제 2] [F5:F15] 영역에 '4색 신호등' 조건부 서식을 적용하시오.

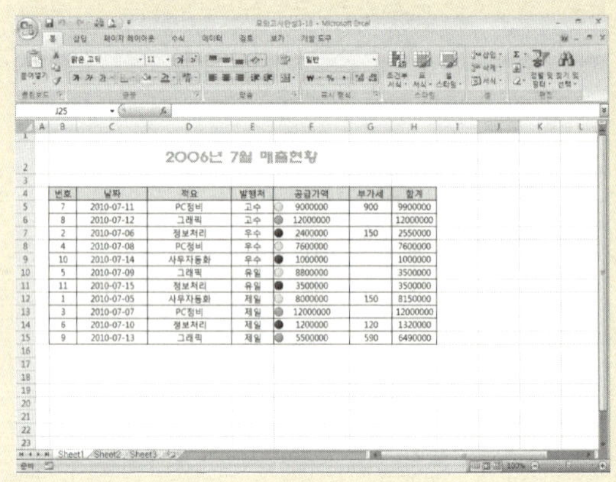

3-19 다음 작업을 완성하시오.

◉ 준비파일 : 모의고사03/모의고사03-19
◉ 완성파일 : 모의고사03/완성파일/모의고사완성03-19

[문제 1] 판매 수량이 30개 이상이면 '정상', 그렇지 않으면 '10% 할인'이라고 표시하는 함수를 [G5:G14] 영역에 작성하시오.

[문제 2] 대전 지역의 금액 합계를 구하는 함수를 [C17] 셀에 입력하시오.

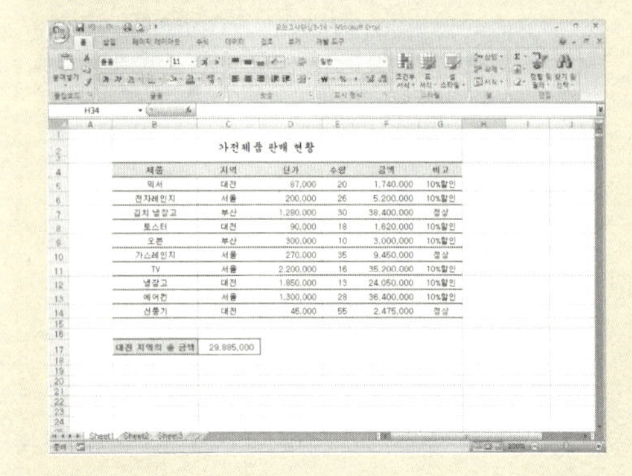

3-20 다음 작업을 완성하시오.

◉ 준비파일 : 모의고사03/모의고사03-20
◉ 완성파일 : 모의고사03/완성파일/모의고사완성03-20

[문제 1] [C8:I9] 영역을 조회하여 [C4] 셀과 정확히 일치하는 값을 반환하는 함수를 [C5] 셀에 삽입하시오.

[문제 2] 통합 문서를 공유하시오.

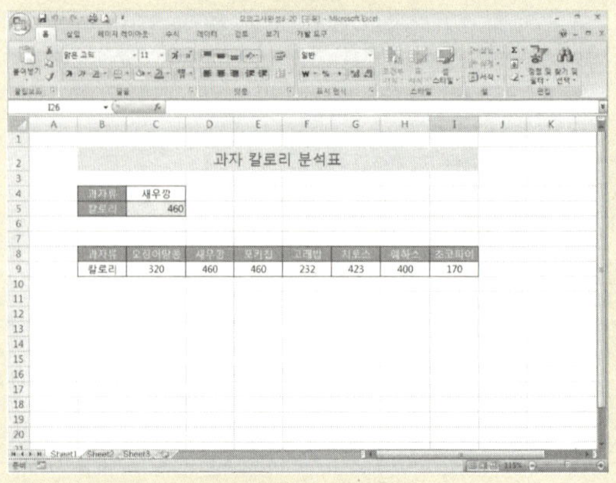

VIII

실전모의고사 풀이

1-01

1 화면을 지정한 배율로 보는 방법

① [보기] 탭의 [확대/축소] 그룹에서 [확대/축소]를 클릭한다.
② [확대/축소] 대화상자가 나타나면 '사용자 지정'에 "130"을 입력하고 [확인] 단추를 클릭한다.

2 통합 문서를 최종본으로 표시하는 방법

① [Office] 단추를 클릭한다.
② [준비]-[최종본으로 표시]를 선택한다.
③ [확인]-[확인] 단추를 클릭한다.

1-02

1 테마와 테마색 변경 방법

① [페이지 레이아웃] 탭의 [테마] 그룹에서 [테마]를 클릭하여 '풍요'를 선택한다.
② [페이지 레이아웃] 탭의 [테마] 그룹에서 [글꼴]을 클릭하여 '보자기'를 선택한다.

2 메모 삭제 방법

① [D14] 셀을 선택한다.
② [홈] 탭의 [편집] 그룹에서 [지우기]-[메모 지우기]를 선택한다(마우스 오른쪽 단추를 눌러 [메모 삭제]를 클릭해도 된다).

1-03

1 모든 조건부 서식 규칙을 삭제하는 방법

① [홈] 탭의 [스타일] 그룹에서 [조건부 서식]-[규칙 지우기]-[시트 전체에서 규칙 지우기]를 선택한다.

2 호환성 검사를 적용하고 새 시트에 복사하는 방법

① [Office] 단추를 클릭한다.
② [준비]-[호환성 검사 실행]을 클릭한다.
③ [새 시트에 복사]를 클릭한다.

1-04

1 중복된 레코드를 삭제하는 방법

① [B4:G14] 영역의 임의의 셀을 선택한 후 [데이터] 탭의 [데이터 도구] 그룹에서 [중복된 항목 제거]를 클릭한다.
② 대화상자가 나타나면 '성명'만 체크하고 [확인] 단추를 클릭한다.

2 차트 높이와 너비를 수치에 맞게 설정하는 방법

① 차트를 선택한다.
② [차트 도구]-[서식] 탭의 [크기] 그룹에서 도형 높이를 '8.5cm'로, 도형 너비를 '12.4cm'로 설정한다.
③ 임의의 셀을 클릭하여 차트 선택을 해제한다.

1-05

1 서식만 복사하는 방법

① [B4] 셀을 선택한다.
② [홈] 탭의 [클립보드] 그룹에서 [복사]를 클릭한다.
③ [C4:E4] 영역을 드래그하여 선택한다.
④ [홈] 탭의 [클립보드] 그룹에서 [붙여넣기]-[선택하여 붙여넣기]를 클릭한다(마우스 오른쪽 단추를 눌러 [선택하여 붙여넣기]를 클릭해도 된다).
⑤ [선택하여 붙여넣기] 대화상자에서 [서식]을 선택하고 [확인] 단추를 클릭한다.

2 연속 데이터를 채우는 방법

① [B5] 셀을 선택한다.
② 채우기 핸들을 마우스 오른쪽 단추로 눌러

[B20] 셀까지 드래그한다.

③ [연속 데이터 채우기]를 클릭한다(채우기 핸들을 드래그하여 '1'이 채워지면 [자동 채우기 옵션] 단추를 클릭하여 '연속 데이터 채우기'를 선택해도 된다).

1-06

1 화면에 눈금선이 보이지 않도록 설정하는 방법

① [보기] 탭의 [표시/숨기기] 그룹에서 [눈금선] 항목의 체크 박스를 클릭하여 눈금선을 해제한다.

2 셀 스타일 적용 방법

① [B4:I4] 영역을 선택한다.
② [홈] 탭의 [스타일] 그룹에서 [셀 스타일]을 클릭한 후 '강조색2'를 선택한다.

1-07

1 평균값 계산 방법, 자릿수 지정 방법

① [F5] 셀을 선택한다.
② [홈] 탭의 [편집] 그룹에서 [자동 합계]-[평균]을 클릭하고 Enter 를 눌러 평균을 구한다.
③ [F5] 셀의 채우기 핸들을 [F12] 셀까지 드래그하여 수식 복사한다.
④ [F5:F12] 영역을 선택하고 [홈] 탭의 [표시 형식] 그룹에서 [자릿수 늘림]을 두 번 클릭한다.

2 사용자 지정 서식을 적용하여 공통 데이터를 표시하는 방법

① [B5:B12] 영역을 선택한다.
② [홈] 탭의 [표시 형식] 그룹에서 [셀 서식 : 표시 형식] 대화상자 단추를 클릭한다.
③ [셀 서식] 대화상자의 [표시 형식] 탭이 나타나면 '범주'에서 '사용자 지정'을 선택한다.
④ '형식'에 ""MS-@""를 입력한 후 [확인] 단추를 클릭한다.

1-08

1 COUNT 함수를 이용해 개수를 구하는 방법

① [G17] 셀을 선택한다.
② [홈] 탭의 [편집] 그룹에서 [자동 합계]-[숫자 개수]를 클릭한다.
③ [G5:G12] 영역을 드래그하여 수식의 범위를 수정한 후 Enter 를 누른다.

2 워크시트에 수식을 표시하는 방법

① [수식] 탭의 [수식 분석] 그룹에서 [수식 표시]를 클릭한다.

1-09

1 차트 레이아웃을 적용하는 방법

① 차트를 선택한다.
② [차트 도구]-[디자인] 탭의 [차트 레이아웃] 그룹에서 [자세히] 단추를 눌러 '레이아웃 4'를 선택한다.

2 차트 제목을 추가하는 방법

① [차트 도구]-[레이아웃] 탭의 [레이블] 그룹에서 [차트 제목]-[차트 위]를 선택한다.
② '차트 제목' 란에 "구별 병원 비율"을 입력한다.
③ 차트 영역 밖을 클릭하여 차트 선택을 해제한다.

1-10

1 쉼표로 분리된 텍스트를 열로 분리하는 방법

① [B3:B8] 셀 범위를 선택한 후 [데이터] 탭의 [데이터 도구] 그룹에서 [텍스트 나누기]를 클릭한다.
② [텍스트 마법사 – 3단계 중 1단계] 대화상자에서 '구분 기호로 분리됨'을 선택하고 [다음] 단추를 클릭한다.

③ [텍스트 마법사 – 3단계 중 2단계] 대화상자에서 [구분 기호]를 '쉼표'로 선택하고 [다음] 단추를 클릭한다.

④ [텍스트 마법사 – 3단계 중 3단계] 대화상자에서 [마침] 단추를 클릭한다.

⑤ 셀의 데이터를 바꿀지를 묻는 대화상자가 나타나면 [확인] 단추를 클릭한다.

2 숨겨진 메타 데이터 및 개인 정보를 검사하고 모든 검사 결과를 제거하는 방법

① [Office] 단추를 클릭하여 [준비]–[문서 검사]를 선택한다.

② 저장 확인 메시지 창이 나타나면 [예] 단추를 클릭한다.

③ [문서 검사] 대화상자에서 [검사] 단추를 클릭한다.

④ [메모 및 주석]과 [문서 속성 및 개인 정보] 오른쪽의 [모두 제거] 단추를 클릭한다.

⑤ [닫기] 단추를 클릭한다.

1-11

1 논리 IF 함수를 이용하여 수식을 구하는 방법

① [F5] 셀을 클릭한 후 [수식] 탭의 [함수 라이브러리] 그룹에서 [논리]–[IF] 함수를 선택한다.

② IF [함수 인수] 대화상자가 나타나면 'Logical_test'에 "E5="장려상""을 입력한다.

③ Value_if_true에 "문구 세트"를 입력한다.

④ Value_if_false에 "문화 상품권"을 입력하고 [확인] 단추를 클릭한다.

⑤ 수식 결과가 나타나면 [F5] 셀의 채우기 핸들을 [F19] 셀까지 드래그하여 수식을 복사한다.

2 유효성 검사 기능을 이용하여 텍스트의 길이를 제한하고, 오류 메시지를 표시하는 방법

① [C5:C19] 셀 범위를 드래그하여 선택한다.

② [데이터] 탭의 [데이터 도구] 그룹에서 [데이터 유효성 검사]를 클릭한다.

③ [데이터 유효성] 대화상자의 [설정] 탭으로 이동한다.

④ 제한 대상은 '텍스트 길이'로 선택한다.

⑤ 제한 방법에는 '='를 선택한다.

⑥ 길이에는 "1"을 입력한다.

⑦ [오류 메시지] 탭을 클릭하여 이동한다.

⑧ 오류 메시지에 "한 자리 숫자만 입력가능"을 입력한 후 [확인] 단추를 클릭한다.

1-12

1 데이터를 정렬하는 방법

① [D] 열의 데이터가 입력된 임의의 셀을 클릭한다.

② [데이터] 탭의 [정렬 및 필터] 그룹에서 [텍스트 오름차순 정렬]을 클릭한다.

2 제시된 설정에 따라 부분합을 구하는 방법

① [데이터] 탭의 [윤곽선] 그룹에서 [부분합]을 클릭한다.

② [부분합] 대화상자에서 그룹화할 항목은 '부서', 사용할 함수는 '평균'을 선택한다.

③ 부분합 계산 항목은 '기본급'을 체크하고 '그룹 사이에서 페이지 나누기'에 체크한 후 [확인] 단추를 클릭한다.

1-13

1 절대 참조를 사용하여 이자를 계산하는 방법

① [B4] 셀을 선택한 후 "=A4*$B$3"을 입력하여 수식을 작성한다($ 기호는 키보드의 F4 를 눌러 적용한다).

② [B4] 셀의 채우기 핸들을 드래그하여 [B7] 셀까지 수식 복사한다.

② 표 스타일을 적용하고 일부 설정을 해제하는 방법

① [A3:B7] 영역의 임의의 셀을 선택한다.
② [홈] 탭의 [스타일] 그룹에서 [표 서식]을 클릭한다.
③ '표 스타일 보통 13'을 선택하여 적용한다.
④ [표 서식] 대화상자가 나타나면 [확인] 단추를 클릭한다.
⑤ [표 도구]-[디자인] 탭의 [표 스타일 옵션] 그룹에서 '줄무늬 행' 항목을 체크 해제한다.
⑥ 임의의 셀을 클릭하여 선택 영역을 해제한다.

1-14

① 유효성 검사 기능을 이용하여 입력 데이터를 목록으로 제한하는 방법

① [H3:H8] 영역을 드래그하여 선택한다.
② [데이터] 탭의 [데이터 도구] 그룹에서 [데이터 유효성 검사]를 클릭한다.
③ [데이터 유효성] 대화상자의 [설정] 탭에서 제한 대상을 '목록'으로 선택한다.
④ 원본에 "남자, 여자"를 입력한 후 [확인] 단추를 클릭한다.
⑤ 선택 영역 오른쪽에 목록 단추가 생성된 것을 확인한다.

② 선택된 영역에 셀 스타일 적용하는 방법

① [B2:H2] 영역을 드래그하여 선택한다.
② [홈] 탭의 [스타일] 그룹에서 [셀 스타일]- '강조색5'를 적용한다.
③ 임의의 셀을 클릭하여 선택 영역을 해제한다.

1-15

① 셀 병합 방법

① [B1:G1] 영역을 드래그하여 선택한다.
② [홈] 탭의 [맞춤] 그룹에서 [병합하고 가운데 맞춤]을 클릭한다.

② 문자 데이터의 사용자 지정 서식

① [B4:B10] 영역을 선택한다.
② [홈] 탭의 [표시 형식] 그룹에서 [셀 서식 : 표시 형식] 대화상자 단추를 클릭한다.
③ [셀 서식] 대화상자의 [표시 형식] 탭의 '범주'에서 '사용자 지정' 항목을 선택한다.
④ '형식'란에 "@"점""을 입력한 후 [확인] 단추를 클릭한다.

1-16

① SmartArt 개체의 서식을 변경하는 방법

① SmartArt 그래픽 개체를 선택한다.
② [SmartArt 도구]-[디자인] 탭의 [SmartArt 스타일] 그룹에서 [자세히] 단추를 클릭하고 '미세 효과'를 선택한다.

② 이미지의 서식을 적용하는 방법

① 이미지 개체를 선택한다.
② [그림 도구]-[서식] 탭의 [그림 스타일] 그룹에서 [자세히] 단추를 클릭하고 '금속 타원'을 선택한다.

1-17

① 차트 모양을 변경하는 방법

① 차트 개체를 선택한다.
② [차트 도구]-[디자인] 탭의 [종류] 그룹에서 [차트 종류 변경]을 선택한다.
③ [세로 막대형]- '묶은 세로 막대형' 차트를 선택한 후 [확인] 단추를 클릭한다.

② 차트의 구성 요소를 제거하는 방법

① 차트의 범례를 클릭하여 선택한다.
② Delete 를 눌러 범례를 제거한다.
③ 임의의 셀을 눌러 차트 선택을 해제한다.

1-18

1 날짜 데이터의 서식을 변경하는 방법

① [E3] 셀을 클릭한다.
② [홈] 탭의 [표시 형식] 그룹에서 [자세한 날짜]를 클릭한다.

2 통합 문서를 서식 파일로 저장하는 방법

① [Office] 단추-[다른 이름으로 저장]-[다른 형식]을 클릭한다.
② '파일 형식'을 'Excel 서식 파일'로 선택하면 저장 위치가 [Templates] 폴더로 변경된다.
③ [저장]을 클릭하여 저장한다.

1-19

1 열 삭제 방법

① [D] 열을 선택한다.
② [홈] 탭의 [셀] 그룹에서 [삭제]-[셀 삭제]를 클릭한다.
③ [D] 열이 삭제되고 [E] 열이 왼쪽으로 당겨진다.

2 숫자 데이터에 쉼표 스타일을 적용하는 방법

① [D5:D20] 영역을 드래그하여 선택한다.
② [홈] 탭의 [표시 형식] 그룹에서 [쉼표 스타일]을 클릭한다.

1-20

1 부분합 결과 중 필요한 데이터만 화면에 표시되도록 설정하는 방법

① '관리' 및 '영업' 부서를 제외한 나머지 부서의 왼쪽 윤곽 단추[-]를 각각 클릭한다.

2 부분합 결과를 제거하는 방법

① [데이터] 탭의 [윤곽선] 그룹에서 [부분합]을 클릭한다.
② [부분합] 대화상자에서 [모두 제거] 단추를 클릭한다.

2-01

■ 차트 모양을 변경하는 방법

① 차트 개체를 선택한다.

② [차트 도구]-[디자인] 탭의 [종류] 그룹에서 [차트 종류 변경]을 선택한다.

③ '표식이 있는 꺾은선형' 차트를 선택한 후 [확인] 단추를 클릭한다.

② 차트의 눈금 단위를 변경하는 방법

① 차트 개체를 선택한다.

② [차트 도구]-[레이아웃] 탭의 [축] 그룹에서 [축]-[기본 세로 축]-[기타 기본 세로 축 옵션]을 선택한다.

③ [축 서식] 대화상자가 나타나면 최대값을 '고정' 으로 체크한 후 "100"을 입력한다.

④ 주 단위를 '고정' 으로 체크한 후 "20"을 입력하고 [닫기] 단추를 클릭한다.

2-02

■ 공백을 기준으로 텍스트를 나누는 방법

① [B2:B6] 영역을 선택한 후 [데이터] 탭의 [데이터 도구] 그룹에서 [텍스트 나누기]를 클릭한다.

② [텍스트 마법사 – 3단계 중 1단계] 대화상자에서 '구분 기호로 분리됨' 을 선택하고 [다음] 단추를 클릭한다.

③ [텍스트 마법사 – 3단계 중 2단계] 대화상자에서 구분 기호를 '공백' 으로 선택하고 [다음] 단추를 클릭한다.

④ [텍스트 마법사 – 3단계 중 3단계] 대화상자에서 [마침] 단추를 클릭한다.

⑤ 셀의 내용을 바꿀지 여부를 묻는 창이 뜨면 [확인] 단추를 클릭한다.

② 선택된 영역에 셀 스타일을 적용하는 방법

① [B2:D2] 영역을 드래그하여 선택한다.

② [홈] 탭의 [스타일] 그룹에서 [셀 스타일]을 선택하고 '강조색5'를 적용한다.

③ 임의의 셀을 클릭하여 선택 영역을 해제한다.

2-03

■ 논리 IF 함수를 이용하여 수식을 구하는 방법

① [F5] 셀을 클릭한 후 [수식] 탭의 [함수 라이브러리] 그룹에서 [논리]-[IF] 함수를 선택한다.

② IF [함수 인수] 대화상자가 나타나면 Logical_test에 "C5>=1000000"을 입력한다.

③ Value_if_true에 "상품권 증정"을 입력한다.

④ Value_if_false에 "무료 배송"을 입력하고 [확인] 단추를 클릭한다.

⑤ 수식 결과가 나타나면 [F5] 셀의 채우기 핸들을 [F14] 셀까지 드래그하여 수식을 복사한다.

② 조건부 서식 중 아이콘 집합을 설정하는 방법

① [D5:D14] 영역을 선택한다.

② [홈] 탭의 [스타일] 그룹에서 [조건부 서식]-[아이콘 집합]– '3가지 모양' 을 선택한다.

2-04

■ 절대 참조를 사용하여 할인 금액을 계산하는 방법

① [B4] 셀을 선택한 후 "=B3*$A$4"를 입력하여 수식을 작성한다($ 기호는 키보드의 F4 를 눌러 적용한다).

② [B4] 셀의 채우기 핸들을 드래그하여 [E4] 셀까지 수식복사한다.

② 글꼴 및 글자 크기 변경 방법

① [A1:E1] 영역을 선택한 후 [홈] 탭의 [글꼴] 그룹에서 글꼴을 '궁서체', 글자 크기는 '20pt'로 설정한다.

1 자동 합계를 이용하여 합계값을 계산하는 방법

① [E4] 셀을 선택한다.

② [홈] 탭의 [편집] 그룹에서 [자동 합계]를 클릭 후 Enter 를 누른다.

③ [E4] 셀의 채우기 핸들을 [E12] 셀까지 드래그 하여 합계값을 수식 복사한다.

④ 합계 점수가 계산된다.

2 COUNTIF 함수를 이용하여 조건에 맞는 셀의 개수를 세는 방법

① [E13] 셀을 선택한 후 [수식] 탭의 [함수 라이브 러리] 그룹에서 [함수 추가]–[통계]–[COUNTIF] 함수를 선택한다.

② COUNTIF [함수 인수] 대화상자가 나타나면 'Range'에 "C4:C12"를 입력한다.

③ 'Criteria'에 "<=85"을 입력하고 [확인] 단추 를 클릭한다.

④ =COUNTIF(C4:C12,"<=85") 수식의 결과가 나타난다.

1 차트 레이아웃 적용 방법

① 차트를 선택한다.

② [차트 도구]–[디자인] 탭의 [차트 레이아웃] 그 룹에서 [자세히] 단추를 눌러 '레이아웃 3'을 선택한다.

2 차트 높이와 너비 설정 방법

① 차트를 선택한다.

② [차트 도구]–[서식] 탭의 [크기] 그룹에서 도형 높이를 '7cm'로, 도형 너비를 '13cm'로 설정 한다.

③ 임의의 셀을 클릭하여 차트 선택을 해제한다.

1 유효성 검사 기능을 이용하여 목록으로 입력 내용을 제한하는 방법

① [F5:F24] 셀 범위를 드래그하여 선택한다.

② [데이터] 탭의 [데이터 도구] 그룹에서 [데이터 유효성 검사]를 클릭한다.

③ [데이터 유효성] 대화상자의 [설정] 탭에서 제한 대상을 '목록'으로 선택한다.

④ 원본에 '=$I$5:$I$8' 영역을 드래그하여 입력한다.

2 유효성 검사 오류 메시지를 표시하는 방법

① [오류 메시지] 탭을 클릭하여 이동한다.

② 오류 메시지에 "입력 오류–목록에서 선택"을 입력한 후 [확인] 단추를 클릭한다.

1 차트를 새 워크시트로 이동하는 방법

① 차트를 선택하고 [차트 도구]–[디자인] 탭의 [위치] 그룹에서 [차트 이동]을 클릭한다.

② [차트 이동] 대화상자에서 [새 시트]를 선택한다.

③ [확인] 단추를 클릭한다.

2 숨겨진 메타 데이터 및 개인 정보를 검사하고 모든 검사 결과를 제거하는 방법

① [Office] 단추–[준비]–[문서 검사]를 클릭한다.

② 저장 확인 메시지 창이 나타나면 [예] 단추를 클릭한다.

③ [문서 검사] 대화상자에서 [검사] 단추를 클릭한다.

④ [머리글/바닥글]의 [모두 제거] 단추를 클릭한다.

⑤ [닫기] 단추를 클릭한다.

2-09

1 시트를 새 통합 문서로 이동하는 방법

① [결산] 시트 탭을 마우스 오른쪽 단추로 눌러 [이동/복사] 메뉴를 클릭한다.
② [이동/복사] 대화상자에서 [대상 통합 문서]를 '(새 통합 문서)'로 선택한다.
③ [확인] 단추를 클릭한다.

2 매크로를 지원하는 Excel 2007 호환 형식으로 저장하는 방법

① [Office] 단추-[다른 이름으로 저장]-[Excel 매크로 사용 통합 문서]를 클릭한다.
② 파일 이름을 "결산 보고서"라고 입력한 후 [저장] 단추를 클릭한다.

2-10

1 서식만 복사하는 방법

① [상반기] 시트의 [B2:C19] 영역을 드래그하여 선택한다.
② [홈] 탭의 [클립보드] 그룹에서 [복사]를 클릭한다(마우스 오른쪽 단추를 눌러 [복사]를 클릭하거나, [클립보드] 그룹에서 [서식 복사]를 클릭해도 된다).
③ [하반기] 시트의 [B2:C19] 영역을 드래그하여 선택한다.
④ [홈] 탭의 [클립보드] 그룹에서 [붙여넣기]-[선택하여 붙여넣기]를 클릭한다(마우스 오른쪽 단추를 눌러 [선택하여 붙여넣기]를 클릭해도 된다).
⑤ [선택하여 붙여넣기] 대화상자에서 [서식]을 선택하고 [확인]을 클릭한다.

2 셀 스타일을 적용하는 방법

① [C5:C19] 영역을 선택한다.
② [홈] 탭의 [스타일] 그룹에서 [셀 스타일]을 클릭한 후 [설명 텍스트]를 선택한다.

2-11

1 시트 복사 방법, 시트명 변경 방법

① [1월] 시트 탭을 선택하고 마우스 오른쪽 단추를 눌러 [이동/복사]를 클릭한다.
② [이동/복사] 대화상자에서 '다음 시트의 앞에'를 'sheet2'로 설정한 후 '복사본 만들기'에 체크하고 [확인] 단추를 클릭한다.
③ 복사된 시트 탭 이름을 더블클릭하여 시트 이름 편집 상태로 만들고 "2월"을 입력한 후 Enter 를 누른다.

2 데이터 삭제 방법

① [A3:G7] 영역을 선택한다.
② Delete 를 눌러 데이터를 삭제한다(마우스 오른쪽 단추를 눌러 [내용 지우기]를 선택해도 된다).

2-12

1 서식 복사 방법

① [B4] 셀을 선택한다.
② [홈] 탭의 [클립보드] 그룹에서 [서식 복사]를 클릭한다.
③ [D4] 셀을 클릭한다.

2 셀 병합 방법

① [B1:E1] 영역을 드래그하여 선택한다.
② [홈] 탭의 [맞춤] 그룹에서 [병합하고 가운데 맞춤]을 클릭한다.

2-13

1 표 스타일을 적용하고 일부 설정을 해제하는 방법

① [B2:F10] 영역의 임의의 셀을 선택한다.
② [홈] 탭의 [스타일] 그룹에서 [표 서식]–‘표 스타일 어둡게 4’를 선택하여 적용한다.
③ [표 서식] 대화상자가 나타나면 [확인] 단추를 클릭한다.
④ [표 도구]–[디자인] 탭의 [표 스타일 옵션] 그룹에서 ‘줄무늬 행’ 항목을 체크 해제한다.
⑤ 임의의 셀을 클릭하여 선택 영역을 해제한다.

2 테마 적용 방법

① [페이지 레이아웃] 탭의 [테마] 그룹에서 ‘테마’를 선택한다.
② ‘가을’ 테마를 선택한다.

2-14

1 데이터 정렬 방법

① [E] 열에서 데이터가 있는 범위의 임의의 셀을 클릭한다.
② [데이터] 탭의 [정렬 및 필터] 그룹에서 [텍스트 내림차순 정렬]을 클릭한다.

2 제시된 설정에 따라 부분합을 구하는 방법

① [데이터] 탭의 [윤곽선] 그룹에서 [부분합]을 클릭한다.
② [부분합] 대화상자에서 ‘그룹화할 항목’은 ‘직위’, ‘사용할 함수’는 ‘평균’을 선택한다.
③ ‘부분합 계산 항목’은 ‘나이’, ‘기본급’을 체크한 후 [확인] 단추를 클릭한다.

2-15

1 화면에 눈금선이 보이도록 설정하는 방법

① [보기] 탭의 [표시/숨기기] 그룹에서 ‘눈금선’ 항목의 체크 박스를 클릭하여 ‘눈금선’을 설정한다.

2 화면에 수식 입력줄이 보이지 않도록 설정하는 방법

① [보기] 탭의 [표시/숨기기] 그룹에서 수식 입력줄의 체크 박스를 클릭하여 ‘눈금선’을 해제한다.

2-16

1 시트 탭 색 변경 방법

① [Sheet1] 시트 탭을 마우스 오른쪽 단추로 클릭하고 [탭 색]–[테마 색]에서 ‘바다색, 강조 5, 40% 더 밝게’를 선택한다.

2 호환성 검사를 적용하고 새 시트에 복사하는 방법

① [Office] 단추를 클릭한다.
② [준비]–[호환성 검사 실행]을 선택한다.
③ [새 시트에 복사]를 선택한다.

2-17

1 도형을 연결하고 선 두께를 조절하는 방법

① [삽입] 탭의 [일러스트레이션] 그룹에서 [도형]을 선택한 후 ‘화살표’를 선택한다.
② 한 도형에 마우스를 대고 연결점이 나오면 드래그하여 나머지 도형으로 이어서 화살표를 그린다.
③ 화살표 도형을 선택한 후 [그리기 도구]–[서식] 탭의 [도형 스타일] 그룹에서 [도형 윤곽선]을 선택한다.
④ [두께]–[3pt]를 선택한다.

2 **두 명 이상의 사용자가 같이 편집할 수 있도록 통합 문서를 공유하는 방법**

① [검토] 탭의 [변경 내용] 그룹에서 [통합 문서 공유]를 클릭한다.
② [통합 문서 공유] 대화상자의 '여러 사용자가 동시에 변경할 수 있으며 통합 문서 병합도 가능' 항목에 체크한 후 [확인] 단추를 클릭한다.
③ 저장할 것인지 여부를 묻는 대화상자가 나타나면 [확인] 단추를 클릭한다.

2-18

1 **그림에 효과를 설정하는 방법**

① 이미지를 선택한다.
② [그림 도구]–[서식] 탭의 [그림 스타일] 그룹에서 [자세히] 단추를 클릭한다.
③ '반사형 입체, 흰색'을 선택한다.
④ 서식이 적용되면 선택을 해제한다.

2 **통합 문서를 최종본으로 표시하는 방법**

① [Office] 단추를 클릭한다.
② [준비]–[최종본으로 표시]를 선택한다.
③ 저장 여부를 확인하는 메시지가 나오면 [확인]–[확인] 단추를 차례로 클릭한다.

2-19

1 **표에서 요약행을 표시하는 방법**

① 표 안의 임의의 셀을 선택하고 [표 도구]–[디자인] 탭의 [표 스타일 옵션] 그룹에서 '요약 행' 항목을 체크한다.
② 표의 바로 아래에 요약 행이 표시된다.

2 **워크시트에 수식을 표시하는 방법**

① [수식] 탭의 [수식 분석] 그룹에서 [수식 표시]를 클릭한다.
② 화면에 모든 계산 결과 값이 수식으로 전환되어 표시된다.

2-20

1 **색 아이콘 기준으로 필터하는 방법**

① 데이터 범위의 임의의 셀을 클릭한다.
② [데이터] 탭의 [정렬 및 필터] 그룹에서 [필터]를 클릭한다.
③ 첫행에 필터 단추가 나타나면 '급여액' 열의 필터 단추를 클릭하고 [색 기준 필터]에서 [자동]을 클릭한다.

2 **화면 보기 배율을 지정한 배율로 보는 방법**

① [보기] 탭의 [확대/축소] 그룹에서 [확대/축소]를 클릭한다.
② [확대/축소] 대화상자가 나타나면 [사용자 지정] 오른쪽의 빈칸에 "130"을 입력하고 [확인] 단추를 클릭한다.

3-01

1 행 나누기 설정 방법

① [11] 행의 행 머리글을 선택한다.

② [보기] 탭의 [창] 그룹에서 [나누기]를 클릭한다.

③ 아래 창을 클릭하고 [25] 행이 첫 행이 되도록 스크롤한다.

2 그림에 3차원 서식 효과를 적용하는 방법

① 그림을 클릭한다.

② [그림 도구]-[서식] 탭의 [그림 스타일] 그룹에서 [그림 효과]-[입체 효과]-[디벗]을 선택한다.

3-02

1 SUMIF 함수를 사용하여 조건에 맞는 값의 합계를 구하는 방법

① [K5] 셀을 클릭하여 커서를 둔다.

② [수식] 탭의 [함수 라이브러리] 그룹에서 [수학/삼각]-[SUMIF] 함수를 클릭한다.

③ [함수 인수] 대화상자가 나타나면 'Range'에 "E5:E15"를 입력한다. 영역 지정 단추를 클릭하고 [E5:E15] 영역을 드래그하여 선택하면 편리하다.

④ 'Criteria'에 "제일"텍스트를 입력한다.

⑤ 'Sum_range'에 "H5:H15"를 입력한다. 영역 지정 단추를 클릭하고 [H5:H15] 영역을 드래그하여 선택해도 된다.

⑥ [확인] 단추를 클릭하면 =SUMIF(E5:E15, "제일", H5:H15) 수식이 [K5] 셀에 삽입되어 총합계 값이 구해진다.

2 COUNTIF 함수를 이용하여 조건에 맞는 항목의 개수를 세는 방법

① [K8] 셀을 클릭하여 커서를 둔다.

② [수식] 탭의 [함수 라이브러리] 그룹에서 [함수 추가]-[통계]-[COUNTIF] 함수를 선택한다.

③ [함수 인수] 대화상자가 나타나면 'Range'에 "F5:F15"를 입력한다.

④ 'Criteria'에 ">8000000"을 입력하고 [확인] 단추를 클릭한다.

⑤ =COUNT(F5:F15, ">8000000") 수식의 결과가 나타난다.

3-03

1 VLOOKUP 함수를 이용하여 일치하는 이름을 찾는 방법

① [C3] 셀에 커서를 둔다.

② [수식] 탭의 [함수 라이브러리] 그룹에서 [찾기/참조 영역]-[VLOOKUP] 함수를 선택한다.

③ 'Lookup_value'에 "B3"를 입력한다.

④ 'Table_array'에 데이터가 있는 셀 영역인 "I2:K7"을 입력한다.

⑤ 'Col_index_num'에 "2"를 입력한다.

⑥ 'Range_lookup'에 "0"을 입력하고 [확인] 단추를 클릭한다.

⑦ =VLOOKUP(B3,이름,2,0) 수식의 결과가 나타난다.

⑧ [C3] 셀을 채우기 핸들로 [C7] 셀까지 드래그하여 복사한다.

3-04

1 절대 참조를 사용하여 부가세를 계산하는 방법

① [F5] 셀에 "=E5+E5*$F$3"를 입력한다.

③ 채우기 핸들로 [F12] 셀까지 드래그하여 복사한다.

2 현재 워크시트를 열려 있는 다른 통합 문서로 복사하는 방법

① [제품현황] 시트를 마우스 오른쪽 단추로 클릭하여 [이동/복사] 메뉴를 선택한다.

② [이동/복사] 대화상자가 열리면 '대상 통합 문서'를 선택하여 [총 제품현황] 문서를 선택한다.
③ 대화상자 하단의 [복사본 만들기]에 체크한 뒤 [확인] 단추를 클릭한다.

3-05

1 셀 복사 방법

① [H5] 셀을 클릭하고 [H15] 셀까지 채우기 핸들로 드래그하여 복사한다.

2 요약 행 표시 방법

① [표 도구]-[디자인] 탭의 [표 스타일 옵션] 그룹에서 [요약 행]의 체크 상자를 클릭하여 체크한다.

3-06

1 표 스타일 적용 방법

① 데이터가 입력되어 있는 셀 중 하나를 클릭하거나 [B4:I15] 영역을 블록으로 설정한다.
② [홈] 탭의 [스타일] 그룹에서 [표 서식]-[보통]-'표 스타일 보통 15'를 선택한다.
③ 표에 사용할 데이터 영역이 지정된 [표 서식] 대화상자가 나타나면 [확인] 단추를 클릭한다.
④ [표 도구]-[디자인] 탭의 [표 스타일 옵션] 그룹에서 [첫째 열], [마지막 열], [줄무늬 열]의 체크 상자를 각각 선택한다.

2 워크시트의 메모를 제거하는 방법

① [검토] 탭의 [메모] 그룹에서 [다음] 단추를 클릭하여 메모가 표시되면 [삭제] 단추를 클릭한다.
② [다음] 아이콘이 비활성화될 때까지 반복한다.

3-07

1 특정 셀 범위만 편집 허용하는 방법

① [C5:C15] 영역을 블록으로 설정한다.
② [검토] 탭의 [변경 내용] 그룹에서 [범위 편집 허용]을 선택한다.
③ [범위 편집 허용] 대화상자의 [새로 만들기] 단추를 클릭한다.
④ [새 범위] 대화상자가 열리면 [범위 암호]에 "text"를 입력하고 [확인] 단추를 클릭한다.
⑤ [암호 확인] 대화상자가 열리면 다시 한 번 "text"를 입력하고 [확인] 단추를 클릭한다.
⑥ [시트 보호] 단추를 클릭하여 [시트 보호] 대화상자가 열리면 [확인] 단추를 클릭한다.

2 매크로를 지원하는 파일 형식으로 저장하는 방법

① [Office 단추]-[다른 이름으로 저장]-[Excel 매크로 사용 통합 문서]를 클릭한다.
② [다른 이름으로 저장] 대화상자에서 폴더와 파일 이름을 설정하고 [저장] 단추를 클릭한다.

3-08

1 2차원 세로 막대 차트 삽입 방법

① [B4:B8] 영역을 선택한 후 Ctrl 을 누른 채 [G4:H8] 영역을 선택한다.
② [삽입] 탭의 [차트] 그룹에서 [세로 막대형]을 선택한다.
③ 2차원 세로 막대형의 [묶은 세로 막대형]을 클릭한다.
④ [차트 도구]-[디자인] 탭의 [위치] 그룹에서 [차트 이동]을 클릭한다.
⑤ [차트 이동] 대화상자에서 [새 시트]를 선택한다.
⑥ [확인] 단추를 클릭한다.

2 차트의 높이를 수정하는 방법

① 차트가 선택되어 있는 상태에서 [차트 도구]-[서식] 탭의 [크기] 그룹에 높이 "10cm", 너비 "20cm"를 입력한다.

3-09

1 범위 영역을 추가하는 방법

① [J5] 셀을 더블클릭하거나, [J5] 셀을 선택하고 수식 입력줄을 선택한다.
② 평균값이 참조하고 있는 영역이 파란색 테두리로 표시되면, 모서리를 [F5:H5] 영역까지 드래그하여 범위 영역을 추가한 후 Enter 를 누른다.
③ 나머지 지점의 평균도 같은 방법으로 수정한다.

2 원형 차트의 레이아웃을 변경하는 방법

① 차트를 선택한다.
② [차트 도구]-[디자인] 탭의 [차트 레이아웃] 그룹에서 [레이아웃 6]을 클릭한다.

3-10

1 시트 탭의 색을 변경하는 방법

① [결산] 시트 탭을 마우스 오른쪽 단추로 클릭한다.
② [탭 색]-[주황, 강조 6]을 선택한다.

2 모든 조건부 서식 규칙을 삭제하는 방법

① [홈] 탭의 [스타일] 그룹에서 [조건부 서식]-[규칙 지우기]-[시트 전체에서 규칙 지우기]를 클릭한다.

3-11

1 색으로 필터링하는 방법

① 합계 열의 자동 필터 아이콘을 클릭한다.
② [색 기준 필터]를 선택하고 [글꼴 색 기준 필터]의 [자동]을 선택한다.

2 테마 적용 방법

① [페이지 레이아웃] 탭의 [테마] 그룹에서 [테마]- '모양' 을 선택한다.

3-12

1 유효성 검사 기능을 이용하여 입력 데이터의 길이를 제한하는 방법

① [G4:G17] 영역을 블록으로 설정하고 [데이터] 탭의 [데이터 도구] 그룹에서 [데이터 유효성 검사]-[데이터 유효성 검사]를 클릭한다.
② [데이터 유효성] 대화상자의 [설정] 탭에서 [제한 대상]을 '텍스트 길이' 로 선택하고 [제한 방법]에 "="를, [길이]에 "2"를 입력한다.
③ [확인] 단추를 클릭한다.

2 호환성 검사 방법

① [Office 단추]-[준비]-[호환성 검사 실행]을 클릭한다.
② [호환성 검사] 대화상자 하단의 [이 통합 문서를 저장할 때 호환성 검사]에 체크하고 [확인] 단추를 클릭한다.

3-13

1 화면에 눈금선이 보이지 않도록 하는 방법

① [보기] 탭의 [표시/ 숨기기] 그룹에서 [눈금선]의 체크 상자를 클릭하여 해제한다.

2 도형을 연결하고 선 두께를 조절하는 방법

① [삽입] 탭의 [일러스트레이션] 그룹에서 [도형]을 클릭한다.
② [선] 항목의 [양방향 화살표] 도형을 클릭한다.
③ A 도형에 마우스를 가져가면 나타나는 빨강색 조절점부터 B 도형의 빨강색 조절점까지 드래그한다.
④ 화살표 도형을 클릭하고 [그리기 도구]-[서식] 탭의 [도형 스타일] 그룹에서 [도형 윤곽선]-[두께]-[6pt]를 선택한다.

3-14

1 특정 기호를 기준으로 텍스트를 나누는 방법

① [B3:B8] 영역을 블록으로 설정한다.
② [데이터] 탭의 [데이터 도구] 그룹에서 [텍스트 나누기]를 클릭한다.
③ [텍스트 마법사 – 3단계 중 1단계] 대화상자에서 [구분 기호로 분리됨]을 선택하고 [다음] 단추를 클릭한다.
④ [텍스트 마법사 – 3단계 중 2단계] 대화상자에서 [기타]에 “;”를 입력하고 [다음] 단추를 클릭한다.
⑤ [텍스트 마법사 – 3단계 중 3단계] 대화상자에서 [마침] 단추를 클릭한다.

2 영역에 테두리를 지정하는 방법

① [B3:I8] 영역을 블록으로 설정한다.
② [홈] 탭의 [글꼴] 그룹에서 [테두리] 아이콘의 목록 단추를 클릭하여 [모든 테두리]를 선택한다.

3-15

1 서식을 복사하는 방법

① [B3] 셀을 선택하고 [홈] 탭의 [클립보드] 그룹에서 [서식복사] 아이콘을 클릭한다.
② 마우스가 서식 복사하기 모양으로 바뀌면 [C3:I3] 영역을 드래그한다.

2 중복된 레코드 삭제 방법

① 데이터가 입력되어 있는 [B3:I19] 영역을 블록으로 설정한다.
② [데이터] 탭의 [데이터 도구] 그룹에서 [중복된 항목 제거]를 클릭한다.
③ [중복된 항목 제거] 대화 상자에서 [모두 선택 취소] 단추를 클릭한다.
④ [성명] 항목에 체크하고 [확인] 단추를 클릭한다.

⑤ 중복된 값을 제거했다는 메시지가 나타나면 [확인] 단추를 클릭한다.

3-16

1 오름차순 정렬 방법

① [성별] 열의 아무 셀이나 선택한 후 [데이터] 탭의 [정렬 및 필터] 그룹에서 [텍스트 오름차순 정렬]을 클릭한다.

2 부분합을 구하고 그룹별로 페이지를 나누는 방법

① 데이터가 입력된 영역에 커서를 두고 [데이터] 탭의 [윤곽선] 그룹에서 [부분합]을 클릭한다.
② [부분합] 대화상자가 나타나면 [그룹화할 항목]을 [성별]로 지정한다.
③ [사용할 함수]는 [합계]를 선택한다.
④ [부분합 계산 항목]에서 [퇴직금]에 체크한 후 [그룹 사이에서 페이지 나누기]에 체크하고 [확인] 단추를 클릭한다.

3-17

1 데이터에 특정 텍스트를 추가하는 방법

① [G4:G10] 영역을 블록으로 설정한다.
② 마우스 오른쪽 버튼을 클릭하여 [셀 서식]을 선택한다.
③ [셀 서식] 대화상자가 나타나면 [표시 형식] 탭의 [범주]에서 [사용자 지정]을 선택하고, 형식에 “0대”를 입력하고 [확인] 단추를 클릭한다.

2 셀 병합 방법

① [B1:G1] 영역을 블록으로 설정하고 [홈] 탭의 [맞춤] 그룹에서 [병합하고 가운데 맞춤]을 클릭한다.

1 부분합 제거 방법

① 데이터가 입력된 임의의 셀을 선택하고 [데이터] 탭의 [윤곽선] 그룹에서 [부분합]을 선택한다.

② [부분합] 대화상자 하단의 [모두 제거] 단추를 클릭한다.

2 조건부 서식 적용 방법

① [F5:F15] 영역을 블록으로 설정한다.

② [홈] 탭의 [스타일] 그룹에서 [조건부 서식]-[아이콘 집합]-[4색 신호등]을 선택한다.

1 IF 함수를 사용하여 조건에 맞는 결과 값을 구하는 방법

① [G5] 셀을 클릭하고 [수식] 탭의 [함수 라이브러리] 그룹에서 [논리]-[IF] 함수를 선택한다.

② 'Logical_test'에 "E5>=30"을, 'Value_if_true'에 "정상"을, 'Value_if_false'에 "10% 할인"을 입력한다.

③ [확인] 단추를 클릭하면 =IF(E5>=30,"정상", "10% 할인") 함수가 입력된다.

④ 나머지 영역에도 수식을 복사한다.

2 SUMIF 함수를 사용하여 조건에 맞는 값의 합계를 구하는 방법

① [C17] 셀을 클릭한다.

② [수식] 탭의 [함수 라이브러리] 그룹에서 [수학/삼각]-[SUMIF] 함수를 선택한다.

③ 'Range'에 "C5:C14"를, 'Criteria'에 "대전"을, 'Sum_range'에 "F5:F14"를 입력한다.

④ [확인] 단추를 클릭한다.

1 HLOOKUP 함수 이용 방법

① [C5] 셀을 클릭한다.

② [수식] 탭의 [함수 라이브러리] 그룹에서 [찾기/참조 영역]-[HLOOKUP] 함수를 선택한다.

③ 'Lookup_value'에 "C4"를, 'Table_array'에 "C8:I9"를, 'Col_index_num'에 "2"를, 'Range_lookup'에 "0"을 입력한다.

④ [확인] 단추를 클릭한다.

2 통합 문서 공유 방법

① [검토] 탭의 [변경 내용] 그룹에서 [통합 문서 공유]를 선택한다.

② [통합 문서 공유] 대화상자의 [편집] 탭에서 [여러 사용자가 동시에 변경할 수 있으며 통합 문서 병합도 가능]에 체크하고 [확인] 단추를 클릭한다.